高等财经院校"十四五"精品系列教材

山东省省级精品课程教材

跨国公司经营理论与实务

（第三版）

毕红毅　张绍辉　主编

Theory & Practice
in the Operation of TNCs

中国财经出版传媒集团

经济科学出版社
Economic Science Press

·北京·

图书在版编目（CIP）数据

跨国公司经营理论与实务 / 毕红毅，张绍辉主编.
3 版 . -- 北京 ： 经济科学出版社，2025.1. -- ISBN
978 - 7 - 5218 - 6635 - 3

Ⅰ. F276.7

中国国家版本馆 CIP 数据核字第 20255U5X56 号

责任编辑：宋　涛
责任校对：刘　娅
责任印制：范　艳

跨国公司经营理论与实务
（第三版）
毕红毅　张绍辉　主编
经济科学出版社出版、发行　新华书店经销
社址：北京市海淀区阜成路甲 28 号　邮编：100142
总编部电话：010 - 88191217　发行部电话：010 - 88191522
网址：www. esp. com. cn
电子邮箱：esp@ esp. com. cn
天猫网店：经济科学出版社旗舰店
网址：http：//jjkxcbs. tmall. com
北京季蜂印刷有限公司印装
787 × 1092　16 开　26.75 印张　487000 字
2025 年 1 月第 3 版　2025 年 1 月第 1 次印刷
ISBN 978 - 7 - 5218 - 6635 - 3　定价：49.00 元
（图书出现印装问题，本社负责调换。电话：010 - 88191545）
（版权所有　侵权必究　打击盗版　举报热线：010 - 88191661
QQ：2242791300　营销中心电话：010 - 88191537
电子邮箱：dbts@ esp. com. cn）

总　序

　　大学是研究和传授科学的殿堂，是教育新人成长的世界，是个体之间富有生命的交往，是学术勃发的世界。[*] 大学的本质在于把一群优秀的年轻人聚集一起，让他们的创新得以实现、才智得以施展、心灵得以涤荡，产生使他们终身受益的智慧。

　　大学要以人才培养和科学研究为己任，大学教育的意义在于它能够给人们一种精神资源，这一资源可以帮助学子们应对各种挑战，并发展和完善学子们的人格与才智，使他们经过大学的熏陶，学会思考、学会反省、学会做人。一所大学要培养出具有健全人格、自我发展能力、国际视野和竞争意识的人才，教材是实现培养目标的关键环节。没有优秀的教材，不可能有高质量的人才培养，不可能产生一流或特色鲜明的大学。大学教材应该是对学生学习的引领、探索的导向、心智的启迪。一本好的教材，既是教师的得力助手，又是学生的良师益友。

　　目前，中国的大学教育已从"精英型教育"走向"平民化教育"，上大学不再是少数人的专利。在这种情况下，如何保证教学质量的稳定与提升？教材建设的功能愈显重要。

　　为了全面提高教育教学质量，培养社会需要的、具有人文精神和科学素养的本科人才，山东财经大学启动了"十二五"精品教材建设工程。本工程以重点学科（专业）为基础，以精品课程教材建设为目标，集中全校优秀师资力量，编撰了高等财经院校"十二五"精品系列教材。

---

　　[*] 雅斯贝尔斯著，邹进译：《什么是教育》，生活·读书·新知三联书店 1991 年版，第 150 页。

本系列教材在编写中体现了以下特点：

1. 质量与特色并行。本系列教材从选题、立项，到编写、出版，每个环节都坚持"精品为先、质量第一、特色鲜明"的原则。严把质量关口，突出财经特色，树立品牌意识，建设精品教材。

2. 教学与科研相长。教材建设要充分体现科学研究的成果，科学研究要为教学实践服务，两者相得益彰，互为补充，共同提高。本系列教材汇集各领域最新教学与科研成果，对其进行提炼、吸收，体现了教学、科研相结合，有助于培养具有创新精神的大学生。

3. 借鉴与创新并举。任何一门学科都会随着时代的进步而不断发展。因此，本系列教材编写中始终坚持"借鉴与创新结合"的理念，舍其糟粕，取其精华。在中国经济改革实践基础上进行创新与探索，充分展示当今社会发展的新理论、新方法、新成果。

本系列教材是山东财经大学教学质量与教学改革建设的重要内容之一，适用于经济学、管理学及相关学科的本科教学。它凝聚了众多教授、专家多年教学的经验和心血，是大家共同合作的结晶。我们期望摆在读者面前的是一套优秀的精品教材。当然，由于我们的经验存在欠缺，教材中难免有不足之处，衷心期盼专家、学者及广大读者给予批评指正，以便再版时修改、完善。

山东财经大学教材建设委员会
2012 年 6 月

前　言

　　跨国公司是全球产业链的重要一环，也是全球分工体系的重要推动力量。跨国公司的在华投资不仅显著地推动了我国经济增长，而且带来了技术与管理经验、就业、外汇和税收等其他收益。在新发展阶段，作为链接国内国际双循环的重要力量，跨国公司将在中国构建新发展格局中发挥更加重要的作用。党的二十大报告明确提出"高质量发展是全面建设社会主义现代化国家的首要任务"，并强调"坚持高水平对外开放，加快构建以国内大循环为主体、国内国际双循环相互促进的新发展格局"，为我国跨国公司发展指明了方向。当下，世界正在经历百年未有之大变局，推动高水平利用外资与对外投资对畅通国内国际"双循环"，推动经济高质量发展有着重要的理论与现实意义。

　　山东财经大学国际经贸学院在20世纪90年代初开始在本科高年级设立《跨国公司经营理论与实务》课程，研究生阶段也设立更进一步的相关研究长达20余年。经过多年的教学和研究，跨国公司经营理论与实务课程在2003年被评为校级精品课程，2010年被评为山东省省级精品课程。作为教学和科研成果的阶段性总结，我们于2006年出版了《跨国公司经营理论与实务》一书，本书于2010年、2014年和2018年进行了再版。根据党的二十大报告提出的提升贸易投资合作质量和水平、推动共建"一带一路"高质量发展等新要求，基于目前我国高水平利用外资与对外投资理论的迫切需求，作者对本书内容进行较大幅度的修订。在这次修订过程中，我们更新了跨国公司的最新发展态势与部分理论；更新了大部分数据，尽量使用最新数据；重新撰写了"中国跨国公司的成长"一章，增加了我国跨国公司对"一带一路"共建国家投资内容；此外还更新了部分练习题和思考题。

经过此次修订，本教材具有以下特色：

1. 结构更加合理。全书分为三篇：基础篇；理论篇；实务篇。基础篇着重从经济学、管理学、法律关系的角度研究跨国公司的基础知识和跨国进入的决策与产生的影响以及我国跨国公司的成长途径；理论篇主要介绍和研究跨国公司对外投资的理论渊源及实践意义；实务篇着重研究跨国公司并购和战略联盟、转移价格、风险管理及全球战略等。教材的内容安排按"基础→理论→实务"分类递进，层次清楚、结构紧凑。与国内同类教材相比，是对教材体系的一种创新。

2. 内容更加全面。党的二十大报告提出，高质量发展是全面建设社会主义现代化国家的首要任务，共建"一带一路"是我国坚持高质量发展和高水平对外开放的重要组成部分。本教材依据报告精神，借鉴国内外现有重要研究成果，增加了中国跨国公司对"一带一路"合作国家的直接投资成果，既注重跨国公司的基本知识和基础理论，也注重理论联系实际。

3. 案例选用更加中国化。此次教材修改，注重对我国跨国公司案例的搜集整理和研究运用，展现我国不同类型的所有制企业在面对严峻复杂的国际形势和重大挑战时所展现的坚韧不拔、自强不息、守正创新的坚强民族品格和相互合作、公平竞争、互利共赢的人类命运共同体理念，将民族自信、文化自信理念融入教材内容，用中国理论解读中国实践，讲好中国故事。

4. 内容数字化。本教材使用数字化新形态，教材内多处插有二维码，扫描即可获得教材内容的电子学习资源、重要知识点及拓展延伸阅读的深度学习资源。

本书可作为经济类专业高年级学生及研究生学习跨国公司理论和实践的教学书籍，也可作为研究跨国公司理论和实践的学者的参考书。

本书的写作和修订过程，吸收了国内外学者大量的研究成果，我们深感先行者工作的价值和启示性作用。在此特向学者们表示我们由衷的敬佩与感谢！此次修改的顺利完成，也要感谢山东财经大学燕山学院魏丹丹和李冰洁两位青年教师的大力协助。

由于编写人员对有关问题的研究仍不够深入细致，加之水平有限，不足之处在所难免，欢迎广大读者批评指正。

编著者

2024 年 11 月 20 日

目 录

基 础 篇

第一章
跨国公司概论

要点提示

本章主要介绍了跨国公司的定义、划分标准和21世纪跨国公司的发展趋势，阐述了跨国公司与世界经济全球化、一体化和国家竞争力的相互影响。

引　言

跨国公司是国际经济行为的核心组织者，并成为国际经济一体化的重要推动者。跨国公司是技术开发的主要承担者，常常将资本、技术、培训项目、贸易和环境保护等结合在一起，进行一揽子有形和无形的综合生产，这些综合生产刺激了经济增长。跨国公司在世界范围内综合利用生产要素和生产条件的组织管理能力使其成为潜在的、效率很高的生产组织者。因此，就经济影响来说，跨国公司在世界范围内的资源配置、提高母国与东道国竞争力并且推动经济一体化进程等方面发挥了极为关键的作用。

——联合国国际投资和跨国公司委员会（U. N. Commission on International Investment and Transnaticnal Corporations）

第一节　跨国公司的定义

一、跨国公司的名称

（一）跨国公司名称的由来

跨国公司是第二次世界大战后迅速发展起来的一种国际企业的组

织形式。最早提出跨国公司这个名称的是美国田纳西河管理局局长莱索耳（David E. Lilienthal），他于 20 世纪 50 年代末在卡内基梅隆大学工业经营管理学院创立一百周年纪念大会上说：跨越国界从事生产经营活动的经济组织，已经不再是单纯一国的企业，而是"跨国"的企业了。接着，他还于 1960 年发表题为《跨国公司》的文章。此后不久，美国《商业周刊》出版了一期有关跨国公司的专辑。从此，"跨国公司"这个名称逐渐流行起来。

（二）众多的名称

在 20 世纪 60 年代，从事跨国生产经营的企业名称仍多种多样，具体如下：①Multinational Corporation（多国公司），Multinational Enterprise（多国企业）；②Transnational Corporation（跨国公司），Transnational Enterprise（跨国企业）；③International Corporation（国际公司），International Enterprise（国际企业）；④Supernational Corporation（超国家公司），Supernational Enterprise（超国家企业）；⑤World Corporation（世界公司），World Enterprise（世界企业）；⑥Global Corporation（环球公司），Global Enterprise（环球企业）等不同叫法。

其中，使用较多的是跨国公司、跨国企业、多国公司、多国企业、国际公司、国际企业。1965 年以后，在美国哈佛大学出版的大量有关著作和论文中，都使用"多国公司"的名称。在此影响之下，西方经济学界和学术界也大量沿用"多国公司"的名称，而不用"跨国公司"的名称。即使现在西方原版文献里仍大量沿用 Multinational Corporation（多国公司）。

（三）跨国公司名称的确立

联合国经济及社会理事会于 20 世纪 70 年代初召开会议，会上较全面地讨论了跨国公司的定义及各种准则。一些代表在辩论中赞成使用跨国公司的概念，其理由是：在拉丁美洲国家中，多国公司是指那些在安第斯国家组织赞助下，由该组织成员共同创办和经营的公司；而那些主要以一国为基地，从事跨国生产经营活动的公司，应称跨国公司。经社理事会同意这些代表的意见，并于 1974 年做出决定，采用跨国公司这一名称，并设立一个政府间的跨国公司委员会和跨国公司中心，作为经社理事会的辅助机构①。自此，跨国公司取代了多国公司，成为联合国文件统一使用的名称。这一名称也逐渐为国际社会所普遍接受。

---

① 1994 年 7 月，经社理事会同意该委员会转为联合国贸发会议（UNCTAD）贸易和发展理事会的辅助机构，并改名为联合国国际投资和跨国公司委员会。

　　跨国公司与国际公司的概念既有相同点，又有不同点。跨国公司强调其国际性和多国性。国际性（Internationality）是指在国与国之间开展业务活动；多国性（Multinationlity）是指在许多不同的国家开展业务活动。而国际公司仅仅具有国际性这一个特征。国际经贸业务主要包括商品转移、知识产权转让和资本投资等。通常国际贸易公司从事商品的进出口贸易，国际技术咨询公司从事知识产权转让，跨国公司通过对外直接投资，在东道国进行产品制造和销售活动，能最有效地使资金、商品、劳务、技术、信息和人力，达到全球一体化的效果（Global Integration Effect）。

　　多国企业，这一名称通常由西方学者使用，指的是该企业在许多国家从事经营活动。国际公司常使用于企业界，它与多国公司、跨国公司是可以通用的，有的人将国际公司特指是母公司的国际部或地区部（International or Regional Division）。国际企业一词流行于中国港、澳、台地区。全球公司、世界公司和宇宙公司，常常是通用的，它们都以全球竞争环境为出发点制定企业经营战略，企业的业务面向全球，实施"全球取向"（Global Orientation）。

二、关于跨国公司定义

　　跨国公司不仅在名称上有差异，定义也是众说纷纭，这反映人们对其含义的理解不同。关于跨国公司的定义，各派学者和各国政府都有不同的认识和解释。

（一）联合国经社理事会的定义

　　1978 年，联合国秘书处在一份研究报告中，给跨国公司下了一个权威性的简单定义：

　　"凡是在两个或更多国家里控制有工厂、矿山、销售机构和其他资产的所有企业，不管是私营或是国营、股份公司或合作经营，都属于跨国公司"。但该定义对跨国公司经营活动的基本特征没有做出相应的界定。

　　1983 年联合国跨国公司中心阐述了跨国公司定义的三种基本要素，这些要素在 1986 年联合国《跨国公司行为守则》中得到进一步明确。即：

　　The term "transnational corporation" as used in this Code means an enterprise whether of public, private or ownership, comprising entities in two or more countries, regardless of the legal form and fields of activity of these entities, which operates under a system of decision-making permitting coherent policies and a common strategy through one or more decision-making centers, in which the entities are so linked by ownership or otherwise, that one or more of them may be able to exercise a significant influence over the activities of others, and, in particular, to share knowledge, resources and responsibilities with the others.

该定义明确了跨国公司定义的三个基本要素：

1. 包括设在两个或两个以上国家的实体，不管这些实体的法律形式和领域如何；

2. 在一个决策体系中进行经营，能通过一个或几个决策中心采取一致对策和共同战略；

3. 各实体通过股权或其他方式形成的联系，使其中的一个或几个实体有可能对别的实体施加重大影响，特别是同其他实体分享知识、资源和分担责任。

这个综合性定义既点明了跨国公司的跨国性及在跨国经营条件下的独有经营和管理特征，又强调了控制力和其涉足行业的广泛性，因而被世界各国的人们所广泛接受。

（二）邓宁的定义

著名的跨国公司研究专家约翰·邓宁也主要是从企业跨越国家界限从事直接生产经营活动的角度来定义跨国公司的，即"跨国的或者多国的生产企业的概念，简单地说，就是在一个以上的国家拥有或者控制生产设施（如工厂、矿山、炼油厂、销售机构、办事处等）的厂商。企业是指在一个以上的国家拥有（全部或部分地）、控制、经营赢利资产的企业"[1]。1977 年，国际法学会在挪威奥斯陆会议上曾就跨国公司问题通过一个决议，其中有一个法律性的定义，即"凡由位于一国的决策中心和位于一个以上他国的营业中心（具有或不具有法人资格）所组成的企业，应被视为多国企业"[2]。1993 年，邓宁在其一本名著中对跨国公司下了一个突出跨国生产经营活动的定义，即多国企业（Multinational Enterprise）或跨国企业就是从事对外直接投资、并在一个以上国家拥有或控制着从事增值活动（Value-adding Activities）企业的机构。

以上的定义，特别是邓宁的定义突出了直接投资和价值创造活动在认定跨国公司上的重要性，即给人的印象是只有从事对外直接投资并主要是生产性直接投资的企业才属于跨国公司。

---

[1] Hood, N. & Young, S., *The Economics of Multinational Enterprises*, Longdon Group Ltd, London, 1979.

[2] 转引自张纪康：《跨国公司与直接投资》，复旦大学出版社 2004 年版，第 3 页。

三、跨国公司划分标准的纷争

长期以来，学术界对跨国公司的理解之所以存在分歧，主要是由于对跨国公司定义的标准不同。20 世纪 80 年代后，学术界对于衡量跨国公司的三大标准基本达成了共识。

（一）结构性标准

结构性标准（Structural Criterion），是指以企业从事生产经营活动跨越的地理区域和企业的资产所有权作为衡量跨国公司经营的标准与尺度。有学者指出，跨国公司一般应有相当广泛的地理分布，对于那些只在本国基地以外的一个或两个国家拥有子公司的企业，一般不能称为跨国公司。从企业所有权来看，一般认为，一个企业只有拥有国外企业一定比例的股份所有权才能构成跨国公司。

1. 股权所有基础上的标准。这是从跨国公司的股权拥有、管理权控制或公司所依据的法律基础作为划分企业是否为跨国公司的标准。一个公司可否被认定为跨国公司，在这里的关键就看它：

（1）是否有跨国的直接投资；

（2）在以直接投资建立的海外企业中，投资企业的股权控制程度，或对企业的所有权拥有程度如何。

毫无疑问，如果不管直接投资的规模大小，把直接投资作为跨国公司存在与否的必要条件来衡量，应当说制造业的许许多多对外有直接投资的企业都已具备成为跨国公司的一定基础。但是，从现实来看，光有直接投资，哪怕规模再大，也不能说被投资企业就是跨国公司组织形式的一个组织单元。这里的关键是投资企业对被投资企业的股权控制程度如何。显然，对独资企业或投资一方拥有绝对控股权（50% 以上的股权比例）的企业来说，这应当是不成问题的。但对对半持股或 50% 以下股权投资方来说，这种投资是否可算作为直接投资？

2. 非绝对股权控制下的标准。对于不拥有 50% 以上绝对控股权的直接投资认定问题，情况确实比较复杂，这里可分为以下三个方面：

（1）对等股权；

（2）相对控股，通常只发生在两个以上投资者的情况下；

（3）外商投资企业数家以上，合计股权比例达到绝对控股或相对控股。

目前普遍使用的权威性标准是国际货币基金组织提出的，这一标准规定跨国公司控制境外企业所有权的合理比例应不低于 25%。

结构性标准（Structural Criterion），是指以企业从事生产经营活动跨越的地理区域和企业的资产所有权作为衡量跨国公司经营的标准与尺度。

（二）行为特性标准

"行为特性标准"（Behavioral Characteristics Criterion）是指企业在经营和决策时的心态、思维方法和策略取向。作为跨国公司的企业，其最高领导层的决策行为不是片面的或带有歧视性的，而是公平地对待和处理世界各地所面临的机遇和挑战，只有这样才能使得企业的经营具有世界性、跨国性。这一观点在皮特·F. 杜鲁特（Peter F. Drucher）1969 年出版的《不间断的时代》（*The Age of Discontinuity*）一书中得到淋漓尽致的体现：虽然跨国公司的总部只设在某地，但其生产经营、组织形式和区域分布都是全球性的。公司的高层主管不是局限或偏爱于本国市场或其他某一国市场的企业家，由于他们的思维和决策行为，其掌握的公司就具有浓厚的跨国色彩。美国宾州大学教授帕尔默特在他的《国际公司的曲折演变》（1969）一文中指出：企业从国内走向国外，直接定位于全面的国际导向，其价值观念和行为方式一般都会经历三个阶段。

第一阶段：母国取向（Ethnocentric，直译为民族中心），是指以母国为中心进行决策，经营中也优先考虑母国企业的利益，并经常搬用母国的一套经营方式，不能适应东道国当地的环境，海外机构的主管仍由母国派遣职工担任；

第二阶段：东道国取向（Polycentric，直译为多元中心），决策权较前者分散和下放，不再集中于母国总部，经营中考虑母国利益，也兼顾国外当地企业的利益，企业业绩以当地环境和条件为基础；

第三阶段：世界取向（Geocentric，直译为全球取向），从全球竞争环境出发作出决策，经营中要求母国企业与海外企业相互依存、相互协作，无论是母公司还是海外公司都要服从全球范围内的整体利益，考核业绩的标准也是面向全球，对母国职工和东道国职工同等重视。

（三）经营业绩标准

1. 经营业绩标准（Performance Characteristics Criterion）的含义。按跨国公司全球经营业绩状况来界定跨国公司，就是指企业的国外活动在整个公司业务中，其资产额、销售额、产值（产品和劳务）、盈利额和雇员人数应占若干百分比以上才算是"多国"。也就是说以相对额来表示跨国公司的国际化经营程度，这一点与早年弗农提出的跨国国家数量和销售绝对额概念有了很大的不同。一些人主张的是25% 的衡量临界点，但问题是，如果进行纵向的时间序列考察，某些企业可能在某一特定时点上合格，但在另一时点却又可能处在 25%

的临界点以下。①

　　根据《财富》杂志统计数据，不同时期的公司营业额差别很大，有将营业额超过 1 亿美元的才称为跨国公司的，如弗农。联合国贸发会议 1993 年则认为营业额在 10 亿美元以上的为跨国公司，即所谓"10 亿美元俱乐部"（Billion Dollar Club）。当然大大超过 10 亿美元的跨国公司是非常之多的，例如 1997 年美国通用汽车公司营业额就在 1 700 亿美元以上，2012 年荷兰壳牌公司营业额达到了 4 817 亿美元，2023 年，美国沃尔玛公司营业额更高达 6 481 亿美元，中国国家电网公司营业额也达到了 5 459 亿美元。

　　2. 国际化经营业绩指标。衡量公司是否是跨国公司，常用的经营业绩指标体系有四个：

　　（1）比例指标体系。比例指标体系主要是应用比例方法来衡量和反映企业的国际化程度。具体有五项比例：

　　①国际销售率：国外销售总额/全部销售总额×100%。

　　②海外资产比率：海外资产净值/全部资产净值×100%。

　　③国际管理指数：企业高级管理人员的国际经验。

　　④国际投资指数：投资过程中对海外市场的熟悉程度。

　　⑤海外公司比率：海外子公司/全部子公司×100%。

　　该比例指标体系考虑了衡量的准确性和可操作性，比简单的一两个指标要来得合理，但因为过于强调了比率的概念，因此也就忽略了企业规模的因素，绝对性指标缺乏。

　　（2）相对、绝对指标组合法。

　　①海外销售总额。该指标反映企业在国际市场中的实际销售业绩和份额的大小。

　　②海外销售净额。该指标反映企业在国际市场中实际份额的大小。

　　③海外资产比率：海外资产净值/全部资产净值×100%。

　　④海外销售率：海外销售总额/全部销售总额×100%。

　　⑤外贸依存度，该指标由两个比率来反映：

　　外贸净流量依存度：对外贸易净差额/销售总额×100%。

　　进口产品依存度：进口总额/总成本×100%。

　　⑥投资结构水平：投资技术密集型产业资本额/国际长期资本总额×100%。

　　⑦生产依存度：境外生产总值/国内生产总值×100%。

　　（3）跨国指数。跨国指数，也称为跨国程度指数（Index of Transnationality，TNI）：（国外资产/总资产＋国外销售额/总销售额＋国外雇用人数/雇员总数）/3×100%。

---

　　①　林康：《跨国公司与跨国经营》，对外经济贸易大学出版社 2000 年版，第 3 页。

跨国指数，也称为跨国程度指数（Index of Transnationality，TNI）：（国外资产/总资产＋国外销售额/总销售额＋国外雇用人数/雇员总数）/3×100%。

跨国指数是用来衡量跨国公司"国际参与程度"的一个平均数据，是"公司经营活动在国外配置程度的函数"，它由三个比率的平均值构成。联合国贸发会议在《1998年世界投资报告》中指出："该指数所依据的理论框架是以国外活动与本国活动的二分法为基础的，并有助于评估跨国公司的活动和利益介入本国或外国经济的程度"。2010～2019年十年中，跨国公司世界100强的平均跨国指数大致都稳定在65%，并没有出现很大的变化。出现这种状况的部分原因在于100强名单构成方面的变动，新兴市场的新进入者一开始的国际化水平并不高。不过，站稳脚跟的跨国公司100强可能已经达到了跨国程度的"玻璃天花板"，只有少数几家能够突破。

（4）国际化活动雷达图法。这是用能够相当程度上表现企业跨国经营程度的若干定量或定性指标加以组合的衡量方法。这些因素可以包括：

①组织机构。企业的组织机构形成了其内部的部门权力和职权范围，其组织结构大致有职能型、产品型、地域型、混合型和网络型五种，这五种方式的演变可反映出企业的国际化程度的变化。

②海外资金比例。海外资金比例主要反映资金的海外筹集和海外运用规模和程度。在资金筹集中，用海外筹集资金与总筹集资金的比例反映企业国际化程度；在资金运用中，以用于海外投资项目的多少来反映其国际化水平的高低。

③销售额比例。销售额比例主要反映海外市场的依存程度，用企业海外销售额与企业销售总额进行对比，从而反映国外市场对企业经营业绩的贡献率。

④海外当地雇员比例。现有企业的竞争是人才的竞争，各企业都十分重视人才。在企业海外经营中，海外雇员占全体雇员的比例可以直接反映出企业在人力资源开发中的国际化程度。

⑤海外生产比例。海外生产比例主要反映企业生产空间的广度，用企业海外生产的总产值与其全部产值进行对比，从而反映企业生产地域的广泛性。

⑥企业管理制度的一致性。在企业财务、人事、生产、销售等运作管理过程中，企业的海外公司和国内公司是否采用一致的标准和规则，是衡量企业国际化程度的标志之一，一致性越高，反映企业国际化程度越深。

所有的以上指标，皆有优缺点，但它们都可以从不同的角度反映企业在经营业绩等方面所表现出来的跨国程度，换句话说，哪些企业可以被认为是标准意义上的跨国公司，哪些企业可以被认为是经营已经国际化的企业，哪些企业可以被认为是国际经营企业但尚未到"国际化"的程度，而哪些企业只是开始涉足国际市场或根本只能被视为国内经营型企业。

3. 其他的若干指标特征。可以被认为是跨国公司的，经济学家们也提出了其他一些衡量的标准，它们包括：

（1）企业在海外拥有或控制的分子企业（也包括关联企业，Affiliated Enterprise）的数量和规模；

（2）企业从事增加价值活动的国家数量，这些增加价值活动领域包括矿山、种植、工厂制造、销售、银行、办公室、宾馆，等等；

（3）企业所属海外分支机构拥有的资产、收益、收入或就业在其全球总量中所占比例；

（4）企业管理或股票所有权的国际化程度；

（5）目的在于提高国外生产产品质量和深度的较高价值活动，如研究与开发（R&D）的国际化程度；

（6）在不同国家广泛经济活动网络中由其管理、影响所产生的系统优势的程度、方式。

这也就是说，当企业在以上六个主要方面达到相当的规模和程度时，企业就是跨国公司。

第二节　跨国公司的产生和发展

一、早期的跨国公司

历史上，真正的国际贸易是伴随着民族国家的兴起而出现的。新航线和新大陆的发现，扩大了国际商业活动的可能性。新的企业组织——特权贸易公司的出现，意味着以往商人个人冒险事业的消亡和现代企业的诞生。

特权贸易公司是指 17 世纪、18 世纪重商主义时期，由英国皇室赐予特权，对海外殖民地贸易享有独占权利的公司。如英属东印度公司就是 17～19 世纪中叶英国在印度乃至远东进行掠夺贸易的殖民地公司。英属东印度公司曾在拥有世界 1/5 人口的地区经营了两个世纪之久。除英属东印度公司外，当时著名的特权贸易公司在非洲有皇家非洲公司，在西欧有英国的哈德逊公司，在荷兰有荷属东印度公司等。这些公司以经营贸易和航运业为主，并逐步扩大到银行、金融业，如 1864 年成立的汇丰银行等。它们的活动范围由一国到另一国，由沿海伸向内地，并在所在地扶植亲信（在中国称为买办，在君士坦丁堡称为向导，在西非沿海地区称为试用中间人）。

特权贸易公司不利于各国民族经济的发展，因此遭到各国反对。1856 年英国正式颁布股份公司条例，随后大批股份公司纷纷出现，这标志着现代资本主义企业问世。1865 年，德国的弗里德里克·贝尔化学公司在美国纽约州的奥尔班尼开设了一家制造苯胺的工厂；1866 年，瑞典的阿佛孙·诺贝尔公司在德国的汉堡兴办了制造甘油炸药的工厂；1867 年，美国的胜家缝纫机公司在英国的格拉斯哥建立了缝纫机装配厂。西方把这 3 家公司看作是对外直接投资的先驱。

19 世纪末到 20 世纪初的 13 年内，由于第二次科技革命的影响和现代企业组织的发展，美国国内的大企业不断出现，半数以上的大公司都开始向海外投资、设立工厂或分公司，欧洲的一些大企业也开始向欧洲以外的地区投资。这些公司的市场范围和生产地已从国内延伸至国外，开始实行国内工厂与国外工厂同时生产和同时销售，成为世界上第一批以对外直接投资为主要特征的跨国公司。今天活跃在世界经济舞台上的知名企业和巨型跨国公司，有一半以上在那个时期就已经成了跨国公司。如美国的美孚石油公司、福特汽车公司、通用电气公司、西屋公司等；欧洲的西门子公司、巴斯夫公司、雀巢公司、飞利浦公司、英荷壳牌公司等。

据统计，到 1914 年发达国家的跨国公司设在国外的子公司约有 800 家，它们遍布世界各地，从事产品制造、销售以及采掘、种植等活动，对外直接投资总额累计达 143 亿美元。其中英国 65 亿美元，美国 26.52 亿美元，法国 17.5 亿美元，德国 15 亿美元。

当时，跨国公司对外直接投资的流向主要是经济落后的国家和地区。例如，在 1914 年的对外直接投资累计总额中，投向发展中国家的占 62.8%，投向发达国家的占 37.2%，其中英国和欧洲其他国家主要投向各自的殖民地和附属国。对外直接投资的行业分布主要集中在铁路、公用事业以及矿山、石油业和农业，这一时期制造业所占比重还较低。

二、两次世界大战期间的跨国公司

两次世界大战期间，由于受第一次世界大战创伤的影响，加之出现资本主义有史以来最大的经济萧条，使得世界性的金融秩序混乱，对外投资数额徘徊不前，增长缓慢。1913 ~ 1938 年的 25 年间，对外投资仅增加了 70 亿美元，增长 16%，年平均增长 0.6%。其中间接投资比重下降，从 1913 年占 90% 下降到第二次世界大战前夕的 75%，但仍居主要地位，绝对额未减少；而对外直接投资则有相当增加，主要资本主义国家对外直接投资的绝对额增加了两倍，比重也有较大提高。其中，美国对外直接投资上升为第二位，仅次于英国。同时，对外直接投资的行业范围扩大，对制造业投资比重有较大提高，尤其是美国的变化尤为明显。美国 1914 年对外直接投资以矿业居首位，1940 年以制造业为首位。

尽管对外直接投资有一半仍在殖民地和经济落后国家，但随着直接投资制造业的比重增加，对经济发达和比较发达国家的直接投资也有所增加。在这期间，对外投资的发展极不平衡，英国资本输出虽然仍居世界首位，但优势相对下降。战前仅居第四位的美国急剧扩张，对外直接投资额由 26.5 亿美元增至 73 亿美元，由 18.5% 增至 27.7%，投资额比战前增加了 2.4 倍，稳居第二，从债务国跃为主要债权国。原居第二、第三位的法国和德国，投资额急剧减少，被挤出资本输出大国。同时，大部分向外扩张的跨国公司位居技术先进的新兴工业领域，或者是大规模生产消费产品的行业，为了加强国际竞争力，这些公司往往先在国内进行兼并以壮大实力，再向外扩张，到海外建立子公司。美国 187 家制造业大公司在海外的分支机构由 1913 年的 116 家增至 1919 年的 180 家，1929 年增至 467 家，1939 年增至 715 家。这说明，第二次世界大战前跨国公司虽然发展缓慢，但已有了一定基础，尤其是在美国已有相当基础。

随着各国企业实力的增长，在一些实力接近的部门如铝制品、电器设备、化学和重型机械等，纷纷建立国际卡特尔以维护相互的利益。其内容也从单纯的限定产量和价格发展到分割世界市场和投资场所等方面。而在各国企业发展不平衡的工业部门，国际卡特尔则很少出现，如在汽车工业，通用和福特这两家美国企业拥有很强的技术和市场销售方面的优势，在此期间，这两家公司迅速扩大了在欧洲的直接投资。

三、第二次世界大战后到 20 世纪末的跨国公司

第二次世界大战后，跨国公司进入了空前发展的新时期。这一时期，由于第三次科技革命的发生和国际分工的进一步深化，跨国公司的发展呈现出一些新的特点。

（一）跨国公司数量增多、规模不断扩大

据联合国跨国公司中心的资料，主要发达国家的跨国公司 1969 年有 7 276 家，到 1978 年已达到 10 727 家。自 20 世纪 60 年代开始，发达国家跨国公司子公司的数目迅速增长，从 1969 年的 2.73 万家增加到 1980 年的 9.8 万家。1972 年，年销售额 10 亿美元以上的制造业（含石油业）跨国公司有 211 家，1976 年此种规模的工矿业跨国公司已达 422 家。同时，在一些资本密集型和技术密集型的工业中，整个

世界的生产集中在几家或十几家巨型跨国公司手中，如1980年农机工业世界销售总额的80%以上集中在11家跨国公司手中。在10家最大的计算机跨国公司总销售额中，国际商业机器公司（IBM）一家就占了将近一半。随着跨国公司的发展，在一些工业部门中，跨国公司不仅控制了国内市场，而且控制了相当份额的世界市场。

（二）对外直接投资迅速发展并主要集中于少数几个发达国家

自20世纪60年代以来，全球对外直接投资的增长速度超过了同期世界生产总值和世界贸易的增长速度。例如，1960~1973年间，世界生产总值年均增长率为5.5%，世界贸易年均增长率为8%左右，而同期世界对外直接投资年均增长率高达15.1%。在1974~1980年间，世界生产总值和贸易年均增长率分别为3.6%和4.0%，而同期对外直接投资年均增速高达18.9%。从投资来源国看，"二战"后美国取代英国成为世界最大的对外直接投资国。1960年在全球的对外直接投资总额中，美国占71.1%，英国占17.1%。1970年美国占62.9%，英国占10.9%。20世纪70年代后，联邦德国、日本对外直接投资的比重也分别由1960年的1.2%和0.8%上升至1981年的8.6%和7.0%。

（三）跨国投资的流向逐步由发展中国家转向发达国家

据联合国秘书处《国际组织年鉴》提供的资料，20世纪60年代中到60年代末跨国公司投资的78%投向发达国家，70年代中到70年代末这一比例更高达87%。

发达国家相互间直接投资较战前显著增加的原因在于：发达国家经济发展水平较高，接受投资容量大；消费习惯、市场结构比较接近，容易组织国际生产；各国产业结构不同，技术优势各异，可以相互取长补短；政治稳定，熟悉彼此的法律规范；语言障碍少，技术、管理人才可以就地招聘；交通、通信等基础设施较为完善；寡占市场的反应等。

发达国家跨国公司对发展中国家的直接投资大多集中在工业化进展快、人均国民收入高、市场容量较大的新兴工业国家和地区，如亚洲的韩国、新加坡，中国的台湾和香港，拉美的巴西、墨西哥、阿根廷、秘鲁等。

（四）跨国投资的行业分布从战前的初级产品生产转向制造业和第三产业

许多发展中国家开始调整吸引外资的政策，进一步扩大利用外资的领域，允许外资进入商业、基础产业、金融、保险、房地产等行业，同时鼓励外资对国内资本和技术密集型项目进行投资。这在一定程度上减少了发达国家在发展中国家制造业中的投资比重，同时促进了对外直接投资逐步向资本和技术密集型行业及第三产业转移。据联合国统计，到1998年流入发达国家的对外直接投资的分布是：第一产业为86亿美元，第二产业为350亿美元，第三产业为340亿美元；流入发展中国家的对外直接投资的产业分布是第一产业为18亿美元，第二产业为178亿美元，第三产业为665亿美元。伴随着跨国公司投资产业的变化，出现了越来越多的跨领域和跨行业经营的跨国公司。例如，美国通用汽车公司在汽车行业继续保持垄断地位的同时，还控制了美国铁路基本生产总量的85%，柴油机引擎生产总量的75%，电冰箱生产总量的30%。

（五）发展中国家和地区跨国公司有所发展

据联合国跨国公司中心资料，在1970～1972年，发展中国家和地区年均对外投资额为4 300万美元，但到1978～1980年，已增加到6.82亿美元。截至1980年末，有41个发展中国家和地区的企业在海外从事生产经营和资源开发活动。20世纪80年代初，发展中国家和地区对外投资总额已达200亿美元左右，占全球对外直接投资累计总额的3.2%，其在国外的子公司或分支机构已猛增到6 000～8 000家。到20世纪末，发展中国家的对外直接投资占全球输出存量的份额在过去20多年增加了3倍，从1980年的4%增加到2001年的12%。亚洲发展中国家的跨国公司不断崛起，并逐渐成为区域内投资的主要力量，发展中国家和地区的对外直接投资输出以中国香港为龙头，独占近一半（48%）。其次为东亚的另外三小龙（新加坡、中国台湾和韩国）以及中国内地和马来西亚。

四、21世纪跨国公司的发展趋势

（一）跨国公司的投资主体变化趋势

1. 对外直接投资大体保持较快增长，但波动幅度较大。进入21世纪后，全球的对外直接投资取得了较大程度的增长。从流入金额来看，2000年，全球对外直接投资达到了13 567亿美元的历史纪录后出现了一个较大幅度的下降，跌到了2003年的阶段低值5 496亿美元，直到2006年全球的对外直接投资流入量又达到了14 112亿美元，而2007年则达到了19 054亿美元，比2000年增长了40%。之后由于2008年金融危机的影响，虽有一定程度的下降，但是均稳定

在 1.2 万亿美元的规模以上，远高于 1990～1999 年的年平均值 3 976
亿美元，2016 年全球的对外直接投资的流入额为 20 454 亿美元，达
到了历史最高值。2020 年，新冠疫情导致全球外国直接投资急剧下
降，外国直接投资流量回到 2005 年的水平。这场危机对最具生产力
的投资类型，即工业和基础设施项目的绿地投资，产生了巨大的负面
影响。这意味着作为全球经济增长和发展引擎的国际生产受到了严重
影响。2021 年，全球外国直接投资流量为 15 823 亿美元，较 2020 年
的极低水平增长了 64%（见图 1-1）。

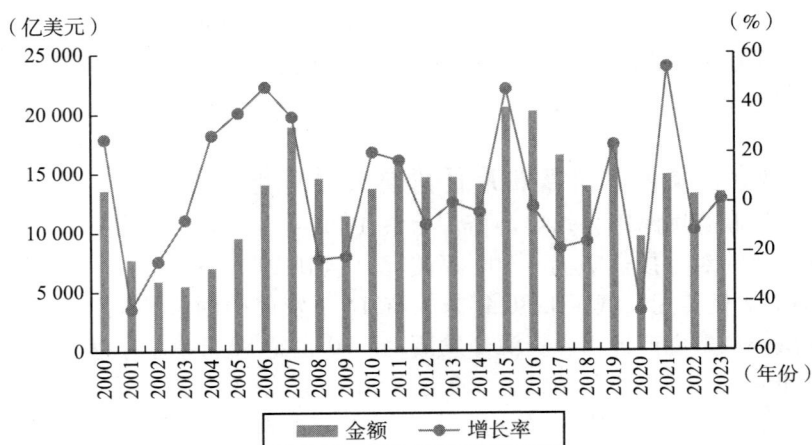

图 1-1 2000～2023 年世界 FDI 流入金额

资料来源：联合国贸发会议网站数据库，http://unctadstat.unctad.org；金额为亿美元。

　　而根据 2024 年的世界投资报告的数据，2023 年全球外国直接投
资较上年微涨 1% 至 13320 亿美元。由于宽松的融资条件和大型基础
设施刺激计划以及跨国并购市场蓬勃发展，国际项目融资快速增长，
复苏呈现明显的反弹势头。然而，全球的国际商业和跨境投资环境在
2022 年发生了巨大变化。除了疫情挥之不去的影响，俄乌冲突正导
致世界上许多国家面临粮食、燃料和金融三重危机，由此造成的投资
者不确定性会给 2022 年以后全球外国直接投资带来较大的下行压力。
预计 2024 年及以后，国际投资的全球环境仍然具有挑战性。增长前
景的疲软、经济破裂趋势、贸易和地缘政治紧张局势、产业政策和供
应链多样化正在重塑国际直接投资模式，导致一些跨国公司日趋采取
谨慎的海外扩张方式。然而，跨国集团的利润水平仍然很高，融资条
件正在缓解，2023 年绿地项目公告的增加将对外国直接投资产生积
极影响。全年的增长似乎有可能适度放缓。

　　2. 发达国家是对外直接投资的主要输出方，发展中国家日益成
为对外直接投资的主要输入方。从金额看，发达国家的对外直接投资

大体保持增长态势，但是波动较大（见图1－2）。2000年，发达国家对外直接投资的金额是10 785亿美元，约占全球的93%；2007年达到19 347亿美元，达到了历史最高值，约占全球的88%；2016年达到了11 447亿美元，约占全球的75%。在新冠肺炎疫情的影响下，2020年，发达国家对外直接投资金额降至3 499亿美元，达到了阶段低值；2021年发达经济体的跨国公司海外投资同比翻了二番多，达到了12 441亿美元，约占全球的72%；这一增长很大程度上由创纪录的再投资收益和高水平的并购活动所推动。新冠肺炎疫情平息后，2023年，发达国家对外直接投资达到了10 590亿美元。从总体上看，虽然发达国家对外直接投资占全球比重下降了，但是仍居主导地位，除了2020年等个别年份外，发达国家的对外直接投资都占全球的一半以上。这种现象的主要原因与发达国家的企业占据着所有权优势与内部化优势有很大关系。发达国家的对外直接投资输出在发展中国家各有其投资重点：拉丁美洲主要是美国对外直接投资的东道国，日本则重点考虑对东亚和东南亚的投资，西欧则在拉丁美洲和非洲有其重点考量。

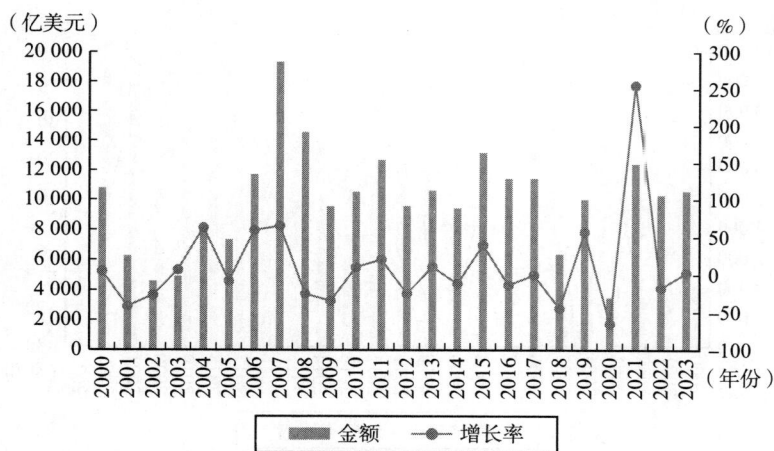

图1－2　2000～2023年发达国家FDI流出金额与比例

资料来源：联合国贸发会议网站数据库，http://unctadstat.unctad.org；金额为亿美元；比例为发达国家FDI流出金额与世界FDI流出金额的比值，该数据经计算而得。

与发达国家相比，对外直接投资在发展中国家的分布并不均匀。根据联合国贸发会议发表的《2022年世界投资报告》，2021年，发展中经济体跨国公司在海外的投资活动价值增加了18%，达到4 380亿美元。即使在疫情期间，亚洲发展中地区仍然是一大投资来源。2021年，该地区对外直接投资增长了4%，达到3 940亿美元，占全球对外直接投资的近1/4。2022年，发展中经济体跨国公司对外直接投资则达到了4 589亿美元。尽管亚洲发展中地区的总体对外投资有所增加，但总部位于该地区的企业在 2021 年进行的收购有所减少，跨境并购交易额下降了 35%，至 450 亿美元。总部位于东亚（主要是中国）的跨国公司的收购额大幅下降，从 2020 年的 440 亿美元降至 2021 年的 63 亿美元。

发展中国家 FDI 流入金额大体保持了一定程度的增长。2000 年，发展中国家资本流入 2 227 亿美元，约占全球的 16%，之后逐年提高，提高到 2011 年的 6 775 亿美元和 49%；2016 年的 10 324 亿美元和 59%。2019 年，发展中国家资本流入额为 7 162 亿元，占全球流入总额的 48%。新冠肺炎疫情同样影响了发展中国家的资本流入。2020 年，流入发展中国家的外资金额为 6 427 亿美元，仅相当于 2010 年的水平，但是却占据了当年全球流入总额的 67%，历史上首次超过了一半。2021 年，流入发展中国家的外资达到了 8 366 亿美元，约占全球的 53%；外国直接投资的增加主要得益于亚洲的强劲增长、拉丁美洲和加勒比地区的部分复苏以及非洲的回升（见图 1 - 3）。2023 年流入发展中国家的外国直接投资则下降了 7% 至 8 670 亿美元。

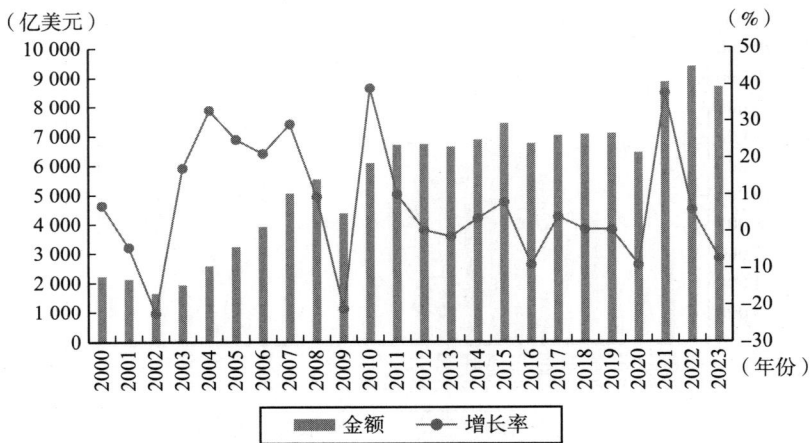

图 1 - 3　2000 ~ 2023 年发展中国家 FDI 流入金额与比例

资料来源：联合国贸发会议网站数据库，http：//unctadstat. unctad. org；金额为亿美元；比例为发展中国家 FDI 流入金额与世界 FDI 流入金额的比值，该数据经计算而得。

发达国家作为对外直接投资的主要输出方、发展中国家日益成为对外直接投资的主要输入方改变了过去发达国家的双主导地位，这反映了发展中国家在世界投资格局中日益崭露头角，也反映出发展中国家对外资，尤其是来自发达国家外资的日益依赖。当下，国际政治经济环境发生了很大的变化，动荡与变革或将成为世界今后一段时间的主旋律。正如 2018 年 9 月 3 日习近平总书记在 2018 年中非合作论坛北京峰会开幕式上的主旨讲话中指出的，"当今世界正在经历百年未有之大变局。世界多极化、经济全球化、社会信息化、文化多样化深入发展，全球治理体系和国际秩序变革加速推进，新兴市场国家和发展中国家快速崛起"。在旧的全球治理体系和国际秩序下，快速崛起的发展中国家如何增强国际经济活动中的话语权已经成为当务之急。

3. 金砖国家成为对外直接投资的新力量。金砖国家（BRICS）最初指的是巴西、俄罗斯、印度、中国和南非五个国家。BRICS 是这五国英文名称首字母的缩写。根据中国外交部的官方信息，2024 年 1月 1 日，沙特阿拉伯、埃及、阿联酋、伊朗和埃塞俄比亚正式成为金砖国家的成员[①]。扩员后，金砖国家的成员总数增至 10 个，涵盖的人口约占全球的 45%，领土约占全球陆地面积的 30%，经济总量约占全球的 30%，贸易额占全球的 1/5，极大提升了其全球影响力和地位。

尽管金砖国家扩员，但考虑到数据的可得性和相关背景，仍以巴西、俄罗斯、印度、中国和南非五国为研究对象。根据《经济日报》的数据，2021 年，金砖五国的经济总量约占全球的 25%，贸易总额占全球的 18%。2022 年，金砖五国在世界银行的投票权占 14%，在国际货币基金组织的份额总量为 14%。这些数据显示，金砖国家已经成为全球经济的重要参与者与推动者，其在全球经济治理中的地位愈加突出。

在国际直接投资领域，金砖国家正日益成为举足轻重的参与者。从国际直接投资的流入端看，金砖国家吸引的外资正日渐增多，成为发展中国家吸引国际直接投资领域的主力军（见图 1 - 4）。2000 年，金砖国家外商直接投资流入额为 806 亿美元，占全球比重为 6%；其后，2008 年和 2011 年分别出现了两个小高峰，分别为 2 855 亿美元和 2 987 亿美元，占全球比重都为 19%，并且其后一段较长的时间，都维持着高位运行。从新冠肺炎疫情的影响看，2020 年金砖国家吸引外商直接投资达到了 2 552 亿美元，虽然同比下降了 13%，但是占全球比重达到了 26% 的历史高位；2022 年，引资额则达到了 3 149亿美元，占全球比重为 24%。金砖国家之所以被外资青睐，其良好的区位优势是主要原因之一。以中国为例，中国高水平的对外开放、经济结构性转型及其韧性和超大规模市场优势使中国仍然是全球最具吸引力的外国投资目的地之一。

从国际直接投资的流出端看，虽然绝对值不如流入端抢眼，但是其增速不容小觑（见图 1 - 5）。2000 年，金砖国家对外直接投资的金额为 71 亿美元，约占全球比重的 1%，比重并不高；其后，一路

---

① 数据和资料来自外交部网站：https：//www.mfa.gov.cn/web/wjb_673085/zzjg_673183/gjjjs_674249/gjzzyhygk_674253/jzgj_674283/gk_674285/。

震荡上扬，2008 年达到了 1 511 亿美元的历史高位；又经过了一段时间的高位震荡后，2017 年，金额达到了 2 300 亿美元，约占全球比重的 14%。从新冠肺炎疫情的影响看，2020 年，金砖国家对外直接投资金额达到了 1 567 亿美元，绝对值虽然未创新高，但占全球比重则达到了创纪录的 20%；2021 年，金额达到了 2 806 亿美元，占全球的比重为 16%。2022 年，金砖国家对外直接投资金额下降到 1 993 亿美元，占全球比重同步下降到 13%。

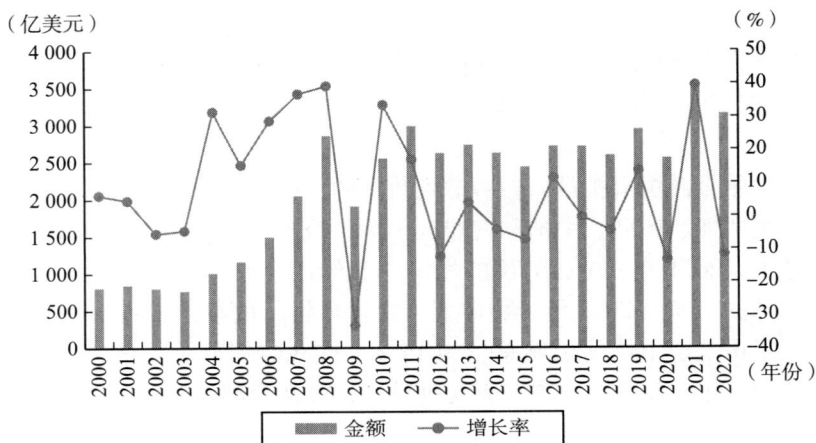

图 1-4　2000~2022 年金砖国家 FDI 流入金额与比例

资料来源：联合国贸发会议网站数据库，http：//unctadstat. unctad. org；金额为亿美元；比例为金砖国家 FDI 流入金额与世界 FDI 流入金额的比值，该数据经计算而得。

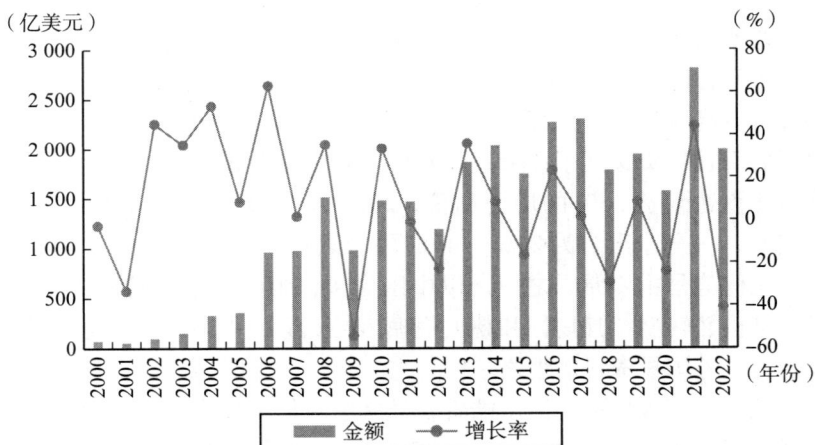

图 1-5　2000~2022 年金砖国家 FDI 流出金额与比例

资料来源：联合国贸发会议网站数据库，http：//unctadstat. unctad. org；金额为亿美元；比例为金砖国家 FDI 流出金额与世界 FDI 流出金额的比值，该数据经计算而得。

目前全球价值链正在重构，某些国家的逆全球化恶潮持续发酵。在此背景下，全球会出现很多"脱钩"，但也会出现很多新的"挂钩"，原本没有关联的地区和领域可能出现新的联系。而金砖国家日益增长的国际直接投资数量说明，作为全球经济的主要参与者之一，金砖国家正在以自己的行动坚定不移地推动新型全球化，造福世界人民。

进入 21 世纪后，国有跨国公司逐渐登上国际舞台，在国际投资中发挥着越来越重要的作用。根据《2017 年世界投资报告》，截至 2016 年，全球国有跨国公司大约有 1 500 家母公司，占全部跨国公司总数的 1.5%，在世界各地经营的国外分支机构超过了 86 000 家，占全部国外分支机构的 10%。虽然国有跨国公司为数不多，但在非金融跨国公司的世界 500 强中有 15 家，发展中和转型期经济体的 100 强中有 41 家是国有企业。从全球范围看，这些国有跨国公司的地理分布广泛，半数以上的总部在发展中经济体内，约 1/3（420 家）设在欧盟。就单个国家来说，中国是国有跨国公司最多的母国（18%），其次是马来西亚（5%）和印度（4%）（见表 1 - 1）。

表 1 - 1　　　　　　**2016 年部分国拥有的国有跨国公司数量**

国家	数量（家）	国家	数量（家）
中国	257	德国	43
马来西亚	79	韩国	33
印度	61	比利时	32
南非	55	挪威	32
俄罗斯联邦	51	新加坡	29
阿拉伯联合酋长国	50	葡萄牙	26
瑞典	49	斯洛文尼亚	24
法国	45	奥地利	23
意大利	44	芬兰	23

资料来源：联合国贸发会议，国有多国企业数据库：www.unctad.org/fdistatistics。

在 2016 年，国有跨国公司公布的绿地投资占全球总数的 11%，大于 2010 年的 8%。

与其他跨国公司相比，国有跨国公司的部门分布更偏重于金融服务和自然资源行业。根据《2017 年世界投资报告》的数据，按照企业总部的主要经济活动衡量，半数以上的国有跨国公司集中于 5 大产业：金融、保险和房地产；电力和天然气及清洁卫生服务；交通运输；多元化控股公司和采矿业。大部分国有跨国公司（超过 1 000 家公司）经营服务业活动，制造业中约有 300 家国有跨国公司，初级产品部门有 110 家。

新冠肺炎疫情并没有显著影响国有跨国公司的发展。根据《2021 年世界投资报告》，截至 2020 年底，全球国有跨国公司的数量略有增长，至 1 600 家左右，同比增幅为 7%。涉及收购股权的救助计划主要针对航空公司，除亚洲新兴经济体的少数案例之外，其他所有这类案例几乎都发生在发达经济体。在世界范围内的国有跨国公司中，总部位于中国的国有跨国公司表现抢眼，欣欣向荣。根据 2022 年度《财富》世界 500 强排名，中国共有 99 家国有企业入榜，较上年增加 3 家。其中：国务院国资委监管的央企（含招商局集团旗下的招商银行）47 家；地方国资委监管的地方国企 39 家，较上年增加 6 家；财政部监管的金融等企业 12 家，另外，福建的兴业银行再次上榜。国有跨国公司在推进高水平对外开放、畅通国内国际双循环中起到了重要作用。

国有跨国公司在一些东道国引起了关于国家安全、企业的公平竞争环境、治理和透明度的关切。从母国的角度而言，令其关切的是对其国有跨国公司投资的开放程度。一些国际论坛正在进行讨论，以期处理这些问题。

4. 跨国科技公司的地位进一步巩固。近年来，世界主要发达国家提出重振制造业，发展高技术产业抢占制高点的战略转型，引发了世界各个国家竞相重构经济发展方式。包括中国在内的世界各国都在积极抢占未来科技的制高点（战略性新兴产业的制高点），新能源、信息网络、新材料、生命科技、空间与海洋科技等新兴产业正在成为新的经济增长点。习近平总书记在 2023 年 3 月 5 日参加十四届全国人大一次会议江苏代表团审议时的讲话时指出："加快实现高水平科技自立自强，是推动高质量发展的必由之路。在激烈的国际竞争中，我们要开辟发展新领域新赛道、塑造发展新动能新优势，从根本上说，还是要依靠科技创新。我们能不能如期全面建成社会主义现代化强国，关键看科技自立自强。"习近平总书记的科学论断为我国跨国公司夯实科技基础，谋取国家发展和国际竞争新优势指明了方向。

进入世界 100 强的科技和数字公司数量在 2017 年达到峰值（15 家公司）之后，2019 年降至 13 家。然而，同期，科技和数字跨国公司在世界 100 强的海外销售和海外资产总额中所占比重仍有上升。因此，科技和数字公司在世界 100 强中扮演更重要角色的趋势仍在继续。很多大型科技跨国公司通过收购成功的初创企业巩固自身地位。这些公司还在谋求纵向整合，设法为其平台创造内容，或者扩展到零售业和其他服务领域。随着电子商务解决方案的日益增长，新冠肺炎疫情可能会增强科技和数字公司的地位。

根据联合国贸发会议的数据，将 2017 ~ 2021 年五年间世界 100 强传统跨国公司与最新排名的世界 100 强数字化跨国公司数据集进行比较，可以发现截然不同的投资趋势。在过去五年里，世界 100 强数字化跨国公司的销售额增速是世界 100 强传统跨国公司的五倍，其中新冠肺炎疫情起到了巨大的推波助澜的作用。世界 100 强传统跨国公司更多地参与绿地投资，而数字化跨国公司则更多地参与并购。数字化跨国公司的外国直接投资较少，因为它们只需要相对较少的实物资产投资就可以进入海外市场。数字化跨国公司和大型跨国公司的国际生产都在持续增长，尽管增长速度不同。

具体来看 2017~2021 年数字化跨国公司的投资行为，尽管它们的绿地项目投资相对较少，但只要它们进行投资，对发展数字经济的潜在贡献就会很大。除了后勤和销售（占其绿地投资项目的 42%）之外，数字化跨国公司还设立了专业服务办公室（24%）、研发中心（14%）和互联网基础设施（10%）。数字化跨国公司的项目中，超过 1/3 位于发展中国家。

5. 新冠肺炎疫情严重冲击了国际直接投资。与 2019 年外国直接投资小幅上升相比，2020 年，新冠肺炎疫情导致外国直接投资急剧下降。2020 年，全球外国直接投资流量从前一年的 1.5 万亿美元降至 1 万亿美元，降幅为 35%。为应对新冠疫情，全球各地的封锁放慢了现有投资项目的速度，经济衰退的前景导致跨国公司对新项目进行重新评估。外国直接投资的下降尤其体现在发达经济体，降幅达到 58%，部分原因是企业重组和公司内部资金流动。流向发展中经济体的外国直接投资降幅较小，仅为 8%，这主要是因为亚洲的外资流动弹性较强。发展中经济体占到了全球外国直接投资的 2/3，而 2019 年还不到一半。外国直接投资模式与新项目活动模式形成了鲜明对比，在新项目活动中，发展中国家首当其冲地受到投资下滑影响。在这些国家，新公布的绿地项目数量减少了 42%，对基础设施关系重大的国际项目融资成交量减少了 14%。相比之下，发达经济体的绿地投资减少了 19%，国际项目融资增加了 8%。而绿地和项目投融资对生产能力和基础设施的发展至关重要，因此对未来的可持续复苏起着关键作用。外国直接投资的所有组成部分都出现下降。新项目活动整体萎缩，加上跨国并购放缓，导致股权投资流量下降逾 50%。随着跨国公司利润平均下降 36%，外国子公司的利润再投资也随之下降，而在正常年份，这种利润再投资是外国直接投资的重要组成部分。疫情对全球外国直接投资的影响集中在 2020 年上半年。在下半年，跨国并购和国际项目融资交易基本恢复。但对发展中国家来说更重要的绿地投资在 2020 年全年保持了负增长趋势。

从 2021 年外国直接投资流量的构成来看，在一些大规模接受投资的地区，特别是欧洲，外国直接投资仍处于历史上相对较低的水平。流入发展中经济体的外国直接投资增速比流入发达地区的外国直接投资较慢，但仍增加了30%，达到8 370亿美元。外国直接投资的增加主要得益于亚洲的强劲增长、拉丁美洲和加勒比地区的部分复苏以及非洲的回升。发展中国家在全球资金流动中所占份额仍然略高于50%。发展中经济体跨国公司在海外的投资活动价值增加了18%，达到4 380亿美元。即使在疫情期间，亚洲发展中地区仍然是一大投资来源。2021年，该地区对外直接投资增长了4%，达到3 940亿美元，占全球对外直接投资的近1/4。尽管亚洲发展中地区的总体对外投资有所增加，但总部位于该地区的企业在2021年进行的收购有所减少。跨境并购交易额下降了35%，至450亿美元。总部位于东亚（主要是中国）的跨国公司的收购额大幅下降，从2020年的440亿美元降至仅63亿美元。

（二）跨国公司的产业发展趋势

1. 经营业务归核化。第二次世界大战后，许多大型跨国公司为了分散风险，曾普遍采用业务多元化经营战略。但其弊端也逐步显现出来，如摊子过大或不熟悉非相关领域等，导致收益降低，甚至高负债。20世纪90年代以来，各国企业又纷纷由多元化扩张向有竞争力的主营业务回归，实施归核化战略，其要旨是：把公司的业务归拢到最具竞争优势的行业上；把经营重点放在核心行业价值链上自己优势最大的环节上；强调核心能力的培育、维护和发展。这是跨国公司在外部环境竞争日趋激烈的情况下"有所为，有所不为"的一种主动选择，是为了更好地发展核心主业、提高竞争力而实施的战略转移。可以说，归核化已成为21世纪各国大企业或跨国公司的主导型战略。

经营业务归核化的要旨：把公司的业务归拢到最具竞争优势的行业上；把经营重点放在核心行业价值链上自己优势最大的环节上；强调核心能力的培育、维护和发展。

例如，2020年世界最大的制药公司之一——辉瑞公司彻底实现了对普强（仿制药业务）的剥离，再加上之前对消费者保健业务的剥离，辉瑞公司已经变成一家纯粹的专注于创新生物制药业务的公司。近年来，我国很多企业也利于业务归核化、专业化，取得了不俗的业绩，格力电器就是典型代表。格力一直坚持做主业，在制造业上毫不动摇，不涉足金融和房地产行业，把白色家电做到了极致，在实体经济领域不断探索新的高度。就空调主业而言，在行业整体增长放缓、下行压力加大的背景下，坚守主业的格力电器逆势发展，取得了良好的经济效益。2022年9月5日，在由新华社等单位联合主办的"2022中国品牌价值评价信息发布"活动中，格力电器"品牌强度"位列轻工业榜第一，"品牌价值"逾1 400亿元。

2. 投资经营服务化。近30年来，随着科技的进步和经济全球化的迅猛发展，服务业已经为世界经济带来了深刻变革。服务业创造了1/3以上的全球GDP，吸收了全球2/3以上的外国直接投资，在发展中国家提供了将近2/3的就业机会，在发达国家中更是创造了4/5的工作岗位。根据经合组织的统计，许多经济体在工业制成品出口中所嵌入的服务增加值包括进口服务，占到产品总值的 25% ~ 40%。

服务业是连接全球价值链各个生产环节的黏合剂。正是由于有了包括运输、物流、通信、金融和商业领域的高效优质的服务，才使得跨国公司有可能在全球布局其生产链。当前世界制造业正在日益呈现服务化的趋势。投资经营服务化主要有三个方面的含义：一是指跨国公司直接投资在全球范围内加速向服务行业倾斜。20 世纪 70 年代初，服务业只占全球外商直接投资总量的 1/4。1990 年，服务业吸收的外商直接投资超过了第一和第二产业之和，在跨国投资总额中所占比重达到了 50.1%，而到了 2005 年，服务业占据了世界对外直接投资存量的近 2/3。一份 WTO 的研究报告显示，2017 年跨国公司在全球设立分支机构进行销售的模式占到全球服务贸易的 58.9%，分销和金融服务是全球服务贸易中占比最大的细分部门。2017 年，全球大约 77% 的金融服务和 70% 以上的分销服务是通过外商直接投资设立的分支机构进行交付的。二是指制造业公司把服务环节作为增加附加值和利润的重要领域。例如美国 Dell 公司的卓越服务在电脑业掀起一场革命，迫使 IBM、惠普、富士通等老牌电脑制造巨头们纷纷调整战略：由硬件制造商向软件和服务商的战略转变。在汽车、家电、医药等制造业也出现了向服务业的转变。再比如自谷歌自动驾驶汽车于 2012 年 5 月获得了美国首个自动驾驶车辆许可证以来，越来越多的汽车企业不断地向自动驾驶和互联网化发展，也是这种新趋势的表现。三是由于数字经济的发展，出现了完全基于数字技术与人工智能等技术的跨国公司。与传统的规模庞大、层级繁多的跨国公司不同，多数数智化跨国公司是以数据为中心的运营模式。

跨国公司投资和经营行为服务化，主要是由于：①服务业在经济整体上的地位上升。②第三产业的投资面广，比制造业和采掘业投资风险小，投资回收期短，有利于获得更高的投资收益。③经济发展使全球对现代化服务的需求提高，特别要求数字、贸易、金融、房地产、咨询、保险、教育、文化、酒店旅游、交通通信、保健等产业，提供更全面多样而周到的服务。此外，发展中国家以及中东欧国家，在经济加速发展及向市场经济的转轨过程中，也需要充分利用银行、保险、电讯、会计和法律等方面服务。巨大的潜在市场和利润无疑成为吸引跨国公司直接投资的重要动力。④乌拉圭协议《服务贸易总协议》和世界贸易组织通过的《多边金融服务贸易协定》推动了服务业国际直接投资自由化的步伐，而新加坡、智利、新西兰三国于 2020 年 6 月签署《数字经济伙伴关系协定》（Digital Economy Partnership Agreement，DEPA）则为数字贸易与投资的发展树立了典范。⑤随着高科技的发展，同类企业普遍掌握了先进的技术和工艺，产品的设计、品种、制造、质量和价格彼此间已无明显的差异，它们已经不是绝对可靠的竞争手段，精明的企业家无不根据市场竞争状况和自身条件而努力探求具有独创性的优质服务，以赢得更多的市场和顾客。

3. 不可逆转的跨国公司联合趋势。

一是面对国际经济中日益激烈的竞争，技术进步和技术扩散速度的加快，使大公司不再在所有技术领域保持尖端优势，大型跨国公司为了共担研究开发新产品的成本和风险，以适应日新月异的新技术要求，采取战略联盟方式作为彼此之间竞争与合作的"双赢"方式，跨国公司之间广泛缔结的国际战略联盟，是一种尤为引人瞩目的新趋势。

国际性战略联盟可以优势互补，形成一种在协调中竞争的合作关系。这种合作使双方既能从对方获得各自所需，又能保持经营上的独立性。新型战略联盟的形成，大多集中在汽车、航空、信息技术和生物技术业等资本技术密集型产业。1979 年美国福特公司与日本马自达公司的结盟应是最早的跨国公司战略联盟，先后共同研制了 10 种新车型，由福特公司负责大部分汽车式样设计，马自达开发关键工程部件。双方各自扬长避短，前者善于市场营销和资金筹措，后者则善于产品开发和制造。显然，跨国公司之间的战略联盟具有特殊的优势，因此自 20 世纪 80 年代以来就颇受跨国公司的青睐，战略联盟的数量直线上升。如东芝、IBM 和西门子共同协议合作开发 256 兆位高级芯片；NEC 与 AT&T、日立与得克萨斯仪器公司的合作研究与开发，均是跨国战略联盟的典型范例。在航空产业，最为著名的事例当为波音公司与富士、三菱、川崎重工合作开发超级 777 喷气式客机，以及法国、德国、英国、西班牙四国联手创建的空中客车公司共同研制新型客机等。我国跨国公司也积极参与国际战略联盟，提高企业的整体价值。例如，2022 年 7 月 11 日，梅赛德斯－奔驰集团股份公司旗下戴姆勒大中华区投资有限公司与腾讯云计算（北京）有限责任公司签署合作备忘录；双方将围绕高级别自动驾驶领域展开战略合作，共同建立自动驾驶联合实验室，利用云计算、大数据和人工智能技术，对梅赛德斯－奔驰自动驾驶技术的模拟、测试和应用进行加速。

二是跨国并购成为国际投资的主要形式。从 19 世纪末起，西方发达国家就发生了多次大规模的企业并购浪潮，由此造就了大批大型、超大型企业。但是，在第二次世界大战之前，并购大多发生在一国国内企业之间。"二战"之后，这些企业为了在全球化的竞争中取得有利地位，又纷纷举起了跨国并购这个武器，先后曾发生过四次并购浪潮。进入 20 世纪 90 年代，发生了第五次并购浪潮，其特点是跨国并购的产业仍集中在制造业和服务业，但是制造业的并购份额呈下降趋势，服务业呈上升趋势。1999 年服务业占 60%，制造业占 30%。制造业由原来的资源、劳动密集行业转向资本、技术密集行业，如化工、电器机械和汽车。服务业内部的跨国并购主要集中在电讯、金融和商业服务领域，尤其是高新技术产业。总的来说，企业跨国并购在全球经济中扮演着至关重要的角色，对增强企业国际竞争力和推动经济全球化有着积极的促进作用。近年来，我国跨国公司也积极参与跨国并购，助力双循环与经济高质量发展。例如，2022 年 11 月 16 日，美的集团股份有限公司发表公告，拟通过全资子公司全面收购公司控股的德国法兰克福交易所上市公司 KUKA Aktiengesellschaft（简称"KUKA"）的股权并私有化。本次收购有利于 KUKA 专注业务经营并提升公司在机器人与自动化相关业务领域的内部资源协同和共享。美的发力工业机器人领域足见其独到的战略眼光。

　　4. 数智化发展。2019 年召开的党的十九届四中全会首次将"数据"列为生产要素参与分配，标志着以数据为关键要素的数字经济进入新时代。当前，人工智能、区块链等数字技术不断涌现，快速向经济社会各领域融合渗透，以数据为核心的企业数字化转型、以算法为核心的企业智能化转型已是大势所趋。人工智能正在改变经济结构和传统企业的运转方式，不断涌现的人工智能工厂则在用户参与、数据收集、算法设计、预测和改进过程中创建了一个新的良性循环，使跨国公司能够居于一地而运作全球的数据资源，赋予了国际竞争新的含义。

数智化时代的变革：从数字摄影看全球经济的重塑

　　数智化公司是为了适应由数字网络所塑造的商业环境而构建的由软件、数据和人工智能为主要运营基础的新型企业。数智化公司不是重新打造一个组织，新建一个"超级工厂"，或者创建一个人工智能部门，他需要建立以数据为中心的运营架构来改变公司的核心构成，继而深刻改变了组织的性质和影响世界的方式。从第一家现代意义的公司——成立于 1602 年的荷兰东印度公司开始，到大规模化和工业化生产的福特汽车公司，再到追求多样化和差异化的通用汽车公司，最后到改进生产流程并奉行质量理念的丰田汽车公司，进入 21 世纪后，都因无法有效处理规模过大、范围过广和达到学习与创新的要求而导致效率低下，进而在竞争中失利。2000～2010 年丰田汽车公司频频召回产品正说明了这一点[①]。

　　新型的数智化公司是商业模式的革新者。商业模式主要包括公司战略，它描述了如何通过提供货币化的独特产品或者服务而在竞争中取胜，实质是公司如何基于客户需求创造和获取价值。商业模式主要

---

　　① 中央电视台：Toyota's massive vehicles recall［EB/OL］.［2023 - 05 - 23］. https：//www.cctv.com/english/special/Toyota - recall/homepage/。

包括两个要素：价值创造和价值获取。价值创造就是公司能为客户解决什么问题，或者说客户选择某公司产品或者服务的理由。以汽车为例，汽车公司给顾客创造价值的方式就是满足汽车顾客的出行需求。除此之外，汽车公司还为客户创造其他的价值，譬如质量、风格、品牌、舒适性和驾驶体验等。价值获取就是公司从客户那里获取收益的方式。以汽车公司为例，传统汽车公司主要通过价格与成本之间的差额进行价值获取。除此之外，汽车公司还可以通过汽车租赁或者出售配件进行价值获取。无论是价值创造还是价值获取，其影响因素都不是一成不变的。现在，很多人买车会重点考虑汽车接入互联网的便利性和自动驾驶等功能，而为了满足不同客户的出行需求，以滴滴出行和 Uber① 为代表的网约车公司凭借顾客一次次使用网约车来进行价值获取。

数智化公司改变了企业价值的创造、获取和交付途径，正在价值创造和获取等各方面进行创新与整合。传统公司运营依靠的是传统的组织模式，其运营过程依靠各种专业且管理的部门进行，高度专业化的管理运营模式是其显著特点。即使公司内部已经建立了健全的 IT 系统，其拥有的数据也经常是零散不完整的。数据往往存在于不兼容的各种"数据孤岛"中，缺少通用标识符，无法系统使用。传统公司价值创造与获取往往同维度或者同时期进行，并且二者密不可分，一般通过定价机制从消费者那里获得，而在数智化的商业模式里，数智化公司以软件聚合和数据分析为基础，通过灵活通用的网络接口与无数网站相连。受益于无限的连接性和数据聚合，公司各子单元之间没有功能分离和硬性分隔，各子单元之间可以通过零边际成本进行交流，能够通过网络效应、学习效应和集群效应进行价值创造，驱动公司规模经济、范围经济和学习经济的高质量发展，很大程度上克服了传统企业规模、范围上限的弊端。数智化公司价值创造和价值获取的关系比较灵活，二者既可以在时空上分开，也可以通过不同渠道进行；当面临多种选择时，可以调整价格并向议价能力较低且支付意愿较高的一方或者网络收费。譬如，滴滴出行可以在某段时间内向顾客提供免费的出行服务，其价值获取方式则是顾客观看各类免费广告，而这些免费广告向广告商收费。

与传统跨国公司相比，数智化跨国公司的出现，改变了以往跨国公司的商业模式。目前，很多跨国公司正在抓紧进行数智化转型，并与传统公司频繁出现各种碰撞。蚂蚁集团与银行业、Uber 与传统出租车公司、美团与传统酒店的冲突就是典型例子。除了击败传统行业

---

① Uber（Uber Technologies, Inc.）中文译作"优步"，是一家美国科技公司，打车应用 Uber 的开发商。

领导者，数字化跨国公司还极大地改变了行业结构。可以预计，未来产品的竞争将逐渐由竞争激烈的硬件层转向高度集中的软件层，企业将越来越依赖物联网与人工智能通过捆绑硬件、广告收入和收费下载等多渠道进行价值获取。随着数智化跨国公司的竞争力越来越强，一些老牌跨国公司不得不开始调整自身的运营模式，以提升竞争力。例如，面对着以数字化、智能化为代表的中国本土电动汽车厂商的崛起，丰田汽车——这家全球最大的车企2022财年在中国市场遭遇十年来的首次销量下跌。2023年4月1日，新上任的社长佐藤恒治表示，将大力加强纯电动汽车业务，努力扩充纯电动汽车阵容，与现有电动汽车厂商进行竞争。然而，在大多数时候，面对数智化跨国公司构筑的强大进入壁垒，可能为时已晚。一旦业务量达到一定级别，数智化跨国公司的价值就会迅速增长，而传统跨国公司将不堪重负（Iansiti & Lakhani，2022）（见图1-6）。因此，对于传统跨国公司而言，有两种选择：第一种选择是进行数智化转型，将自己转变成数智化跨国公司。这要求跨国公司从孤立的、多国的基于产品的商业模式转换为基于软件、数据和人工智能为主的商业模式。这需要在一个数字框架内推行标准化，需要彻底转型。第二种选择是承认数智化跨国公司在新兴领域的主导地位，并致力为数智化跨国公司提供配套生产。宁德时代基本上是这么做的，重点开发高效安全的电动汽车用动力电池。这种战略使宁德时代成为业界为数不多的高质量动力电池提供商之一，动力电池使用量连续多年排名全球第一。

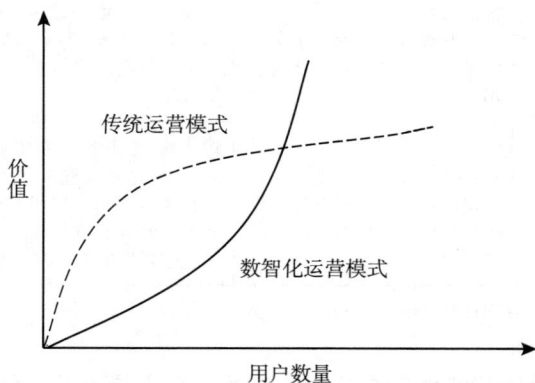

图1-6 数智化运营模式企业与传统运营模式企业的价值曲线

（三）跨国公司生产发展趋势

联合国经社理事会的《2020年世界投资报告》认为，跨国公司的国际生产即将面临转型。1991年以来，由政策（自由化浪潮和出口导向型增长政策）、经济（劳动力成本套利机会和贸易成本下降）和技术

（技术进步实现了复杂的跨境供应链中对生产流程的精细分割和协调）推动了国际生产前二十年的增长。全球金融危机发生后，贸易保护主义趋势卷土重来，外国直接投资收益率逐渐下降，国际业务中基于技术的轻资产模式增加，于是，同样这些因素开始推动国际生产朝着相反的方向发展。因此，2010 年后，国际生产的增长势头停滞。首先反映在贸易上：全球商品和服务出口的增长曾有几十年是 GDP 增速的两倍多，但近年来相对于经济增长却明显放缓。对生产能力的跨境投资停滞是整个贸易，尤其是价值链贸易增速放缓的主要原因。

21 世纪 10 年代只是暴风雨前的宁静，2020 年突如其来的疫情放大了当前挑战。在新十年伊始的新冠疫情引起的危机来临之前，国际生产体系已经面临种种现有的挑战，这些挑战来自新工业革命、日益增长的经济民族主义和可持续发展三大维度（见表1－2）。这些挑战已经到了拐点。它们的影响已经显现，但尚未开始从根本上改变国际生产网络的格局。这场疫情看起来必将让天平倾斜。可以预计，2030年之前的十年很可能是国际生产转型的十年。

表1－2　　　　　　　　影响未来国际生产的大趋势

维度	趋势	关键要素
技术/新工业革命	先进机器人和人工智能 供应链数字化 增材制造（3D 打印）	工业自动化、人工智能系统（"白领"机器人） 平台、云服务、物联网、区块链 分布式制造、大规模定制、生产商品化
政策和经济治理	国内政策倾向干预主义 贸易和投资倾向保护主义 区域、双边和特别经济合作增加	产业政策、竞争政策、财政政策关税和非关税措施，保护战略/敏感产业 特定集团之间以及关于共识议题的贸易协定
可持续性	可持续性政策和规定 市场驱动的产品和流程变化 实体价值链的影响	重大绿色计划（和不同的实施时间表）、碳边界调整 声誉风险增加，对可持续生产的商品和服务的需求加大 供应链弹性措施，改变农业投入来源

资料来源：联合国经社理事会《2020 年世界投资报告》。

贸易和投资趋势体现在国际生产的三个主要方面：价值链的分散程度和长度（从短到长）、附加值的地域分布（从集中到分散）以及跨国公司决定独立交易与外国直接投资普遍程度的治理选择。下面确定了涵盖若干行业的几种典型配置策略，这些行业加在一起占据了全球贸易和投资的绝大部分。其中包括第一产业的资本和劳动密集型行业；全球价值链密集型高科技和低科技行业；地域分散的区域加工行业和轴辐式行业；以及高附加值和低附加值的服务业。

1. 三大技术趋势决定未来的全球价值链。以机器人自动化、加强供应链数字化、增材新制造为代表的工业革命技术将决定国际生产的未来。其中每一项都会对全球价值链的长度、地理分布和治理工作产生不同的影响。例如，机器人自动化降低了生产中的劳动力成本，增加了规模经济，可以实现分散流程的重组和回流。数字技术的应用降低了生产网络的管理和交易成本，更有效地协调了复杂的供应链，并改善了中小企业供应商通过平台自下而上进入全球价值链的机会。增材制造使全球价值链最后阶段通常外包的活动地理分布更广、更靠近市场和客户，使附加值集中在价值链的设计阶段。因此，每种技术，取决于在具体行业的运用情况，将拉平、拉长或弯曲国际生产的"微笑曲线"。"微笑曲线"是价值链的概念化表现，开始阶段（如研发）和结束阶段（如营销）的活动具有较高附加值，而中间阶段（如组装）的活动附加值较低。

2. 政策和可持续性趋势决定竞争环境。采用这些技术的速度和力度在很大程度上将取决于贸易和投资的政策环境，而政策环境目前的趋势是：干涉主义兴起，保护主义抬头，从多边框架转向区域和双边框架。新的产业政策倾向于推动专门知识和技术的集群化，并重组分散的活动以增加价值。保护主义将导致贸易成本上升，并加大技术分散的风险；区域主义将把贸易优惠从全球价值链转移到区域价值链；可持续性问题也将是国际生产转型的一个重要驱动力。不同国家和区域在排放目标以及环境、社会和治理标准上的做法不同，将增加贸易和投资政策压力。市场——包括厌恶风险的金融市场和注重声誉的消费者——正在不断推动产品和流程的变革。

政策的变动和可持续趋势要求跨国公司实施绿色生产方式。绿色生产是指采用环境友好型的生产技术、生产工艺，以及可再生能源等，以减少生产对环境的负面影响和资源的消耗。具体而言，绿色生产要求企业在生产过程中考虑环境保护、资源的节约以及对员工和社会的健康和安全的保护。绿色生产的目标是在减少对环境的无益影响和优化使用能源、垃圾的同时，提高产品附加值，增强企业的竞争力，并最终达到可持续发展的目的。绿色生产不仅有利于跨国公司的发展，也有利于东道国社会和环境的可持续高质量发展。

3. 生产转型的四种轨迹。技术、政策和可持续性趋势对国际生产的影响是多方面的。它们有时相辅相成，但偶尔也会向相反的方向推进，它们在不同的行业和地区会有不同的表现。《2017年世界投资报告》认为各行业因自身的起点不同，往往选择以下四种轨迹之一。

（1）生产回流。生产回流将缩短价值链，降低价值链的分散度，提高附加值的地域集中度。这将主要影响全球价值链密集型高科技产业。这一轨迹的影响有：撤资活动上升，追求效率的外国直接投资减少。对一些经济体而言，这意味着需要再工业化，对另一些经济体而言，这意味需要应对过早的去工业化。对发展中国家而言，进入全球价值链并沿着其发展阶梯升级将变得更加困难。

（2）生产多样化。生产多样化将扩大经济活动的分布范围。它将主要影响服务业和全球价值链密集型制造业。这一轨迹将为经济体和企业加入全球价值链提供更多的机会，但它对供应链数字化的依赖将导致这些全球价值链的管理更加松散、重平台而轻资产，而且在东道国捕获价值将变得更加困难。参与全球价值链将需要高质量的硬件和软件数字基础设施。

（3）生产区域化。生产区域化将缩短供应链的实际长度，但不会降低其分散度，附加值的地域分布将更广。这一轨迹将影响区域加工业、部分全球价值链密集型产业，甚至第一产业。这将意味着投资从在全球追求效率转向在区域寻求市场，从垂直的全球价值链细分市场转向更广泛的工业基础和产业集群。区域经济合作、产业政策和投资促进将成为建立区域价值链不可或缺的因素。

（4）生产复制化。生产复制化将使价值链缩短、生产环节重组。这将导致生产活动的地域分布更广，但附加值更加集中。生产复制化特别适用于轴辐式行业和区域加工业。这种轨迹意味着从投资于大规模工业活动转向投资于分布式制造，后者依赖于精简的物理基础设施和高质量的数字基础设施。本地制造基地和生产性服务成为吸引全球价值链最后环节的先决条件，但价值捕获和技术传播无法保证。

这四种轨迹对投资发展政策的制定者都具有不同意义。推动回流将对依赖出口导向型增长和全球价值链参与的经济体造成冲击；多样化和数字化对全球价值链中的价值捕获将是一个挑战，但也将带来参与全球价值链的新机遇；区域化将使与邻国在产业发展、贸易和投资方面的合作变得至关重要；生产复制化将改变只注重大规模产业活动的投资促进模式。

4. 价值链缩短、附加值更集中、轻资产型投资。尽管不同的轨迹表明，预期的国际生产转型不是单向的，但总体趋势是价值链缩短，附加值更加集中，对有形生产性资产的跨境投资减少。这些趋势表明，系统因全球价值链衰退和被掏空的风险加大而面临压力。鉴于国际生产对新冠肺炎疫情后复苏、经济增长和创造就业以及对低收入国家发展前景的重要性，政策制定者需要维持一个有利于国际生产网络逐步调整（而非休克调整）的贸易和投资政策环境。国际生产的转型为投资和发展政策制定者带来的挑战和机遇并存：

转型带来的挑战有：撤资、搬迁和转移投资现象增加，追求效率的投资减少，这意味着争取外国直接投资的竞争更加激烈；在全球价值链中捕获价值和通过垂直专业化实现发展将变得更加困难；

为全球价值链打造的基础设施的收益将不断下降；决定投资地点的考虑因素的变化往往会对发展中国家吸引跨国公司业务的机会产生负面影响。

转型带来的机遇有：吸引寻求供应基地多样化、建立冗余和弹性的投资者；寻求区域市场的投资将增加；价值链的缩短将为分布式制造和最终产品的生产带来更多投资，并带来更广泛的工业能力建设和集聚；数字基础设施和平台将支持新的应用和服务，改善自下而上的全球价值链进入。

5. 新的投资发展模式。面对挑战并抓住机遇，需要改变投资发展模式：第一，从侧重于狭窄的全球价值链专业化细分市场内以出口为导向、追求效率的投资，转向侧重于"出口＋＋"——出口加对区域市场生产的投资，再加对更广的工业基础的投资；第二，从依靠成本优势争取单一地点投资，转向依靠灵活性和弹性争取多元化投资；第三，从优先考虑使用"大型基础设施"的大型工业投资者，转向为使用"精简基础设施"的小型制造设施和服务腾出空间；第四，投资促进战略必须转向基础设施和服务业。过去30年来，发展国际生产和促进以出口为导向的制造业投资一直是大多数发展中国家发展和工业化战略的两大支柱。旨在开发生产要素、资源和廉价劳动力的投资仍然十分重要，但这类投资的总量正在缩减。必然需要进行一定程度的再平衡，以国内和区域需求以及服务来促进经济增长。

第三节　跨国公司在世界经济中的地位与影响

经济全球化是生产力发展的必然结果。本节介绍跨国公司与经济全球化、产业国际化和国家竞争力的相互影响。

一、跨国公司与世界经济全球化、一体化

（一）概念与含义

1. 经济全球化（Economic Globalization）作为一个概念，在20世纪80年代中期被提出。经济全球化是指世界各国经济无一例外地参与国际分工和国际交换，其核心是无歧视的公平的自由竞争，是物流、资金流、技术流和信息流的加速运动，其目的是实现资源在全球范围内的优化配置。经济全球化是世界各国经济对外开放和国际化的结果，同时也是各国经济体制市场化的结果。

经济全球化（Economic Globalization），是指世界各国经济无一例外地参与国际分工和国际交换，其核心是无歧视的公平的自由竞争，是物流、资金流、技术流和信息流的加速运动，其目的是实现资源在全球范围内的优化配置。

经济全球化的好处：一是国际交流和竞争降低了市场价格，有利于市场经济的发展；二是解放了人们的创造力，有利于优化贸易结构；三是扩大了市场供给，有利于更多利用资本和资源的优势；四是改善了产品和服务的质量，有利于各国人民生活水平的提高。由此可见，全球化不是一个政策选择，而是一个经济发展的客观事实。

经济全球化的发展，一方面，要求各国经济在全球范围内进行资源优化配置，削减各种人为的障碍和壁垒，实现商品贸易和生产要素流动的自由化；另一方面，宏观经济调控的国际化，要使各国的经济改革政策与国际经济接轨。由此而展开的竞争既充满活力又能有序地进行，共同遵守统一的、有效的"游戏规则"。

2. 跨国公司的全球化战略是指跨国公司向全世界的市场推销标准化的产品和服务，并在较有利的国家集中进行生产经营活动，由此形成规模经济和经验曲线效益，以获得高额利润。

在经济全球化的发展中，跨国公司发挥着至关重要的作用。从经济全球化的内容来看，主要包括生产一体化、贸易自由化和金融国际化三个方面。从本质上讲，金融国际化主要是为生产和贸易服务的，金融资本可以包括进生产要素中去，因而我们可以认为经济全球化实际上是指生产要素和商品的全球流动。跨国公司是国际生产的重要组织者。跨国公司在积极推动世界经济全球化的同时，也深受经济全球化的影响。跨国公司为了适应这个快速变化的世界，不断地调整自身的经营战略。早期的跨国公司在母国建立生产基地，通过国际贸易，将商品销售到世界各地，后来主要是通过国际投资，在海外建立工厂，利用东道国的区位优势降低生产成本，供应国际市场。

在全球战略下，跨国公司强调通过在低成本国家生产，利用世界范围的设备生产标准化产品，开展全球一体化经营和对抢占国内市场份额进行补贴等手段，实现全球效益最大化。实施全球化战略的跨国公司从一开始就是基于全球市场来构思和设计公司的产品，处于重要市场的子公司经常对产品设计提供建议，但是一旦母公司引进了一项新产品，子公司的角色就转换为执行者。

跨国公司的全球化战略，放眼全球资源和市场，把各种职能行为，如融资、研究开发、零部件生产、总装、会计、培训等，安排到能最好地实现公司总体战略的地方，并实行统一控制。

全球化的产品通常是要依据各国的相似性，而不是依据文化差异来销售，因此营销战略由母公司来制定。产品可在世界的任何一处制造，只要这些地方能以最低的费用达到必需的质量标准。事实上，大市场之所以吸引制造企业，正是由于制造企业的存在可以使公司扩大它的份额。而且，东道国政府有时会利用非关税壁垒诱使各公司在其本土上生产产品。

（二）经济全球化条件下，公司和产品的"国籍"日益模糊化

1. 公司"国籍"日益模糊化。大型跨国公司凭借其拥有的巨额资产、庞大的生产规模、先进的科技水平、全球战略和现代化的管理手段，已经将其触角伸向世界各地，并形成了"无国界经营"的新局面。跨国公司的无国界经营已经有力地推动世界经济全球化的进程。

公司"国籍"日益模糊化，也称为公司"国家属性"模糊化，即跨国公司是一国的跨国公司，也是世界的经济跨国公司，跨国公司不仅要为母国的经济发展做贡献，更应该为整个世界的经济发展做贡献，特别是帮助发展中国家实现工业化以缩小南北差距。跨国公司这种国际化的特性来自其股权的多国化。由于不同国家的跨国公司相互持股，建立联姻战略关系，公司的"国籍"日益模糊化了。

公司股权多国化，相互持股。以日本公司为例，2018 年，三菱重工业和沃尔沃集团宣布彼此购买相互的股份。三菱重工业购得了沃尔沃集团的卡车业务 10% 的股份，同时沃尔沃集团购得了三菱重工业的卡车业务 3.1% 的股份。2019 年，苹果公司和索尼集团达成了相互持股的协议。苹果购买了索尼集团 5% 的股份，而索尼集团则购买了苹果公司 2.3% 的股份。这些例子表明了不同国家的公司之间相互持股的发展趋势，这可能是为了共同利益、增强国际竞争力、控制在其他所持公司的影响等。

跨国公司的多国化股权决定了公司的国际性，假如跨国公司不具有国际性，那么它仅仅是民族国家的工具，它就不可能冲破民族国家的界限，成为可以独立发挥作用的权力中心。值得一提的现象是，美日两国竞争愈演愈烈，美日跨国公司之间的联盟关系却在稳定发展。这说明了国际化的跨国公司，其处世哲学首先考虑的是公司的利益和目标而不是母国的利益和目标。

跨国公司已具有双重属性，即民族性和国际性。跨国公司的民族性是指跨国公司是民族经济发展的产物，也是民族经济的支柱。许多跨国公司的多数股权属于母国，其上层管理者也是母国公民，一般说来，各国跨国公司都认同于特定的民族国家以便在必要的时候获得支持和寻求安全保护。由此可见，不属于任何国家的跨国公司是不存在的。例如，雀巢公司的海外销售额比重高达 98%，但仍属于瑞士公司。跨国公司的民族性，使民族国家可以采用某些手段对本国公司实行适度的调控。同时，民族国家对本国公司的对外扩张业务予以支持，既保护本国公司的利益，又可以利用本国公司作为国家外交政策的工具。跨国公司的国际性是指其经济规模、业务范围和影

响力已经超出某一民族国家的范围而国际化了。跨国公司的业务和利益遍布全球，其目标和利益常常凌驾于母国和东道国的目标和利益之上。目前越来越多的跨国公司正在成为"国家属性"模糊的跨国公司。

2. 产品"国籍"日益模糊化。国际分工和国际交换是社会生产力发展到一定阶段的必然结果，是生产社会化和国际化的必然趋势。部门内国际生产专业化的发展和"国际综合性产品"在当代国际贸易中比重的日益增加，是当代国际分工深化的一个主要标志，而跨国公司的发展更强化了这种趋势。

国际综合性产品
（International
Conglomerate
Product），是指
跨国公司在与产
品生产过程有关
的国家组织专业
化生产，而又通
过跨国公司内部
贸易把这些国家
的生产活动和工
序联系在一起。

国际综合性产品（International Conglomerate Product）是指跨国公司在与产品生产过程有关的国家组织专业化生产，而又通过跨国公司内部贸易把这些国家的生产活动和工序联系在一起。因此，在有关的每一个国家的国内生产流程，也就成为跨国公司在世界范围内的总的生产流程的一个组成部分。在此基础上生产出来的产品，也就成为一种"国际综合性产品"。

国际综合性产品的出现，标志着传统观念上的某国产品受到了重大的冲击，模糊了产品的"国家属性"。那些由"多国籍"元件组成的产品是诸多生产要素在全球范围内实现优化配置的产物。

福特公司以"全球车"为目标而实施的全球战略，福特汽车公司在20世纪70年代完成了把欧洲各公司整合成一个欧洲公司后，于70年代末提出"全球车"计划，即设计、部件生产和组装活动都一体化的世界型汽车。经过70年代末、80年代末以及90年代中期三轮"全球车"的努力，福特将包括美国公司和欧洲公司在内的所有汽车业务整合于一家公司——"福特汽车经营公司"（FAO），并按家用、商用、轿车、卡车分别成立了五个汽车项目中心，每个中心负责某一系列车型的全球设计和制造工作。在零部件供应上也实施全球统一采购或自制。

再比如苹果公司，其新款的 iPhone 16 系列手机在美国设计、在中国或印度等地生产，其零部件则由遍布全球的供应商供应，其中不乏三星、LG、索尼、高通、德州电器和恩智浦等知名跨国公司。而根据苹果公司 2023 财年年度供应链名单，苹果公司 98% 的采购、生产和组装都在位于各大洲的约 187 家企业数百座工厂内进行（见表 1 – 3）。

表 1 – 3　　　　2023 财年苹果公司供应商的主要地理分布

国家/地区	工厂数量	国家/地区	工厂数量
中国大陆	155	泰国	23

续表

国家/地区	工厂数量	国家/地区	工厂数量
中国台湾	49	新加坡	23
日本	41	马来西亚	18
越南	32	菲律宾	16
美国	25	印度	13

资料来源：根据苹果公司官方网站及其他公开数据整理而得。

（三）实施全球化战略的跨国公司放眼全球，着手本土

在跨国公司实施全球化战略过程中，其经营本土化特征有效地推动了全球化战略的发展。有些跨国公司经理甚至创造了 Glocal 这个词，来表示放眼全球、着眼当地的发展战略。本土化战略中最关键的因素有三个：一是高中级经理本土化；二是研究本土化开发；三是公司风格本土化。

1. 高中级经理本土化。跨国公司为了利润和市场的最大化，雇员的本土化已经成为共识。根据 2020 年彭博社与 McKinsey & Company 共同发布的报告《多元领导力的商业影响力》，跨国公司高层管理人员本土化的趋势正在加速发展。根据这份报告的数据，仅在亚洲地区，跨国公司在本土聘任高管的比例从 2015 年的 48％上升到 2018 年的 64％。此外，全球认为"多元化和包容性文化"是关键成功因素的受访者比例也在逐年提高。根据同一份报告的数据，2019 年，全球有 84％的受访者认为多元化和包容性文化对业务绩效具有重大影响，尤其在亚洲高达 93％。例如，摩根士丹利银行（Morgan Stanley Bank）在 2021 年任命了一位中国籍女性为亚太区副总裁，这位女性将负责该银行在亚洲区的市场扩张和营销活动；宝洁公司（Procter & Gamble，P&G）在 2020 年宣布将其中国区总裁升任亚洲区总裁，负责管理该公司在亚太地区的业务和发展战略；苏黎世保险公司（Zurich）在 2019 年任命了一位韩国籍高管为亚洲区 CEO，这位高管将负责公司在亚洲区的业务和战略。我国企业的海外投资也十分注重管理人员的本土化问题。以 TikTok 为例，TikTok 在全球各地的本地化管理团队人数和比例是不断在增加的。这些团队包括市场营销、制作、技术支持、内容审核、公共政策和其他领域的专业人员。TikTok 在印度设立了委员会，该委员会成员由印度创始团队、印度高管和中国总部的领导人组成。此外，TikTok 还在印度招聘了大量的印度员工，以适应当地用户的需求和文化特征，并对其内容进行审核。截至 2020 年，TikTok 在印度拥有超过 2 000 名员工，这些员工涵盖了公共政策、销售、市场营销、运营等多个领域。在其他国家和地区也是类似

37

的，TikTok 都在积极建设当地的本土化管理团队。可以说，本土化的管理团队能够让该公司更好地了解当地用户的需求并开拓当地市场，这也为 TikTok 提供了更好的商业机会，这是 TikTok 成功的关键之一。

2. 研究本土化开发。当今大多数跨国公司都意识到本土化的重要性，而在研发领域本土化的意义尤为重要。跨国公司研发本土化往往基于如下原因：首先，研发本土化能够让公司更好地适应当地市场和消费者的需求。针对当地消费者的特点和环境，本土研发能够更好地满足消费者的需求，开发出更加符合本地人口特点和喜好的产品，提升市场竞争力。其次，本土化研发也可以帮助公司更好地融入当地文化，不仅可以加强企业与当地政府以及媒体等相关方的合作，还可以更好地理解并灵敏地解决当地市场所面临的挑战。最后，本土化研发也有助于公司招聘和保留当地人才。本土研发意味着需要在当地培养技术人才，这不仅有助于增强公司在本地招聘的吸引力，也有助于激励和留住当地人才，提升企业核心竞争力。

研发本土化是企业成功的关键，可以说是在当代全球化的环境下企业发展的必经之路。只有通过本土化的研发策略，企业才能充分发挥全球优势，在全球范围内获得更广阔的市场空间。例如，苹果公司将其研发团队逐渐从美国转移到中国，成立了位于上海的研发中心。这个研发中心并非单纯地从事研发工作，而是采用了半自主化的模式，中国团队可以在工作项目和结果上有一定的决策权，而华为公司在印度成立了研发中心和创新中心，这样就能在印度的市场和业务上更好地本土化。华为还在印度打造了一个智能制造基地，以本土化的方式生产和销售设备。特斯拉（Tesla）建立了在中国的极具现代感的工厂，这个工厂能为中国市场本土化定制生产。这些例子展示了研发本土化的实践，通过建立当地化的团队和设施，企业能够更加本土化地创新和生产，加强和当地政府与市场的合作，提升企业竞争力，实现区域化和全球化的双重发展。

3. 公司风格本土化。20 世纪六七十年代大型跨国公司最强调的是世界各地机构的风格统一，而近年来，由于强调合作、联盟、战略外包等，许多大型跨国公司开始容忍甚至鼓励国外子公司风格的本土化。

全球范围内，广告中不断增多的地域文化因素体现了典型的公司风格本土化特征。国际广告寻找的是市场，传播的是信息，宣传的是产品，然而其目标对象却是处于与本国文化迥异的特定文化环境中的消费者。因此，国际广告实施本土化策略有其自身的根据和充分的理由。美国宝洁公司堪称广告本土化策略的典范，其飘柔洗发水，在美国名称为 Pert - Plus，在亚洲地区改名为 Rejoice，中文名则为飘柔，以迎合华人市场，广告手法也与在美国不一样。在最近的营销风格本土化案例中，耐克（NIKE）是成功的典范。2019 年，耐克在中国推出了一款本土化的篮球鞋系列，这个篮球鞋系列是为中国的篮球球迷所设计的，其中的一些元素灵感来自中国传统文化和风俗习惯。例如，系列中的一款鞋柜上印有中国传统竹编发式，另外一款鞋子的名称，名为"夜行货"，是中国球场文化的代表之一。这一本土化战略不仅在中国市场上获得成功，而且在全球市场上也获得了赞誉。耐克总裁在 2019 年第三季度的财报电话会议中表示，该款鞋子是最成功的推广活动之一，并且在全球范围内的收益有所增加。这个例子展示了耐克本土化的市场营销策略成功地提升了公司的品牌形象和利润，增强了与当地消费者之间的联系。

（四）全球化与逆全球化交替并行

近年来，经济全球化呈现出许多不同于以往的新特征，主要表现在以下几个方面：第一，发达国家与发展中国家对经济全球化持不同态度。曾经作为全球化倡导者的发达国家越来越表现出逆全球化倾向，而曾经作为全球化跟从者的发展中国家则越来越成为新型经济全球化的引领者与推动者。第二，经贸问题政治化现象日益显著。为了确保自己的利益，以美国为代表的西方国家频频使用政治、外交和军事等手段推动逆全球化进程，试图以此来遏制其他国家的发展以维护其霸权地位。第三，非常态的"灰犀牛"与"黑天鹅"事件全球性冲击事件频发，加剧了世界经济运行的脆弱性。当前，国际力量对比变化导致的国际政治、军事、经济、科技、安全等格局正经历深刻调整。新冠疫情、俄乌冲突等突发事件对全球供应链、产业链造成极大冲击，西方国家普遍陷入近几十年来最严重的通胀危机。

以上这些现象表明，经济全球化步入了挑战和机遇并存的关键时期，以发达国家为主导的经济全球化模式正遭遇越来越多的发展困境，导致逆全球化浪潮兴起，这方面尤以美国最具代表性。与此同时，作为发展中国家的代表，中国一直在积极推进开放共享、互利共赢的新型经济全球化进程，为全球化的发展注入新动力。可以看出，全球化进程中的建设力量和破坏力量、积极因素和消极因素并存，所以，全球化和逆全球化的交替前行是当今世界经济发展的基本现状。

全球化转向是左右当前全球价值链重构和跨国公司战略选择的深层次因素。进入 21 世纪的第二个十年后，跨国公司的发展及其对全球价值链的战略控制受到了意料之外的因素冲击，呈现出了新的变化态势。首先，新跨国公司的形成速度在大大加快；其次，不同代际和不同成熟度的跨国公司，同时面对着来自数字经济的竞争变革的挑战；最后，全球化转向，正使信奉向全球一体化战略方向发展的跨国公司渐渐处于失势的状态，它们的既定战略，既不兼容于冲突加剧的国际政治关系，也越来越难以容身于全球市场规则差异化特征日益凸显的新形势。

在面对全球化转向和全球价值链重构的新局势时，越来越多的跨国公司日益清醒地认识到这样的现实：尽管许多跨国公司声称推行全球战略，但事实上，大多数跨国公司的全球性是不足的。面对新形势，跨国公司有三种战略选择：第一，适应全球化的收缩态势，实施聚焦收缩战略，将资源向相对安全可靠区域集中，实施布局调整。实施聚焦收缩战略的跨国公司，其动机有两种理论解释：一是出于组织惯性和路径依赖，将资源配置向自己最熟悉的区域集中和聚焦，实现自我强化；二是出于对全球化进程中最新的制度环境因素变化的敏感反应，对新的价值观念的兴起、分裂的政策与制度环境中持续上升的风险因素，及时作出回避和收缩的应对之策。第二，适应全球化的转向态势，实施组合迁移战略，将资源配置重心有计划地从存在一种或一组相对较高的不确定性的区域或领域，转向存在另一种或另一组相对较低的不确定性的区域或领域。实施组合迁移战略，可以沿着全球化转向的三个不同方向来推进。第一种情况发生在区域层面。例如，针对印度政府频频出台的限制政策，2022年7月，中国手机生产厂商荣耀已经将团队撤出印度，采取更稳妥的方式开发印度市场。第二种情况发生在业务领域层面。例如，顺应数字经济发展趋势，通过加快数字化和智慧化技术的普及应用，调整资源在不同业务领域和不同区域之间的配置结构。第三种情况是结合全球价值链上各种与不确定性和风险相关的因素，做出组合式的迁移战略安排。在同一区域，不同的业务，可以有进有退———在某一些方面，资源配置会更加符合全球价值链的内在经济性要求；而在另一些方面，资源配置会对那些更加紧迫的非经济性的干扰因素，做出必要的响应。第三，与全球化的转向同步，实施集成编排战略，在全球化转向中，主动寻找各种不同方向和不同性质的有价值的资源进行集成式编排和重组，着力塑造新的竞争优势，进而主导全球价值链的未来变化。

（五）采取全球化战略需考虑的主要问题

尽管全球化战略在全球化产业中被视为一个理想目标，但并非所有的公司都会实施全球化战略。资源限制、官僚主义的阻碍和子公司自治的历史等因素都会迫使公司采取各种各样的非全球化选择。所以，当跨国公司在全球竞争的压力下必须采用全球化战略时，应注意以下步骤：

1. 为关键的规模经济和其他全球化的利益定位。对于面临激烈的全球竞争威胁的北美和欧洲公司来说，常常先想到的是海外生产。许多管理人员感到最完美的解决方式是把劳动密集型产业转移至低工

资国家，这样就可以像往常那样继续经营。但是，实施全球化战略远
不止这些，跨国公司必须要为主要的全球市场设计产品，并且还要设
计有利于生产加工处理和符合产品可靠性、技术、质量的全球标准。
实施全球化战略的问题不在于何处能使成本更低，而是在于何处能使
技术、质量和成本达到最佳组合。这就最终决定了不同的产品要在不
同国家生产。一些国家的工厂应主要从事零部件生产，而另一些国家
的工厂则进行装配。无论哪种情况，工厂都是为了服务于公司的全球
需求，或者至少是其中很重要的一部分。许多大公司对于其关键产品
或零部件常常发展多个供应商，但通常指定一家工厂作为主要供应
商，并且把相关的产品开发任务交给这个合作伙伴，而其他与之竞争
的企业会努力通过更低的成本和更好的质量去取代目前主要供应商的
地位。

生产的全球化是规模经济的主要来源，但并非唯一的来源，广告
和促销的全球化也是规模经济的重要来源。可以针对各地的共同点进
行营销，但要想获得成功，需要对不同地区的情感和思维方式进行深
入了解。在美国艾奥瓦州或加拿大安大略省适宜的营销方式在印度或
马来西亚未必也适宜，即使实施全球化战略也不能忽略这些差异性。

对于不同的产业、不同的产品或经营活动，全球化带来的好处不
尽相同。主要问题在于：不同国家的客户需求在多大程度上相同；通
过为全球市场设计产品和达到全球化的生产能力，公司能节省多少费
用；进行大规模专业化生产可以采取什么样的技术；公司能否得益于
采取统一策略在全球销售产品；在某些国家或地区采取这样的策略会
引发哪些问题。当针对各条生产线和各种经营活动，上述问题都有了
明确的答案时，我们才可能分清在何处最适合全球化和在何处实施本
土化则更为重要。

2. 更频繁地让管理人员轮流在不同的国家工作，帮助他们培养
全球化意识。在某个国家长期工作的管理人员不易培养全球化的意
识，而在不具备这些意识的情况下要使一个组织成功地实施全球化是
困难的。加速全球化的一个办法就是让高层管理人员在不同的子公司
工作，或者在子公司和总部间来回调动。当然，这意味着派遣非当地
人去经营某地的子公司，但是如果这种轮调被理解为进行全球化管理
的训练，将会减少当地员工对外国老板的反感。轮调管理人员还会带
来其他好处，如公司能够在轮换中加以考察，把来自世界各地的管理
人员派往最适合他们的工作岗位。许多公司包括苹果、华为、小米
等，经常轮调它们的管理人员以建立一个国际管理者的核心。然而并
非每个人都喜欢在世界各地调来调去。一些管理人员在事业的早期可
能喜欢这种机会，但当他们要为孩子的教育和其他家庭事务操心的时
候，情况就不同了。对于公司来讲，这种做法的花销是昂贵的，公司

通常向海外派遣人员支付国外生活补贴，或为他们支付膳宿、家庭的旅行费用，未成年人在私人学校的教育费用也常常包括在内。建立一个全球管理队伍常常会将高消费的传统引入企业文化。这些费用对于东道国当地雇员来讲，常常被认为是奢侈浪费。

二、跨国公司与产业国际化

（一）产业国际化

国际化产业，也就是产业内的产品生产和销售已实现高度国际化的产业，同时产业内的主要企业的生产经营已不再以一国或少数国家为基地，而是面向全球并分布于世界各地的国际化生产体系。

1. 所谓国际化产业，也就是产业内的产品生产和销售已实现高度国际化的产业，同时产业内的主要企业的生产经营已不再以一国或少数国家为基地，而是面向全球并分布于世界各地的国际化生产体系。

2. 衡量。由于产业和企业的国际化程度存在着国与国、行业与行业间的差异，因此用怎样的指标来比较这些差异就变得颇为重要。除我们上述提到的跨国经营指数之外，通常人们用以下三个指标来衡量：

（1）外向程度比例（Outward Significance Ratios）：

$$OSR = \frac{一个行业或企业的国外产量（或资产、销售额、雇员数）}{一个行业或企业的国内外产量（或资产、销售额、雇员数）}$$

（2）研究与开发支出的国内外比例：

$$R\&DR = \frac{一个行业或企业的国外研发费开支}{一个行业或企业的国内外研发费开支}$$

（3）外销比例（Foreign Sales Ratios）：

$$FSR = \frac{一个行业或企业的产品出口额}{一个行业或企业的国内外产品总销售额}$$

相对来说，第一项指标用得较多，因为它的适用范围更广；第二项指标主要用于超大型跨国经营企业的研究，尤其是高新技术产业；第三项指标因局限于销售状况的描述，实际上它是跨国经营指标的简化形式。

（二）特征

1. 产品生产国际化。产业的主要产品形成过程已经不是由一个或少数几个国家完成，而是由遍布全球的各国企业，包括跨国公司、生产关联企业群体，以高度专业化分工为基础而共同合作完成。如三星电子，该公司在全球多个国家都建立了生产基地，实现了跨国公司生产国际化。举例来说，2019 年，三星在印度开设了世界上最大的手机生产工厂。此外，该公司还在中国、越南、巴西、墨西哥、泰国、埃及、土耳其、俄罗斯等国家建立了多个生产基地。这使得三星能够更好地满足全球市场的需求，同时也可以降低生产成本，提高效率，增加竞争力。通过在全球建立多个生产基地，三星将自己从单一制造商变成了全球制造商，并在产业链不同环节进行协同，进一步提升了自身的生产力和组织效率。

在国际化产业领域，如化工、运输设备（主要是汽车）、电子行业，这种建立在国际化生产经营基础上的跨国公司内部贸易在企业内部的地位，在决定跨国公司的国际竞争地位时已越来越重要。

2. 企业经营的国际化。产业市场中主要企业的生产经营过程同样也是在全球范围内进行并实现的。奥林巴斯（OLYMPUS）是一家总部位于日本的跨国公司，提供医疗和科学领域的高品质光学、图像解决方案等产品。该公司的业务范围涵盖了多个国家和地区，包括亚洲、欧洲、北美等。为了更好地满足客户需求，奥林巴斯对每个地区进行了本地化的调研和市场分析，并定制了适合每个国家和地区的产品和市场策略。在与各地区的销售团队合作时，奥林巴斯也十分注重培训和支持本地团队，以便他们能更好地理解本地市场需求和趋势，并提供更好的客户服务。此外，该公司还致力于促进医学和科学领域的持续发展，并与各地区的大学和研究机构建立战略合作伙伴关系。这种本地化的经营和积极的社会责任使得奥林巴斯在全球范围内赢得了良好的声誉和信任。

3. 生产经营的规模化、集中化。由于再生产过程的生产经营分工已经高度专业化，因此与非国际化产业相比，在正常经营情况下，国际化产业中被布点在任一国家、处在跨国公司全球再生产链环中的生产基地企业，其生产规模往往可达到该产品行业的最低有效规模经济水平，或者说，国际化产业是规模经济效应显著的高集中度产业。这是为何就平均而言，国际化产业中的跨国公司直接投资项目普遍规模较大，其产品对外出口的比例也明显较高的原因。

沃尔玛（Walmart）是一个具有代表性的跨国公司生产经营规模化集中化的例子。沃尔玛是世界上最大的连锁零售商，在全球范围内拥有超过 11 000 家门店，雇用了超过 220 万名员工；2023 年居《财富》世界 500 强的第一位。沃尔玛的经营模式侧重于规模效应和集中化管理，通过大规模购买和集中采购来获得成本优势，并通过标准化的管理程序来确保产品质量和服务水平的一致性。此外，沃尔玛还通过使用先进的供应链和物流管理系统，实现了高效的运作和库存管理，以确保产品能够及时达到门店并减少成本浪费。这种规模化和集中化的经营模式使得沃尔玛能够在全球市场上实现业务的快速扩张和收益的最大化。

4. 市场竞争格局的国际化。整个产业的市场结构和主要厂商间的市场竞争格局不再是以一国或一个地区为界线，产业市场主要厂商的市场竞争战略的制定与实施是建立在产业市场全球一体化基础上的。这实际上意味着，在国际化产业，市场结构的跨国传导既是跨国公司全球竞争战略实施的必然结果，也是导致有关产业及其企业国际化程度不断提高的主要原因。

三、跨国公司与国家竞争力

（一）国家竞争力与综合国力

瑞士国际管理发展学院（IMD）和《世界经济论坛》（World Economic Forum，WEF，也称"达沃斯论坛"）将决定或影响国家竞争力的因素归纳为八个方面：国内经济实力、国际化程度、政府影响、金融实力、基础设施、企业管理能力、科技实力和人才等。

综合国力是一个国家在一定时期内所拥有或控制的关系国家生存与发展的所有力量的总和，由经济活动能力、科技创新能力、国际竞争能力、政府行政能力、社会发展能力、资源开发和应用能力、国防军事能力、民族的凝聚力等组成。一个国家的综合国力，从经济学角度来讲，主要指标包括：一是国民生产总值；二是主要产品的产量和质量；三是国际竞争力；四是一国对外贸易的规模大小和质量的高低。这不仅直接关系该国同世界经济的交换量和国际收支能力，而且也直接关系到国民生产总值的规模和主要产品的产量，因此，发展对外贸易与提高综合国力密切相关。

（二）国家竞争优势

传统的理论认为，国家竞争优势取决于：国家所拥有的生产要素，政府的经济政策，企业的组织形式，民族的文化传统和国防军备开支等。这些理论各自从某一侧面对国家在世界竞争中的优势。美国哈佛大学迈克尔·波特（Michael Porter）教授有一个著名的竞争三部曲，即《竞争战略》《竞争优势》《国家竞争优势》，在后一部著作中波特教授指出，国家竞争优势实际是行业竞争优势的问题，关键在理解一国经济的大环境如何影响企业和行业在世界市场上的竞争地位。

一国的特定产业是否具有国际竞争力取决于六个因素：

1. 生产要素，包括人力资源、自然资源、知识资源、资本资源、基础设施等，其中特别强调的是"要素创造"（Factor Creation）而不是一般的要素禀赋。

2. 需求条件。就需求状况考察国家竞争优势，取决于各国需求状况的时间差、各国需求结构的规模差和各国需求偏好的国际传播。起步早的企业，可以利用经验曲线的效应，建立起自己"一着先，步步先"的竞争优势。如日本分体式空调机、美国家用中央空调和

決定或影响国家竞争力的因素归纳为八个方面：国内经济实力、国际化程度、政府影响、金融实力、基础设施、企业管理能力、科技实力和人才等。

一国的特定产业是否具有国际竞争力取决于六个因素：
1. 生产要素；
2. 需求条件；
3. 相关与辅助产业的状况；
4. 企业组织、战略和竞争程度；
5. 政府行为；
6. 机遇。

信用卡的需求模式等。需求状况影响竞争优势的另一途径是通过一国需求方式和偏好的国际传播。如美国的快餐业凭借其品牌优势和大规模生产的成本优势，大举挺进后进国家市场。

3. 相关与辅助产业的状况。一个国家任一行业要在国际市场领先，必须要求其供货商和其他相关行业也是世界第一流的，这也是为什么任何国家的优势行业，往往表现为一群在地理上互相靠近的、技术上和人才上相互支持的产业链（Cluster），是国家竞争优势的源泉。如美国计算机硬件的发展，受益于美国微软等一大批世界领先的计算机软件公司；日本摄像机的发展离不开其在复印机行业的基础；美国医疗监测设备的发展，则与美国测试仪器的高度发达紧密相关。

4. 企业战略、结构和竞争程度（见图1-7）。

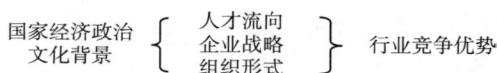

国家经济政治
文化背景 ｛ 人才流向
企业战略
组织形式 ｝ 行业竞争优势

图1-7 国家环境对企业战略、结构和竞争的影响

5. 政府行为。在全球性竞争日益加剧的当今世界，国家和政府的作用变得越来越重要。政府在增强国家竞争力中起着个别企业无法取代的作用，能为企业创造有利环境。

6. 机遇。

这六个因素构成著名的产业国际竞争力"国家菱图"（National Diamond），另译作"国家钻石"（见图1-8）。

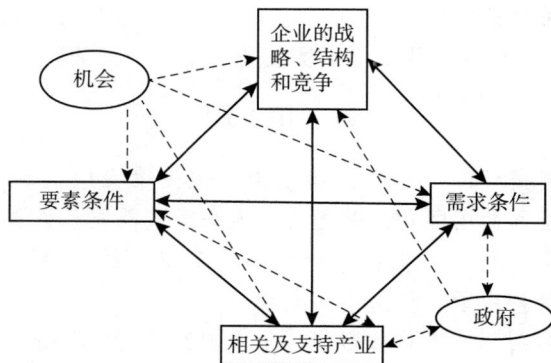

图1-8 迈克尔·波特的"国家菱图"（National Diamond）

资料来源：迈克尔·波特著，李明轩等译：《国家竞争优势》，华夏出版社2002年版，第119页。

波特的基本观点是，国家经济实力不可笼统而论。一个国家可以在某些行业遥遥领先，但同时在其他行业远远落后。因此，国家竞争优势说到底是若干行业的竞争优势问题，分析层次应当从行业着手。如果一个国家能在那些劳动生产率提高最快、新发明新技术发展最快的行业领先，这样的国家就是有竞争优势的国家。简言之，一个国家最有希望称雄世界的行业是其国内最受尊崇的行业，是那些出"英雄"、出"百万富翁"的行业。这种行业在意大利是时装，在瑞士是银行，在以色列是国防工业和农业，在美国则是金融和娱乐业。

关 键 词

跨国公司　跨国指数　绿色生产　归核化战略　数智公司　经济一体化　国际综合性产品　综合国力　国家竞争优势

思 考 题

1. 试分析跨国公司各种定义的异同点。
2. 简述跨国公司划分标准的纷争。
3. 衡量跨国公司常用的经营业绩指标体系有哪些？
4. 如何理解在经济全球化条件下，跨国公司及其产品的"国籍"日益模糊化？其背后的驱动因素是什么？
5. 如何理解发展中国家跨国公司在全球对外直接投资中的比重逐渐上升？
6. 新冠疫情对全球对外直接投资有何影响？
7. 数智化跨国公司与传统跨国公司有何不同？
8. 影响未来国际生产的大趋势有哪些？
9. 在面对全球化转向和全球价值链重构的新局势时，跨国公司有哪些可能的选择？
10. 跨国公司可以从哪些维度提高国家竞争优势？

讨 论 题

跨国公司是经济全球化的推动者，也是受益者。通过生产、技术、服务和资本的国际化，跨国公司在全球范围配置资源，实现利润最大化。跨国公司只有拥抱全球化才能实现更好发展，而拥抱全球化，就必须拥抱中国、拥抱中国市场。

尽管受到新冠肺炎疫情影响，但中国经济长期向好的基本面没有改变，扩大开放的决心没有动摇，中国市场在跨国公司发展过程中发挥的作用将越来越突出。首先，中国的超大规模市场依然具有很强的成长性。大量跨国公司在华经营业绩占比不断提高，一些企业占比甚至达到50%。随着中国人均消费能力不断提升，消费潜力持续释放，消费结构不断升级，跨国公司在华经营还将迎来广阔的市场空间。其次，中国超大规模市场和不断丰富的研发资源，将帮助跨国公司降低研发成本，为跨国公司研发创新活动提供丰富的应用场景，从而促进跨国公司研发成果转化。越来越多的跨国公司已经认识到这一点，并加大在华研发投入。此外，中国坚定扩大对外开放，通过加入区域全面经济伙伴关系协定（RCEP）等积极融入全球经济，为跨国公司进一步提升资源配置效率提供了更大空间。

面向未来，中国经济韧性强、潜力足、长期向好的基本面没有改变。中国将继续深化改革、扩大开放，打造市场化、法治化、国际化的营商环境，为世界各国企业来华投资兴业提供更多机遇。

资料来源：金观平：《中国对跨国公司重要性有增无减》，载《经济日报》2022 年 6 月 7 日。

问题：如何认识中国对跨国公司的重要性？

第二章
跨国公司的经营环境

要点提示

本章从总体上说明了影响跨国企业经营活动的宏观环境要素，产业环境以及跨国公司内部能力特征。跨国公司经营环境的学习共分为四个部分：宏观环境；产业环境；微观环境；跨国公司经营环境评估方法。

引　言

推进高水平对外开放，稳步扩大规则、规制、管理、标准等制度型开放，加快建设贸易强国，推动共建"一带一路"高质量发展，维护多元稳定的国际经济格局和经贸关系。

——党的二十大报告

环境是跨国公司开展经营活动的特定背景，对环境的研究是跨国公司开展经营活动的前提。跨国公司所处的国际环境内容更为复杂、变化更为频繁、不可控程度更高，因此，国际化运作要求管理人员充分意识到高度复杂的国内外经营环境以及这些环境可能发生的各种变化。

第一节　宏观环境分析

宏观环境是企业活动的大背景、大环境，跨国公司经营面临的宏观环境包括两大方面的内容，即一般意义上的国际市场环境和东道国的宏观环境。跨国经营中，管理者必须对宏观国际市场环境有所了解，同时，由于跨国经营所涉及的国家或地区不同，还必须对东道国政治法律制度、经济发展状况、技术水平、社会文化和自然环境等具体分析。宏观环境的各个方面是相互联系、相互渗透、相互影响而形成一个有机的系统，在这个有机的整体中，每个投资要素的变化都会引起其他环境要素的变化，从而导致国际投资总环境平衡的重新建立。系统全面地分析宏观环境，对跨国公司经营活动的顺利高效开展有积极意义。本节阐释了国际市场环境和东道国宏观环境，主要包括经济环境，政治法律环境，技术环境，社会、文化和自然环境。

一、经济环境

经济环境是指企业经营过程中所面临的各种经济条件、经济特征、经济联系等客观因素。具体来看，包括经济结构、经济体制、经济周期、国民收入与国民生产总值状况及趋势、人均收入、利率、失业率、通胀率等。对跨国公司而言，经济环境是影响其发展和战略制定最基本、最重要的因素。

（一）国际金融市场

在 21 世纪，任何一家跨国公司想不断提升自身竞争力，在激烈的国际竞争中赢得一席之地，都需要积极参与和利用国际金融市场。国际金融市场是联结个别国家金融市场的纽带，也是处于各国司法管理之外的独立市场。从广义上说，国际金融市场是居民和非居民之间，或者非居民与非居民之间进行各种国际金融业务活动的场所。国际金融市场按功能划分，可以分为货币市场、资本市场、外汇市场、黄金市场。这里主要介绍欧洲货币市场、国际股票市场和国际债券市场。

1. 欧洲货币市场（Euro-money-market）。欧洲货币市场的确切称呼应是"境外货币市场"。传统意义上的欧洲货币市场是指非居民间以银行为中介在某种货币发行国国境之外从事该种货币借贷的市场，又可以称为离岸金融市场。如存在伦敦银行的美元，从德国银行贷款美元等。最早的欧洲货币市场出现在 20 世纪 50 年代，因为它不属于任何一个国家的国内市场，不受任何一国政府的控制。该市场之所以有"欧洲"（Euro－）这一前缀，是因为其发源地在西欧各金融中心。但后来境外市场的发展逐渐超出欧洲大陆，派生出巴拿马、巴林和东京等离岸（Off Shore）金融市场以及以新加坡为中心的亚洲美元市场。

欧洲货币市场（或曰境外货币市场）有以下四个主要特征：

（1）该市场借贷双方通常都不是交易所在国的居民，他们可以来自世界上任何国家。

欧洲货币市场，确切称呼应是"境外货币市场"。传统意义上的欧洲货币市场是指非居民间以银行为中介在某种货币发行国国境之外从事该种货币借贷的市场，又可以称为离岸金融市场。

（2）该市场上所借贷的货币通常不是交易所在国的货币。

（3）在该市场上起作用的通常是大型跨国金融机构。

（4）该市场不受任何一国国内金融法规的约束。

在境外金融市场经常使用的欧洲货币中美元居主导地位，但欧洲货币市场上借贷的货币不只限于美元。理论上，任何可以自由兑换的货币都可以成为欧洲货币。

欧洲货币市场的资金的主要来源是：各国商业银行；各国政府机构和中央银行；跨国公司；国际清算银行；石油生产国；国际银团。

2. 国际股票市场。国际股票通常是指外国公司在一个国家的股票市场发行的，用该国或第三国货币表示的股票。大多数跨国公司的主要股权资本来自母公司所在国的投资者。

跨国公司可以直接到外国股票交易所挂牌上市销售其股票。在国际股票市场中，股票的发行和买卖交易是分别通过一级市场和二级市场实现的。一级市场即股票发行市场，二级市场即股票流通市场，是对已发行的股票进行买卖的市场。国际股票市场的主要交易品种包括股票现货、股票期货、股指期货、股票期权和存托凭证。

除了在交易所挂牌上市外，跨国公司还可以进行较大规模的国际股票分销；由国外金融机构承购新发行的股票，然后通过其分销网络向世界各地的投资者销售。

尽管国际股票分销做得越来越多，但大多数跨国公司从海外筹措的大部分股权资本却是通过在欧洲债券市场发行可换股债券和附认股权证债券而获得的。可换股债券允许投资者随时或在指定的某段时期内以某一特定价格将债券转换成普通股票。附认股权证的债券在发行时按金额比例附有一定数量的认股证，投资者可凭认股证在一定时期内按预定价格购买公司股票。因为这两种债券附加了给予投资者的期权（Option），所以其市场价格要比同期同息的债券为高。跨国公司还可以通过子公司在当地发行股票来筹措股本。

3. 国际债券市场。债券是公司为了筹集资金向社会公众发行的一种约定时期偿还本金，并按一定利率定期支付利息的有价证券。债券的发行价格要根据面值、票面利息率、市场利率、发行公司的资信等许多因素综合确定，换言之，它取决于债券风险调整后的现值，而非面值。

国际债券又可分为外国债券和欧洲债券。外国债券是国际借款人在外国债券市场上发行的，以发行所在国货币为面值的债券。如美国公司在法国发行的法郎债券等。

欧洲债券是国际借款人在债券标价货币所属国家之外发行的国际债券，所以欧洲债券市场是一个境外市场，其显著特点是不受任何国家金融当局的管辖。例如，欧洲美元债券的发行不需要向美国证券交易委员会申请，也不受其管制。因此，筹资者可以抓住市场的有利机会，在短时间内迅速投放欧洲债券。这也是欧洲债券市场迅速发展的重要原因，欧洲债券通常由国际性金融机构或投资银行辛迪加承购发行。

对跨国公司而言，欧洲债券融资的最大好处是成本较低，因为欧洲债券市场没有类似国内金融市场的较严格的法规管制，故其手续费和其他费用都较低。此外，由于欧洲债券一般都以不记名方式发行、二级市场比较发达，加上欧洲债券的利息发放一般不征收预提税，所以投资者也愿意接受较低的收益率。

随着金融市场的发展和金融创新工具的不断出现，跨国公司的融资战略有了越来越多的选择余地。在融资方式与期限方面，有银行贷款、欧洲票据和欧洲商业票据、欧洲中期票据和欧洲债券等可供选择；在货币类别方面，金融创新工具——货币调换（Currency Swaps）的出现使得跨国公司可以充分利用各种不同的货币进行融资；同样的，利率调换（Interest Rate Swaps）则使跨国公司可以在希望筹措固定利率债务时发行浮动利率票据或债券；此外，还可利用双重货币债券（Dual Currency Bonds）、货币单位债券（如以特别提款权，欧洲货币单位标价的债券）以及远期外汇市场来达到避免融资中外汇风险的目的。

（二）国际经济组织

国际经济组织对企业所处的经济环境发挥着巨大的影响力。经济全球化和知识经济的发展，促使国际经济组织制定相应的规则管理经济活动，在一定程度上导致了更加严重的贸易壁垒政策，使跨国公司的生产、资金管理等面临更为复杂的国际环境和贸易限制。

根据国际经济组织的活动性质，可以将其分为三类：一是论坛型，这类经济组织大多没有独立执行决议的权威性，如石油输出国组织（OPEC）、经济合作与发展组织（OECD）等；二是独立权威机构，如国际货币基金组织（IMF）、世界银行（WBG）等；三是区域一体化组织，如欧盟（EU）、北美自由贸易协定（NAFTA）、《区域全面经济伙伴关系协定》（RCEP）等。区域一体化组织是其中的主要形态，对跨国公司经营活动有重要意义。以RCEP为例：

RCEP除了具有贸易扩大效应外，还具有投资虹吸、产业链供应链集成、产业链转移及区域经济一体化等多重效应，将对中国、亚洲乃至全球产生重要而深远的影响。投资虹吸效应是指RCEP域外跨国公司为了享受区域累积红利，会加大对区域内的投资布局。RCEP采取负面清单的方式，对制造业、采矿业、农业、林业、渔业等做出较高水平的开放承诺。RCEP 除投资自由化规则之外，还包括投资保护、投资促进和投资便利化等措施。这会进一步促进区域内的投资，吸引域外的投资，而域内还有庞大消费市场、完整产业链，营商环境、配套基础设施较完善，技术创新能力较强，这都将成为全球跨国公司投资的重要考量。

产业链供应链集成效应是指在国际分工日益深入的背景下，国际贸易中大部分是中间品贸易。作为 RCEP 的重要内容，原产地累积规则可以让原来需要一国达标的原产地，扩展到区域内多国累计达标40% 即可享受免税待遇。而原产地累积规则将吸引企业在 RCEP 区域内进行中间品生产。加上 RCEP 内中国工业门类齐全、中日韩产业链完整，中国—东盟产业循环畅通，RCEP 生效将重塑和巩固区域内的产业链、供应链，并进一步提升产业链、供应链的安全、稳定和开放水平。

产业链转移效应是指 RCEP 减少了区域内各种关税和非关税壁垒，加上区域外局势动荡和大国博弈，在加速产业链供应链重塑的同时，产业会向着产业集聚度高、综合成本低、创新能力强、营商环境好的地方转移，形成产业转移链效应。由此，各地要积极利用 RCEP 带来的发展机遇，应对产业转移的挑战。对于产业基础好的地区要将较高价值的上游产业留在本地。具备劳动力成本优势的地区要主动承接有转移需求的优势产业。各地均需提升综合竞争力，防止具有核心价值的产业转移出去，主动进行产业布局与发展规划，加强产业链供应链合作。

区域经济一体化效应是指 RCEP 会发挥综合效应，密切域内贸易投资，重塑和巩固域内的产业链、供应链和价值链，拉动区域经济发展和推进经济一体化。中国环渤海地区可以加深与日本、韩国的深度合作；在中老铁路开通后，广西、云南成为开放前沿，与国际贸易陆海新通道呼应，与中欧班列无缝连接；中国与东盟深度合作，建设中老经济走廊，发挥中国—中南半岛经济走廊辐射带动作用。以 RCEP 软联通和中老铁路、中欧班列硬联通，密切欧亚大陆合作，扩大欧亚大市场，从亚洲经济一体化推进欧亚经济一体化，使世界经济增长引擎逐步从欧美向亚洲转移。

（三）国际贸易政策和国际投资协定

1. 国际贸易政策。国际贸易政策环境是跨国公司经营活动的重要背景，纵观国际贸易政策的演变，历经了重商主义政策，自由贸易理论与政策，保护贸易理论与政策，超保护贸易理论与政策，贸易自由化与新贸易保护主义五个阶段。

新贸易保护主义（New Trade Protectionism），兴起于 20 世纪 80 年代初，以绿色壁垒、技术壁垒、反倾销和知识产权保护等非关税壁垒措施为主要表现形式。目的是想规避多边贸易制度的约束，通过贸易政策，保护本国就业，维持在国际分工和国际交换中的支配地位。

新贸易保护主义在维护民族利益，保护资源与环境的旗帜下，行保护之目的，具有名义上的合理性，形式上的隐蔽性，手段上的欺骗性和战略上的进攻性等特点。新贸易保护主义的盛行加大了发展中国家企业拓展国际市场的难度，一定程度上导致了国际贸易发展外部环境的恶化，增加了国际经济运行的外部风险，不利于跨国企业经营活动的长期、稳定发展。

2. 国际投资协定。国际投资协定对缔约方规定了一系列义务，目的是保障外国投资者有稳定的、有利的商业环境。这些规定涉及东道国国内有关部门对外国投资者及其在东道国的投资者待遇问题。这些义务还旨在保障外国投资者从事与其投资相关的重要活动的能力。东道国的一切公共部门（包括联邦政府和分联邦政府、地方部门、行使受委托公共权力的监管组织和机构）均应遵守国际投资协定规定的义务。如果私人行为最终可归结为政府机构的行为，则该私人行为也受国际投资协定的约束。

许多国际投资协定的义务类型基本一致。国际投资协定的核心规定包括最惠国待遇、国民待遇、公平与公正待遇、对外国投资者的保护和保障、允许资金向境外转移等。尽管各个国际投资协定规定的上述原则实质相同，但各义务精确适用的范围取决于各协定的措辞。如《全面与进步跨太平洋伙伴关系协定》（简称 CPTPP）和《中欧全面投资协定》（简称中欧 CAI）等。

CPTPP 是由日本、加拿大、澳大利亚、智利、新西兰、新加坡、文莱、马来西亚、越南、墨西哥和秘鲁共 11 个国家签署的自由贸易协定，于 2018 年 12 月 30 日正式生效，覆盖 4.98 亿人口，签署国国内生产总值之和占全球经济总量的约 13%。CPTPP 是美国退出《跨太平洋伙伴关系协定》（TPP）后定的新名字。美国在 2017 年宣布退出 TPP，当年，由启动 TPP 谈判的 11 个亚太国家共同发布了一份联合声明，宣布已经就新的协议达成了基础性的重要共识，并决定改名为"跨太平洋伙伴关系全面进展协定"，也就是 CPTPP。2021 年 9 月 16 日，中国正式提出申请加入《全面与进步跨太平洋伙伴关系协定》。CPTPP 有利于加强各成员经济体之间的互利联系，促进亚太地区的贸易、投资和经济增长，进一步推动市场开放、经济一体化和国际合作。

《中欧全面投资协定》是 2020 年 12 月 30 日，国家主席习近平在北京同德国总理默克尔、法国总统马克龙、欧洲理事会主席米歇尔、欧盟委员会主席冯德莱恩举行视频会晤，共同宣布如期完成《中欧全面投资协定》（EU—China Comprehensive Agreement on Investment，以下简称中欧 CAI）谈判。中欧 CAI 取代中国与 27 个欧盟成员国中的 26 个国家（除爱尔兰以外的所有国家）之间订立的双边投资保护协定（Bilateral Investment Treaty，BIT），旨在改变以往"简式"BIT 的传统（即仅包括投资保护内容），是为了寻求达成包括投资自由化目标在内的更富有雄心的综合性双边投资保护协定。投资自由化目标在中欧 CAI 谈判中主要体现为与市场准入相关的条款安排。协定的具体内容包括很多方面，核心内容主要包括以下四点：

（1）保证相互投资获得保护，尊重知识产权，确保双方补贴透明性；

（2）改善双方市场准入条件；

（3）确保投资环境和监管程序清晰、公平和透明；

（4）改善劳工标准，支持可持续发展。

中欧 CAI 的主要内容与欧盟在 2018 年提出的 WTO 改革方案有较大交集，如"竞争中性"、市场准入、透明度要求、国有企业、争端解决机制、强制性技术转让等。在投资方面，中欧 CAI 是首个履行对国有企业行为的义务、对补贴的全面透明规则以及与可持续发展有关的承诺的协议。除了禁止强制转让技术的规则外，中欧 CAI 使得欧盟投资者更好地进入快速增长的中国 14 亿消费市场，并确保他们在中国的公平竞争环境中竞争。

（四）东道国经济发展状况

1. 经济增长。经济增长是指一国在一定时期内产品和劳务实际产出的增长，一般可用国民生产总值（GNP）和国内生产总值（GDP）两个经济指标来衡量。

GNP 是一国要素所有者在一定时期内通过提供要素服务所取得到的收入，而不论这些要素服务是在哪一国家提供的。GDP 是指在一定时期内在本国领土范围内所生产的最终产品的市场价值的总和。二者的关系如下：

$$GNP = GDP + 净海外财产收入$$

在封闭型经济中，GNP 与 GDP 完全相等。在一个拥有海外净财产的国家中，其 GNP 大于 GDP。反之，在一个拥有海外负净财产的国家中，其 GNP 小于 GDP。二者的高低及其增长率可以反映一个国家的经济增长状况，二者的相互关系也能反映一国的经济状况。一般说来，发达国家的 GNP 大于其 GDP，而发展中国家的 GNP 小于其 GDP。

2. 通货膨胀。通货膨胀是指在纸币流通条件下，因货币供给大于货币实际需求，也即现实购买力大于产出供给，导致货币贬值，而引起的一段时间内物价持续而普遍的上涨现象。通货膨胀是一个动态经济学现象，其实质是社会总需求大于社会总供给。

通货膨胀反映了一国币值的稳定情况，直接影响利息率、汇率、居民生活费用，以及人们对一个国家政治经济制度的信心，从而影响市场的需求。如果一个国家的通货膨胀率相对于与其进行贸易的国家的通货膨胀率增加，在其他因素相同时，它的经常账户余额将会下降。由于本国通货膨胀率高，这个国家的消费者和公司很可能会购买更多的国外商品，同时该国对其他国家的出口额会下降。相反，如果一个国家的通货膨胀率相对于其进行贸易的国家的通货膨胀率下降，在其他因素相同时，它的经常账户余额将会增加。因为本国通货膨胀率相对较低，这个国家的消费者和公司很可能会更多购买本国商品，同时，其他国家对该商品的进口额将会增加。

对从事跨国经营的公司而言，适度的通货膨胀是可以接受的，但过高的通货膨胀水平会引起经济不稳定和成本的迅速上升，随之，政府采取的紧缩通货以及稳定物价的宏观经济措施会引起消费需求的迅速下降，使跨国公司很难通过生产经营活动获得利润。因此，在进入某个国际市场前，企业应了解当地通货膨胀的速度和水平，对那些通货膨胀率居高不下的国家和地区，企业应避免进入。

3. 国际收支。国际收支是指一个国家在一定时期内对外收入与支出的全部货币资金的总额。各国国际收支平衡表有三个主要项目：经常项目、资本项目、平衡或结算项目。国际收支平衡主要依靠经常项目和资本项目的平衡。这种平衡有两种方式：一种是经常项目与资本项目自身的平衡；另一种是这两种项目之间的平衡。跨国公司在经营活动中必须考虑所在国的国际收支情况，一方面，当一个国家的国际收支严重逆差时，东道国政府往往会将本币贬值，刺激出口；另一方面，东道国政府会制定一系列宏观经济政策以控制赤字，进而影响外资企业利润汇出与原材料进口。这两方面因素都会影响跨国公司在当地的活动，因而，跨国公司应当深入分析东道国国际收支状况。

与一国国际收支状况密切相关的，是该国货币与国外货币汇率的变化趋势。各国的物价状况、利率高低、外汇储备多寡，以及人们的预期等多方面因素都可能影响该国的汇率。汇率的变化状况是影响跨国公司国际竞争力最重要的因素之一。本币汇率贬值使本国出口商品以外币表示的价格下降，进口商品以本币表示的价格上升，于是，国外消费者将更多购买相对便宜的进口产品，国内消费者则更多购买相对便宜的本国产品。本币汇率升值的效果恰好相反。同时，汇率的变化也会影响一国的海外投资，当投资国货币相对于东道国货币升值时，意味着一单位的投资国货币能购买更多的东道国资产，因而会促进企业对外投资；反之，则不利于企业的对外直接投资。

4. 就业状况。失业率的高低也是衡量一国经济发展状况的重要指标。失业率是指失业人口占劳动人口的比率，旨在衡量闲置中的劳动产能，是反映一个国家或地区一定时期内全部劳动人口的就业情况的指标。一般情况下，失业率下降，代表整体经济健康发展，利于货币升值；失业率上升，代表经济发展放缓衰退，不利于货币升值。若将失业率配以同期的通胀指标来分析，则可知当时经济发展是否过热，会否构成加息的压力，或是否需要通过减息以刺激经济的发展。

一国充分就业下的失业率即自然失业率是无法完全消除的，因为摩擦性失业、结构性失业和自愿性失业总是存在的，它与周期性失业、经济运行周期及总需求水平无关，因而是相对稳定的，是一个国家能够长期持续存在的最低失业率。充分就业既意味着一个国家劳动力资源的充分利用，也意味着一个国家所有经济资源的充分利用。当实际失业率等于自然失业率时，一国经济处于长期均衡状态，所有的经济资源都得到了充分利用，即实现了充分就业均衡。

当一个国家处于经济高速增长期，它的失业率一般较低；反之，当一个国家处于经济增长的低迷期，它的失业率一般较高。特别是当造成失业的主要原因是需求不足时，该市场对跨国公司产品的需求就会大打折扣。

（五）东道国直接市场

1. 产品市场。对于跨国公司来说，研究东道国的产品市场，主要研究本公司产品在东道国的销售状况。这不仅要考虑跨国公司的产品被东道国消费者的认知程度以及可能的购买量，更重要的是要研究东道国的市场营销制度。研究东道国的市场营销制度主要研究以下两个方面：一是该国商品流通分配渠道有何特点；二是营销服务功能是否发达，这涉及通信和广告媒介的发展程度，以及市场营销研究服务是否有效和快速及时等因素。

在流通分配体制诸特点中，最重要的是渠道结构方面的特点。跨国公司在东道国只能通过为数甚少的渠道销售产品，而这些经销商可能已经被公司的竞争者排他性地占有。此时，跨国公司就必须做出艰难的选择，如设立公司所属的销售子公司或放弃此市场，等等。在发展中国家，跨国公司找不到适当的营销渠道的情况比发达国家更为常见。

2. 要素市场。生产要素市场有金融市场（资金市场）、劳动力市场、房地产市场、技术市场、信息市场、产权市场等。生产要素市场的培育和发展，是发挥市场在资源配置中的基础性作用的必要条件。跨国公司对外直接投资，需要将生产过程转移到东道国，那么，一切生产要素的获取状况就是跨国公司必须关注的问题。因此，东道国劳动力的供给状况、薪酬的高低、生产原材料的供给状况、价格的高低、度量衡制度、电力标准及其他标准，有关运费、保险费、佣金等情况，以及东道国技术市场的发达程度等，都与跨国公司的生产经营活动息息相关。

二、政治法律环境

（一）政治环境

政治环境是指一个国家或地区的政治制度、体制、政治形式、方针政策、法律法规等。政治制度和法律法规影响和规制了每个行业中企业的运作和利润，从根本上影响了企业的竞争。政治环境会随着时间而发生变化，因此企业应当与时俱进，适时的根据环境变化对自身战略进行相应的调整。

1. 政治状况。

（1）政治体制。政治体制简称"政体"，是指一个国家政府的组织结构和管理体制。在不同的历史时期，不同的国家和地域，政治体制都不尽相同。政体包括了一个国家纵向的权力安排方式，即国家结构形式；它还包括了各个国家机关之间的关系，即政权组织形式。

世界各国的政治体制表现出各种各样的形态，而政治体制类型并不一定就能标志政治环境的优劣。不同国家的政体往往会影响政府政策、法规、行政效率等诸多差异，对跨国公司来说，重要的是适应东道国的政治体制。

（2）国家安全性与政治稳定性。国家安全性主要指东道国在世界上的政治立场所导致的国家安全程度。政治稳定性包括政局的稳定性、政府结构的稳定性和政策的稳定性。这三者是相互联系的，最终应通过政治的稳定性体现出来。政治稳定性直接影响到跨国公司经营活动的长期性，因此，跨国公司必须认真分析有可能造成政治不稳定的因素，如政权更迭、政策变动、暴乱与民族矛盾等，尽早采取规避措施。

（3）政府机构的清廉与效率。一个国家的政府机构如果不能保证清廉与富有效率，会导致官商勾结，企业决策失误，经济效益低下，大量投资无效，社会资源错误配置，从而形成泡沫经济，使整个社会潜伏着严重的经济危机。因此，跨国公司经营活动中应当注重对东道国政府机构效率的考量。

2. 政府政策。东道国政府的政策，特别是对国外直接投资的政策，直接影响跨国公司及其产品在东道国市场的竞争能力。东道国政府政策有鼓励与限制两大类。

（1）对国外直接投资的鼓励政策。在引进外资初期，许多东道国对国外直接投资给予多方面的优惠，作为优化本国投资环境的前期手段。一方面，东道国有一般鼓励政策，包括减少关税，减少税收，提供设施，提供服务、津贴，给予垄断权力等；另一方面，东道国有特定鼓励政策，即东道国的投资导向，如欢迎那些在新产品或先驱产业上的投资，那些可以带来新投资的投资，那些能够解决当地就业问题、能够帮助东道国实现国际收支平衡等重大经济问题的投资，那些符合东道国预期目标与规模的投资。

（2）对国外直接投资的限制政策。为了维护本国经济利益，防止跨国公司过分渗入国家经济，许多国家对跨国公司的直接投资采取一定的限制措施。主要有以下几种措施：第一，就业与管理政策。要求跨国公司必须以某种形式保证雇用一定数量或一定比例的东道国国民；同时，要求投资者雇用一定数量或比例的东道国管理人员、技术人员与科研人员，并在一定时期内限制外国管理人员的人数。第二，股权政策。要求本国企业在跨国公司子公司中占有一定比例的股权。有些国家对某些关键性行业，要求外国企业只能拥有少量股权。第三，地区满足政策。要求外国投资者以文件形式说明地区满足的程度，即不仅在东道国投资生产产品，而且要在东道国其他地区购买生产该产品的原材料和零部件。第四，外汇平衡政策。对只有在投资后可增加本国产品出口或增加进口替代产品，才允许外国进行投资。第五，研发政策。要求投资者确保在东道国进行某种研究，或花费一笔研究费用。第六，收益分配政策。为外资的利润汇出规定时间进度和允许汇出的比例等，而且规定外国投资者继续在当地进行投资。

3. 政治风险。政治风险指由于东道国的政治环境突然或渐渐发生变化，而使外国企业或投资者在经营管理上处于劣势地位或遭受经济损失的可能性。跨国公司经营活动所遇到的政治风险主要来自东道国政府的限制措施。政治风险基本上有以下两种类型：

（1）经营风险。经营风险是指东道国政府对在本国生产经营的企业所施加的限制，使得企业正常的经营活动发生困难。主要的经营风险包括外汇管制、进口限制、价格管制等。

外汇管制是指对于那些缺乏外汇的东道国，为促进国际收支的平衡，可能会制定相应的政策对境内所有企业的外汇收支进行控制。具体措施包括：一切外汇收入均须以官方价结售给该国的中央银行，一切外汇支出均须得到国家外汇管制机构的批准；对外国投资者所能汇出的利润或资本数额有一定的限制。对从事跨国经营的企业而言，东道国外汇管制一方面使得利润和资本难以自由汇出，另一方面使得生产所需的机器、零件和原材料难以按需进口，从而影响企业在东道国经营活动的开展。

进口限制是东道国为保护民族工业的发展，利用关税或进口许可、配额等非关税手段来限制外资企业零部件、原材料、设备以及其他物质的进口。进口限制不仅给以出口方式从事国际经营的企业带来不利影响，还会迫使以对外直接投资方式进入东道国市场的外资企业为维持正常生产经营而采用当地零部件，从而一定程度上影响产品质量。

价格管制是东道国政府在特定情况下对价格的限制。有关国计民生的产品（如药品、食物、汽油等）常常受到价格管制；在通货膨胀时价格管制也常常被采用。价格管制使得外国公司在当地的生产成本增加，利润减少，造成跨国公司经营紊乱，使跨国投资放缓甚至停止。

（2）歧视性限制。歧视性限制是指东道国政府针对外国企业及其子公司和分公司设置的经营限制。例如，要求外国企业放弃企业部分或全部所有权或管理控制，实现本土化；要求为当地员工支付较高的工资等。对外国企业最严厉的歧视性限制是征用与没收，这也是跨国公司可能遇到的最严重的政治风险。征用是指东道国政府占有或控制外国资产并给予一定补偿的行为。没收是指东道国根据自己的主权要求，采用强制措施无偿地接受外国资产。目前，把征用和没收作为一种政策工具的做法已经日益减少。20 世纪 70 年代中期，仅一年就发生了 83 起征用案。但是到了 20 世纪末，下降到平均每年不超过 3 起。很明显，政府已经开始认识到征用给自己带来的损失超过了收益。

但是进入 21 世纪，在金融危机的打击下，贸易保护主义开始抬头。尤其是特朗普执政后，认为美国工人失去就业岗位最主要的原因是中国制造业的发展，对中国发起贸易战。自 2019 年起，美国政府开始对华为展开全方位的制裁，把华为列入实体清单，这使得包括高通、英特尔、博通、高通、谷歌等美国公司的技术和服务都被限制对华为出口，这一举措几乎把华为从全球供应链中割裂出去，华为遭遇了前所未有的困难，这不仅是中国科技企业的生死存亡问题，更是全球科技竞争和格局的一次重大挑战。近年来，多家中国企业被美国纳入实体清单、SDN（特别制定国民清单）清单或其他制裁清单中。被纳入制裁名单的比较知名的企业包括中兴通讯、华为技术、海康威视、中芯国际等，且大多为国内知名高科技企业。尤其是在 2020 ~ 2021 年以来，被拉入清单的中国企业越来越多，间隔周期也越来越短。对中国企业（尤其是高科技企业、贸易企业、金融企业）影响最大的应属美国商务部及财政部管理的各项制裁清单，需要审慎应对。

2022 年 2 月俄乌冲突以来，美国和欧盟对俄罗斯多次实行制裁措施。制裁既涉及美国人在俄罗斯的交易，也涉及非美国人的交易。制裁类型包括了金融制裁、黑名单制裁、行业制裁等。

（1）金融制裁。自2022年3月以来，美国政府已对俄罗斯金融服务业实施了200多项经济制裁，涉及银行和俄罗斯主要企业的金融部门。对俄禁用SWIFT可能导致中国银行与俄罗斯金融机构间支付清算及跨境融资活动产生障碍，进而影响中俄企业间的跨境融资与支付活动；大量俄罗斯银行被制裁，也会增加中国企业的合规成本。

（2）黑名单制裁。分批次，将众多俄罗斯高官、寡头企业以及大型企业列入SDN或SSI（行业制裁识别名单）等清单，两清单均产生向下穿透的效果。对被列入SDN清单的实体，美国人将被禁止与其进行任何交易，部分SDN清单制裁措施具有二级制裁效力。对于被列入SSI清单的实体，与SDN清单中的个人和实体不同，被列入SSI清单的个人和实体不会面临资产冻结，美国人也未被严格禁止与其交易。然而，SSI清单中的个人和实体受到的制裁更有针对性，目的是切断其获得特定类型融资的渠道，而被列入清单的能源公司还会被限制获取美国出口产品。被列入黑名单会增加中国企业的合规成本，在每次交易之前，应该进行合规排除，避免与清单实体或其下属分公司进行交易。尤其是被列入SDN的企业，因为美国财政部严禁美国人与SDN主体进行交易，同时会冻结受制裁对象名下所有或被其控制的资产，因此非美国人与SDN或其子公司交易可能会导致非美国人的交易失败。而且，如果该交易本身被认定为"重大交易"，该非美国人也可能会面临制裁风险。需要说明的是，对于被列入黑名单的实体，根据具体制裁法律或行政令，明确指出限定特定机构与受制裁实体进行交易的，通常该二级制裁风险主要针对特定机构，除此以外其他交易可正常进行。

（3）行业制裁。除将实体列入SSI清单，对特定交易进行限制以外，美国政府还增加了包括电子、金属和采矿、工程、金融服务以及航空航天和航海等多个行业的制裁并对非美国人产生效力。根据行政令，包括非美国人在内的任何人如果被认定为在俄罗斯电子、航空航天以及航海行业经营，即使业务排除一切美国因素，也可能会因为业务本身被认定为"重大交易"或对被制裁对象产生"实质性协助"而面临合规风险。此外，如果该企业或个人通过使用数字货币、资产、实物资产等方式进行欺骗性或结构性的交易或买卖以规避任何美国的制裁，也会面临合规风险。尤其是能源和科技行业。能源行业是俄罗斯经济的主要外资来源，为俄罗斯带来了近40%的政府预算收入和60%的国家出口额。迄今为止，对俄能源制裁的重点是削弱俄罗斯能源产业的长期生存能力，以及减少其对欧洲的能源出口；美国还扩大了对俄罗斯科技产业的金融制裁，范围从国家支持的科技公司到俄罗斯银行支持的通信和金融科技公司，制裁对象包括微处理器和半导体等重要技术的关键供应商。

（二）法律环境

法律是由国家制定并强制执行的各种行为规则的总称。跨国公司的生产经营活动是超越一国范围的活动，各国法律环境的差异使得法律环境成为跨国公司所面临的最为复杂的环境因素之一。跨国公司所面对的法律环境由各种国内法规、国外法规和国际法规构成。世界各地的法律环境差别很大，对跨国公司经营活动有重要影响。

1. 法律体系。目前世界各国的法律可归纳为三大法系：大陆法系（成文法）、英美法系（习惯法）、伊斯兰法系。跨国公司必须了解东道国的法律体系，以便在东道国的市场上充分运用法律武器保护自己。

（1）大陆法系。大陆法系是承袭古罗马法的传统，仿照《法国民法典》和《德国民法典》的样式而建立起来的法律制度。欧洲大陆上的法、德、意、荷兰、西班牙、葡萄牙等国和拉丁美洲、亚洲的许多国家的法律都属于大陆法系。在法律渊源上，大陆法系是成文法系，其法律以成文法即制定法的方式存在，它的法律渊源包括立法机关制定的各种规范性法律文件、行政机关颁布的各种行政法规以及本国参加的国际条约，但不包括司法判例。在法律结构上，大陆法系承袭古代罗马法的传统，习惯于用法典的形式对某一法律部门所涉及的规范做统一的系统规定，法典构成了法律体系结构的主干。在法官权限上，大陆法系强调法官只能援用成文法中的规定来审判案件，法官对成文法的解释也需受成文法本身的严格限制，故法官只能适用法律而不能创造法律。在诉讼程序上，大陆法系的诉讼程序以法官为重心，突出法官职能，具有纠问程序的特点，而且，多由法官和陪审员共同组成法庭来审判案件。一般情况下，与采用习惯法的国家相比，使用成文法体系的国家往往有更严格的法律规定。在使用习惯法时，法庭根据先例和习俗对案件进行判断，在出现新情况时可以采用基于基本判断的更适用的办法。

（2）英美法系。英美法系是指以英国普通法为基础发展起来的法律的总称。它首先产生于英国，后扩大到曾经是英国殖民地、附属国的许多国家和地区，包括美国、加拿大、印度、巴基斯坦、孟加拉国、马来西亚、新加坡、澳大利亚、新西兰以及非洲的个别国家和地区。英美法系的主要特点是注重法典的延续性，以判例法为主要形式。在法律渊源上，英美法系的法律渊源既包括各种制定法，也包括判例，而且，判例所构成的判例法在整个法律体系中占有非常重要的地位。在法律结构上，英美法系很少制定法典，习惯用单行法的形式对某一类问题做专门的规定，因而，其法律体系在结构上是以单行法和判例法为主干而发展起来的。在法官权限上，英美法系的法官既可以援用成文法也可以援用已有的判例来审判案件，而且，还可以在一定的条件下运用法律解释和法律推理的技术创造新的判例，从而，法官不仅适用法律，也在一定的范围内创造法律。在诉讼程序上，英美法系的诉讼程序以原告、被告及其辩护人和代理人为重心，法官只是双方争论的"仲裁人"而不能参与争论，与这种对抗式（也称抗辩式）程序同时存在的是陪审团制度，陪审团主要负责做出事实上的结论和法律上的基本结论（如有罪或无罪），法官负责做出法律上的具体结论，即判决。

（3）伊斯兰法系。伊斯兰法系是指以伊斯兰法作为基本法律制度的诸国所形成的法律传统、法律家族或法律集团。伊斯兰法系基于对《古兰经》的解释，包括宗教职责与义务，也包括非宗教的对人类行为的法律制约。伊斯兰法系强调伦理、道德、社会、宗教等因素可以促进社会平等与公正。伊斯兰法律禁止支付利息，禁止投资于违反伊斯兰教的活动，如经营酒类和赌博。随着伊斯兰国家中资本主义的发展和社会的变革，昔日伊斯兰教法的特殊地位已不复存在。在大多数伊斯兰国家中，世俗法律基本取代伊斯兰法。但由于伊斯兰教仍是占统治地位的意识形态之一，因而在各伊斯兰国家里，伊斯兰法对伊斯兰的行为，依然具有不同程度的约束力。

2. 国际商法。国际商法（International Business Law）是调整国际商业活动的法律规范的总称，通常包括公司、票据、保险、海商等方面的法律。

（1）反托拉斯法（反垄断法）（Antitrust Law）。托拉斯是指由若干个生产同类产品的企业，或者若干个在生产技术上有密切联系的企业通过合并组成的大公司。这是一种高度垄断的经济组织。

反托拉斯法是指政府反对任何组织或个人垄断、操纵市场行为的法律。美国是最早实行反托拉斯法的国家。1890年7月2日美国联邦政府通过了第一个全国性的反托拉斯法——《谢尔曼法》。该法规定，凡是以托拉斯形式或其他形式订立合同、合并或合谋，如被用来限制洲际间或与外国的贸易或商业时，均属非法。随着反托拉斯活动的深入，美国联邦政府又颁布了一系列反托拉斯法规与法令。20世纪70年代以后，更多的国家颁布和实施了反托拉斯法（反垄断法）或反不正当竞争法。

（2）税法。这是指国家为实现某些社会经济目的，按照税法所规定的税收标准，对有纳税义务的社会经济组织和个人所征收的货币或实物。税收的目的不仅是增加政府的收入，而且还包括国民收入的重新分配、国内市场的保护、对外来投资的鼓励或限制，以及对国内外居民的差别待遇等。

各国税收方式上的不同主要表现在：税收种类不同，一般来说，工业化国家税收种类较多，而发展中国家税收种类较少；税收水平不同，各国企业所得税差距较大；税收法规定的复杂程度也不同（见表 2 – 1）。

表 2 – 1　　　　　　　2022 年部分国家公司所得税率

中国	实行国民待遇，本土公司和跨国公司企业所得税税率均为 25%
美国	企业所得税税率为 35%。税收减免后，本土公司税率中位数为 23%，跨国公司为 28%
德国	本土公司及跨国公司的法定企业所得税税率为 37%，但缴付的实际税率中位数分别为 16% 和 24%
法国	企业的基准税率为 35%。税收减免后，本土公司实际税率中位数为 25%，跨国公司为 23%
英国	本土公司及跨国公司的法定企业所得税税率为 30%。但经税收减免之后，本土公司的总税收负担是 20% 左右，而跨国公司为 24% 左右
加拿大	企业所得税税率为 36%。税收减免后，跨国公司税率中位数为 21%，本土公司为 14%
日本	法定企业所得税税率为 40%，本土公司实际税率为 37%，大型跨国公司实际税率为 38%
印度	法定企业所得税税率为 34%，跨国公司实际支付的税率中位数为 17%，本土公司为 22%

资料来源：据全球经济指标数据网数据编制。

跨国公司的管理人员必须了解不同国家的税法与税收政策，这对企业在对外直接投资，海外子公司的法律地位和结构、海外经营的财务结构等方面的决策上有着极大的影响。

3. 国际惯例与国际公约。国际惯例是指在国际经济活动的长期实践中，逐渐形成的一些通用的习惯做法和惯例。它不是经过国际外交会议通过的，而是由某些国际性组织或商业团体把这些习惯做法或先例归纳成条文，或者加以解释，从而被许多国家所认可。从这个意义出发，国际惯例也具有一定的法律性质。根据各国法律规定，国际惯例不能自动适用，只有当事人在有关契约中明确说明才能适用，从而对当事人产生法律约束力。具有世界性影响的国际惯例包括：国际法协会《1932 年华沙—牛津规则》、国际商会《1953 年国际贸易条件解释通则》、国际商会《1978 年托收统一规则》等。

随着国际政治经济的发展，各国政府和国际组织对国际交往中的问题，尤其是一些法律性问题，试图通过国际公约的形式加以调解或统一，并通过国家间的斗争和相互间一定的妥协，缔结了许多双边的或多边的国际公约，制定了一系列的国际法规。

目前世界上对跨国公司生产经营影响较大的国际公约主要有：

（1）保护消费者公约。其目的主要是确定生产者和销售者对其生产或销售的产品所应承担的责任，保护使用者的合法权益。目前有《关于人身伤亡产品责任欧洲公约》《关于适用于产品责任的法律公约》等。

（2）保护生产制造者和销售者的公约。其目的是确认专利与商标的所有人对其创造性劳动成果享有的专利权，保护其利用专利和商标从事制造和销售产品，巩固和扩大销售市场，保证其利益不受侵犯。目前有《保护工业产权的巴黎公约》《商标国际注册的马德里协定》等。

（3）保护公平竞争公约。其目的是创造或保护国际经济活动公平竞争的经营环境。有关这方面的公约，除各国的国内法之外，迄今尚未产生具有法律约束性的完整的国际公约。有潜在影响的有《国际技术转让行动守则》《跨国公司行动守则》等。

4. 东道国法律规定。在了解国际法规的同时，跨国公司也要了解东道国具体的法律规定，包括东道国在产品、价格、销售渠道、广告以及生态环境、雇佣制度、工作保障、社会保障、分配制度等诸方面的法规，以收到利用各种机会、避开各种矛盾的效果。此外，东道国针对外国企业制定的特别法规，构成了外国公司特定的法律环境，这方面对于跨国公司尤为重要。

（1）商贸政策与法规。东道国可能制定不同类型的法规来限制贸易，甚至在某种程度上对某些国家实行贸易制裁。例如，保护关税、进口配额等贸易保护主义措施；价格管制措施；反倾销法律等。

（2）外商投资法规。各国政府对外商投资都有不同程度的法律限制，如对外资进入行业的限制；对资本抽回与盈余汇出的限制；对某些特定产业的限制，如航空运输、金融服务。

（3）环境保护法规。可持续发展的日益兴起和环境保护主义浪潮的不断高涨使得世界上许多国家都加强了环境立法。例如，许多国家对商品包装做出特殊规定，鼓励可再循环包装盒绿色包装；许多国家队外商投资行业作出规定，禁止外商投资进入高污染行业，避免污染转移。

（4）劳资关系法规。从事跨国经营的公司必须了解相关国家劳动雇佣和劳资关系的相关法律。如对本国雇员和外国雇员的比例要求；对工人工作时间和最低工资的要求等。

5. 跨国公司合规经营。

（1）跨国公司合规经营的含义。"合规"一词是由英文"Compliance"翻译而来的。它通常包含以下三层含义：遵守法规，即公司总部所在国和经营所在国的法律法规及监管规定；遵守规制，即企业内部规章包括企业的商业行为准则；遵守规范，即职业操守和道德规范等。

跨国公司合规经营就是指跨国公司在东道国的境外投资经营行为，要符合国际法律、东道国的法规、行业监管、准入准则、文化观念和企业自身内部制定的规章制度等要求。

（2）国际合规经营治理的主要公约、准则和法律。随着经济全球化的全面发展，企业对外投资的国际条件已发生根本性变化。跨国公司间的竞争已从过去以技术、产品优势竞争为主上升到以公司责任理念及道德水准为核心，通过负责任的商业行为整合全球资源才能取得成功。近年来，美、英、德、法等发达国家及联合国、经济合作与发展组织（OECD）等国际组织正在全球范围内不断加大合规反腐力度，强化合规经营已成为跨国公司发展的一个新趋势。

①《联合国反腐败公约》。《联合国反腐败公约》于2003年10月31日通过，我国于2006年正式加入。它是联合国历史上通过的第一个用于指导国际反腐败斗争的法律文件。该公约借鉴各国、各地区反腐败经验，对预防和惩治腐败的制度措施、追逃和追赃等国际合作作了全面规定，是国际反腐败合作的最重要法律基础，对各国加强反腐行动、提高反腐成效、促进反腐国际合作具有重要意义。

具体说来，公约确定了反腐败的五大机制，包括预防机制、刑事定罪和执法机制、国际合作机制、资产追回机制、履约监督机制，是一个重要、全面、综合性的反腐败国际法律文书。它对包括"公职人员""外国公职人员""国际公共组织官员""财产""犯罪所得""冻结"或"扣押""上游犯罪"等重要概念进行了法律上的规范和解释；并从政策、公共部门、公职人员守则、公共采购和公共财政管理等各方面出发，提出了预防性的措施；同时它对各种腐败行为的定罪和执法提供了法律依据。

②《国际商务交易活动中反对行贿外国公职人员公约》。该公约也被称为《OECD反贿赂公约》，它于1997年11月出台，是OECD最具法律效力的文件，被誉为OECD反腐败行动的基础。目前已有38个缔约国，其中34个OECD国家，四个非OECD国家。该公约特别呼吁采取有效措施以制止、防止和打击与国际商业交易有关的行贿外国公职人员的行为。在犯罪行为界定中，公约不但将行贿外国公职人员作为犯罪行为，而且将共同参与行贿外国公职人员的行为也定为犯罪行为，并要求缔约方必须依其法律准则采取必要的措施对相关犯罪行为人进行惩处。

总的说来，公约对贿赂行为进行了清楚的界定，涉及行贿主体、受贿主体、行贿过程、行贿结果等，公约规定，只要贿赂行为存在，则不管行贿目的怎样、贿金高低、后果如何、当地风俗如何看待和容忍，均为犯罪；其次，公约对"公共职能""政府机构""国有企业""公共国际组织""外国国家"等相关概念进行了详细的解释；另外，公约为贿赂这一犯罪行为的制裁、司法管辖权限、执行、法律互助、监视与后续行动等方面提供了指导措施。

③《OECD 关于内控道德和合规经营的良好做法的指引》。该指引于 2010 年公布并生效，它是现在唯一一个注重在政府间层级进行反腐败指引的文件，致力于帮助各种规模的企业保护其正当商业行为、远离海外腐败的风险。该指引包括 12 个重点，确保公司内控道德和合规经营项目的有效性，预防及侦查海外贿赂，如要求制定明确的企业政策来禁止海外贿赂，包括在礼物、娱乐、政治捐助、好处费等方面的规定。要求企业自身管理要起主导和协调作用；要求制定针对所有员工的合规经营执行体系；要求建立处理违法的纪律处分程序；要求企业建立完善的金融和财务体系来确保财务账户记录及其他相关记录的公正性和准确性；要求建立相关交流和培训机制；要求建立完善的举报体系，并保护举报人的利益和安全；要求规制和企业有合作关系的其他商业伙伴的相关行为。

④《OECD 跨国公司准则》。该准则于 1976 年通过，分别在 2000 年和 2001 年进行过修改，现在越来越多的国家加入了遵守此准则的行列，其中包括 34 个 OECD 国家和 11 个非 OECD 国家，还有其他很多国家正在申请加入过程中。该准则主要包括概念和原则、一般政策、绩效信息的披露、人权、雇佣和产业的关系、环境、贿赂邀请和勒索、消费者权益、科技、竞争和税收等方面。准则在各国的执行主要表现在各个国家设立国家联络点，大部分依托这个国家的经济和外交事务部来建设。

⑤《美国反海外腐败法》（FCPA）。美国的《反海外腐败法》（Foreign Corrupt Practices Act，FCPA），于 1977 年制定，1988 年修订，是实施得最为积极的"反海外腐败"法规之一。具体来说，它主要有以下几个特点：

第一，管辖对象范围广。它的管辖范围不仅限于美国本土企业，还包括所有与美国有某种联系或有意建立某种联系的外国企业。第一类规范对象包括发行者，即发行的股票在美国登记或被要求向美国证券交易委员会（SEC）定期报告的公司。只要股票在美国登记和发行，即便其营业地点不在美国也要受到 FCPA 的管理。第二类规范对象为"国内相关者"，包括美国公民、美国国民、美国长期居民或任何依美国法律成立的相关企业。第三类规范对象包括在美国境内支付贿赂的外国公司和外国公民。另外，美国母公司还可能对海外子公司的不合规经营行为承担法律责任，因为海外子公司的不合规经营行为可能是被美国母公司授权、指示或者控制的。

第二，行贿对象覆盖范围广。FCPA 适用于针对任何公职人员的贿赂，它对"公职人员"的定义非常宽泛，包括任何政府机关任何级别的人员。

第三，意图行贿也被视为行贿。值得注意的是，FCPA 规定，只要具有行贿的意思，则构成犯罪。所以即使是没有实际的支付行为，或者没有因此获得实际的利益，行贿行为没有实际成功，根据 FCPA 的规定也要被定罪。

第四，对行贿目的进行宽泛解释。FCPA 关注的重点在于支付贿赂的目的，即主要考察是否有通过给予好处诱使外国政府官员使用其权力帮助自己获益的意图。FCPA 禁止为帮助企业获取或保留、指导某项业务而进行的行贿行为。

第五，对行贿方式进行宽泛解释。FCPA 并不要求公司或个人明确肯定的知道贿赂的进行。例如，有些时候，公司给予其市场和销售代表、咨询公司、分销商、合资企业的一些合作伙伴大额的支付。并且说他们不介意并不管这些钱用于何种途径和范围。这就意味着他们在对第 H 方进行支付的时候，已经意识到可能发生贿赂行为。根据送样的情况，FCPA 对公司提出了一项要求，就是要求对第三方进行尽职调查，确保他们不是用这项支付进行贿赂活动，否则将视为授权支付贿赂。

第六，对公司的内部合规管理有明确要求。FCPA 不仅有明确的反贿赂条款，而且对相关企业的内部合规管理也有要求。要求企业建立和维持合理的审计和财务控制等内部会计监控机制，同时要求企业有具体的合规培训和政策。

第七，对合法的情况有明确规定。FCPA 明确规定允许与产品推广或合同履行直接相关的"合理及善意"的商业支出。同时它还明确规定，允许符合接受方所在国法律法规明文规定的馈赠、招待及其他利益。在检查相关的支付是否合法时，美国的司法部也非常严格，美国的执法官员将确定：一是某项推广费用是否能证明是属于善意的商业行为；二是该项费用的性质和金额在当时情况下是否合理。当然，如果某个跨国公司能证明某些开支根据当地法律是合法的，则无须对合理性做出主观判断。

第八，中国的国有企业被视为政府部门。中国的国有企业也在 FCPA 规制的范围内，这些国有企业被看作是国家的工具性机构。

（3）中国的《企业境外经营合规管理指引》。

①提出背景。随着改革开放的不断深入，中国与世界各国的反腐

败合作也日益深入，目前我国已经加入了《联合国反腐败公约》《联合国打击跨国有组织犯罪公约》《亚太地区反腐败行动计划》《国际商务交易中打击勒索和贿赂行为准则》等。但是近年来，在我国跨国公司"走出去"开展境外贸易、投资经营、工程承包等步伐不断加快的同时，我国企业在境外出现违法违规、商业贿赂、职务舞弊等案件不断增多，给企业自身带来大额的财务损失和声誉损毁之余，甚至对企业后续合法生存构成了值得警惕的重大风险隐患。在国际贸易保护主义抬头、各国对外政策频繁变动、全球贸易政策不稳定、全球产业链重构、境内外对公司合规经营要求不断提高的大背景下，我国企业在境外面临的合规环境更加变幻莫测，背后的合规经营风险引起我国的高度重视。2018 年，国家发改委联合多部门发布《企业境外经营合规管理指引》（发改外资〔2018〕1916 号）文件（简称《合规指引》），以促进企业增强境外经营合规管理意识，提升境外经营合规管理水平。

②《企业境外经营合规管理指引》的主要内容和特点。《合规指引》包括总则，合规管理要求，合规管理架构，合规管理制度，合规管理运行机制，合规风险识别、评估与处置，合规评审与改进，合规文化建设等八部分，总共 30 条。

《合规指引》主要有三个特点。一是基础性。《合规指引》是为企业境外经营合规管理提供的基础性指导。国际经营环境复杂多变，企业合规管理的基础和条件也不尽相同。有关方面可在《合规指引》的基础上，针对特定领域制定更具体的指引。企业可对照《合规指引》，结合自身实际加强境外经营相关合规制度建设，不断提高合规管理水平。二是针对性。《合规指引》以企业境外经营面临的"合哪些规""怎么合规"等实际问题为导向，相应提供了可操作的具体指引。三是系统性。《合规指引》指导企业统筹兼顾做好境外经营合规管理各项工作。比如，注重"软硬结合"，倡导企业在完善合规管理刚性制度的同时，积极培育和推广合规文化；注重"上下贯通"，倡导企业在决策、管理和执行三个层级上均明确合规责任，决策层应充分发挥表率作用；注重"内外兼顾"，倡导企业在合规管理中实时追踪外部合规要求变化，并定期评估和改进企业内部管理流程，防范合规风险。

③企业开展境外经营过程中需要符合哪些规定？《合规指引》提出，合规是指企业及其员工的经营管理行为符合有关法律法规、国际条约、监管规定、行业准则、商业惯例、道德规范和企业依法制定的章程及规章制度等要求。《合规指引》在强调境外经营活动全流程、全方位合规的同时，重点针对对外贸易、境外投资、对外承包工程和境外日常经营四类主要活动，明确了具体的合规要求。

企业开展对外货物和服务贸易，应全面掌握关于贸易管制、质量安全与技术标准、知识产权保护等方面的具体要求，关注业务所涉国家（地区）开展的贸易救济调查，包括反倾销、反补贴、保障措施调查等。

企业开展境外投资，应全面掌握关于市场准入、贸易管制、国家安全审查、行业监管、外汇管理、反垄断、反洗钱、反恐怖融资等方面的具体要求。

企业开展对外承包工程，应全面掌握关于投标管理、合同管理、项目履约、劳工管理、环境保护、连带风险管理、债务管理、捐赠与赞助、反腐败、反贿赂等方面的具体要求。

企业开展境外日常经营，应全面掌握关于劳工权益保护、环境保护、数据和隐私保护、知识产权保护、反腐败、反贿赂、反垄断、反洗钱、反恐怖融资、贸易管制、财务税收等方面的具体要求。

④企业开展境外经营怎样做好合规？《合规指引》明确了企业境外经营合规管理的基本内容和关键环节。企业可以对照《合规指引》，从自身经营范围、组织结构和业务规模等实际出发，加强境外经营合规管理。

一是全面识别合规要求。企业应系统全面地识别合规要求，清楚合规要求对于企业经营活动、产品和服务的影响，确保经营活动全流程、全方位合规。

二是健全合规管理架构。企业可结合发展需要，明晰内部各层级的合规管理责任，并根据业务性质、地域范围、监管要求等设置相应的合规管理机构。

三是制定合规管理制度。企业可从合规行为准则、合规管理办法、合规操作流程三个层次，建立健全合规管理制度，作为合规管理的指引和依据。

四是完善合规运行机制。企业应完善合规培训、汇报、考核、咨询、调查、问责等运行机制，将制度规定贯彻落实于工作实践中。

五是防范应对合规风险。企业应通过合规咨询、违规调查等内部途径或外部咨询等方式，有效识别各类合规风险，并依法采取恰当的控制和处置措施。

六是持续改进合规管理体系。企业应持续跟踪监管政策变化，定期进行合规审计和管理体系评价，根据内外部环境变化动态调整管理制度和运行机制，保障合规管理体系稳健运行。

七是重视合规文化建设。企业应将合规文化作为企业文化建设的重要内容，树立积极正面的合规形象，促进行业合规文化发展，营造和谐健康的内外部合规环境。

三、技术环境

（一）技术与企业

技术环境是指一个国家或地区与企业生产经营活动相关的科技要素，包括技术水平、技术政策、新产品开发能力及技术发展动向等。知识经济时代，技术进步对企业的影响日益加深，一方面，科技的发展直接影响着企业的营销活动，一种新技术对一些企业而言是营销机会，对另一些则是竞争威胁，新产品、新流程、新材料等的出现影响甚至改变着企业的竞争状况，企业要生存和发展，就必须密切关注技术环境的变化，尽早采用新技术，利用新技术对本行业可能带来的机会，拓展新的营销路径，只有随着把握技术发展的脉搏，企业才能以不变应万变，在市场竞争中立于不败之地。另一方面，新技术往往会造成一些难以预期的长期后果，新技术的出现可能造成产业间的蝴蝶效应，改变市场需求，缔造新的消费热点和营销机会。

一般而言，跨国公司面临的技术环境包括：母国技术环境、东道国技术环境和国际技术环境。技术的发展对于跨国公司的影响是多元的：促进产业结构和产品结构升级，促进消费结构升级；推动企业生产过程更新换代；促进国际技术贸易增长；推动电子商务的兴起；推动企业组织形式和经营模式的变化。对技术环境的重视要求企业需要将技术研发作为企业的重要战略，具体来看，应当做好以下几点：不断增加研发投入；优待研发人员；与其他公司合作。

（二）跨国公司与技术进步

跨国公司是世界先进技术的主要发明者，是世界先进技术的主要供应来源，跨国公司通过对外直接投资内部化实现其技术转移。这种技术转让行为对东道国会带来外部经济，即技术溢出。虽然"技术溢出"是技术转移的一种非自愿的形式，但是从产业带动的影响范围和程度来看，技术溢出对东道国产业结构的改善的过程中显然起到了重要的作用。跨国公司在对外直接投资过程中，通过技术转让和技术溢出，对东道国同行企业及其他企业的技术进步产生了积极的影响。在经济全球化背景下，任何一国都不可能仅仅依靠本国的力量进行技术创新，还需要充分利用外部技术资源，通过技术引进和技术扩散来提高科技水平，加速经济发展。全球500强几乎垄断了全世界大约80%以上的高新技术，是当代科技成果的主要拥有者，吸引大型跨国公司投资，充分利用其技术溢出的积极效应是显而易见的。

科技进步和创新，既是加快经济增长的根本动力，又是提高经济国际竞争力的关键。科学技术决定着跨国公司的发展方向和前途。一个跨国公司不论其科技实力如何雄厚，都离不开世界范围内的科技进步的支撑。这就要求跨国公司牢牢把握人类科学技术的发展趋势，积极参与世界新的科技革命，吸收和采用新的科技成果。一些世界著名跨国公司把科技创新作为企业发展的核心战略，以创新促进成长，以技术保持领先。采取投资、并购等形式，进入正在发展的业务领域，不断填补产品种类和技术空白。加大科技投入，壮大企业研发力量，培养企业创新能力。实施全球人才战略，不惜重金褒奖精英人才，激励优秀人才，吸引顶级人才。

例如从 21 世纪第二个十年开始，全球跨国公司在中国的创新与研发中心的投资开始增多，而从 2021 年开始的 21 世纪第三个十年，跨国公司在中国设立创新与研发中心已经成为更多的跨国公司全球布局的重要战略。而中国自身的产业升级、市场变化，以及引资力度都是促进跨国企业从"在中国制造"到"在中国创造"的重要因素。Greater China Business 盘点过去一年各行业跨国公司在华设立创新、研发中心的一些代表性的事件，发现汽车、材料、医药和消费品等主要行业的跨国公司正加大对中国的投资，而这些长期深耕中国市场的跨国企业在华设立研发与创新中心更是说明中国的创新资源与优势正在增强，可以预见中国不断优化的营商环境必将吸引更多跨国公司在华设立研发与创新中心。

目前外资在华建立研发中心有明显的区位特征：主要集中于科技和经济中心城市，如北京、上海、广东、江苏、天津等城市，其中以北京和上海最为突出。

以上海为例，2021 年新增跨国公司地区总部 56 家、外资研发中心 25 家，外商在上海累计设立跨国公司地区总部达 831 家，累计设立外资研发中心达 506 家。从投资活力来看，上海是我国开放型经济最典型的代表，也是外资投资最聚集的区域（见表 2-2）。

表 2-2　　　　　　跨国公司在华建立的部分研发中心

跨国公司	研发中心、创新中心	地区	行业	投资国	日期
Volkswagen	大众汽车安徽研发中心	安徽合肥	汽车	德国	2020 年 12 月
OPPO	OPPO 西安研发中心	陕西西安	通信	中国	2021 年 1 月
Hormel	荷美尔（中国）亚太区研发中心	浙江嘉兴	食品	美国	2021 年 2 月
PPG	PPG 中国应用创新中心	江苏苏州	化工	美国	2021 年 3 月
Xilinx	赛灵思中国应用创新中心	四川成都	半导体	美国	2021 年 3 月

续表

跨国公司	研发中心、创新中心	地区	行业	投资国	日期
Schneider Electric	施耐德电气（中国）软件研发中心	北京	电气	法国	2021 年 5 月
Thermo Fisher	赛默飞中国生命科学研发中心	江苏苏州	生命科学	美国	2021 年 5 月
Estee Lauder	雅诗兰黛集团全球研发中心	上海	化妆品	美国	2021 年 5 月
Henkel	汉高黏合剂技术创新中心	上海	化工	德国	2021 年 5 月
Medtronic	美敦力创新中心（成都）	四川成都	医疗	美国	2021 年 6 月
ABC	中国农业银行金融科技创新中心	河北雄安	金融	中国	2021 年 6 月
BorgWamer	博格华纳新能源汽车动力驱动系统（亚太）研发中心	湖北武汉	汽车	美国	2021 年 7 月
Lubrizol	路博润滑油添加剂研发中心	上海	化工	美国	2021 年 7 月
Kemira	凯米拉亚太研发中心	上海	化工	芬兰	2021 年 9 月
Hyundai Motor	现代汽车集团中国前瞻数字研发中心	上海	汽车	韩国	2021 年 10 月
Daimler	戴姆勒中国研发技术中心	北京	汽车	德国	2021 年 10 月
AstraZeneca	阿斯利康全球研发中国中心	上海	医药	英国	2021 年 10 月
Kendrion	康德瑞恩亚太研发中心及制造基地	江苏苏州	机电	荷兰	2021 年 11 月
Hansoh	翰森制药集团全球运营总部及研发中心	上海	医药	中国	2021 年 11 月

跨国公司日新月异的科技进步和创新，一方面加剧了国际市场在技术、人才和产品等方面的竞争；另一方面促进了各国之间的技术联系和经济合作，提高了金融、电信、商务网络的现代化水平，对经济全球化发展起着重要的推动和深化作用。

四、社会、文化与自然环境

（一）社会环境

社会环境是对企业活动没有直接作用而又能经常对企业经营决策产生潜在影响的一般要素。社会环境包括的内容非常广泛，如人口状况、收入状况、社会阶层、社会结构稳定性以及跨国公司社会责任等。社会环境是构建社会的基础，是政治、经济、技术条件形成和变化的助力器。

1. 人口状况。

（1）人口总数。一个国家的人口基数是衡量一国潜在市场规模的基本指标，又是衡量劳动力资源优势的基本指标，中国人口众多是近年来吸引跨国公司投资的主要因素之一。在中国，洗涤、烟草、奶制品等销量位居世界前列，而人均消费量同发达国家相比却相差很远，因此，对于这些行业的厂商来说，无疑是一个庞大的市场。

（2）人口增长率。人口增长率表明该国的市场潜力，即人口增长率越高，市场的需求将会得到保持或扩大。但是，当人口增长率超过国内生产总值增长率时，则会因该国人均收入减少而使市场缩小。

（3）人口结构。研究人口结构主要是从年龄结构和性别结构两方面考虑。人口年龄结构会对现在和将来人们所需要的产品类型产生影响。一个国家的人口年龄结构会影响企业的产品类型。

2. 社会阶层。社会阶层是社会中根据某些分类标准（如收入水平、受教育程度等）按层次排列比较同质并相对稳定的群体。不同时期，社会对阶层的划分各不相同。现代社会，阶层通常所指个人或者集团对财富拥有量，而不是指对生产资料的占有。

社会阶层有以下之特征：

（1）同一阶级的人群具有类似的行为；

（2）社会阶层的地位有高低；

（3）社会阶层是职业、所得、教育等综合的结果；

（4）社会阶层的内涵会变动，而且个人也会提升到较高阶层或下降到较低阶层。

每一阶层中的成员具有类似的价值观、兴趣和行为，不同社会阶层的存在，影响着跨国公司的生产经营活动，包括产品类型、市场细分、品牌偏好、价格策略、销售渠道、新闻媒体等方面。

3. 跨国公司社会责任。跨国公司承担的责任从过去的股东价值最大化提升到强化包括股东、社会和环境责任在内的公司责任体系。跨国公司不仅要承担股东责任，而且要承担社会责任；不仅要承担在母国的责任，而且要承担经营所在国的责任，因为这都是跨国公司的利益相关者。

利益相关者理论兴起于 20 世纪 80～90 年代的美国斯坦福大学研究所（SRI）：公司的利益相关者除了股东以外，还应包括其他要素的提供者，如雇员、供应商、贷款人、顾客等。公司不仅是为股东利益最大化服务，还应为所有公司利益相关者创造财富服务（见图 2－1）。

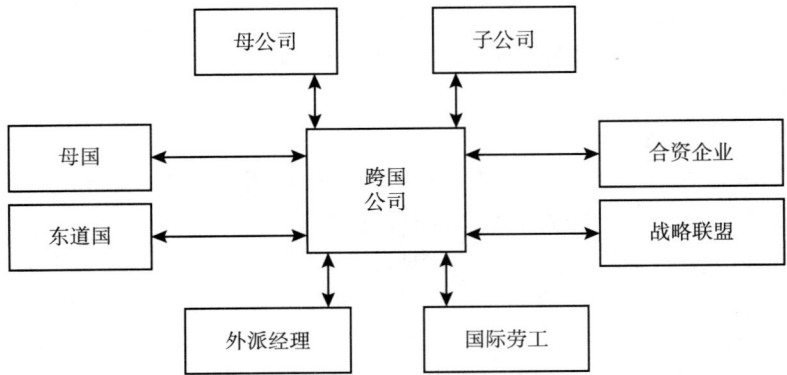

图 2 - 1　跨国公司的主要利益相关者

在现代市场经济条件下，公司是一个责任主体，在一定程度上还必须承担社会责任。承担全球责任意味着全球公司理念和文化的更新，也标志着跨国公司向全球公司转型的完成。

企业社会责任（Corporate Social Responsibility，CSR）是指企业在创造利润，对股东利益负责的同时，主动承担对员工、消费者、环境和社区的责任。它是西方社会发展到一定历史阶段的产物。其概念从 20 世纪 20 年代在西方发达国家产生到现在已有近百年的时间。但发展主要是从 30 年代开始的。随着人们价值观念、消费观念的改变，以及对可持续发展观的认可，围绕着捍卫消费者利益、劳工利益、环境利益这三大公众利益，从 30 年代起在西方社会掀起一系列的广泛深入持久社会运动，包括消费者运动、劳工运动、环保运动、女权运动、社会责任投资运动、可持续发展运动等。西方的消费者越来越关心他们所购买的商品的制作是否符合基本的人权标准和环保标准。他们把"拒绝购买"作为手段，迫使企业为了市场份额而不得不认真听取消费者的声音。特别是对那些有品牌的跨国公司，为保证其长期效益，不能仅仅考虑其利润因素，而必须考虑其利益相关者的诉求和通过"道德投资"和"环境投资"来引导企业注重改善劳工状况和环境保护。通过这些系列活动，形成新的社会共同价值观。同时，国际公约中的企业社会责任也对跨国公司有法律上的影响。

这些涉及企业社会责任的国际标准或宣言主要有：（1）经济合作与发展组织的跨国公司指南；（2）亚太经合组织商业行为守则；（3）国际劳工组织劳动权利和原则的基本宣言；（4）国际劳工组织关于跨国公司和社会政策的三方宣言；（5）相互诚信宣言；（6）国际社会责任体系 SA8000；（7）公司社会责任的社会风险网络标准；（8）全球沙利文原则；（9）联合国人权宣言；（10）联合国全球协议；（11）联合国《跨国公司和其他商业企业的人权和责任的草案》；

（12）交易道德基础守则。此外，国际化标准组织采用的标准和一些跨国公司之间签订的框架协议对跨国公司社会责任也产生了重要影响。如今，企业社会责任标准已经成为一种独特的"软法律"。这些标准通常聚焦于跨国公司的运作，因而随着重新平衡国家和投资者之间权利和义务的努力不断加强，它们对国际投资的影响日益加深。反过来，跨国公司可以通过其对外投资和全球价值链，影响全球工商业的社会和环境做法。企业社会责任标准目前的格局是多层次、多方面且相互关联的。联合国、劳工组织和经合组织的标准，其作用在于界定基本的企业社会责任并提供指导。此外还有数十项国际多方利益相关者倡议、数百项产业协会倡议和数千份独立公司准则，为跨国公司提供社会和环境做法标准。

（二）文化环境

文化环境是指跨国公司经营所涉及国家或地区居民的语言文字、教育水平、宗教信仰、价值取向、文化传统、风俗习惯、宗教信仰等多方面内容的综合。文化具有自身独特的特性：文化是后天习得的；文化具有强制性；文化具有适应性；文化是不断变迁的。

文化环境对跨国公司的生产经营活动有重大影响。只有考虑到文化环境，才能解释为什么在经济环境、政治环境、法律环境、社会环境大体相似的两个国家，跨国公司的生产经营活动往往存在较大差异。跨国公司在不同国家的活动应与每个社会的文化特质保持一致。例如，在促销方面，尤其应注意广告内容与各国文化背景的协调，广告色彩与各国偏好相一致；在价格策略方面，应注意其价格往往取决于被感受的价值而不是实际价值；在产品品牌的选择上，应注意各国消费者对品牌的不同偏好，选好产品所使用的品牌名称、厂商名称和产地名称。

福耀玻璃投资美国遭遇的文化风险及应对措施

（三）自然环境

自然环境是指自然界的实际情况与潜在状态以及土地面积、地形和气候等。自然环境是企业生产的不可控因素，同时又限制了企业的发展，尤其是对于依赖于土地、气候、矿产等自然资源的企业而言，自然环境更是起着至关重要的作用。

自然资源的分布、质量和可供利用的程度，影响着世界经济发展和贸易的格局。世界上各国的气候差别很大，而一国的海拔高度、温度和湿度变化以及地理因素等，都可能影响产品和设备的使用性能与运输成本，甚至还会影响经济、贸易和交通的发展。有些国家被分割为极不相同的人口居住区，从而形成具有明显差异的市场，这是国与国之间产生贸易往来的一个重要原因，某些重要资源供求关系的变化对不同行业的企业发展会产生不相同的机会或威胁。

各国对环境保护的要求对企业经营也有着极大的影响，跨国公司生产经营中一定要保护好地区的环境，开发环保产品，完善自己的社会责任。

第二节　产业环境分析

一、市场需求分析

对产业环境分析的一个重要方面是对市场需求状况的分析，包括从市场需求的决定因素和需求价格弹性分析两个方面入手。

（一）市场需求的决定因素

经济学理论认为，决定一个消费者对一种产品的需求数量的主要因素有：该产品的价格、消费者的收入水平、相关产品的价格、消费者的偏好、消费者对产品的价格预期等。一个市场上所有消费者对该种产品的总需求量还取决于这个市场上消费者的数量。市场营销学中有这样一个公式：市场需求 = 人口 × 购买力 × 购买欲望。这个公式概括了上述的各个决定因素：人口对应一个市场上消费者的数量；购买力对应消费者的收入水平；购买欲望对应产品价格、消费者偏好、相关产品的价格和消费者对产品的价格预期等。

在市场需求的决定因素中，人口和购买力是生产厂商难以控制的因素，对这两方面因素的研究一般作为进入一个新领域的考察依据。市场需求的决定因素中消费者购买欲望这一因素则是生产厂商可以把握的因素，也是众多厂商市场营销策略的着眼点。产品的价格、差异化程度、促销手段等环节都可能会影响消费者的购买欲望，而这些环节又往往与市场竞争策略交织在一起。

（二）需求价格弹性分析

经济学为了简化分析，在决定产品需求量的各种因素中，假定其他因素保持不变，仅分析一种产品的价格变化对该产品需求量的影响，即把一种产品的需求量仅仅看成是这种产品价格的函数，于是就有了需求函数的概念。需求函数表示一种产品的需求量和价格之间存在着一一对应的关系。一般说来，一种产品价格越高，该产品的需求量就会越小；反之，价格越低，需求量就会越大。所以，需求曲线一般向右下方倾斜。

与需求函数相关的另一个重要概念是需求的价格弹性，即需求对价格变化的反应程度。一般而言，如果需求相对于价格的变化反应大，我们就说该产品的需求价格弹性大；反之，我们则说该产品的需求价格弹性小。需求价格弹性在需求曲线上表现为曲线的斜率，即曲线的倾斜程度。产品的需求弹性也是市场需求分析的重要内容，它是决定公司收益水平的重要因素，也是影响企业定价的重要参数。产品的需求价格弹性可能是不同的，那么生产厂商最佳的定价策略，应遵循"逆弹性法则"，即对需求弹性低的产品定高价，而对需求弹性高的产品定低价。

二、产业结构分析

产业结构是指各产业的构成及各产业之间的联系和比例关系。各产业部门的构成及相互之间的联系、比例关系不尽相同，对经济增长的贡献大小也不同。因此，把包括产业的构成、各产业之间的相互关系在内的结构特征概括为产业结构。

（一）五种竞争力量模型

波特在《竞争战略》一书中，从产业组织理论的角度，提出了五种竞争力量模型。波特认为，在每一个产业中都存在五种基本竞争力量，即潜在进入者、替代品、购买者、供应商与现有企业者间的竞争。如图 2 - 2 所示。五种力量模型将大量不同的因素汇集在一个简便的模型中，以此分析一个行业的基本竞争态势。一种可行战略的提出首先应该包括确认并评价这五种力量，不同力量的特性和重要性因行业和公司的不同而变化。

五种竞争力量模型，即潜在进入者、替代品、购买者、供应商与现有企业者间的竞争。

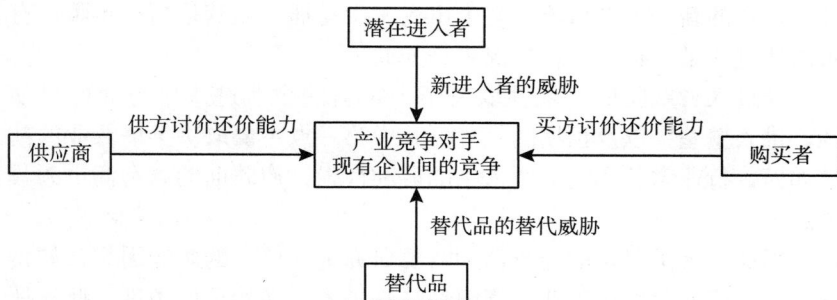

图 2 - 2　驱动产业竞争的五种力量

1. 供应商的讨价还价能力。供应商影响一个行业竞争者的主要方式是提高价格，以此榨取买方的盈利，或者降低所提供产品或服务的质量，下面一些因素决定它的影响力：

（1）供应商所在行业的集中化程度；

（2）供应商产品的标准化程度；

（3）供应商所提供的产品在企业整体产品成本中的比例；

（4）供应商提供的产品对企业生产流程的重要性；

（5）供应商提供产品的成本与企业自己生产的成本之间的比较；

（6）供应商提供的产品对企业产品质量的影响；

（7）企业原材料采购的转换成本；

（8）供应商前向一体化的战略意图。

2. 购买者的讨价还价能力。与供应商一样，购买者也能够成为行业营利性造成威胁。购买者能够强行压低价格，或要求更高的质量或更多的服务。为达到这一点，他们可能使生产者互相竞争，或者不从任何单个生产者那里购买商品。购买者一般可以归为产业客户或个人客户，购买者的购买行为与这种分类方法是一般是不相关的。有一点例外的是，工业客户是零售商，他可以影响消费者的购买决策，这样，零售商的讨价还价能力就显著增强了。以下因素影响购买者集团的议价能力：

（1）集体购买；

（2）产品的标准化程度；

（3）购买者对产品质量的敏感性；

（4）替代品的替代程度；

（5）大批量购买的普遍性；

（6）产品在购买者成本中占的比例；

（7）购买者后向一体化的战略意图。

3. 新进入者的威胁。一个行业的进入者通常带来大量的资源和额外的生产能力，并且要求获得市场份额。除了完全竞争的市场以外，行业的新进入者可能使整个市场发生动摇。尤其是当有步骤、有目的地进入某一行业时，情况更是如此。

新进入者威胁的严峻性取决于一家新的企业进入该行业的可能性、进入壁垒，以及预期的报复。其中第一点主要取决于该行业的前景如何，行业增长率高表明未来的盈利性强，而眼前的高利润也颇具诱惑力。

因此，跨国公司的经营活动需要研究进入壁垒的影响因素，如钢铁业、造船业、汽车工业、规模经济是进入壁垒的重要条件，此外还有产品的差异条件，如化妆品及保健品业产品的差异条件是进入壁垒的主要条件之一。

4. 替代品的威胁。替代品是指那些与客户产品具有相同功能的或类似功能的产品。如糖精从功能上可以替代糖，飞机远距离运输可能被火车替代等，那么生产替代品的企业本身就给客户甚至行业带来威胁，替代竞争的压力越大，对客户的威胁越大，决定替代品压力大小的因素主要有：

（1）替代品的盈利能力；

（2）替代品生产企业的经营策略；

（3）购买者的转换成本。

5. 行业内现有竞争者的竞争。大部分行业中的企业，相互之间的利益都是紧密联系在一起的，作为企业整体战略一部分的各企业竞争战略，其目标都在于使得自己的企业获得相对于竞争对手的优势，所以，在实施中就必然会产生冲突与对抗现象，这些冲突与对抗就构成了现有企业之间的竞争。现有企业之间的竞争常常表现在价格、广告、产品介绍、售后服务等方面，其竞争强度与许多因素有关。一般来说，出现下述情况将意味着行业中现有企业之间竞争的加剧：

（1）行业进入障碍较低，势均力敌竞争对手较多，竞争参与者范围广泛；

（2）市场趋于成熟，产品需求增长缓慢；

（3）竞争者企图采用降价等手段促销；

（4）竞争者提供几乎相同的产品或服务，用户转换成本很低；

（5）一个战略行动如果取得成功，其收入相当可观；

（6）行业外部实力强大的公司在接收了行业中实力薄弱企业后，发起进攻性行动，结果使得刚被接收的企业成为市场的主要竞争者；

（7）退出障碍较高，即退出竞争要比继续参与竞争代价更高。退出障碍主要受经济、战略、感情以及社会政治关系等方面考虑的影响，具体包括资产的专用性、退出的固定费用、战略上的相互牵制、情绪上的难以接受、政府和社会的各种限制等。

（二）五力模型、产业结构与产业竞争力

在一个产业中，每一个企业或多或少都必须应对以上各种力量构成的威胁，而且客户必须面对行业中的每一个竞争者的举动，这五种力量共同决定产业竞争的强度以及产业利润率，最强的一种或几种力量占据着统治地位，并且从战略形成角度起着关键性作用。产业中众多经济技术特征对于每种竞争力的影响都是至关重要的。

这五种竞争因素的影响力大小，会随着产业不同而有所不同，但多少都对产业的长期获利能力有决定性的影响。这五种竞争因素之所以能决定产业获利能力，是因为他们关系到企业的产品标价、必须负担的成本在该产业中竞争所需要投入的资本。新进企业的威胁会限制产业的整体获利可能，因为它带来新的产品，企图分割市场，使各家

利润降低。有实力的客户或供应商也会为自身的利润而讨价还价。激烈的竞争更会导致广告、营销费用、研发等竞争成本增加，而企业牺牲利润、降低售价的做法，都会吞食产业利润。同样地，高度替代性的产品对客户的吸引力较大，不但限制了价格的制定，也会吃掉产业的整体利益。

这五种竞争因素也分别代表产业结构的功能，或说是支撑产业经济与技术发展的重要力量。以客户因素为例，便是企业的客户数量、每一个客户所担负的销售额，以及某项产品是否符合客户本身的成本估量等变数作用后的结果。新进企业造成的威胁程度则依照品牌忠诚度、经济规模，或是否需要进入营销渠道等进入障碍的难易程度而定。

在产业发展的过程中，产业结构虽然属于比较安定的一环，但仍会随时间发生改变。许多欧洲国家的营销渠道正在渐渐合并中，客户也因此随之强化。就企业的竞争战略而言，产业趋势是产业机构的影响源头。企业可以依据其战略去"影响"这五种竞争因素的消长。像民航业自从引进资本额高达数亿元的电脑信息系统后，新企业就更难打入这一产业了。

产业结构对企业的国际竞争尤其重要。首先，不同产业的成功条件不同。在服饰等分化明显的产业里，竞争所需的资源和技术就与商用飞机制造业迥然不同。一个国家可能为某些产业提供了较佳的竞争环境，但这些环境不一定也有利于其他产业。其次，在企业的国际竞争中，存在五种竞争力的产业结构扮演举足轻重角色的另一个原因是："结构的改变"是一国企业进入新产业竞争的绝佳机会。以日本复印机厂商为例，他们以原本不被看好的小型复印机为主力，成功地挑战施乐和 IBM 等美国企业的市场主导地位。日本厂商的战略包括以经销商取代直销、改变生产程序、大量生产而非分批出货、调整定价等新的销售方式。这些新战略排除了进入复印机产业的障碍，并破解了既有市场主导者的优势。因此，企业注意产业结构并适时应对，是在国际竞争中获取成功的有效途径。

三、产业总体环境与成功关键因素分析

（一）产业生命周期、经验曲线和规模经济

产业是指从事国民经济中同性质生产的经营单位或者个体的组织结构体系，它是具有某一属性的企业的集合，如林业、汽车业、银行业等。产业分析主要包括分析产业的主要特征和竞争状况，以此预测并应引导产业的未来发展趋势，判断产业投资价值，揭示产业风向，为特定产业中企业的发展提供依据和指导。

对产业环境的总体分析一般需要考虑产业的一些重要经济特性，包括产业吸引力，即该产业的销售利润率或销售额增长率；市场购买和增长速度；市场竞争的地域；产业竞争状况；产业的进入和退出壁垒；规模经济和经验曲线效应。主要的分析工具包括产业生命周期，经验曲线和规模经济。

产业生命周期是一个产业从出现直至完全退出社会经济领域所经历的时间。一般认为，产业生命周期包括导入期、成长期、成熟期、衰退期四个阶段，产业的整体销售额在生命周期整个过程中呈现出倒"U"形发展趋势。

规模经济是指生产达到一定规模导致单件产品所分摊的固定成本的减少。经验曲线与规模经济往往交叉地影响产品成本的下降，但是两者又存在区别，其一，两者导致成本下降的原因不同；其二，两者在促使成本下降的方式上不同。

（二）成功关键因素分析

成功关键因素是指公司在特定市场获得盈利所必须拥有的技能和资产。它们可能是一种价格优势、一个资本结构或消费组合，也可能是一种纵向一体化的行业结构。

不同产业的成功关键因素有很大的差异，如表 2 - 3 所示。由表中可知，原料资源是石油工业的关键，决定了石油生产者的利润。而在纯碱工业中，生产技术是关键。企业要获得同样质量的纯碱，汞制作法的效益要比半透膜法高两倍以上，利用后一种方法的企业，无论付出多大的努力来减少额外成本，也不可能在经营上取得成功。

表 2 - 3　　　　　　　　　不同产业中的成功关键因素

工业部门类别	成功关键因素
铀、石油	原料资源
船舶制造、炼钢	生产设施
航空、高保真度音响	设计能力
纯碱、半导体	生产技术
百货商场、零部件	产品范围、花色品种
大规模集成电路、微机	工程设计和技术能力
电梯、汽车	销售能力、售后服务
啤酒、家电、胶卷	销售网络

不同企业对产业成功关键因素的侧重不同。即使是同一产业中的各个企业，也可能对该产业的成功关键因素有不同的侧重。例如，在书写产业中，美国的派克和柯尔斯公司均很成功，但它们对书写产业

的成功关键因素各有侧重。派克公司侧重于无孔不入的广告宣传和大量的销售渠道，而柯尔斯公司侧重于产品质量、产品在消费者心目中的形象和有选择的销售渠道。

第三节　微观环境分析

一、核心能力分析

核心能力是组织中的积累性学识，特别是关于如何协调不同的生产技能和有机结合多种技术的学识。

为什么有些企业的竞争优势相当持久，而另一些企业只能得到短期的优势？1990 年，普拉哈德和哈默在《哈佛商业评论》上发表的《公司核心能力》一文中将这个问题归结为企业是否具有一种特殊的能力——核心能力。

（一）核心能力及其特征

核心能力是组织中的积累性学识，特别是关于如何协调不同的生产技能和有机结合多种技术的学识（Prahalad & Hamel，1990）。

一种能力要想成为核心能力，必须是"从客户的角度出发，是有价值并不可替代的；从竞争者的角度出发，是独特并不可模仿的。"

实践中，各个公司所表现出来的核心能力是多种多样的，但是一般认为，企业的核心能力应当具备以下五个基本特征。

企业核心能力的五个基本特征：
1. 价值性；
2. 稀缺性；
3. 难以模仿性；
4. 不可替代性；
5. 可转移性。

1. 价值性。即核心能力应当具有市场价值，能为消费者带来价值创造或价值附加。例如，索尼的核心能力是微型化，它给用户的利益是随身携带的便捷性；沃尔玛的核心能力是其采购、信息化和强大的物流管理，它给用户的利益是更低廉的价格。

2. 稀缺性。即核心能力是极少数现有或潜在竞争对手能拥有的能力。有价值而普遍存在的资源和能力可能会造成对等的竞争。只有当企业创造并发展了那些与竞争对手共有能力不一样的能力时，才会产生竞争优势。例如，戴尔用来塑造并发展商业模式的能力。

3. 难以模仿性。即核心能力是其他企业不能轻易建立的能力。核心能力是不同技能的有机融合。是公司的战略性资源。一项能力的模仿成本和难度越大，它的潜在竞争价值就越大。例如，英特尔公司的核心能力是持续不断地快速推出新一代功能更强大的芯片。

4. 不可替代性。即核心能力是那些不具有战略对等资源的能力。一种能力越难被替代，它能产生的战略价值就越高，竞争对手就越难模仿它的战略以产生价值。企业的专有知识以及建立在经理和员工之间信任基础上的工作关系就是很难被了解、也很难被替代的能力。

5. 可转移性。即核心能力可使企业拥有进入相关市场的潜力，衍生出一系列新的产品和服务。例如，宝洁公司在产品开发和营销方面的核心能力；佳能公司在图像显示技术方面的核心能力。

（二）核心能力的构成

核心能力包括技术和组织两大方面。在技术方面，核心能力主要是对多种技术和功能进行调整和整合。如卡西欧把收音机功能放置在一个芯片上，从而生产出名片大小的微型收音机。这种生产就必须有机地结合多种技术流，包括微型化技术、微处理技术、微处理器设计、材料科学以及超薄精密装盒技术等，缺一不可。在组织方面，核心能力强调组织的整体协调。在卡西欧公司中，微型化只形成了公司的竞争能力，但把这种能力转化为畅销的卡西欧商品，则必须确保技术、工程、营销等各个环节和功能能够整体协调，因而需要确保技术专家，工程师和销售人员对客户需求和技术的可能性能够共享信息和达成共识。

（三）核心能力的维持

维持核心能力是每个企业，尤其是那些已经获得成功的企业所面临的重要课题。跨国公司面临的经营环境多元而复杂，因此其核心能力的维持尤为重要。核心能力的维持应注意以下问题：

1. 坚守主业审慎对待多元化。导致核心能力丧失的第一个常见原因是盲目、过度多元化。背离自己的核心专长，结果喧宾夺主，优势不再。如巨人集团从 IT 业起家，曾立志做中国的 IBM；后转做营养食品"脑黄金"，再转做房地产，斥巨资建 70 多层的巨人大厦而一下被拖垮。全球 500 强大多是走专业化道路发展起来，以一业为主并在一业称雄的行业领袖。即使极少数多元化企业如 GE，也是靠走专业化发迹的（一个灯泡厂做了几十年），如今也只在少数几个行业保持优势。当然，审慎对待多元化并不等于一概排斥多元化。目前比较成功的多元化大多遵循的原则是在一业为主的基础上，发展相关多元化。如海尔将其在冰箱冰柜上获得的核心能力发展到洗衣机、热水器、空调、电视、厨电、智慧家电和定制产品八大品类与家电有关的产品系列。目前在智能家居集成、网络家电、数字化、大规模集成电路、新材料等技术领域处于世界领先水平。再比如比亚迪 1995 年成立以来，主要从事电池的研发、生产和销售工作，并于 2002 年在香港上市。由于电池行业规模有限，比亚迪将目光逐步转向电动汽车制造业。为取得技术领先优势，比亚迪依托自身的能源和动力电池技术开始了电动汽车的研究。2006 年初，比亚迪成立电动汽车研究所并投资 10.2 亿元建设比亚迪电动汽车研发、测试中心和生产基地，投入巨资用于研发。在高强度的研发投入下，比亚迪成功开发了铁电池技术，掌握了电动汽车的核心部件制造和设计原理。依托铁电池的核心技术，比亚迪继续加大对电动汽车的技术投入，尝试建立起电动汽车领域的全球领先优势。比亚迪先后与戴姆勒奔驰、英特尔等开展深入合作，以加强在新能源汽车、智能交通方面的创新。正是这种持续的研发投入，使得比亚迪拥有全球领先的电池、电机、电控等核心技术，并开发出了独有的双模二代技术和双向逆变技术，进一步强化了企业的核心竞争能力。目前比亚迪的电动汽车、纯电动大巴 k9、纯电动出租车 e6 等已经在洛杉矶、悉尼、中国香港、日本京都等地运行，并展现出了良好的竞争优势。

2. 运用核心优势正确把握商机。导致核心能力丧失的第二个常见原因是相信什么赚钱做什么，四处寻求商机，盲目追逐热门产业、热点地区。投资的扩张不能寻热，越是面对热点地区，热门产业，越要冷静审慎。运用自身专长与把握外部商机相比更重要。商机并不一定都属于自己。只有当商机与自己的核心专长碰巧吻合时，才属于自己。

3. 守成与创业结合防止核心刚度。核心刚度就是把企业的既有优势或一时的成功经验固化、神话、教条化。核心刚度会使企业产生惰性、迟钝、保守和"路径依赖性"，扼杀创新与活力，使之丧失市场应变能力和环境适应能力。如与 GE 同时成为道琼斯指数成分股的另外 11 家著名工业公司在 100 多年中慢慢逐一出局，就是因为它们没有像 GE 那样在剧烈变化的环境里不断调整自己并努力寻求创新，被核心刚度引向失败。

守成即在事业上保持过去的成功做法、经验和"套路"，坚持自己的既有优势和成就。但过分守成就会变成守旧、保守，产生核心刚度，停止创新。正确的做法是将守成与创新结合起来，在坚持原有优势和核心专长的基础上创新，在不断创新的过程中强化自己的核心专长和优势，提升自己的核心能力。

4. 分类分级管理防止关键要素流失。核心团队成员或技术、业务骨干被挖走，以及由此引起的核心技术流失、核心经营管理方法流失、核心价值观流失等是导致核心能力丧失的第四个常见原因。防止关键要素流失的方法是对其实行分类分级管控。一是对核心技术、核心商业机密、核心信息、核心资料、核心计划、核心设备等实行一级管控，知晓和掌握的范围越小越好。据说全球数千家可口可乐罐装厂所使用的核心配方只有两人掌握，而且他俩不能同乘一架飞机，以免遇到空难使配方失传。不管此传闻真伪如何，企业对核心技术及信息的保密却是必不可少的。二是建立健全核心要素的内控机制，就如同财务上的会计出纳制一样，不可让一人或一个部门独立掌控企业的全部核心要素。三是对核心团队成员和核心人才建立利益关联机制，如让其持股、行使股票期权、建立内部补充养老保险等。

5. 适度扩张避免核心能力过度稀释。低成本并购和扩张是企业"做强做大"的捷径。但并购和扩张需将自己的核心能力输往对方，所以往往兼并越多，输出越多，输出的东西就越稀释，扩张效果就越差，一旦超出自己的承受能力，企业就会被拖垮。所谓适度扩张，就是企业的扩张速度与规模要与自身的承受能力、消化能力相适应，要循序渐进、滚动发展。如中集用了几年时间才逐步完成了自己的并购规划，如今成长为全国乃至全球的行业老大。

6. 完善制度保证权利传承。企业核心能力过分依赖个人就会随着领导人的更迭或能力衰退而不再存在。由于企业家在培植企业核心能力的过程中起关键作用，企业家的离任或能力退化往往从根本上动摇企业的核心能力。解决此问题有赖于建立和完善现代企业制度，确保管理权的平稳过渡与传贤。像艾柯卡、韦尔奇这样杰出的职业经理人，就产生在这样的机制下。这也说明我们不能在企业核心能力与企业家精神之间画等号，不可将组织能力混同为个人能力，其实，只有当企业培植出不依赖于某个人，包括企业家的一整套知识、技能、经验与机制时，它才真正拥有了持久支撑事业发展的核心能力。

二、企业价值链、产业链、供应链

（一）企业价值链

1. 企业价值链的概念。哈佛大学商学院教授迈克尔·波特于1985 年在其论著《竞争优势》提出："每一个企业都是在设计、生产、销售、发送和辅助其产品的过程中进行种种活动的集合体。所有这些活动可以用一个价值链来表明。"波特的"价值链"理论揭示，企业与企业的竞争，不只是某个环节的竞争，而是整个价值链的竞争，而整个价值链的综合竞争力决定企业的竞争力（见图2 - 3）。

波特提出，涉及任何产业内竞争的各种基本活动有五种类型：

（1）进料后勤：与接收、存储和分配相关联的各种活动，如原材料搬运、仓储、库存控制、车辆调度和向供应商退货。

（2）生产作业：与将投入转化为最终产品形式相关的各种活动，如机械加工、包装、组装、设备维护、检测等。

（3）发货后勤：与集中、存储和将产品发送给买方有关的各种活动，如产成品库存管理、原材料搬运、送货车辆调度等。

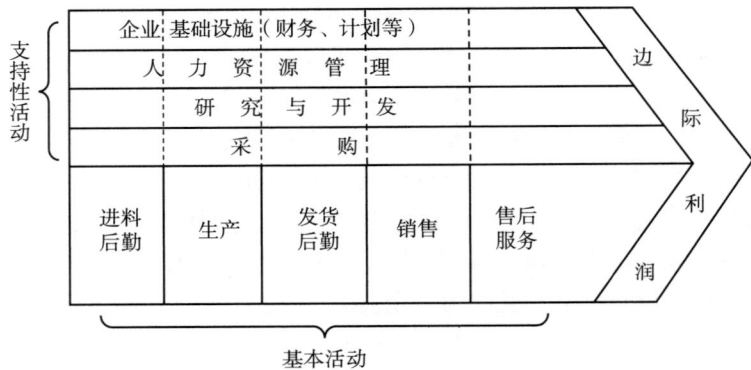

图 2-3　波特价值链模型

（4）销售：提供与买方购买产品的方式和引导它们进行购买相关的各种活动，如广告、促销、销售队伍、渠道建设等。

（5）服务：与提供服务以增加或保持产品价值有关的各种活动，如安装、维修、培训、零部件供应等。

在任何产业内所涉及的各种支持性活动可以被分为四种基本类型：

（1）采购：指购买用于企业价值链各种投入的活动，采购既包括企业生产原料的采购，也包括支持性活动相关的购买行为，如研发设备的购买等。

（2）研究与开发：每项价值活动都包含着技术成分，无论是技术诀窍、程序，还是在工艺设备中所体现出来的技术。

（3）人力资源管理：包括各种涉及所有类型人员的招聘、雇佣、培训、开发和报酬等各种活动。人力资源管理不仅对基本性活动和支持性活动起到辅助作用，而且支撑着整个价值链。

企业基础设施：

（4）企业基础设施支撑了企业的价值链条。价值链的框架是将链条从基础材料到最终用户分解为独立工序，以理解成本行为和差异来源。通过分析每道工序系统的成本、收入和价值，业务部门可以获得成本差异、累积优势。对于企业价值链进行分析的目的在于分析公司运行的哪个环节可以提高客户价值或降低生产成本。价值链一旦建立起来，就会有助于准确地分析价值链各个环节所增加的价值。价值链的应用不仅仅局限于企业内部，随着互联网的应用和普及，企业竞争的加剧，企业之间组合价值链联盟的趋势越来越明显。企业更加关心自己核心能力的建设和发展，发展整个价值链中每一个环节，如研发、生产、物流等环节。

1985 年寇伽特（Kogut）在《设计全球战略：比较与竞争的增值链》中用价值增值链（Value Added Chain）来分析国际战略优势。

他认为，国际商业战略的设定形式实际上是国家的比较优势和企业的竞争能力之间相互作用的结果，一个国家的比较优势或一家企业的竞争能力不可能体现在商品生产的每一个环节上。当国家比较优势决定了整条价值链各个环节在国家或地区之间如何空间配置的时候，企业的竞争能力就决定了企业应该在价值链上的哪个环节和技术层面努力确保竞争优势。

企业要保持的竞争优势，实际上就是企业在价值链某些特定的战略环节上的优势。运用价值链的分析方法来确定核心竞争力，就是要求企业密切关注组织的资源状态，要求企业特别关注和培养在价值链的关键环节上获得重要的核心竞争力，以形成和巩固企业在行业内的竞争优势。企业的优势既可以来源于价值活动所涉及的市场范围的调整，也可以来源于企业间协调或合用价值链所带来的最优化效益。

2. 全球商品链（Global Commodity Chain，GCC）的概念。1993年格里芬（Gereffi）等提出了全球商品链（Global Commodity Chain，GCC）的概念，并发展了一系列的分析方法，认为在经济全球化的背景下，许多商品的生产过程被分解为不同的阶段，围绕某种商品的生产形成一种跨国的生产组织体系，把各地不同规模的企业、机构甚至家庭组织在一体化的生产网络之中，从而形成全球商品链。

1994年格里芬在 GCC 基础上，首次提出了购买者驱动全球商品链（Buyer-driven GCC），明确指出 GCC 表示了"全球"这一特定空间范围，使价值链分析的脉络日渐清晰。他们认为生产者驱动商品链（P－GCC）指由生产者投资来推动市场需求，形成全球生产供应链的垂直分工体系；购买者驱动商品链（B－GCC）指以国际品牌制造商、国际零售商为代表的购买者通过全球采购或 OEM、ODM 等方式组成的国际商品流通网络。

全球商品链作为一种产业组织形式，其组织结构从组成要素到制度层面存在不同的维度。格里芬界定了商品链的四个维度：投入——产出结构、空间布局、治理结构、体制框架。全球商品链理论实际上已经粗线条地揭示了被国际贸易统计数据掩盖的经济全球化下全球产业组织的一次重大转换。因为，国际贸易数据既不能区分是企业间还是企业内部所发生的交易，也不能区分全球生产体系是通过何种方式来组织的。

3. 全球价值链（Global Value Chain，GVC）的概念。全球化与本地化之间存在一种辩证的矛盾关系，即市场竞争要求全球化，竞争优势却必须依附于本地产业，而通过全球价值链，这个矛盾得到有效的解决。2000年格里芬和该领域的其他研究者在分析全球范围内产业联系以及产业升级问题时，同意使用 GVC 来代替全球商品链。

全球价值链概念的提出提供了一种基于网络的、用来分析国际性生产的地理和组织特征的分析方法，揭示了全球产业的动态性特征及其价值创造、分布和分配格局。他们把全球价值链定义为：产品在全球范围内，从概念设计、使用直到报废的全生命周期中所有创造价值的活动范围，包括对产品的设计、生产、营销、分销以及对最终用户的支持与服务等。组成价值链的各种活动可以包含在一个企业之内，也可分散于各个企业之间；可以聚集于某个特定的地理范围之内，也可散布于全球各地。他们指出 GVC 上并不是每一个环节都创造价值，价值链上的战略环节才是最重要的。因此，一旦厂商抓住了战略价值环节，也就控制了该产业的 GVC，而不同产业的 GVC 拥有不同的战略环节。

随着研究的发展，价值链已从描述性的、启发式的概念转化为分析性的研究工具。

4. 全球价值链内各环节的附加价值理论。全球价值链侧重的是各个功能环节之间的关系。价值链诸多功能环节散落在全球各地，各自集聚成群，由此形成了一个按附加价值尺度衡量的、具有典型等级特征的空间等级体系。宏碁电脑创办人施振荣先生提出的微笑曲线和格里芬等人提出的全球商品链的生产者和购买者二元动力机制说都给出了全球价值链中划分核心环节和非核心环节的有效解决方法。

（1）"微笑曲线"理论。施振荣先生 1992 年提出的"微笑曲线"理论能直观地反映企业创造价值的全过程，如图 2-4 所示。由图可知，微笑曲线两端存在着高附加值，分别产生于产品的研发设计、营销及服务环节，而处于微笑曲线中间低部的生产制造环节产生的附加值最低。若一直处于价值链中的低附加值环节，企业的获利空间则非常有限。因此，企业应努力在技术、专利、品牌、服务等环节有所创新，向高附加值的价值链两端攀升，为企业争取更大的获利空间。

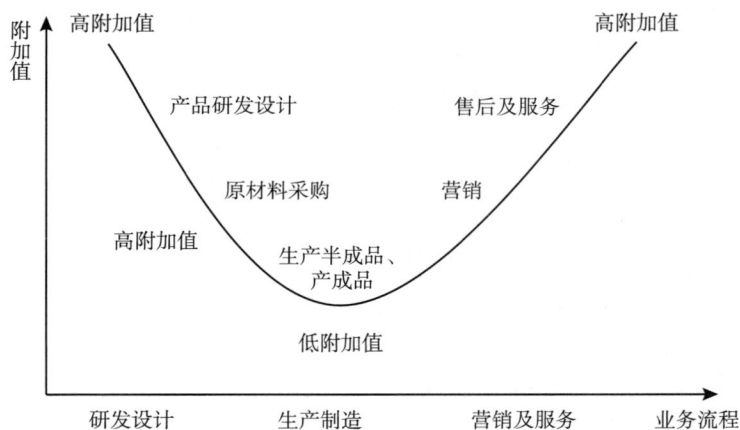

图 2-4　微笑曲线示意图

（2）生产者和购买者二元动力机制说。格里芬假定全球价值链上一定存在一个主导企业，然后根据主导企业不同对价值链进行分类，并认为不同的产业归属于不同的价值链。根据驱动力来源，他将全球价值链分为两种：一种是以生产领域的产业资本为动力的生产者驱动型全球价值链（见图2-5、图2-6和表2-4），由掌握重要技术的发达国家跨国制造商为代表的关键性生产厂商，通过投资推动市场需求、形成全球生产的纵向分工体系，并发挥对不同环节的协调作用。这类价值链具有资本和技术密集型产业的特征，如汽车、计算机和重型机械等。

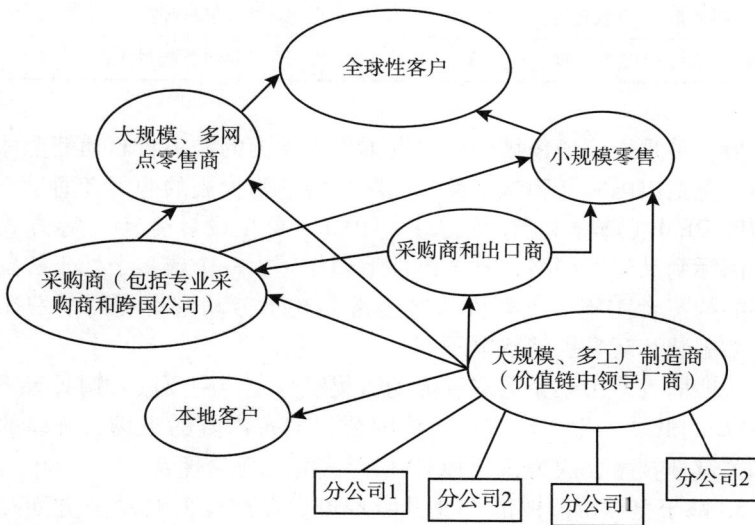

图2-5 生产者驱动的价值链

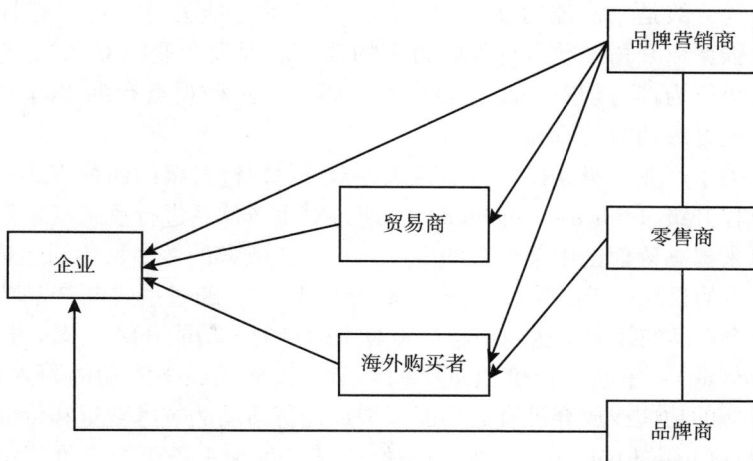

图2-6 购买者驱动的价值链

表 2 - 4 两种驱动类型的全球价值链的主要特征

项目	购买者驱动	生产者驱动
动力根源	商业资本	产业资本
核心能力	设计、市场营销	研究与发展、生产能力
进入障碍	范围经济	规模经济
产业分类	非耐用消费品	耐用消费品、中间商品、资本商品等
制造企业权属	地方企业，主要在发展中国家	跨国企业，主要位于发达国家
主要产业联系	以贸易为主线	以投资为主线
主导产业结构	水平一体化	垂直一体化
辅助支撑体系	重软环境、轻软环境	重硬环境、轻软环境
典型产业部门	服装、鞋、玩具等	汽车、计算机、航空器等

另一种是以流通领域的商业资本作为动力的购买者驱动型全球价值链，是指以国际品牌制造商、国际零售商为代表的购买者通过全球采购或 OEM（贴牌生产，代工）、ODM（自主设计生产）等方式组织的国际商品流通网络，其关键性治理作用由一个或多个处于链条最顶端的购买者实施。此类价值链经常存在于劳动密集型的消费品产业，如服装、玩具、消费电子等。

一般而言，中小企业多以劳动密集型为主，主要嵌入购买者驱动型 GVC 的低端—生产环节；而跨国公司拥有广阔的市场、雄厚的资本和关键性技术，成为这两种 GVC 形式的主要治理者。

5. 基于全球价值链的产业升级理论。在产业升级动力方面存在两种观点：一种观点认为升级是由核心竞争力变化引起的，核心竞争力是一种相对独特、难以模仿的能力，因而易形成进入障碍。另一观点认为升级是动态能力变化引起的，产业动态能力是一种开拓性能力，强调以开拓性动力克服能力中的惯性。因为产业在 GVC 上的任何升级行为都与创新、改进因素相关联，这两种观点有助于对 GVC 上产业升级动力的研究。

关于产业升级路径，有学者认为全球价值链升级的四种方式：工艺流程升级（Process Upgrading）：通过对生产体系进行重组或采用新技术来提高价值链中某环节的生产加工工艺流程的效率，达到超越竞争对手的目的；产品升级（Product Upgrading）：通过引进新产品或改进已有产品的效率，达到超越竞争对手的目的；功能升级（Functional Upgrading）：重新组合价值链中的环节，以提高经济活动的附加值。获得新的功能或放弃已有的功能，增加经济活动的技术含量和价值链升级（Chain Upgrading）：从一条价值链跨越到一条新的、价值量高的相关产业的价值链，即产业链升级。

（二）产业链

1. 产业链的概念。学术界关于产业链定义的讨论，主要集中在三个方面。一是基于产业关联的视角，认为产业链是产业依据前、后向的关联性组成的一种网链状的中间组织，其本质是产业技术经济相互关联的一种结构形态。二是基于战略联盟的视角，认为产业链是在一定的区域范围内，同一产业不同部门间或者不同产业部门中具有竞争优势或者竞争潜力的企业和与其有关联的企业，以最终生产的产品及服务为桥梁，遵循一定的逻辑、时间、空间关系，相互联结而成的一种企业间的战略联盟关系链。三是基于价值增值的视角，认为产业链是以价值增加和价值创造为导向的链条，其反映了实现价值增值的中间产品生产的各环节之间的关系，目的是追求效用最大化。由此可见，学术界尚未就产业链定义达成共识，究其原因是学者们研究视角、专业背景以及考虑因素的不同，其对产业链定义的侧重点也就有所不同。

2. 产业链的形成途径。一是出于考虑扩展市场关联程度和降低交易费用，若干拥有相同专业化分工属性的产业部门自觉联合集结形成产业链；二是不同区域、不同层次的专业化部门为突破边界限制，加强产业前向、后向联系，构建区域产业链一体化；三是基于市场需求，某些成熟的产业部门派生出其他产业部门，这些产业部门逐渐互相连接，进而形成产业链。

（三）供应链

1. 供应链的定义。学界广泛认可的是学者马士华对供应链的解释，认为在供应链的整个运作过程中，核心企业始终扮演着一个至关重要的角色。他将供应链定义为：围绕核心企业，通过对"四流"进行协调和控制，从最初的原料采购开始，到生产出中间产品以及产成品，再到运用销售网络将最终产品送到终端顾客手中这整个过程中涉及的上至上游供应商、制造商，下至分销商、批发商、零售商以及最终用户等多个环节，自上而下共同连接成的一个整体的、具有一定功能的网络结构。其中"四流"指的是物流、资金流、信息流以及工作流。

2. 供应链的形成。同价值链、产业链的形成一样，供应链的形成也源于市场竞争的加剧、社会分工的发展以及顾客需求的个性化，其中顾客需求的个性化是供应链形成的根本原因。不管构成供应链的节点企业有多少，也不管节点企业的类型有哪些、参与供应链各环节的次数有多少，供应链的形成都是以顾客和最终用户的需求为导向。只有满足了这些需求，供应链才会拥有更大发展空间。

91

（四）价值链、产业链和供应链三者的联系

价值链、产业链和供应链三者之间不是相互独立的，它们之间相辅相成、相互影响。供应链横跨产业链，连通了供给和需求双方。产品与服务的价值沿着供应链的方向不断累加，从而形成价值链（见图 2 – 7）。

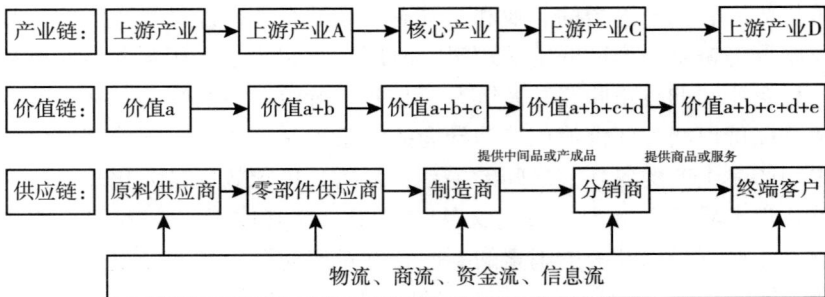

图 2 – 7　价值链、产业链和供应链的关系

供应链是价值链的一个重要组成部分。从最初原材料投入，到原材料经过不同工序、流程形成有价值的产品或服务，再到最后销售给顾客，整个过程所涉及的增值活动都是价值链的组成部分。供应链中包含的物料、信息以及资金等要素企业的价值链活动，还要综合考虑整个产业链中的价值链活动。

产业链是供应链的边界，即产业链包含供应链。企业若想提升自身竞争力，关键在于企业是否拥有在整条产业链内构建一条属于企业自身的供应链的能力；企业若想进一步成为龙头企业，关键在于是否具有将全球产业链中核心且优质的资源整合起来的能力，进而构建一条属于企业自身的全球供应链，并以此获取利润最高的价值链。

价值链是增强产业链竞争力的关键。产业链上各环节需求的变化会引起该环节上的技术革新，技术升级降低了生产成本，增加了该环节的价值。价值链中高价值环节会吸引更多的企业入驻，从而增强产业链的竞争优势。需求不断变化，技术继续变革，价值持续增值，从而形成良性循环。

产业链和供应链是价值链在不同视角下的表现形式。产业链覆盖了产品的生产、销售或服务支持等所有环节，是产业组织、生产活动以及价值实现的有机统一。供应链实现了产业链物流的动态流动，价值链体现了供应链和产业链价值实现的过程。

（五）中国跨国公司提升价值链、供应链、产业链现代化水平的意义

党的十九大报告指出，促进我国产业迈向全球价值链中高端，培育若干世界级先进制造业集群。报告还指出，在中高端消费、创新引领、绿色低碳、共享经济、现代供应链、人力资本服务等领域培育新增长点、形成新动能。党的十九届四中全会指出，积极发展新动能，强化标准引领，提升产业基础能力和产业链现代化水平。

1. 提升价值链、供应链、产业链，有利于聚焦核心能力。虽然不同价值链、供应链、产业链的外在形式很难区别，但是从核心能力出发就能基本判断价值链、供应链、产业链的特殊性、差异性和不可替代性。对于核心能力方面存在的问题与不足，也需要有足够清醒的认识与研判。例如，我国拥有全球最完整最齐全的工业体系，但关键核心技术受制于人的局面没有得到根本性改变；核心基础零部件、核心元器件、核心基础材料、核心工艺技术等方面的核心能力还不强；工业制成品的质量可靠性、稳定性、耐用性和一致性还亟待提升；部分产业仍然处于"缺芯""少核""弱基""断供"的不利局面；国外技术壁垒、垄断或封锁对部分产业核心能力的制约和限制仍未获得实质性突破等。因此，在整体提升、筑牢、夯实价值链、供应链、产业链基础能力的基础上，还需要把有限的资源、能力、条件、要素等集中到关键环节上，聚焦核心能力，精准定向发力，努力形成博观约取、厚积薄发的发展格局，使得价值链、供应链、产业链的核心性、高端性、集成性和共生性等特征更加鲜明突出。

2. 提升价值链、供应链、产业链有利于培育核心能力。我国跨国公司要深刻认识到核心能力是一系列互补的技能和知识的结合，具有使一项或多项业务达到竞争领域一流水平的能力，不仅是技术、研发的领先，也是有力的管控、有效的组织。核心能力建设，更多是基于长期积累的经验、教训、知识、理念、投入逐步形成，是循序渐进地学习、积累与改进过程，很难做到一蹴而就。要充分整合内部外部资源、技能、知识或要素，重视并加强专利化、标准化、品牌化、体系化、专业化建设，形成竞争对手难以模仿和替代的竞争优势，进而确保在价值链、供应链、产业链中具有主动权、控制权、话语权，以及形成影响力、带动力、控制力。

3. 提升价值链、供应链、产业链有利于布局高端产业。要瞄准全球前沿前端科技，锁定国际高标准高精尖，对标行业先进水平，既要聚焦已有坚实基础和自身特色的传统优势产业，也要突出在战略性、前瞻性、新兴性、未来性的产业布局中占得先机，着力培育新增长点，形成发展新动能。要以核心、骨干或龙头企业为中心，引进或

联合相关配套企业，形成高能级发展平台，着眼全过程、全周期、全流程，"从无到有""从弱到强""从点到面""从缺到全"，实现价值链、供应链、产业链由低端环节向高端环节跃迁。

4. 提升价值链、供应链、产业链，推动集成创新和协同发展。要着力打造大数据支撑、网络化共享、智能化协作的智慧型价值链、供应链、产业链体系，在关键领域和"卡脖子"技术方面全力攻关，让创新活力竞相迸发、创新要素充分涌动，实现产品设计、采购、生产、销售、服务等全过程高效协同的组织形态。要推进价值链、供应链、产业链的创新与应用，促进降本增效，实现供需匹配，增进高效对接，推动集成创新和协同发展。

5. 提升价值链、供应链、产业链，实现共生发展。要着眼于打造全球利益共同体和命运共同体，抓住推进"一带一路"建设契机，充分利用国际创新资源，开辟多元化合作渠道，坚持共商共建共享，落实新发展理念，不断扩大朋友圈，巩固长期稳定合作关系，改变"高耗能、高污染、高排放"的低效运转模式，促进价值链、供应链、产业链的创新、绿色、开放，推动共享合作提升竞争力。

三、微观环境分析方法

（一）SWOT 分析法

1. SWOT 的内涵。能力分析强调通过与竞争对手对比来认识企业的优势和劣势，SWOT 矩阵是一种有效的分析方法。

20 世纪 80 年代初，美国旧金山大学韦里克教授提出 SWOT 分析法。SWOT 分析是对企业优势（Strengths）、劣势（Weakness）、机会（Opportunities）、威胁（Threats）的分析，通过分析企业内部和外部存在的优势和劣势、机会和挑战来概括企业内外部研究结果的一种方法。其中，优劣势分析主要是着眼于企业自身的实力及其与竞争对手的比较，而机会和威胁分析将注意力放在外部环境的变化及对企业的可能影响上，但是，外部环境的同一变化给具有不同资源和能力的企业带来的机会与威胁却可能完全不同，因此，两者之间又有紧密的联系。

S——优势：比较分析企业在外部市场环境、内部经营方面相对于其他竞争对手的优势；

W——劣势：比较分析企业在外部市场环境、内部经营方面相对于其他竞争对手的劣势；

O——机会：分析在目前的市场竞争态势下企业存在的发展机会；

T——威胁：分析在目前的市场竞争态势下企业存在的威胁和

SWOT 分析，是对企业优势（Strengths）、劣势（Weakness）、机会（Opportunities）、威胁（Threats）的分析，通过分析企业内部和外部存在的优势和劣势、机会和挑战来概括企业内外部研究结果的一种方法。

挑战。

SWOT 分析的主要内容如表 2-5 所示。

SWOT 分析实际上是将对企业内外部条件各方面内容进行综合和概括，进而分析组织的优劣势、面临的机会和威胁的一种方法。只要是在市场经济条件比较充分、资源流动性较高的情况下，都可以将SWOT 分析作为一种评价方法来用。SWOT 分析方法有四类具体的战略，即 SO、WO、ST、WT，如表 2-6 所示。

表 2-5　　　　　　　　SWOT 分析的主要内容

优势	劣势	机会	威胁
有力的战略 有雄厚的财务条件 良好的品牌形象和商誉 被广泛认可的市场领导地位 专利技术 成本优势 强势营销能力 产品创新技能 优质客户服务 优秀产品质量	没有明确的战略导向 陈旧的设备 财务状况恶化 利润水平低 成本过高 研发不足 产品线狭窄 营销能力不足 缺少关键产能和资源	服务独特的客户群体 新的地理区域的扩张 产品组合的扩张 核心技能向产品组合的转化 垂直整合的战略形式 分享竞争对手的市场资源 战略联盟与并购带来的超额覆盖 新技术开发通路 品牌形象拓展的通路	强势竞争者的进入 替代品引起销售下降 市场增长的减缓 交换率和贸易政策的不利转换 由新规则引起的成本增加 商业周期的影响 客户和供应商的杠杆作用的加强 消费者需求下降 人口与环境的变化

资料来源：王海鉴、滕人铁：《战略管理案例精选精析》，中国社会科学出版社 2008年版，第 90 页。

表 2-6　　　　　　　　SWOT 分析模型

	优势——S	劣势——W
机会——O	SO 战略 依靠优势、利用机会	WO 战略 利用机会、克服弱点
威胁——T	ST 战略 利用优势、回避威胁	WT 战略 减小弱点、回避威胁

2. SWOT 逻辑关系分析。

（1）优势与劣势分析（SW）。当两个企业处在同一市场或者说它们都有能力向同一顾客群体提供产品和服务时，如果其中一个企业有更高的盈利率或盈利潜力，那么，我们就认为这个企业比另外一个企业更具有竞争优势。换句话说，所谓竞争优势，是指一个企业超越其竞争对手的能力，这种能力有助于实现企业的主要目标——盈利。但值得注意的是：竞争优势并不一定完全体现在较高的盈利率上，因为有时企业更希望增加市场份额，或者多奖励管理人员或雇员。

企业在维持竞争优势过程中，必须深刻认识自身的资源和能力，采取适当的措施。因为一来企业一旦在某一方面具有了竞争优势，势必会吸引到竞争对手的注意。一般地说，企业经过一段时期的努力，建立起某种竞争优势；然后就处于维持这种竞争优势的态势，竞争对手开始逐渐做出反应；而后，如果竞争对手直接进攻企业的优势所在，或采取其他更为有力的策略，就会使这种优势受到削弱。

而影响企业竞争优势的持续时间，主要的是三个关键因素：①建立这种优势要多长时间？②能够获得的优势有多大？③竞争对手做出有力反应需要多长时间？如果企业分析清楚了这三个因素，就会明确自己在建立和维持竞争优势中的地位了。

（2）机会与威胁分析（OT）。随着经济、社会、科技等诸多方面的迅速发展，特别是世界经济全球化、一体化过程的加快，全球信息网络的建立和消费需求的多样化，企业所处的环境更为开放和动荡。这种变化几乎对所有企业都产生了深刻的影响。正因如此，环境分析成为一种日益重要的企业职能。

环境发展趋势分为两大类：一类表示环境威胁，另一类表示环境机会。环境威胁指的是环境中一种不利的发展趋势所形成的挑战，如果不采取果断的战略行为，这种不利趋势将导致公司的竞争地位受到削弱。环境机会就是对公司行为富有吸引力的领域，在这一领域中，该公司将拥有竞争优势。

3. 评价。这种方法的主观性比较强。SWOT 分析所涉及的结果是人的认识和理解。如果人们的理解和认识根植于事实，那么 SWOT 分析就是一种非常有效的分析工具，它可以用来对各种群体进行相应的分析，并且将分析进行比较。但是在很多情况下，人们的认识和理解可能不完全是事实，因此在使用 SWOT 的模型过程中应该比较谨慎。在使用过程中可以利用多人打分和设立权重的办法来全面分析企业的内外状况。

（二）战略地位与行动评价矩阵

1. 定义。战略地位与行动评价矩阵（Strategic Position and Action Evaluation Matrix，"SPACE 矩阵"）主要是分析企业外部环境及企业应该采用的战略组合。SPACE 矩阵有四个象限分别表示企业采取的进取、保守、防御和竞争四种战略模式。

这个矩阵的两个数轴分别代表了企业的两个内部因素——财务优势（FS）和竞争优势（CA）；两个外部因素——环境稳定性（ES）和产业优势（IS）。这四个因素对于企业的总体战略地位是最为重要的。

2. 建立方法。建立 SPACE 矩阵的步骤如下：

（1）选择构成财务优势（FS）、竞争优势（CA）、环境稳定性（ES）和产业优势（IS）的一组变量。

（2）对构成 FS 和 IS 的各变量给予从 +1（最差）到 +6（最好）的评分值，而对构成 ES 和 CA 的轴的各变量给予从 -1（最好）到 -6（最差）的评分值。

（3）将各数轴所有变量的评分值相加，再分别除以各数轴变量总数，从而得出 FS、CA、IS 和 ES 各自的平均分数。

（4）将 FS、CA、IS 和 ES 各自的平均分数标在各自的数轴上。

（5）将 X 轴的两个分数相加，将结果标在 X 轴上；将 Y 轴的两个分数相加，将结果标在 Y 轴上；标出 X、Y 数轴的交叉点。

（6）自 SPACE 矩阵原点到 X、Y 数值的交叉点画一条向量，这一条向量就表示企业可以采取的战略类型。SPACE 矩阵要按照被研究企业的情况而制定，并要依据尽可能多的事实信息。根据企业类型的不同，SPACE 矩阵的轴线可以代表多种不同的变量，如投资收益、财务杠杆比率、偿债能力、流动现金、流动资金等，如表 2 - 7 所示。

表 2 - 7　　　　　SPACE 矩阵的轴线可以代表的变量

内部战略处理	外部战略处理
财务优势 ——投资收益 ——杠杆比率 ——偿债能力 ——流动资金 ——退出市场的方便性 ——业务风险	环境稳定性 ——技术变化 ——通货膨胀 ——需求变化性 ——竞争产品的价格范围 ——市场进入壁垒 ——竞争压力 ——价格需求弹性
竞争优势 ——市场份额 ——产品质量 ——产品生命周期 ——用户忠诚度 ——竞争能力利用率 ——专有技术知识 ——对供应商和经销商的控制	产业优势 ——增长潜力 ——盈利能力 ——财务稳定性 ——专有技术知识 ——资源利用 ——资本密集性 ——进入市场的便利性 ——生产效率和生产能力利用率

SPACE 矩阵的不同形态代表了不同的战略形态，如图 2 - 8 所

示。向量出现在 SPACE 矩阵的进攻象限时，说明该企业正处于一种绝佳的地位，即可以利用自己的内部优势和外部机会选择自己的战略模式，如市场渗透、市场开发、产品开发、后向一体化、前向一体化、横向一体化、混合式多元化经营等。向量出现在保守象限意味着企业应该固守基本竞争优势而不要过分冒险，保守型战略包括市场渗透、市场开发、产品开发和集中多元化经营等。当向量出现在防御象限时，意味着企业应该集中精力克服内部弱点并回避外部威胁，防御型战略包括紧缩、剥离、结业清算和集中多元化经营等。当向量出现在竞争象限时，表明企业应该采取竞争性战略，包括后向一体化、前向一体化、市场渗透、市场开发、产品开发及组建合资企业等。

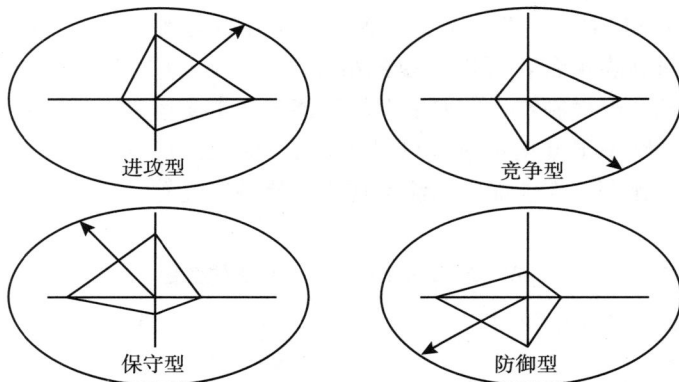

图 2-8　SPACE 矩阵的战略形态

　　战略地位和行动评估矩阵（SPACE）是在 SWOT 分析基础上，通过确定两组具体反映企业内外部要素的量化指标来评估和选择企业战略和定位。SPACE 矩阵分析克服了 SWOT 分析的不足，但增加了分析的难度。

关　键　词

　　投资虹吸效应　区域经济一体化效应　CPTPP　跨国公司合规经营　跨国公司社会责任　产业结构　五力模型　核心能力　企业价值链　全球价值链　微笑曲线　SWOT 矩阵　SPACE 矩阵

思　考　题

　　1. 对跨国公司经营宏观环境的分析包括哪几个大的方面？

　　2. 阐释欧洲货币市场及其特征。

　　3. 国际贸易政策的更迭历经了哪些阶段？何为新贸易保护主义，有哪些特征？

4. 国际合规经营治理的主要公约、准则和法律有哪些?

5. 俄乌冲突爆发后美国和欧盟对俄罗斯的制裁措施主要表现在哪些方面? 给我们带来哪些值得思考的问题?

6. 我国跨国公司开展境外经营过程需要哪些合规? 如何做到合规?

7. 阐释五种竞争力量模型及其在跨国公司经营中的作用。

8. 核心能力的基本特征是什么? 中国企业如何培育和维持自身的核心能力?

9. 请评述跨国公司的一业为主发展相关多元化的做法。

10. 什么是全球价值链的两种驱动力理论? 请分析对我国跨国公司发展的启示?

11. 请结合案例分析跨国公司价值链、产业链和供应链三者的联系。

12. 请结合案例分析中国跨国公司提升价值链、供应链、产业链现代化水平的意义。

跨国进入决策与经济效应

第一节　跨国公司进入外国市场的方式

企业进入国外市场的模式一般有出口、对外直接投资、非股权安排和证券投资等几种主要模式。每一种进入模式都有各自的利与弊。

一、出口

商品出口贸易是最简单也是最普遍的进入外国市场的方式，可分为间接出口和直接出口两种途径。

（一）间接出口

间接出口是指企业通过中间商或其他国内代理机构来经营商品出

口业务。间接出口的主要渠道包括：

1. 专业国际贸易公司。生产企业可以将产品卖给或委托给这些公司，由其自行出口销售。

2. "搭便车"出口。这是指一个企业利用另一个出口企业已经建立的国外渠道和经营能力出口。

3. 出口管理公司。这是一种专门为生产企业从事出口贸易的公司，是中小型企业进行间接出口的一种重要形式。它与专业性国际贸易公司的区别主要在于其业务是以代理的形式进行的，即出口管理公司以生产企业的名义从事产品的外销活动，并收取一定的佣金。美国制造业出口产品的10%是利用出口管理公司完成的。

4. 外国企业驻本国的机构。这主要是指外国的大型批发商、零售商、原材料采购商和国际贸易公司在东道国设立的采购处，它们主要将东道国的商品出口到自己的国家或其他国家。

间接出口形式可以使企业在不增加固定投资的前提下开展国际业务，因而其费用及风险小。同时，产品的生产集中于某一地区能够实现规模经济效益。企业可以借助于在国际市场上销售的初步成功，逐步增加出口产品系列并进入新的目标市场，进而转为直接出口。

然而，利用间接出口的方式来进行国际业务也有很大的局限性：产品生产企业不能迅速准确地掌握国际市场信息；企业不能获得在国际市场的直接经营经验，国际化经营水平不能得到提高；商品的市场份额和价格无法控制；企业的信誉很难提高等。此外，还存在运输和保险成本高，易发生交货延误等缺点。这些都直接影响生产企业的经济效益和发展速度。因此随着生产规模的扩大，生产企业都有一种向直接出口过渡的愿望。

（二）直接出口

直接出口是指把企业生产的产品直接卖给国外的客户或最终用户，而不是通过国内的中间机构转卖给国外顾客。直接出口要求企业有自己的国际营销渠道，有专人负责出口营销的管理工作。与间接出口相比，直接出口投资较大、风险较大，但潜在的报酬也较高。直接出口主要有以下几种形式：

1. 企业驻外办事处。它直接负责本企业产品的销售，并兼有收集市场信息、提供维修服务等职能，海外办事处一般都设在市场潜力较大，及有希望向更高经营阶段过渡的国家和地区。

2. 建立国外销售子公司。其与驻外办事处的区别是在法律和税收方面具有相对独立性，企业能更深入地介入国际化经营活动。

3. 直接卖给最终用户。这种出口方式往往适用于大型设备或专有技术的出口，如航空航天设备、大型成套水利电力设备、高技术产品等。

4. 国内出口部。它是国内销售部门的分支机构，专门从事国际营销活动。按专业化分工，企业的出口活动全部由出口部承担，这种部门往往可发展为专营进出口业务的分公司或子公司。

二、对外直接投资

对外直接投资其形式可分两种：一是建立国际独资企业；二是建立国际合资企业。国际独资企业的形式有国外分公司、国外子公司和国外避税地公司。国际合资企业的形式有股权合资企业和非股权经营。

（一）国际独资企业

国际独资企业是指外国投资者遵照东道国的法律，在东道国境内设立的全部资本为外国投资者所有的企业，外国投资者对该企业具有全部所有权和控制权，并对企业承担全部责任和风险。

1. 创立独资企业具有的优势。

（1）投资者拥有完全的自主权和经营决策权，可以对企业进行严密的控制。母公司可以根据其全球战略的需要，随时调整海外公司的经营活动，获取最大的经济效益。

（2）投资者对专利、专有技术、特许权和企业的管理实施严格的保密和垄断，可以减少由于扩散而带来的损失。

（3）投资者独享经营成果，免除共同投资者由于企业经营管理和利润分成而引起的摩擦和冲突。

2. 独资企业在东道国经营的不利因素。

（1）独资公司在东道国具有当地国籍和法人资格，但仍被当地人视为外国的异己力量，在投资方向和经营范围上受到一定的限制。

（2）东道国对设立独资公司条件苛刻，审批严格，尤其是发展中的东道国要求它们投入高新技术、承担出口义务以及逐渐转让股权（即"渐退政策"）。

（3）独资企业要求一切业务自行办理，对资本的要求高，业务经营的外部环境生疏，企业经营风险大。

3. 独资企业的形式。投资者在国外创办独资企业，其形式有国外分公司，国外子公司，国外避税地公司等。投资者究竟应在国外建立子公司或是分公司，取决于它对这两种形式差异的认识及其对海外经营利益的影响。

国际独资企业， 是指外国投资者遵照东道国的法律，在东道国境内设立的全部资本为外国投资者所有的企业，外国投资者对该企业具有全部所有权和控制权，并对企业承担全部责任和风险。

（二）国际合资企业

国际合资企业（International Joint Venture）是指跨国公司与东道国企业依照当地法律在其境内共出资，共同管理，共担风险，共享利益的企业。它通常分为股份有限公司与有限责任公司两种形式，合资经营企业是当代国际经济合作中最普遍的投资方式。

1. 跨国公司采用的合资经营方式具有以下基本特征：（1）企业的投资者至少来自两个或更多的国家或地区；（2）组建的合资企业具有东道国的法人地位，是独立的经济实体；（3）各方提供的各种资产都折算成一定股份，并按股权份额分享利润，分担亏损；（4）各方根据协议、合同和章程建立合资经营企业的管理组织机构，共同管理企业。

合资经营是以资产为纽带将各方联系起来组成新企业，新企业的具体形式通常是股份有限公司和有限责任公司两种。

2. 跨国公司采用合资经营方式的优点。

（1）比独资经营更容易进入东道国，能减少或避免政治风险。

（2）合资经营企业除享受对外资的某些优惠外，还可以获得国民待遇。

（3）可以利用东道国当地合伙者与政府及社会各界的公共关系，取得企业生产经营所需的各种资源，顺利开展各种经济业务活动。

（4）对于拥有技术优势的跨国经营企业来说，用工业产权和知识产权折股投资，实际上没有或很少投入资金，企业投产后，相当长时间内原材料、元器件、配套件等中间产品还依赖跨国经营企业供给，从而使外国投资者成了物资供应商，增加了母国产品的出口。

（5）合资企业生产的产品往往是东道国进口替代的产品和紧缺的产品，具有稳定的销售市场，能给投资者带来长期、稳定、丰厚的利润。

3. 东道国采用合资经营方式的优点。

（1）可以弥补东道国资金的不足，且不增加国家债务负担。东道国通过合资方式利用外资，无须还本付息，而且使用期限也很长，一般为20～30年，有些可长达50年。东道国参与合资经营的企业，一般可采用厂房、现存设备和场地使用权作为资本投入，还可以用投产后的产品及收入作为提成费，支付引进外方技术的转让费，也可以用补偿贸易的形式从外方进口必需的原材料、中间产品。这样就极大地节省了资金和外汇的支出。

（2）合资经营方式是各方共同投资、共同管理、共享盈利、共担亏损和风险，所以与合资各方的利益休戚相关，能使外方关心负责投资项目，加强各方的通力合作和协调配合，把合资企业办得更有

国际合资企业（International Joint Venture），是指跨国公司与东道国企业依照当地法律在其境内共出资，共同管理，共担风险，共享利益的企业。它通常分为股份有限公司与有限责任公司两种形式。

成效。

（3）有利于东道国引进国外的先进技术，加快国内技术进步的进程。特别是通过引进国外一些高新技术产业和产品，填补国内的空白，尽快缩短在这些行业、领域内与国外先进技术的差距。

（4）有利于东道国学习和掌握发达国家的现代化管理方法、技能和经验，并且在东道国国内逐步推广和普及，从而促进管理上台阶、上水平，从管理中获取更大的效益。

（5）外国投资者比较关心产品的出口。有时外国投资者会利用外方现有的国际销售渠道负责产品返销国际市场，帮助东道国企业打入国际市场，扩大出口创汇，解决合资企业的外汇收支平衡的问题。

（6）有利于扩大东道国劳动就业机会，并且有助于提高东道国劳动者的素质。

（7）促进东道国经济发展。合资经营企业在组建时，一般要进行充分的可行性研究，发展前途和投资收益都很乐观，因而能促进东道国经济的发展。同时，一个合资企业往往能带动相关产业和企业的同步发展，从而振兴东道国经济。经济的发展和振兴，最终会为东道国带来各种税收、土地使用费及其他非货币的社会效益。

4. 跨国公司采用合资经营方式的缺点。

（1）与当地企业容易在经营目标、利益分配等方面发生冲突。

（2）当地合伙人为了维护与合资企业合伙人的最初协议，而不考虑长期利润或成本问题，可能导致其由于不再努力而失去当初拥有的某些优势。

非股权经营，又称非股权投资或合同安排，具体是指跨国公司在东道国企业中不参与股份，通过向东道国企业提供技术、管理、销售渠道等与股权没有直接联系的各项服务（无形资产）参与企业的经营活动，从中获取相应的利益与报酬。

（3）专有信息泄露的风险也会降低通过合资经营获得的收益。泄露主要有以下两种方式：一个当地的雇员可能辞职，并利用其在合资企业中获得的知识建立一个竞争企业；或当地合伙人可能毁约，并利用从合资企业中获得的知识为基础，通过建立自己的企业服务于当地市场。

（4）合资企业的控制问题。母公司仅凭借其拥有的所有权是无法控制合资企业的经营和管理活动的，控制力的问题会影响企业的业绩。

三、非股权经营

（一）什么是非股权经营

非股权经营又称非股权投资或合同安排，是 20 世纪 70 年代以来被广泛采用的一种新的国际市场进入方式。具体是指跨国公司在东道国企业中不参与股份，通过向东道国企业提供技术、管理、销售渠道等与股权没有直接联系的各项服务（无形资产）参与企业的经营活动，从中获取相应的利益与报酬。

20世纪70年代以来，非股权经营越来越多地进入发展中国家，因为发展中国家与发达国家经营环境存在明显的差别，发展中国家的经济政策、投资环境和市场的完善程度不能满足跨国公司在股权参与方面的要求，发达国家的跨国公司不愿花费过大的成本在发展中国家进行独资或合资经营，而是采用非股权经营的方式进入发展中国家。

与股权经营方式相比，非股权经营方式对跨国公司的好处：

（1）跨国公司不用在东道国直接投资，减少了经营风险。

（2）跨国公司不投入股金，不用承担东道国企业的财务风险。

（3）跨国公司靠转让技术、提供服务、合作生产来获取利润。

（4）跨国公司凭借其技术、管理、生产和营销上的优势对东道国企业实行一定程度的控制。

（5）跨国公司不动用资金、不占有股份，不会激起民族主义的排外情绪，减少政治风险。

在非股权经营下，发达国家的跨国公司对东道国企业可以实行积极控制和消极控制。所谓积极控制，是指跨国公司通过非股权形式将东道国企业纳入其全球经营网中，在某种程度上如同外国投资者享有股权控制一样。所谓消极控制，是指跨国公司将东道国企业经营活动与其国际化经营完全分离。非股权经营方式对东道国来说可以在更多地拥有对企业的控制权的基础上，同样可以获得先进技术、管理经验、营销技巧和有关产品。

（二）非股权经营的形式

跨国公司的非股权经营形式很多，最常见的有许可证贸易、合同安排和技术咨询、特许经营等。

1. 许可证贸易（Licensing）是指跨国公司在获得一定收益的情况下，授权东道国企业使用某种工业产权或技术。许可证贸易涉及的工业产权和技术通常包括专利、商标、专有技术或专门知识等内容。在许可证贸易项下，许可方和被许可方双方要签订一项许可证协议，许可方在一定条件下允许被许可方使用其发明技术、商标、专有技术或专门知识，被许可方从许可方取得使用、制造、销售某种产品的权利，得到相应的技术知识的使用权，同时按协议支付一定的技术使用费，并履行有关义务。

许可证贸易具有风险小、成本低的优点，但也存在着一些明显的缺点，主要表现在：（1）买方有可能掌握购入的技术，使卖方失去技术垄断，增加新的竞争者；（2）由于卖方没有亲自参与东道国企业的经营管理，不能获得东道国生产和经营的经验，也无法控制市

非股权经营的形式：
1. 许可证贸易；
2. 合同安排；
3. 技术咨询；
4. 特许经营；
5. BOT。

场；（3）这种许可证销售收益受到买方产品销售额大小影响很大，如果销售额太低，卖方收取的提成费可能无法弥补各项支出。

2. 合同安排（Contract Arrangement）是指跨国公司以承包商、代理商、销售商和经营管理者的身份，通过承包工程、经营管理等方式参与东道国企业的经营活动，获取一定的报酬的经营方式。此类合同安排包括管理合同，制造合同、工程项目合同、交钥匙工程项目合同、分包合同与劳务输出合同等多种形式。在合同安排项目下，跨国公司对东道国企业不参与股权，通过提供企业管理的经验和技巧，参与经营活动，获取利润报酬。

3. 技术咨询（Technical Inquiry）是指跨国公司对东道国企业存在的技术问题或技术论证方案提供咨询和论证等技术性服务。此类软件服务内容很广，有收集信息、预测趋势、拟订计划、制订方案、协助决策、承包项目、组织实施、验证实效等。

4. 特许经营（Franchising）是指特许人（Franchisor）在协议期内将其所有的商标、商号、产品、专利、技术秘密、配方、经营管理模式等无形资产以特许经营合同的形式授予被特许者（Franchisee）在指定区域内使用，并向被特许者收取费用的经营形式。

5. BOT。BOT 是"Build—Operate—Transfer"的英文缩写，即"建设—运作—转让"的境外投资方式。一般是指企业与当地政府签订特许权协议，在一定期限内，按合同要求对东道国的某一基础设施项目进行建设和经营，所得收益用于偿还项目债务及投资回报。合同期满后，将该设施无偿移交给当地政府。BOT 有三个特点：一是初始投资大；二是经营周期长；三是不确定性投资风险较大。因此，在做出投资决策时，必须对项目的基本条件和风险进行详细的评估和预测。

（三）国际生产体系中的非股权经营模式

现在国际生产已不再仅仅涉及直接外资和贸易这两个方面。国际生产的非股权经营模式日益重要，跨国公司通过这些关系协调其在全球价值链的活动并影响东道国公司的管理，而并不拥有这些公司的股份，于是非股权经营也被称为直接投资和贸易之间的"中间道路"（见图 3 – 1），对发展带来了重大影响。

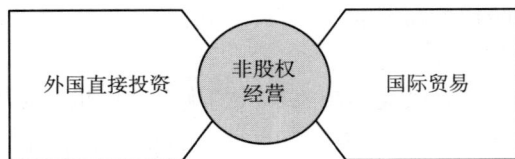

图 3 – 1　国际生产过程中出现了直接投资和贸易之间的"中间道路"

外国直接投资　非股权经营　国际贸易

　　跨国公司首要的核心竞争力是在全球价值链中协调各项活动的能力。跨国公司可以决定在内部进行这类活动（内部化），也可以委托其他企业进行（外部化）——这种选择类似于"制造或购买"的决定。内部化中存在跨境内容时，就成为直接外资，货物、服务、信息和其他资产的国际流动发生在企业内部，并完全处于跨国公司的控制之下。外部化的结果可能是产生跨国公司不对其他公司实施控制的公平贸易，也可能是作为一个"中间道路"选项，形成企业间的非股权安排，通过合同协议和相对议价能力来调节东道国企业的运作和行为。这种"调节"可以对商业行为产生实质性影响，例如，要求东道国公司投资设备、改变流程、采用新的程序、改善劳动条件，或使用指定供应商。

　　从发展角度来看，非股权经营模式伙伴关系和外国子公司（即直接外资）都能使东道国融入全球价值链。非股权经营模式的一个关键优势在于这是与本地公司之间的灵活安排，跨国公司的内在动机是通过传播知识、技术和技能，投资开发其业务伙伴独立发展的能力。这就为东道国经济体提供了相当大的潜力，通过就业、增值、创造出口和技术引进等若干影响发展的重要渠道，进行长期产业能力建设。另外，跨国公司通过直接外资建立本地子公司，标志着其对东道国经济承担着长期的责任。对于现有生产能力有限的经济体，吸引直接外资也是更好的选择。

　　在敏感的情况下，非股权经营模式可能比直接外资更为适宜。例如，在农业领域，订单农业比大规模土地收购更易于解决负责任投资的问题——尊重本地权利、农民的生计和资源的可持续利用。

　　对于发展中国家的政策制定者，非股权经营模式的兴起不仅创造了建设生产能力、融入全球价值链的新机遇，而且也带来了新挑战，因为每一种非股权经营模式都有自己独特的发展影响和政策影响。

　　非股权经营模式对东道国的就业、GDP、出口和本地技术基础的直接贡献有助于提供长期产业能力建设所必需的资源、技能和进入全球价值链的机会，但是若严重依赖非股权经营模式进行产业发展的国家也会产生停留在跨国公司掌控的全球价值链的低附加值环节，在技术上依赖跨国公司的问题。

四、国外证券投资

（一）国外证券投资的概念

　　国外证券投资（Foreign Portfolio Investment）指投资者（公司法人或自然人）在国际证券市场上购买企业和政府的中长期债券，或在股票市场上购买上市的外国企业股票的一种投资活动。由于它属于间接投资，证券投资只是为了获取债券与股票的股息和红利报酬，对投资企业并无经营管理的直接控制权。

债券和股票都是有价证券，可以在市场上进行交易，具有一定的价格。其价格取决于有价证券的预期收益和当时银行存款利率。它与前者成正比，与后者成反比。用公式表示如下：

有价证券价格 = 有价证券的预期收益/银行存款利率

有价证券虽不是真实资本，但证券持有人可获得收益，还可以转让证券从而收回本金，这是由有价证券的流通性和增值性所决定的。

（二）证券投资的主要特征

证券资本是一种特殊的资本，其主要特征是：

1. 收益性。投资者进行证券投资的根本出发点是获取收益，收益性是证券投资的基本特征。证券的收益又可分为固定收益和变动收益。固定收益是指在证券面额上作出具体规定，它不受经营状况的好坏而变动。变动收益是指证券收益按经营状况的好坏而变动，发行单位利大则多分，利小则少分，无利则不分。通常普通股就属于变动利益。

2. 流通性。投资者进行证券投资可以视证券市场价格的变动，自由地和及时地转让证券，收回本金。证券市场越成熟，证券的流通性就越强，一般说来，证券的期限越短，信用度越高，知名度越广，证券的流通性就越强。

3. 风险性。投资者一动用资金就会有风险，购买证券，必然伴随风险。这是由于证券市场价格的波动和发行债券公司经营不善而引起的，但风险程度各异，有的风险大，有的风险小。因此，其结果也不同，风险大，收益大；风险小，收益小，换句话说，证券投资的风险与收益成正比。

证券的市场风险有两种：一种是制度性风险，即由于某些社会、经济共同因素所引起的风险，它无法用证券多样化来避免风险。引起这种风险的因素，有股市的变动，利率的波动，通货膨胀，政策变化等。另一种是非制度性风险，即由于某种突发事件所引起的风险，人们可以通过证券的多样化方法来避免风险。

4. 差异性。证券有两种价格，市场价格和券面价值。市场价格，是随行就市的价格。券面价值，是证券发行时确定的券面金额。在发行市场，如果采取时价发行、中间发行、贴现发行等不同方式，证券的发行价格和券面标价就会不一致。

跨国公司已成为国际证券市场的主要参与者和组织者。跨国公司是各种证券的发行者，尤其是利用公司债券在国外市场筹集外币资金，扩大生产经营。跨国公司与各国证券交易所保持密切的业务往来关系，已经将发达工业国家证券交易所国际化。跨国公司出面组建证券公司，在世界各国建立分支机构，大力开展国际性证券委托交易业务。

跨国公司购买外国证券可能出于以下重要的战略考虑：

1. 证券投资可能成为直接投资的前奏。一些跨国企业把证券投资当作一种先发制人的行动，其目的是防止被国内或国外对手兼并。

2. 证券投资可以作为企业长期计划的一部分。因为它可能有助于加强技术、许可证和销售协议。

3. 证券投资也是扩大企业在其他国家利益的一种方法。如为了较长时期的占有，为了多样化经营，或是为了搜集市场信息，去建立一个基地。

尽管这些动机以及许多其他动机可以说明在国外从事证券投资的原因，但是制造企业很少会把它的长期计划建立在这种投资的基础上。与直接投资相比，这种间接投资有两个基本弱点：一是证券投资虽然涉及所有权问题，但很少或没有涉及管理和控制问题，不能管理企业所持有的资产；二是证券投资很难充分发挥该公司技术或产品的优势。由于这两个基本弱点，证券投资妨碍了企业将其持有的国外资产充分结合起来使用，而直接投资却能做到这一点。

第二节　跨国进入方式决策

本节主要介绍了影响跨国进入方式决策的因素、跨国进入的定量方法和进入方式与控制等内容。

一、影响跨国进入方式决策的因素

跨国公司选择进入外国市场的方式是一项重要的战略决策。决定和影响跨国公司对进入方式选择的各种因素中，除了各种进入方式本身的特性和它们所共同具有的三个问题，即控制、风险和灵活性外，还有两类因素，即跨国公司内在因素和外在因素。

（一）跨国公司内在因素对进入方式选择的影响

1. 技术水平。跨国公司的技术水平是决定其进入方式选择的最重要的因素之一。国际技术市场是一个高度不完善的市场，一方面是指在技术市场上技术的泄密现象严重；另一方面是指对一项新技术的

109

估价很难找到一个客观标准，也没有国际技术交易所；此外，许可证交易本身也具有一些内在的缺点。因此，拥有先进技术的跨国公司往往倾向于在对外直接投资时把外部市场内部化，以此来克服国际技术市场的缺陷和许可证交易本身的缺点。

一般来说，跨国公司拥有的技术水平越高，就越倾向于采用控制性强的进入方式。

2. 产品年龄。按照费农产品生命周期理论，企业对最新产品采取出口为主、对外直接投资为辅的政策，随着产品的成熟，逐渐转向采取以对外直接投资或许可证交易为主、出口为辅的政策。

当企业把新产品的生产向国外转移时，它就要在不同股权份额的直接投资和许可证之间做出选择。一般的趋势是：产品越是成熟，企业越是选择控制程度低的进入方式。对于不成熟的产品，企业则倾向于选择控制程度高的全股子公司的方式；对于较为成熟的产品，企业则倾向于选择合资企业或许可证交易。原因有：

（1）不成熟的产品具有很高的专有技术水平，只有开发该产品的创新企业才了解这种产品的特性和市场。因此，越不成熟的产品就越有技术传递和估价的困难。

（2）不成熟产品收益高，因此企业希望以全股子公司的方式获得最大的收益。随着产品成熟和收益下降，企业则更愿意选择合资企业和许可证交易。

（3）不成熟产品使企业具有更大的讨价还价能力，迫使东道国让出更多的股权份额。

3. 产品在母公司战略中所占的地位。跨国公司一般对属于其重点发展的行业内产品更多地采用控制性强的进入方式；对于非重点发展的产品，则更多地采用许可证交易，即使进行对外直接投资，也往往更多地采取拥有股权额较少的合资企业方式。因为对非重点发展的产品，企业不想投入大量的资本，从而能将资源集中到重点发展的产品上去。

4. 品牌与广告开支。具有很高知名度品牌的跨国公司常常选择控制程度较大的进入方式，因为当地合伙者很可能会损害跨国公司品牌的声誉。品牌的知名度除了取决于产品本身的性质外，还取决于广告宣传。品牌的知名度或企业广告开支越大，控制性强的进入方式就越有效。跨国公司倾向于通过控制性强的进入方式来控制产品质量，以维护企业的商誉。

5. 对外直接投资的固定成本。这里的固定成本指跨国公司在国外市场上生产、销售和管理等所需的投资和其他开支。当固定成本相对于跨国公司的规模来说过大时，跨国公司就比较倾向于采用许可证交易或合资企业的方式以减少资本支出；当固定成本较小或能被跨国公司所承担时，跨国公司就倾向于采用全股子公司。

6. 企业的国际经营经验。它包括三个方面：第一，跨国公司总部对跨国公司业务管理的规模经济效益；第二，由于学习曲线效应，跨国公司管理人员经验的增加所带来的利益；第三，经验导致了不确定性的减少。

新兴跨国公司最初进行对外直接投资总是谨慎地选择它较为熟悉的邻国或社会文化较为接近的国家，随着经验的积累，则开始进入较远、较陌生的国家，而且越来越不满足于由合伙者来管理的少数股合资企业。在国际经营上富有经验的跨国公司倾向于控制性强的进入方式，并愿意为此承担更多的风险。

就一般情形而言，跨国公司所选择的进入方式的控制程度同跨国公司所积累的国际经营经验具有正向相关的关系。

（二）外部环境因素对进入方式选择的影响

1. 母国与东道国社会文化的差异。一般情况下，母国与东道国之间的社会文化差异越大，对跨国公司来说不确定性也就越大，因而跨国公司就越倾向于控制程度较低的进入方式，以减少资产暴露，增强灵活性。这是因为：第一，跨国公司的经理人员不了解、不适应东道的政治、商业环境以及东道国企业的经营方式，在环境差别很大的地方，把母公司的管理技术和管理制度引入东道国是很困难的；第二，社会文化差异也导致了很大的信息成本，于是跨国公司就通过少数股合资企业或许可证交易来减少这种信息成本。

2. 东道国的管制。事实上没有一个东道国愿意让外国跨国公司完全自由自在地在它的国家内活动，当然也很少有国家走到完全排除外国投资的极端。尽管东道国对外国直接投资的管制各不相同，但无非都是采取鼓励和限制或禁止两个方面的管制，力图从外国投资中获得最大利益。

美国是世界上率先对跨国公司在美投资活动进行监管的国家，并在实践中不断完善，形成了一个成熟的政策体系。其目的是实现跨国公司为国家利益服务的目标。美国监管的方面涵盖资本、技术、商品、信息等。包括：

第一，美国作为东道国对跨国公司的监管。

①禁止或限制外资进入敏感领域。美国出于国家安全等根本利益的考虑，对于外商投资的领域进行限制，或者在允许外商进入的领域对股权比例、企业决策权等方面作出要求，以保持对企业的控制力。主要涉及的领域包括能源、交通、运输、通信、农田和不动产，以及某些矿产资源的开采等。

②对外资并购美国企业实行国家安全审查。2007 年，美国通过

《2007 年外国投资与国家安全法》。虽然外国并购国家安全审查程序的唯一目的，是判断特定的外资并购交易是否威胁了国家安全，但该法案并没有给"国家安全"一个准确的定义，而是列出了需要考虑的五个方面因素：一是预期的国防要求所需要的国内生产；二是国内产业满足国防要求的能力，包括是否能获得人力资源、产品、科技、原料及其他供应和服务；三是外国公民对国内产业和商业活动的控制，影响到美国满足国家安全需要的能力；四是交易对于向支持恐怖主义或扩散导弹或生化武器的国家出售军事商品、设备或技术的潜在影响；五是交易对美国在影响到国家安全的领域中的国际性技术领导地位的潜在影响。

③强制外商投资企业进行信息报告和公开披露。为掌握外国跨国公司在美国投资经营的情况，美国联邦政府通过《国际投资调查法令》和《农业领域内外国投资披露法令》，要求外商投资企业及时向政府监管部门和社会进行报告和公开披露，为管理和监督提供依据。《国际投资调查法令》于 1976 年颁布，以后又作了多次修改。它规定外国人在美国的分支机构必须承担向美国政府工作报告投资情况的义务。凡是外国人建立、收购或处置其在美国企业中 10% 或 10% 以上的股权或相当于上述股权的活动，必须向商务部提交报告。《农业领域外国投资披露法令》于 1978 年开始生效，其目的是监控外国人在获得、转让和拥有美国农民特别是家庭式的庄园和农村社团农田方面的投资活动。

④对外国企业参与美国政府采购和高科技研发进行限制。美国早在 1906 年就有了政府采购立法，目前涉及政府采购方面的法律法规有 500 多部，是世界上政府采购制度较完善的国家，其中《购买美国产品法》《联邦采购条例》等法律规章，以国家安全为由，对外国企业参与政府采购设置了障碍。1933 年颁布的《购买美国产品法》是美国政府采购最重要的法律，该法规定联邦政府在进行物资采购和公共建设项目时，必须承担购买美国制造的产品的义务。

美国高科技研发也对外国企业进行严格限制。1991 年美国杰出技术法案、1992 年美国能源政策法案以及 1993 年的国防拨款法案、国家合作生产法修正案，对外国控制的企业参与美国国家组织的高科技研发，必须经过审查，而且其母国要给予美国公司互惠待遇。如美国外国投资委员会（Committee on Foreign Investment in the United States，CFIUS）是一个跨部门行政机构，职能是监督和评估外国投资、兼并、收购美国企业的交易，并根据交易对美国国家安全的影响程度展开初步审查或正式调查，提出建议，直至视情交由总统决定是否批准交易。

CFIUS 根据 1975 年福特总统第 11858 号行政命令设立，成立后权力相对有限，直至 1988 年美国会通过《综合贸易与竞争法案》，授权美国总统可以"国家安全"为由阻止外资并购美国国内企业，并将审查并购项目责任赋予 CFIUS。2007 年，布什总统签署《外国投资与国家安全法案》，要求外国收购方和目标美国企业共同提交交易材料供 CFIUS 审查或调查，并扩大了 CFIUS 成员范围，要求其定期向国会提交工作报告。

CFIUS 审查范围明确限制在国家安全风险领域，侧重评估外国收购方公司背景、被收购美企业资产和客户性质以及交易本身可能对美国家安全造成的影响等。审查过程不考虑国家经济风险等经济因素。由于美国相关法律对"国家安全"未给出明确定义，CFIUS 在审批过程中具有一定裁量权。

⑤对跨国公司转移定价等避税措施进行调整处罚。内部一体化是跨国公司的重要特征和竞争优势，而采取内部交易和价格转移，实现利润转移和利益最大化，则是跨国公司经营战略的重要组成部分。但是转移定价人为改变了跨国公司的利润分布，自然也影响了不同国家的税收收入。如果滥用转移定价，达到规避税收、逃避外汇管制的目的，就不仅是一种限制性商业行为，而且会对相关国家，特别是发展中国家的经济发展和应得利益造成损害。

第二，美国作为母国对跨国公司的监管。

美国出口管制的主要对象是军用物资和技术及其他战略性敏感物资。作为经济军事和科技强国，美国高度重视出口管制，形成了严密的单边和多边出口管制体系。美国对产品和技术出口管制的范围集中在三个主要方面：①限制那些会极大增强任一国家或国家集团的军事潜力，从而损害美国国家利益的产品和技术出口；②限制那些为有效促进美国对外政策或履行公开宣布的国际义务而必须限制的产品和技术出口；③限制那些为避免国内经济出现原料过分匮乏、减少国外需求引起的严重通货膨胀影响而必须限制的产品出口。这三个方面的管制范围也反映出了美国出口管制的主要目标，即维护国家安全、服务外交政策和控制商品短缺。其中，国家安全和外交政策的需要在美国的出口管制中占据了重点。因为美国大部分技术开发资源与研究开发成果掌握在跨国公司手中，跨国公司的高新技术产品出口和对外直接投资都包含着科学技术的跨国转移，跨国公司成为国际技术转移的主体，所以虽然出口管制属于一种国别贸易政策，但对跨国公司投资和贸易产生了重大影响，构成了针对跨国公司的监管措施。

作为母国，美国为把追求经济利益至上的本国跨国公司纳入国家利益最大化的轨道，对其出口战略物资和先进技术严格管制，要求跨国公司在输出美国文化、增强美国"软实力"中发挥作用，并制定外汇、税收、竞争政策，使跨国公司把美国利益放在首位。

3. 跨国公司和东道国谈判地位的演变。东道国（尤其是发展中国家）在同跨国公司打交道的过程中逐步积累起经验，它们的谈判技术和水平在不断提高。联合国有关机构、各国咨询公司和顾问也对东道国谈判技术与水平的提高起到了很大作用。

决定跨国公司和东道国谈判地位的另一个重要因素是在一个特定行业中从事竞争的跨国公司的数量多少。如果东道国被迫在很少几个跨国公司中做出选择的话，它用一个外国公司来对付另一个外国公司的能力就受到限制。而当外国公司认识到自己是能向东道国提供某种技术或特定资源的少数几个跨国公司之一的话，它就可能要求得到更为有利的条件；反之则不然。从美国在拉美的有关统计资料中可以清楚地看到，跨国公司之间的竞争和所有权（即股权份额）之间的关系为：在一个特定行业中，随着相互竞争的跨国公司数目的增加，跨国公司得到的所有权水平逐渐下降。

二、跨国进入的定量方法

跨国企业力图选择最佳的进入方式，其目的无非是追求利润最大或成本最小或净收入最大。因而需要通过数量分析，对不同进入方式的利润或成本或净收入进行估算和比较，来帮助企业做出决策。必须注意的是计算公式虽很简单，但困难在于数据资料要求真实和准确，特别是某些影响利润、成本或净收入的因素难以"量化"。

下面就从利润、成本、净收入三方面提出三种模式，每种模式都分三段来解释：先提出假设和要求，再写出公式并指明公式中各个符号的含义，最后对公式的经济意义作简单的说明。

（一）利润模式

利润模式（The Profit Maximization Hypothesis Model）最早由摩里斯教授（Joseph H Morris）提出，主要作用是比较合资与其他进入方式，何者获利更大。假设跨国企业拟与目标国（东道国）企业合资经营，双方原本各有自己的业务，并从中获得利润，故在其他情况不变时，只要满足以下条件，合资经营便能实现：双方预计从合营所获利润加上原来业务的利润要大于其不搞合营而采用其他进入方式时的预计利润之和。这个条件可用两个简单的公式写出：

$$R = RNJV + aRJV > RA \qquad (3-1)$$

$$R' = R'NJV + (1-a)R'JV > R'A \qquad (3-2)$$

上面两个公式中符号的含义如下：

R：跨国企业全部业务利润，既包括原来的业务利润加上搞合营的利润 R'：目标国企业全部业务利润。

RA：跨国企业如不搞合营而采用另一种进入方式时的利润加上原来的业务利润。

R′A：目标国企业如不搞合营而接受另一种进入方式时的利润加上原来的业务利润。

JV：指合营，故 RJV 和 R′JV 分别代表跨国企业和目标国企业来自搞合营的利润。

NJV：指不搞合营时的全部业务利润，即原来的业务利润，故 RNJV 和 R′NJV 分别代表跨国企业和目标国企业各自原来的业务利润。

a：跨国企业在拟议中未来的合营企业中所占的股份，可以以百分比表示。

1－a：目标国企业在拟议中的未来的合营企业中所占的股份。

如果合营便不能再用其他方式，如非股权安排或出口，这意味着必须牺牲其他方式的利润，这就是搞合营的代价，也就是说因搞合营而放弃了采取其他方式的机会。故上述被舍弃的其他某一种方式的利润便是合营的机会成本（Opportunity Cost），若机会成本太高，超过了合营的利润，则合营便无利可图，必须另作选择，这便是以上两个公式的经济意义。此外还要注意两点：

（1）必须同时满足上面两个公式，这意味着要双方都有利可图，合营才能实行。

（2）出口可以较快收回货款，非股权安排也能较快取得提成费，但合营必须待工厂建成投产后才能获得利润，故这是一种"将来值"，应把它折算成"现值"，即"贴现利润"（Discounted Profit），以便与其他方式的利润进行比较。

（二）成本模型

成本模型（The Hirsch Model）是由以色列学者 Seev Hirsch（赫曲）提出的，所以又叫"赫曲模式"，主要适用于出口与投资（合营和独资）之间的比较。原公式主要用于出口与直接投资这两种方式的比较，后经过修订增强了适用性，能够用于在出口、非股权安排（许可证协议）和直接投资三种方式之间进行比较。

假定：C 表示母国生产成本，即跨国公司在母国生产的成本。

C′表示目标国生产成本，即跨国公司如果到目标国投资设厂的设厂成本。

M 表示出口费用，即出口时的运输、保险、关税等费用。

AC′表示环境差异成本。即跨国公司在目标国设厂的额外支出，该成本是由于生产环境发生了变化而多支出的费用。

D 表示转让无形资产的耗散费用。跨国公司拥有的专利、专有技术、管理方式、销售渠道等特定优势，以许可证协议的方式让渡给他人使用时，意味着其自身拥有的特定优势的耗散，而且还会产生技术泄密、专利被滥用等风险，这种耗散（Dissipation）的代价就是转让无形资产的耗散费用，用 D 表示。

在以上假定的基础上，我们把跨国公司选择不同进入方式的条件表述为：

1. 选择出口方式的条件为：

$$C + M < C' + AC' \quad\quad (3-3)$$
$$C + M < C' + D \quad\quad (3-4)$$

其中，式（3-3）表示在母国生产并出口的费用成本小于在目标国设厂生产的成本和额外支出，意味着如果跨国公司以投资方式进入目标国市场的话，其成本支出高于出口方式。

式（3-4）表示在母国生产并出口的费用成本小于契约式进入的机会成本和耗散费用，C' 在这里是作为契约式进入（许可证协议的转让形式）的机会成本存在的，因为跨国公司一旦选择了契约式的方式，就只能放弃投资式的方式。在上述条件下，既然投资和契约的方式都较出口有更高成本，那么跨国公司采取在母国生产并出口的进入方式就一定是最经济的。

2. 选择投资方式的条件为：

$$C' + AC' < C + M \quad\quad (3-5)$$
$$C' + AC' < C' + D \quad\quad (3-6)$$

其中，式（3-5）表示在目标国设厂生产的成本和额外支出小于出口方式的费用成本。式（3-6）表示在目标国设厂生产的成本和额外支出小于契约式进入的费用成本。在上述两方面同时满足的情况下，跨国公司必然采取投资设厂的方式进入目标国市场。

3. 选择非股权安排的方式的条件为：

$$C' + D < C' + AC' \quad\quad (3-7)$$
$$C' + D < C + M \quad\quad (3-8)$$

式（3-7）、式（3-8）说明，在契约式进入的成本费用小于投资式进入和出口方式的费用成本时，跨国公司会选择契约式的进入方式。

除了上述三种方式以外，如果跨国公司的目的是满足母国国内市场的需要，跨国公司还有可能采取另外的一些可能的方式。这些方式主要有跨国公司在目标国投资生产并运回国内销售、跨国公司在国外通过许可证协议转让无形资产由受让方生产后运回母国销售等。

跨国公司在目标国投资设厂，利用目标国的某些优势条件在目标国生产并将产品运回母国销售的情况。假设，母国进口费用用 M' 表示，母国进口产品的费用成本为 C' + AC' + M'，只要满足 C' + AC' + M' < C 和 C' + AC' + M' < C' + D + M'，意味着在目标国设厂生产并把

产品运回母国销售的成本费用低于母国生产母国销售的成本，也低于向目标国转让技术，并在目标国生产后进口的成本费用。因此，应选择在国外设厂生产并运回国内销售的方式。

如果比较的结果显示出 $C' + D + M' < C' + AC' + M$ 和 $C' + D + M' < C$，意味着向目标国转让技术并进口产品的成本费用低于在国外设厂生产并运回母国销售的成本费用，也低于在母国生产并销售的成本费用，因此应选择把技术转让给目标国并从目标国进口的方式。

如果比较的结果显示出 $C < C' + AC' + M$ 和 $C < C' + D + M'$，意味着在母国生产并销售的成本费用小于其他两种方式的成本费用，则应选择在母国生产并销售的方式。

（三）收入模型

收入模型（The Net Present Value Model）所涉及的是跨国公司未来收益的比较问题，因此要用到关于"净现值"的换算，净现值是跨国公司必须考虑的一个重要因素，因为跨国公司对其未来的净收入只能做出一个预期的"将来值"，只有把这一数值换算成为现值才具有比较意义，这种换算的方法叫作"净现值法"。在这种方法中主要考虑的是费用成本未来的变动对净收入的影响，因此具有动态研究的优点。那么费用成本为什么会发生这样的变动呢？原因在于跨国公司对目标国环境的适应和无形资产的耗散费用降低造成的。由于在跨国公司最初进入目标国时对其环境较陌生，导致其环境差异成本（AC'）较高，可能出现 $AC > M$（出口费用），但随着跨国公司对目标国环境的适应能力的增强，AC'会不断下降，最终达到小于出口费用的程度。在转让无形资产的耗散费用方面，通常也是开始时很高，甚至高于环境差异成本和出口费用，随着产品技术的日益成熟和普及，转让无形资产的耗散费用 D 也会下降，这是一般的趋势，而这一趋势必然导致在跨国公司进入目标国市场一定时间后的成本费用的下降。我们把这种"净现值法"运用到具体的公式中，就能够得到这样一些判断的标准：

假定：C 为母国生产成本；

C'为目标国生产成本；

R 为最终产品销售的总收入，即毛收入；

AC'为环境差异成本（在目标国设厂生产的额外开支）；

M 为出口费用；

D 为转让无形资产的耗散费用，即特定优势耗散付出的代价；

i 为贴现率；

t 为时期（年）；

E、F、L 分别表示出口、直接投资和许可证协议三种方式；

NPV 为净现值。

按照上述假定，计算出口、直接投资和许可证协议三种方式的净现值收入的方法为：

出口净收入现值：$NPV_E = \sum_{t=t_0}^{t} \dfrac{Rt - Ct - Mt}{(1+i)'}$

直接投资净收入现值：$NPV_F = \sum_{t=t_0}^{t} \dfrac{Rt - C't - AC't}{(1+i)'}$

许可证协议净收入现值：$NPV_L = \sum_{t=t_0}^{t} \dfrac{Rt - C't - Dt}{(1+i)'}$

对上述计算出来的净现值进行比较，就能够得出以下结论：

第一，当 $NPV_E > \max(NPV_F, NPV_L)$ 即出口净收入大于直接投资和许可证协议能够带来的净收入的最大值时，跨国公司应采取出口方式。

第二，当 $NPV_F > \max(NPV_E, NPV_L)$ 时，即直接投资净收入大于许可证协议和出口所带来的净收入最大值时，跨国公司应选择直接投资的进入方式。

第三，当 $NPV_L > \max(NPV_E, NPV_F)$ 时，即许可证协议的净收入大于出口和直接投资的净收入时，跨国公司应采取非股权安排的方式。

第四，当 NPV_E、NPV_F、NPV_L 都小于 0 时，跨国公司不应该进入国外市场。

综上所述，我们能够明显地看到，跨国公司的投资决策不是一件简单的事情，在跨国公司经营的战略层是领导者的"智慧"，"智慧"所要求的这种素质不是"智囊团的谋略"或"专家教授的知识"能够取代的，而是在长期的实践中获得的丰富的阅历所形成的一种"直觉和洞察力"。这同时也告诉我们，任何数学模型和电脑运算都不能取代经验，经验判断在选择跨国公司投资目标和方式时是关键性因素，在跨国公司经营的其他方面，甚至重大问题的决策上也是如此。

第三节　跨国进入的经济效应

本节主要介绍跨国公司进入东道国市场所产生的资本形成效应、就业效应、竞争效应、技术扩散效应分析和产业转移效应分析。

一、跨国进入的资本形成效应

（一）跨国进入对东道国资本存量的影响

1. 从短期看，直接投资的注入增加了东道国的资本存量。

（1）跨国公司直接投资可通过直接的和间接的方式增加东道国的当前资本存量，对东道国资本形成具有显著的即期效应。

（2）外国直接投资的进入通常还会引致母国企业的追加或辅助投资。如海外投资中必需的中间产品在当地不能得到满意供应时跨国公司通过母国或其他国家合作伙伴追加投资扩建。

（3）跨国公司可通过为东道国当地资本市场提供有吸引力的投资机会而动员当地储蓄，成为引发国内投资的催化剂。

跨国公司的直接投资以创建方式进入东道国时，既可以增加东道国的储蓄，又可以增加其投资，在增加东道国资本存量方面的作用最为明显；跨国公司以并购方式进入并不直接增加投资，但并购濒临倒闭企业或被并购企业生产能力提高，那么所有权转移方式的外国直接投资无疑可使东道国的资本存量获益。而在东道国向外国投资者卖出国内企业所获得的资金用于国内再投资时，会增加东道国现有资本的存量。

2. 从长期看，跨国公司投资的利润汇回在长期内将减少当地投资增长的后劲，可能存在削弱资本积累能力的不利影响。

反映跨国公司对外直接投资对东道国资本形成和经济重要性的指标有二：一是外国直接投资流量与国内投资之比率；二是外国直接投资存量与国内生产总值之比率。只有两项指标都呈上升趋势，才能表明外国直接投资对东道国资本形成和经济增长的贡献是逐渐增大的。

（二）跨国进入对母国资本存量的影响

1. 在短期内，跨国公司对外直接投资既能提高东道国资本存量，又能提高东道国的资本质量，而对投资母国资本积累有可能存在消极影响。

2. 从长期看，跨国公司的大量利润汇回，对东道国国内资本积累不利，对投资母国资本积累有利。也就是说，跨国公司对外直接投资对母国的资本形成效应具有两重性。

二、跨国进入的就业效应

就业是任何一个国家政府都关注的重要问题，并构成国家宏观经济管理的主要指标之一。同样，就业问题也为国际社会所重视。联合国跨国公司投资与管理司发表的《1994 年世界投资报告》就是以"跨国公司、就业与工作环境"为主题的。该报告总结了跨国公司对就业的贡献，并针对跨国公司对外直接投资对就业影响的因素进行了分析。

（一）跨国公司对外直接投资对投资母国的就业效应

1. 跨国投资对投资母国就业的潜在效应。坎普贝尔（Compbeel）通过大量的调查，对跨国公司对外直接投资对母国的就业影响做了归纳，如表 3 – 1 所示。

表 3 – 1　　　　　　跨国投资对投资母国就业的潜在效应

影响领域		就业数量	就业质量	就业区位
直接效应	积极	创造或维持母国就业，如那些服务于国外附属企业的领域	产业重构时技能提高，生产价值提高	有些工作可能移到国外，但也可能被更高技能工作弥补
	消极	如国外附属企业替代母国生产，则会产生重新定位或"工作出口"	为了维持母国就业保持或降低工资	"工作出口"可能恶化地区劳动力市场状况
间接效应	积极	为承揽国外附属企业任务的母国供应商创造和维持就业	刺激多种产业发展	蓝领工作减少，白领增加
	消极	与被重新定位的生产或活动有关的企业就业损失	供应商受到工资和就业标准方面的压力	暂时解雇工人引起当地劳动力市场需求下降，母公司裁员

资料来源：李洪江：《跨国公司新发展及其经济效应分析》，黑龙江人民出版社 2002 年版，第 103 页。

2. 跨国公司对外直接投资对投资母国就业的双重影响。

（1）从就业数量上看，跨国公司对外直接投资有可能使就业机会增加，也可能使就业减少。

（2）从就业质量上看，跨国公司对外直接投资提高了就业人员的技能和改善了工作环境，但也产生了降低就业人员收入的可能。

（3）从就业区位看，跨国公司对外直接投资使就业人员向高职能职务转换，但也可能产生摩擦、失业。

3. 跨国公司对外直接投资对投资母国就业影响表现为"替代效应"和"刺激效应"。

（1）所谓替代效应，就是指原本可以在母国本土进行的海外生

跨国公司对外直接投资对投资母国就业影响表现为"替代效应"和"刺激效应"。

产活动相联系的就业机会的丧失。它包括海外子公司在国外市场生产本可以在国内生产而后出口的商品所导致的就业机会损失；也包括海外子公司将商品返销到母国所引起的母国工作机会的牺牲。

（2）所谓刺激效应，是指海外直接投资所导致的国内就业机会的增加。它包括向海外子公司出口资本货物、中间产品及辅助产品的额外就业机会；母公司向海外子公司提供服务所产生的工作机会；跨国公司本土机构人员的需求所带来的就业机会；以及国内其他公司向跨国公司及其子公司提供服务所产生的就业机会。

经济学家常常用替代效应和刺激效应之净额来衡量跨国公司对外直接投资对母国就业的影响。显然当替代效应大于刺激效应时，对外直接投资将导致投资母国就业机会的减少；反之则导致就业机会的增加。格里克曼就美国对外直接投资进行的实证研究表明，1977～1986年美国对外直接投资使美国制造业的工人失去了270万个就业机会。制造业属于就业密集型行业，生产过程消耗劳动力最多，生产过程的国外转移所失去的就业机会必然大于母国提供各种辅助生产和服务所增加的就业机会。所以对制造业来说，海外直接投资就意味着就业机会的减少。但是服务业的对外直接投资则会增加母国的就业数量和提高就业质量。

（二）跨国公司对外直接投资对东道国的就业效应

1. 跨国投资对东道国就业的潜在效应。就业效应是指其能为东道国带来原先没有的就业机会。国际直接投资的就业效应可以是直接的，也可以是间接的。外国跨国公司雇用了一定数量的东道国居民，这就形成了直接效应。而作为这项投资的结果，当地供应商创造的就业机会以及跨国公司员工在当地增加消费所创造的就业机会则是间接效应。当然，对外直接投资也可能导致东道国就业机会的减少。具体如表3-2所示。

表3-2　　　　　　　跨国投资对东道国就业的潜在效应

影响表现＼影响领域		就业数量	就业质量	就业区位
直接效应	积极	创造直接就业机会	工资较高，生产力水平也较高	为高失业区增加新的和更好的就业机会
	消极	并购可能导致"合理化"裁员	由雇佣和晋职等方面引进不受欢迎的各种惯例	城市拥挤加剧地区不平衡

121

续表

影响表现＼影响领域		就业数量	就业质量	就业区位
间接效应	积极	通过关联效应创造间接机会	向国内企业传播"最佳运营"工作组织和方法	促使供应商转移到劳动力可得地区
	消极	依赖进口或挤垮现有企业，会降低就业水平	在国内竞争时降低工资水平	挤垮当地供应商地区性失业恶化

资料来源：李洪江：《跨国公司新发展及其经济效应分析》，黑龙江人民出版社 2002 年版，第 103 页。

2. 跨国公司对外直接投资对东道国就业影响的表现。

（1）从就业数量上看，外来直接投资增加了东道国的就业机会。跨国公司对外直接投资给东道国提供的直接就业机会是随着对外投资的增加而增加的。另外，跨国公司直接投资的就业效应，还表现在关联就业上。据《1994 年世界投资报告》的估计，每一个直接就业就会带动 1~2 个关联就业，因此其就业总量要比直接就业数量多。相对而言，发展中东道国外来直接投资就业创造效应更为明显，其主要原因有二：一是新建投资在发展中国家的外来投资中所占比重较高；二是跨国公司在发展中国家的投资产业构成中，劳动密集型生产项目占有相当比重。跨国公司在发达国家直接投资创造就业的效应并不明显，这主要是因为发达国家的投资以并购为主，多与产业结构合理化调整相关，并不创造新的就业，同时发达国家投资行业日益向第三产业转移，其直接的就业贡献相对较小。

（2）从就业质量上看，外来直接投资提高了东道国的就业质量。一方面，跨国公司海外分支机构通常为企业提供更好的工资待遇、工作条件和社会保险福利。另一方面，跨国公司海外分支机构通常为东道国雇员提供获得新知识、新技术的机会。

（3）如果东道国当地企业竞争力低下，可能产生严重的挤出效应，造成东道国就业机会的减少。众所周知，跨国公司的投资既有可能带动一国国内企业的投资，也有可能通过竞争确立优势，压制国内投资。挤出效应是指当外资增加一美元投资，而国内投资总额的增加小于一美元时，即认为发生了"挤出效应"。极端的情况是，一美元的外资"挤出"超过一美元的国内投资，国内投资总额将减少，即引进了外资，却挤走了国内资本，反而降低了一国总的投资水平，与之相应东道国的就业机会就会减少。

三、跨国进入的竞争效应

跨国公司通过并购不断扩大公司规模，壮大实力，使国际竞争加剧；跨国公司组织网络化与缔结国际战略联盟，使跨国公司之间既竞争又合作，改变了传统竞争的性质；巨大型跨国公司的形成引起世界性的资本集中和市场垄断，从而又削弱了竞争。总之，国际竞争方式和性质发生了深刻变化。这对发展中国家来说，既面临新的机遇又迎来了新的挑战。

（一）跨国公司的进入加剧了国际竞争

公司间的竞争依靠的是资本实力、技术创新能力和组织协调能力。跨国公司新发展恰恰提高了上述三个方面的能力，从而使跨国公司的国际竞争力得以提高。跨国并购的战略目标之一就是追求规模的扩张，戴姆勒—奔驰并购克莱斯勒，使戴姆勒—克莱斯勒成为世界上第三大汽车制造公司。资本或规模实力的扩张必然强化公司的竞争力，跨国公司组织间的网络化体系提高了跨国公司外部协调能力。跨国公司之间缔结战略联盟的战略目标，也旨在利用外部资源增强跨国公司自身竞争力。跨国公司研究与开发国际化，则是利用世界科技资源进行技术创新，从而提高跨国公司的技术竞争能力。总之，跨国公司新发展提高了跨国公司的综合竞争能力。竞争能力的提高，必然加剧竞争的激烈程度。超强竞争成为全球化时代的竞争特点，激烈、无情的市场竞争不可避免。在许多行业生产过剩的情况下，竞争失败者将被无情地淘汰出局。石油业巨头埃克森同美孚合并以及阿莫同英国石油合并后，危机感立刻在其他国家同行业中蔓延开来，连两个二流公司——法国的 Total 和比利时的 Petrofime 也走上了合并之路。石油业、汽车业、金融业、电信业等许多行业在某些并购个例发生后引起连锁和继发的并购就是国际竞争加剧的真实写照。

跨国公司之间的竞争体现出以下两个特点：第一，竞争由单体竞争向集团竞争演变。跨国公司一改以往竞争中依靠单体力量开展国际竞争的方式，通过网络化组织、国际战略联盟进行集团竞争；第二，竞争的性质已由"零和"转向"双赢"。1996 年，剑桥战略咨询公司董事长兼总裁詹姆斯·穆尔提出了企业管理不是击败对手，而是要建立与发展企业动态系统的最新竞争观念。穆尔认为，企业是市场环境系统的一个参与者，要实现企业经营目标，扩大市场占有率，开拓新市场，必须与相关的企业运用联盟形式以集中有限资源，在竞争中求合作，在互动中谋发展。1997 年，由普瑞斯、戈德曼合著的《以合作求竞争》一书，提出现代企业没有明确的界限划分，其作业过程、运行系统、操作及全体员工都应与顾客、供应商、合作者、竞争者相互作用和有机联系在一起。只有这样，企业才能走出孤立的小圈子，进入相互联系的王国，获得竞争的优势。由此可见，跨国公司缔结战略联盟改变了以往的你死我活的竞争观念，使其朝双赢方向发展。这种协作型竞争改变了竞争的性质，竞争的结果也以竞争双方均获益而告终。

（二）巨型跨国公司的形成可能产生国际垄断

扩大规模，提高规模经济效益，集中研发资金促进技术创新，是资本技术密集型产业提高生产率的内在要求，但过度就会产生垄断，走向竞争的反面。垄断限制了竞争，损害了社会福利。美国波音公司并购麦道公司后，世界大型民用客机市场只剩下波音—麦道和空中客车两家企业，形成了世界大型客机市场双寡头垄断格局。汽车业的并购，使现存具有国际竞争力的厂商减少到20余家。不少学者对巨型并购可能导致的反竞争效应表示出种种担忧。认为，巨型并购容易引起国际性生产与购销的集中和垄断。跨国并购尽管可能受到国际组织和国际惯例的制约，但与国内市场约束相比则又宽松得多，因而其负效应也更大些。例如，巨型并购将会形成对国际市场的垄断，使落后国家的民族工业受到遏制、民族文化遭到侵蚀、资源遭到掠夺性开采、环境污染随着工业文明延伸向全球特别是向发展中国家扩展，发达国家控制着信息、科技和管理等无污染行业、大部分发展中国家则进一步沦为加工厂、世界贫富差距进一步扩大等。因此，跨国并购的发展必须受到某种控制和引导，否则其负面效应越来越明显。企业跨国并购可能带来的后果就是，出现国际性的生产与购销的集中和垄断。这种集中和垄断产生于竞争，又反过来限制竞争，从而有可能使跨国公司操纵市场与价格，使广大消费者遭受损失，使并购所在国国民经济受到损害。

（三）要密切关注跨国公司垄断市场的恶意并购行为

跨国公司并购发展中国家的企业原是市场行为，本无可厚非。但是，必须制止任何试图垄断发展中国家市场的恶意并购行为。任何一个主权国家都不会允许这样的事情发生。德国法律明确规定，禁止导致收购方产生或强化市场垄断地位的并购行为。加拿大规定，超过2亿美元的并购协议必须经过政府批准后方可生效。美国政府和国会对外国并购更是层层把关、多道设防。跨国并购投资是当前国际资本流动的新趋势，也是目前我国吸引外资的主要形式，对于盘活国内存量资产、优化产业结构、促进技术进步发挥了积极的作用。但应当引起注意的是，跨国并购投资集中在我国关键领域的重点企业，其意图已不完全是商业性的，而是具有明确的战略指向。在华并购大多是善意并购，但战略性恶意并购越来越明显。善意收购是指被并购企业的董事会同意进行交易，而恶意并购是指并购方企业事先不和目标企业的管理层协商而秘密购买目标企业的股份，最终使目标企业不得不接受条件出售企业的一种恶意行为。

1. 中国多个行业被跨国公司垄断。跨国公司在华并购的主要目的是消灭东道国的竞争对手，获取更大的市场份额。由于跨国公司在华并购的大多数是中国国内行业的龙头企业，所以并购后，跨国公司在大多数行业中处于垄断地位。来自国家市场监督管理总局的调查显示，目前美国微软占有中国电脑操作系统市场的 95%；而富士公司所占中国彩色胶卷市场的份额已超过 1/4。在手机、电脑、网络设备、计算机处理器等行业，跨国公司均在中国市场上占有垄断地位。可口可乐已经占有 70% 以上的中国饮料市场份额。轻工、化工、医药、机械、电子等行业的许多重要产品领域，跨国公司的产品也已占据中国 1/3 以上的市场份额。

2. 跨国并购浪潮来势汹汹。近年来跨国公司从合资、合作到独资建厂，再到大举并购我国发展潜力较大的优秀企业，这是跨国公司战略性的重大举措。从公开披露的外资并购中国企业案例看，来自美国的跨国公司最多（占 30.2%），欧盟企业次之（占 27.3%），其余为东盟和日本等国的企业。一些跨国公司认为，现在是收购中国企业的最好时机，收购价格正像中国的劳动力一样，比欧美低得太多；同时还可以利用中国企业原有的销售网络、原材料和能源供给渠道以及品牌，再加上外商的资本和技术就可以逐步实现垄断中国市场的目标。

3. 我国众多本土品牌灭失。跨国公司往往选取我国具有传统品牌、技术、行业优势的企业来并购。例如国际啤酒巨头已将中国啤酒企业和市场瓜分得差不多了；可口可乐通过品牌战略，已使其饮料、浓缩液在我国市场占有很大份额；宝洁在中国的公司除上海沙宣是合资企业外，其余 9 家已全部独资；欧莱雅只用 50 天就整合了中国护肤品牌"小护士"。乐百氏被法国达能公司收购，达能还在中国收购了上海梅林正广和饮用水公司 50% 股权，汇源果汁 22.18% 股权。还在乳业收购了蒙牛 50% 股权，光明 20.01% 股权。这些企业都拥有中国驰名商标，是行业的排头兵。

跨国公司对中国企业的并购原是市场行为，本无可厚非。然而任何一个主权国家都不会听任跨国公司的恶意并购自由发展，否则中国民族工业的自主品牌和创新能力将逐步消失，国内龙头企业的核心部分、关键技术和高附加值就可能完全被跨国公司所控制。甚至作为建设创新型国家的主体—大批骨干企业也将不复存在。因此必须坚决制止任何试图垄断中国市场的恶意并购行为。

四、跨国进入的技术扩散效应分析

所谓国际技术扩散，就是一国的开发能力通过消费和使用的各种方式为另一国使用、吸收、复制和改进的过程。跨国公司的技术扩散效应是指伴随跨国公司的技术转移，当地企业可以通过示范效应、竞争效应和关联效应提高自身的技术水平，通过转移和学习等过程使技术应用范围得以扩展的过程。跨国公司的全球化经营客观上存在技术扩散的外在经济效应。

（一）跨国公司对外直接投资技术扩散效应的渠道

跨国公司是世界技术创新的主导力量，世界上 70% ~ 80% 的技术成果都是由跨国公司开发的。跨国公司通过技术转移使技术得以扩散。巴克莱区别了 10 种形式的技术扩散：外国独资企业、合资企业、外国多数股权安排、股权递减协议、许可、专卖、管理契约、交钥匙工程、契约合资、国际转包①。

跨国公司对外直接投资技术扩散效应的渠道主要包括：

1. 国际直接投资，是跨国公司技术扩散的最重要的渠道。国际直接投资分为绿地投资（新建方式）和兼并投资（跨国并购），其中与新建方式相比，跨国并购使技术从跨国公司向东道国单向流动转向为跨国公司与东道国之间的双向流动，这进一步提高了技术资源的扩散效应。跨国并购通常有基于技术工艺、专门知识、商誉和客户信息的混合并购，通过并购，形成一条特有的价值链。成功的跨国公司，并购一方面利用了自身的核心能力，另一方面获得了互补性的核心能力，包括零售业的经验和客户信息。两者之间通过各种业务关联，就形成了企业所特有的核心能力。这种并购实现的技术扩散是双向的，既使跨国公司获得了新技术，又使东道国获得了跨国公司的技术。

2. 国际承包。在劳动密集型出口导向产业中，国际承包比较盛行。它是旨在利用集中的研究开发设施、降低成本、分散风险和协调竞争的策略联盟，是目前技术扩散的新形式。

3. 国际战略联盟。跨国公司之间缔结战略联盟，提高了扩散技术的水平档次，一些保存在跨国公司内部的专有技术在联盟伙伴之间进行扩散，联盟伙伴可以分享各自的专有技术以及创新技术。在开发过程中，通过组织学习，各公司也分别掌握了对方的专有技术。如果不是战略联盟，各公司难以获得对方专有技术。在国际战略联盟中，

---

① 转引自李洪江：《跨国公司新发展及其经济效应分析》，黑龙江人民出版社 2002 年版，第 115 页。

这种专有技术一般都是处于较高水平的技术，从而使扩散的技术水平大大提高。

4. 跨国公司研究与开发国际化。跨国公司研究与开发国际化，实质上是跨国公司组织国际技术资源进行技术开发，这必然直接加快技术扩散。跨国公司在组织国际化开发过程中获得了新成果，而研发所在地（东道国）获得了技术溢出效应。

（二）技术扩散效应产生的途径

1. 产业内扩散。产业内的扩散主要通过以下三种效应：

（1）演示效应：指东道国企业通过对外资企业的新技术、新产品、生产流程的模仿和学习而提高自身的技术水平。

（2）竞争效应：即外资企业的进入加剧了国内市场的竞争程度，迫使本国企业加大研发投入，加速生产技术、生产设备的更新升级。

（3）培训效应：指外资企业对当地员工，尤其是管理人才、研发人才的培训投入提升了当地人力资本存量。

2. 产业间的扩散。技术扩散在产业间扩散主要通过前向和后向联系，即对上游企业和下游企业产生影响，这就是跨国公司投资的产业关联效应。主要表现为五种形式：帮助未来的供应商建立生产性设施；为改善供应商产品的质量或促进其创新活动提供技术帮助或信息服务；提供或帮助购买原材料和中间产品；提供组织管理上培训和帮助；通过发掘新客户帮助供应商从事多样化经营等。

（三）跨国公司技术扩散效应的收益与成本

技术扩散效应对于跨国公司和东道国（合作伙伴）都存在收益和成本问题，这种收益和成本是由竞争力强弱决定的。一般而言，竞争力强者将获得较大的收益和付出较小的成本，竞争力弱者则相反。

1. 跨国公司的收益与成本。跨国公司的收益主要表现在：

（1）获得高水平的技术资源。这在跨国并购和国际战略联盟以及研究与开发国际化中都表现得极为明显。

（2）获得优秀的人力资源。跨国公司在对外直接投资、缔结国际战略联盟和国际化技术开发过程中，凭借提供优厚的工资待遇以及提供良好的研究环境等手段，使世界各国的优秀人才集于跨国公司麾下。知识的创新在于人力资源的开发和利用，跨国公司获得优秀的人力资源，必将不断提高其技术创新能力，使跨国公司不断积累垄断优势。

跨国公司所付出的成本就是技术转移所产生的技术溢出效应。达斯（S. Das）认为："溢出是外国投资者的一种成本，东道国的企业免费搭车是不可避免的。因此跨国公司需要不断地开发先进技术以保持技术垄断优势。"①

2. 东道国的收益与成本。东道国在技术扩散效应中获得的收益包括：

（1）跨国公司直接投资带入的技术导致东道国技术水平的提高，是对东道国的直接的贡献。这种贡献在发展中国家表现得最为明显，技术在经济增长和产业结构调整中具有决定性的作用，由于技术积累效应的存在使发达国家与发展中国家在技术上存在巨大差距，发达国家的技术转移对发展中国家的技术进步和产业结构调整具有积极贡献。

（2）跨国公司技术转移的溢出效应对东道国更有意义。它提高了东道国当地企业的技术水平，缩小了当地企业与跨国公司之间的技术差距，从而使东道国技术追赶目标得以实现。而溢出效应的大小，取决于跨国公司投入子公司的技术水平和当地企业"学习"投入水平。当地企业"学习"投入水平越高，会迫使跨国公司采用更先进技术，以维持其技术相对优势，保持其市场份额和利润，如此形成追赶局势，当地企业能获得更多的先进技术。

（3）东道国企业参与跨国公司的国际战略联盟，同样会获得相应的技术收益。

东道国付出的成本包括：

（1）东道国的技术和人才有可能被跨国公司利用。据一份材料表明，跨国公司在东道国开发的技术有40%转移到跨国公司母国。而这些技术往往是使用当地科技人才开发的。

（2）跨国公司对先进技术的控制，可能使东道国产生对跨国公司的技术依赖。可能使东道国在追求国产化的过程中，陷入依赖跨国公司的技术规程和路径的陷阱，从而产生"依赖工业化"一旦东道国技术发展依赖于跨国公司，则该国对技术发展和产业发展的控制权将会失去，难以掌握产业发展方向。

（3）过于超前的技术进入。技术差距较大的东道国，会使外商的技术优势在东道国形成市场控制，对东道国该产业的当地企业形成严重压抑。外商的新产品在东道国市场上推广开来，刺激东道国对这类产品的超前需求。消费者需求受到不适当的刺激，使生产传统产品的当地企业过早地失去市场的支持，陷入困境。跨国公司进入东道国市场，加剧了竞争，对于激发东道国市场活力是有利的，但外商如果过度进入，会对当地企业产生巨大的冲击，如果不能有效控制，当地企业势必面临生存危机。如果大部分市场被外商所占据，则东道国对

---

① 转引自李洪江：《跨国公司新发展及其经济效应分析》，黑龙江人民出版社2002年版，第121、122页。

产业发展的控制能力，将大大削弱甚至失去。

　　跨国公司控制一国产业的可能性对于不同类型国家是不同的，由于发达国家有能力提供有效的力量去对付外国跨国公司，外国的跨国公司很难实现对发达国家进行产业控制，所以在发达国家中产业控制的忧虑并不存在。但对于发展中国家来说，由于发展中国家当地企业竞争力相对低下，这种产业控制发生的可能性极大。因此许多发展中国家都制定相应的政策控制外国跨国公司进入东道国的规模、数量、行业等，目的在于防止外国跨国公司对该国某些产业实行产业控制。对国民经济命脉的战略性产业、主导产业控制得尤为严格。

　　因此，从宏观上看，一个国家若想经济自立发展，就必须拥有独立的研究开发体系，这一研究开发体系是产业自立发展的根本保障。当然，独立的开发体系并不排除与跨国公司合作，相反更应该加强与跨国公司的合作以获得更多的技术扩散效应。

五、跨国进入的产业转移效应

　　产业转移是指在市场资源供给或者产品的需求条件发生变化后，某些产业从一个地区转移到另一个地区的经济行为和过程。国际产业转移，是指在经济日益全球化的条件下，基于比较优势，产业在不同国家与地区间的转移。产业的国际转移受各国或地区生产要素价格、技术水平、产业周期和经济政治环境等因素的综合影响，跨国公司是产业在国际转移的主要承载体，直接投资是主要手段。

（一）国际产业转移的发展历程与第五次国际产业转移的特点

　　1. 国际产业转移的发展历程。尽管目前学界对国际产业转移的发展历程具有不同认知，但多数分析认为，自第一次工业革命至今，全球范围内共完成了四次大规模的国际产业转移。

　　第一次国际产业转移出现在 19 世纪下半叶，基本路径是从英国向欧洲大陆和北美的转移。由于国内市场容量有限，加之生产成本升高，英国自 19 世纪下半叶开始向以法德为代表的欧洲国家和以美国为代表的美洲国家输出产能，由此推动了欧洲和美国的工业化进程。

　　第二次国际产业转移发生在 20 世纪 50~60 年代，主要是从美国向日本和联邦德国的转移。"二战"以后，美国确立了全球经济和技术领先地位，并主动对国内产业结构实施重大调整。在此背景下，以钢铁、纺织、日化和普通工业机械为代表的低技术密度制造业从美国向日本和西欧国家转移，其中日本更是凭借良好的工业基础和极具竞争力的生产质效成为继英美之后的第三个"世界工厂"。

此后的国际产业转移始终集中于亚洲区域内。日本成为第三次国际产业转移的主要推动者，韩国、新加坡、中国香港和中国台湾四个经济体成为主要承接方。自 20 世纪 70 年代起，为应对世界石油危机的冲击，日本加快了国内产业结构调整，部分劳动密集型产业率先开始转出；第二次石油危机后，钢铁、造船和化工等资本密集型产业以及汽车和电子元件等技术密集型产业也相继开始转出。

第四次国际产业转移发生在 20 世纪 80 年代初到 2008 年金融危机，美、日、欧等国家逐渐向亚洲等新兴国家和地区转移技术、知识密集型产业，同时新兴国家和地区将部分资本、劳动密集型产业向东盟和中国等其他国家转移。

客观来说，中国是第四次产业转移的主要受惠国之一，通过大力吸引外资，中国抓住机遇极大地提升了工业技术水平，也为其他产业发展创造了条件。目前，中国已经成为全球唯一拥有联合国产业分类中所列全部工业门类的国家。2010 年，中国制造业增加值首次超过美国，成为世界第一制造业大国；在世界 500 多种主要工业产品中，中国有 220 多种工业产品产量位居全球第一，成为名副其实的新"世界工厂"。

2. 第五次国际产业转移的特点。当下进行中的第五次国际产业转移在诸多方面呈现出独特性：

（1）国际和地区政治经济形势更趋复杂。2008 年全球金融危机后，中国作为发展中国家中最大的对外投资国，转移路径主要表现为劳动密集型制造业由中国向南亚东南亚国家的转移。此前历次产业转移均由西方国家发起、主导并推动，第五次国际产业转移因有中国的深度参与而成为历史上首次不完全受西方国家主导的产业转移。同时，东盟等区域性经济合作组织作用的增强，以及中国同东南亚各国双边关系发展水平的差异共同构成了影响此次国际产业转移的重要外部因素。

（2）中国作为核心参与者的角色作用更加特殊。自第五次国际产业转移开始至今，中国经历了从单纯的产能承接国到具备产能承接与输出双重作用的枢纽国的身份转变。一方面，中国自身的工业化进程和产业转型尚未完成，国内不同地域间仍存在明显的发展差距，因此仍在继续承接输入产能；另一方面，随着自主研发与技术创新能力的提升，中国国内企业技术迭代速度加快、工业自动化发展推动了产能扩张，"走出去"需求明显增强，因而也具备了较强的产能输出能力。

（3）转移路径呈现双向趋势。前四次产业转移主要是由发达工业化国家向新兴发展中国家的单向产能转移，而此次产业转移则出现了明显的"双向转移"现象。一方面，低端产业链条继续向成本更

低的发展中国家转移；另一方面，受金融危机冲击，欧美国家再次认
识到制造业对推动技术进步和拉动就业的重要作用，因此在产业发展
战略上纷纷从"去工业化"转向"再工业化"。受此影响，越来越多
的发达国家企业选择将海外生产基地搬回本土，产业高端链条开始
回流。

（4）产能承接国的现实情况更加多元。作为此次产业转移主要
目的地，尽管东南亚绝大多数国家均属发展中国家，但发展水平存在
明显差距。尽管发展水平的落差为特定行业实现产业转移提供了必要
的"转移梯度"，但也为产能规模化输出造成了现实困难。

（二）国际产业转移对中国产业结构优化的影响

1. 国际产业转移对中国产业结构优化的积极作用。

（1）国际产业转移促进产业布局调整，有利于完善企业间合作
机制。中国工业化起步晚，九成以上为中小型企业，专业化分工程度
低，很多企业在分工上存在重复。企业之间没有形成良好有序的分工
协作机制，本地企业间在产业链中低端、低附加值的加工环节竞争激
烈。国际产业转移带入了新的企业，行业竞争主体更加多元化，对国
内企业具有一定的竞争示范效应，新企业新生产方式的注入对于改善
恶性竞争，完善企业间分工体系，实现产业集聚和规模效应具有正向
驱动作用。

（2）国际产业转移过程中存在技术外溢效应，推动相关产业生
产效率提高。随着中国经济发展质量提升，科技发展逐步和世界水平
接轨，转移产业不局限于劳动、资源密集型产业，开始出现高技术、
高附加值、中高端环节趋势，跨国公司研发中心逐步向中国集聚，为
中国培养了众多研发人才。国际产业转移过程中，同时也为本土传播
了先进的技术和管理经验，带来了大量专业领域人才。本土企业迫于
市场竞争压力，模仿学习国外先进技术的同时，重视研发与创新，从
而推动产业整体生产效率的提高。

（3）国际产业转移促进中国服务业的发展，推动中国产业结构
升级。根据国家统计局的数据，2023 年中国第三产业产值占 GDP 比
重为 54.6%，低于发达国家 60% 的平均水平。国际产业转移促进了
中国服务业发展，近年来中国吸引外资增长比较突出的行业大多属于
第三产业，大量外资流入服务业。政府利用国际产业转移带来的新机
遇，加快推进现代服务业发展，特别是生产性服务业的发展，如金
融、物流仓储、信息服务、软件开发等，服务业比重不断提升，推动
中国产业结构升级优化。

2. 国际产业转移对我国的负面影响。

（1）产业转移可能给中国实体经济带来潜在风险。在国际产业

131

转移的规模加大，领域不断深入的趋势下，本地企业不能快速提升实力，极有可能造成产业空心化风险，影响经济可持续发展。

（2）不利于中国企业自主创新能力的提升。国际产业转移带来的技术引进，在中国经济发展过程中对推进产业发展和产业结构优化升级起到了积极作用。但技术提升不能只依靠国际产业转移中带来的技术扩散，需要提升中国自主创新能力和核心竞争力，不能一直处于被动接受和模仿学习阶段。对转移企业的技术依赖，会导致企业缺乏自主创新的动力和意识，难以掌握核心技术，突破关键领域，长期处于全球价值链的中低端。

（3）产业转移伴随的碳转移进一步增大中国资源环境压力。近年来，由碳排放增加引起的气候环境问题不断加剧，发达国家产业转移过程中优先转移资源密集型产业，发展中国家进行产业承接的过程中也必须承担因此带来的大量碳排放，在国际碳排放责任划分中处于不利地位。

（4）持续的产业转移还将对我国在全球价值链中的地位产生一定影响。随着全球价值链向区域化和多元化过渡，以及国际局势的复杂变化，我国参与全球供应链的壁垒有所增加；而以越南、印度尼西亚、菲律宾等为代表的新兴东南亚国家未来或将在中低端制造业产品的国际市场中与中国形成更激烈的竞争。不仅如此，在高端制造业领域，尽管中国正加快提升自主研发与技术创新能力，但同日韩等亚洲国家以及美欧等西方国家仍存在较明显差距，未来如不能尽快在技术、品牌和高端产品领域形成规模效应和国际竞争力，将令中国的产业升级路径和空间遭遇来自高端和低端制造业竞争的双重压力。

（5）产业转移给我国劳动力市场带来潜在风险。鉴于目前中国向东南亚地区转移的产业以劳动密集型为主，如产业转移规模过大、速度过快，将可能给部分对劳动密集型产业仍存在较大依赖的欠发达地区造成短期就业压力。

关 键 词

国际独资企业　国际合资企业　非股权经营　许可证贸易　特许经营　合同安排　国外证券投资

思 考 题

1. 试分析跨国公司进入外国市场的方式。
2. 非股权经营包含哪些形式？
3. 试分析跨国公司内在因素对进入方式选择的影响。
4. 试分析跨国公司外在因素对进入方式选择的影响。
5. 请分析美国作为东道国母国对跨国公司的监管。

6. 母国与东道国文化差异对跨国经营的影响。

7. 分析跨国进入的资本形成效应。

8. 分析跨国进入的就业效应。

9. 分析跨国进入的竞争效应。

10. 分析跨国进入的技术扩散效应。

11. 请分析国际产业转移的发展历程和第五次国际产业转移的特点。

12. 请分析国际产业转移对中国产业结构优化的影响。

讨 论 题

随着中国开放程度的不断提高，并受 1995 年以来国际新一轮跨国并购浪潮影响，跨国公司对华投资方式出现一些新情况、新特点。主要是从合资、合作到独资建厂，再到大举并购我国发展潜力较大的优秀企业。这是跨国公司一项战略性的重大举措，而且来势很猛。必须绝对控股、必须是行业龙头企业、预期收益必须超过 15%，这三个"必须"是一些跨国公司目前在华并购战略的基本要求。他们对一般国企拼命压价，对好企业不惜高价收购。请分析跨国公司这种做法的性质和后果。

第四章
跨国公司的法律形式 和组织结构控制

要点提示

本章从法律和管理两个维度介绍跨国公司的组织形式。一方面，介绍跨国公司的法律形式，即法律上的组织形式。先介绍一般企业法律形式的基础上，再介绍跨国公司的法律形式。另一方面，介绍跨国公司的组织结构，即管理上的组织形式。先介绍跨国公司组织结构的类型，再介绍影响跨国公司组织结构选择的因素。

引　言

我们要坚持以推动高质量发展为主题，把实施扩大内需战略同深化供给侧结构性改革有机结合起来，增强国内大循环内生动力和可靠性，提升国际循环质量和水平，加快建设现代化经济体系。

——党的二十大报告

第一节　跨国公司的法律形式

合理有效的组织是企业顺利经营的前提。跨国公司的组织管理可以分为法律形式和组织结构两方面。从法律上来看，在市场经济条件下，企业是法律上和经济上的独立经济体，任何企业首先都要依法建立，因此投资者在创建企业时都面临企业法律形式的选择。跨国公司以全球市场和全球消费者作为经营目标，因此需要选择与之相匹配的法律形式。从管理上来看，高效的内部组织结构是跨国公司成功进行生产和经营活动的保障，跨国公司组织结构的选择要根据企业自身特征和技术等因素进行综合考量，同时，实际中并不存在一个标准的或最优的跨国公司组织形式，跨国公司在发展的不同阶段，需要相应地进行组织结构的调整和更新，以适应其发展的需要。

一、企业的法律形式

企业的法律形式是从法律的角度给企业定位，明确企业在法律上的权利和责任。其核心是企业的产权制度，它是具体的、特殊的和动态的存在，是适应不同时期、不同阶段生产力发展状况及其生产关系需要而组建的。综观市场经济发展的历史，与主要的产权形式相适应，企业的法律形式可分为三种：个人企业、合伙制企业、公司制企业。

（一）个人企业

个人企业（Sole or Individual Proprietorship）又称独资经营企业，是指由个人单独出资设立并经营管理的企业。按法律性质说，个人企业不是法人，不具有独立的法律资格；其资产与出资人的个人财产在法律上没有什么区别，即个人（业主）对企业的债务负无限责任，在亏损或倒闭而进行清偿时，不仅限于企业资产，还要以个人的动产和不动产抵偿；出资人对企业有最高决策权和控制权。个人企业是西方国家中为数最多的企业形式。

从规模上来看，个人企业大多数是中小企业，随着市场扩张和经营规模的扩大，个人企业受到了资本和经营能力缺乏等方面的束缚与挑战，这必然限制了企业的持续发展和产品结构的调整，企业谋求发展的需要驱动了同业经营者、利益相关者、或有产者等市场主体之间相互融合与利益相互支持，从而加快了新的企业法律形式的出现。

（二）合伙制企业

合伙制企业（Partnership）是两个或两个以上出资人共同设立、共同经营、共享利益的企业。合伙制企业取代个人企业是市场经济迅速发展的结果，是企业组织形式的一种创新。

各国法律对合伙的界定互有差异，故其法律特征也不尽相同，但概括起来，合伙制企业的法律特征如下：

1. 原则上不具有法人地位，即不具有独立的法律人格，不属于法人企业。合伙制企业是一种"人"的组合，合伙人的死亡、退出、破产均可导致企业解体。大多数国家法律规定，合伙制企业不具有法人资格，但有的大陆法国家，如法国、荷兰等，其法律认定合伙企业也是法人。

2. 合伙契约是合伙企业成立的基础，契约规定了合伙人的权利和义务。

3. 合伙人对企业债务负无限连带清偿责任，即债权人有权向任何一个或几个合伙人（债务人）提出清偿要求。

在英国，据1907年《有限合伙法》规定，合伙企业中可有两类合伙人，即"普通合伙人"（又称为"无限责任合伙人"）（General Partner）和"有限合伙人"（Limited Partner），后者对企业债务的责任是有限的，即仅限于其向合伙企业投入的资本。有限合伙人有权查账，但无权参与经营管理，不能代表企业对外进行业务活动，其姓名也不能写入公司的名称内，未经普通合伙人同意，有限合伙人不得随意退出。由上述两类合伙人组成的企业称为"有限（责任）合伙"（Limited Partnership），但按英国法律规定，这样的合伙企业中至少要有一个"普通合伙人"，不能都是"有限合伙人"。

多数情况下，合伙制企业以小规模企业居多。合伙制企业有两个明显的缺点：一是每个合伙人都是业主，都有权对外签约，彼此之间很难协调一致；二是任何一个人签约失误而导致企业亏损，或其中一个合伙人退出、破产和死亡等，都会影响到企业的生存和发展的命运。因此合伙制企业的规模发展必然有限，很难适应社会化大生产的要求。

按照国际惯例，中介机构（如咨询公司、经纪人公司、会计师事务所、律师事务所等）常常实行无限连带责任的合伙制，因为它不同于有固定资产可以抵债的企业，中介机构凭借的是智力和专门知识，不需要投入多少成本，固定资产也非常少。合伙制企业在发达国家属于数量较多的企业形式，但受其经营规模、资金来源、组织形式的影响，其对社会经济生活的影响有限。

（三）公司制企业

公司制企业（Corporation）是指由两个以上的投资者按照一定的法律程序组建的以盈利为目的的经济组织。公司制企业是以法人产权制度为核心的企业形式，公司制企业是一种"资本"的组合。《公司法》是有关公司设立、经营、清算、解散以及调整其内外关系的法规，有的国家作为单行法规颁布，有的国家则将它写在民法或商法中。

1. 公司制企业的法律特征。公司制企业的主要法律特征如下：

（1）公司是法人（Legal Entity），具有独立的法律人格。

（2）股东对公司的投资，根据法律已归公司所有和支配，即公司以自己的名义拥有了这些财产，它与股东的个人财产在法律上是分离的。

（3）公司可以自己的名义对外签订合同，经营业务，享受权利，承担义务，也就是说公司与股东在法律地位上也是分离的，公司是一个独立的法律主体。

（4）公司以自己的名义起诉、应诉。

（5）公司有日常经营管理权。

（6）股东的死亡、退出、破产在原则上不影响公司的存续。在英美法中，公司有"永续性"（Perpetual Existence）。

2. 公司制企业的分类。公司制企业通常可分为无限责任公司、有限责任公司和股份有限公司三种类型。

（1）无限责任公司（Unlimited Liability Company）。无限责任公司的股东对企业的债务负无限责任。从法律方面来看，它是合伙制企业的一种发展，但它具有独立的法人地位，兼有公司制企业和合伙制企业的双重特征。

（2）有限责任公司（Limited Liability Company）。有限责任公司的股东对公司债务只负有限责任，即仅限于股东对公司投入的股本金额。有限责任公司具有法人地位。

有限责任公司的成立是由发起人集资，不能通过发行股票向社会公开募集资金。股东人数既有上限，又有下限。有限责任公司的股权证明是出资证明书，该出资证明不能流通，也不可以随意转让。有限责任公司的所有权与经营权分离的程度相对较低，董事往往就是股东，并且常常兼任公司高级管理职员。有限责任公司属于封闭公司，财务会计报表可以不经过中介机构审计和认证，也可以不存档和公布，可以只按规定送交股东。

（3）股份有限公司（Limited Liability Company by Share, or with Share Capital）。股份有限公司是根据法律程序向公众发行股票从而将社会分散的公众资金集中起来经营的企业组织。股份有限公司是市场经济国家广泛采用的、规模最大的、地位最为重要的一种企业组织形式，是现代企业形式的主体。其中"股份"是公司均分资本的单元，每一股份代表一定的金额，每股的金额均等划一。股东对公司债务也只负有限责任，也是独立法人。

股份有限公司的成立条件比较苛刻，它可以向社会公众公开募集资金，其股东人数只有下限限制，而没有上限限制。股份有限公司的股东可以自由转让自己的股份。

股份有限公司的股权证明是股票，股东持有的股份以股票数量的百分比来表示。股票可以转让和流通。

股份有限公司的股东大会和董事会通常被认定为最高权力机构和权力执行机构，所有权与经营权的分离程度较高。

股份有限公司的信息披露程度非常高，而且执行财务公开制度。

财务报表须经中介机构权威认证并予以公开发布。

二、跨国公司的法律形式

跨国企业的法律形式与一般企业的法律形式并无原则上的区别，跨国公司可采用个人企业、合伙制企业、公司制企业中的任一形式。例如，港台资本的个人企业在很多国家和地区从事经营，颇为成功。又如，有些国际闻名的法律事务所、会计师事务所采取了合伙形式。但在跨国经营中最常见的企业法律形式还是有限责任公司，特别是股份有限责任公司。由于公司债务的清偿责任仅限于股票的面值，风险较小，同时，所有权与经营权相分离，适应社会化大生产发展的需要，因此，跨国公司采用最多的是股份有限公司这一法律形式。

由于跨国公司突破了独立企业内部治理的边界，也突破了国家的界限，跨国公司的法律形式具体包括设立在母国的母公司、设立在海外的分公司或子公司。跨国公司母公司、分公司、子公司的法律地位及其权利义务各有不同，故在跨国经营中，采用何种企业法律形式，应根据企业的经营战略、业务活动的内容和性质、东道国的法律和社会、经济环境等多方面的情况来综合考虑。

（一）母公司

母公司（Parent Company）是指拥有其他公司一定数额的股份或根据协议，能够控制、支配其他公司的人事、财务、业务等事项的公司。母公司最基本的特征，不在于是否持有子公司的股份，而在于是否参与子公司业务经营。

从历史上看，母公司的形成是与控股公司的发展相联系的。19世纪末20世纪初，资本主义从自由竞争时期进入了垄断阶段，美国国内各界人士反对垄断、保护竞争的呼声日高，迫使国会先后通过有关的反托拉斯法案。例如，洛克菲勒石油财团便因此分解成若干公司。但是垄断资本仍力图设法维持自己的统治，将原有的大托拉斯改组为若干公司，再由其中一家向其他几家参股，并掌握其控制股，从而得以利用法律的漏洞，依旧维持自己的垄断地位，因此控股公司就盛行起来。

如果母公司只掌握股权或其他有价证券，自己不再从事别的业务活动，而且也不参与被它控制的其他公司的经营管理，这家母公司就叫"纯控股公司"（Pure Holding Company）。按有些国家的法律规定，纯控股公司不得从事工商业活动，也不得直接与公众进行交易，除了自己的办公楼外，不得拥有额外的房地产。但是许多母公司既从事参股和控股活动，又经营工商业，故称为"混合控股公司"（Mixed

母公司（Parent Company），是指拥有其他公司一定数额的股份或根据协议，能够控制、支配其他公司的人事、财务、业务等事项的公司。

Holding Company or Holding – Operating Company）。混合控股的方法不仅盛行于制造业，也进入了金融业。例如，根据美国有关的银行立法，商业银行的活动必须与工商企业分开，即银行不得直接经营工商企业，也不得向工商企业作长期投资，以免导致银行对工商企业的控制，从而形成垄断。1968 年美国花旗银行（The First National City Bank of N. Y.）另行组织一家控股公司，该公司既拥有花旗银行的股权，又拥有其他工商企业的股权，这样的混合控股公司就避开了法律的限制。于是其他大银行纷纷效仿，不仅拥有银行和工商企业的股权，而且还向这些有关的工商企业提供银行服务和其他非金融性服务，一时"One Bank Holding Company"大为盛行。

主要发达国家的法律对控股公司的规定虽不尽相同，但都有一个共同的法律特点，即握有其他公司的控制股。例如，英国 1948 年和 1967 年公司法规定，在一个公司集团内，一家公司掌握其他各公司的无固定利息股票的票面值半数以上或控制其董事会的组成，即为控股公司。这里所说的股息不固定的股票就是指普通股，因为优先股的股息是固定的；根据英国公司法的规定，"控制其董事会的组成"，是指不经任何人同意，即可派遣或撤换其他各家的多数董事或全体董事。

总体来说，跨国经营中的母公司不是纯控股公司，但可以看作就是上述的混合控股公司。但母公司参与子公司的经营管理，主要指在方针、战略上的参与，而不是日常业务操作。

（二）分公司

分公司（Branch）是指在业务、资金、人事等方面受本公司管辖而不具有法人资格的分支机构。分公司属于分支机构，在法律上、经济上没有独立性，仅仅是总公司的一个组成部分。分公司没有自己的名称、章程，没有自己的财产，并以总公司的资产对分公司的债务承担法律责任。

分公司具有如下法律特征：

1. 分公司没有自己独立的名称和章程，而只能使用与总公司同样的名称和章程。分公司名称为总公司名称后加分公司、分行、办事处等字样，其名称中虽有公司字样，但不是真正意义上的公司。

2. 分公司的主要业务活动完全由总公司决定，分公司一般是以总公司的名义并根据它的委托来进行业务活动的。

3. 分公司不具有法人资格，不独立承担民事责任。分公司的所有资产全部属于总公司，因此，总公司要对分公司的债务负无限责任。

4. 受母公司所在国外交保护。分公司与总公司同为一个法律实体，因此分公司虽设在海外（东道国），仍受总公司所在国（母国）

分公司（Branch），是指在业务、资金、人事等方面受本公司管辖而不具有法人资格的分支机构。

的外交保护。它在东道国公众心目中的形象也是"外国公司"，故在民族主义潮流高涨和环境中开展业务，不如当地公司有利。

5. 从东道国撤出时，只能出售其资产，而不能转让其股权，也不能与其他公司合并。

从税收来说，分公司的盈亏应合并（Consolidate）到总公司的损益计算表中，如分公司发生亏损，则应在总公司的盈利中予以扣除，从而整个公司应征税的收益部分减少，也即减轻了税收负担。因此，考虑到海外从事跨国经营的头几年容易发生亏损时，可以采用分公司的形式。此外，分公司在汇出红利时，不必缴纳预提税（With-holding Tax）。所谓预提税，是指东道国政府对支付给外国投资者的红利或利息所征收的一种税，必须在缴纳后，这笔红利或利息才准许汇出东道国，这意味着外国投资者只有在分公司或子公司事先扣除应缴税款后，才能获得红利和利息，故称预提税。

（三）子公司

子公司（Sub-sidiary），是指一定数额的股份被另一公司控制或依照协议被另一公司实际控制、支配的公司。

子公司（Subsidiary）是指一定数额的股份被另一公司控制或依照协议被另一公司实际控制、支配的公司。子公司具有独立法人资格，拥有自己所有的财产，自己的公司名称、章程和董事会，以自己的名义开展经营活动、从事各类民事活动，独立承担公司行为所带来的一切后果和责任。但涉及公司利益的重大决策或重大人事安排，仍要由母公司决定。

Subsidiary 一词含义明确，即子公司。与子公司有关的英文名词较多，含义也较复杂。例如，Affiliate，Associated Company，Related Company 等。

Affiliate——广义来说，凡是在"所有权"（股权）方面发生联系的公司，可以互称为 Affiliate，即"联号"或"联系公司"（也有译作"联营公司"的），英文还可写作 Affiliate（或 Affiliated）Company。美国文件中多用这一名词，美国商务部将美国公司在国外直接或间接拥有 10% 或其以上股权的外国企业，均称为 Foreign Affiliate。如果直接或间接拥有的股权为 50% 以上，则称为 MOFA（Majority-owned Foreign Affiliate），美国国情普查局（Bureau of Census）也采用这一定义。"直接"是指美国母公司拥有，"间接"是指由另一子公司拥有。

Associated Company——英国使用的名词，在英国的"会计标准委员会"（Accounting Standard Committee）制定并公布的会计准则中，将与母公司（总公司）有关系的公司分为两种：一种是其业务为总公司的延伸和扩展；另一种是其业务与母公司相分离，并有准自主权（Quasi - Autonomous）。在会计账目的处理程序和方法上，对两类公司有不同的要求。对后者所下的定义是：一个投资集团（或投资公司）在某公司有长期的、巨大的利益，并能对该公司施加显著影响。

Related Company——英国的《1981 年公司法》中采用的名词，所下的定义与上述 Associated Company 相同，只是明确"长期的、巨大的利益"指拥有 20% 或以上的股权。由此可见，Related Co. 与 Associated Co. 是相同的。

根据上述内容可以看出，由于各国法律规定互有出入，故对于"子公司"很难有一个完全一致的定义。但大体上可以说母公司与子公司之间不仅存在"所有权"的关系，而且是控制与被控制的关系，至少是母公司对它能施加有效影响，但子公司自主权较大，能独立开展业务。广义的 Affiliate 只是在"所有权"方面与母公司发生关系，故这还不能视作严格意义上的"子公司"，译为"联号""联营公司"是可取的。但是狭义的 Affiliate 如前述美国的 MOFA，应视作海外子公司，译为"附属公司"也属可取。至于英国的 Associated Co. 和 Related Co. 原用于国内，但在会计和税务的处理原则上，同样适用于从事跨国经营的英国企业，故也可视为海外子公司。

子公司具有如下法律特征：

1. 子公司是独立法人，可有自己的公司名称和章程，可独立进行诉讼活动。

2. 财务独立，自负盈亏，可公开发行股票，并可独立借贷，分公司则往往需总公司担保才能在东道国借款。

3. 停业撤出时可出售股票或与其他公司合并或变卖资产，以收回投资。

4. 子公司在东道国注册登记，须受东道国法律管辖，不受母国政府的外交保护。

5. 有时容易与东道国的利益发生矛盾，如有东道国的股份参与，也易受牵制。

子公司在东道国除缴纳所得税外，其利润作为红利和利息汇出时，还须交预提税，而且子公司不像分公司那样，可通过账户合并，将亏损转移给总公司负担，从而减轻总公司的税负。但是子公司在避税方面比分公司有更大的灵活性。因子公司财务独立，自负盈亏，可以不将利润汇回母公司，而汇到避税地的另一子公司，享受"合法"避税的利益。分公司则无此便利，因为分公司即使不将利润汇回母公司，按法律母公司仍有义务为分公司的利润向母国政府缴税。

（四）避税地公司

避税地公司（Tax Haven Company）是指跨国公司为了获得优惠税率、转移定价等财务利益，在国际避税地设立的公司。此类公司通

141

常不从事实际的生产或经营活动，而是作为跨国公司集团内部财务管理的一部分，名义上持有资金、商品或劳务的法律所有权。

20世纪中期以来，由于许多国家之间的税收制度不同和税负差异，资本开始向无税和低税国家和地区聚集，很多跨国公司利用避税地公司完成这些资本转移操作。在跨国公司的国际生产经营过程中，国际货物贸易、资本投资、融资借贷、无形资产转让、保险服务等业务是较为重要的环节。根据避税地公司在跨国公司进行国际避税中的作用不同，将避税地公司分为以下几种类型：贸易基地类型、控股基地类型、金融财务基地类型、专利持有基地类型、保险服务基地类型等。

1. 跨国公司利用避税地避税原因分析。避税港是指为跨国投资者取得所得或财产不征税或按很低的税率征税的国家或地区。像拉丁美洲的巴哈马、开曼群岛，澳洲的瓦努阿图、瑙鲁，欧洲的瑞士等国，以及中国香港特别行政区等。2000年6月26日，经合组织发布了一份题为《认定和消除有害税收行为的进程》的报告，在这份报告中列出了35个国际避税地。列入避税地的国家和地区必须符合以下标准：（1）有效税率为零或只有名义的有效税率；（2）缺乏有效的信息交换；（3）缺乏透明度；（4）没有实质性经营活动的要求。跨国公司之所以采用国际避税地的方式进行避税，主要有以下几个原因：

（1）客观原因：各国税收征管制度的规定存在差异。由于各国的税法和税收制度很难在内容和标准上达到完全一致，从而使跨国纳税人有机可乘。此外，跨国公司本身结构上的特殊性，为其进行国际避税提供了更大的可行性。

（2）主观原因：追寻利益最大化。跨国公司作为国际经济交往的核心载体，如何实现企业利润最大化是其经营之根本。

（3）避税地的存在，为跨国公司进行国际避税提供了便利条件。目前利用避税地避税的方式越来越受到众多的跨国公司的青睐，甚至有人将避税地称为"避税天堂"。出现这种现象，主要是因为避税地本身具有得天独厚的优越环境。主要表现为：①提供免税及低税待遇。一般而言，在所得税和资本利得税等税收上避税地采取零税率或低税率，这就减少了跨国公司的税收成本开销，这是跨国公司选择这种方式避税最主要的原因。②制度保障。跨国公司寻求海外投资市场时，政治因素也是其考虑的重要因素之一。稳定的政治局势，可以减小跨国公司的海外投资风险。此外，避税地实行较为宽松的外汇管制措施，货币兑换自由，为跨国公司实现转移经济资源、资本的自由流动提供了保障。③良好的投资、经营环境。在避税港银行秘密和商业秘密有较严格的保护性制度，确保了跨国投资者的信息安全。同时，避税地国家大体上都有一个良好的交通、通信等便利的服务设施，有利于投资者持续、稳定、高效地经营。

2. 跨国公司利用避税地避税的表现形式。由于跨国公司可以利用其在不同国家的两个或两个以上的实体经济组织从事跨国生产经营活动，这种经营活动的跨国性、经营战略的全球性、管理的集中性和公司内部的关联性等特点，决定了其避税工作的复杂性。一般而言，跨国公司往往采用在避税地设立避税地公司实施避税行为。避税地公司是指设立在避税港实际由外国股东控制的公司，以此达到避税的目的。跨国纳税人利用避税地公司进行避税的方式一般有以下几种方式。

（1）以避税地公司作为控股公司。这种方式是跨国纳税人利用避税港实现国际避税的主要形式，就是通过在避税港境外的财产和所得汇集在避税地公司的账户下，来逃避母公司所在国的税负。这种形式一般要求境外的子公司将获得的利润以股息形式汇回避税地公司，这样也就减轻了整体税负。

（2）以避税地公司作为中转公司。通过设在避税港的中转公司将高税国利润转移其下，达到了减轻税负的目的。这些中转公司被形象地称为"信箱公司""招牌公司""离岸公司"，它们大多表现为保险公司、金融公司、贸易公司。这类公司的设立受到跨国公司股东的操控，且其全部或主要的经营活动是在避税地境外进行。这类"信箱公司"的主要作用，就是把公司集团在其他国家经营活动中产生的大量收入，通过中介业务而归在自己的名下，在低税或无税的条件下积累资金。可见，利用避税地的避税地公司开展中介业务，也就是虚买虚卖的中介业务，并借助于转让定价手段，就可以实现向避税地转移营业利润和其他所得，借以逃避承受高税居住国较高税负的目的。跨国公司一般通过这种在避税地虚构纳税实体，大量制造零利润，甚至负利润的假象迷惑各国税收机关，来逃避税务的缴纳。

（3）以避税地公司作为信托公司。跨国公司还可通过对征税对象的移动，但公司、个人不迁移的形式进行资产信托来避税。纳税人可将其财产或其他资产委托给避税地的一家信托公司或信托银行，由其处理财产的收益。纳税人也可以不改变自己所在国的居民身份，而运用各种方式将自己的收入或财产转移到避税地，以逃避原居住国的所得税和遗产税。这种避税方法，一般要通过一个虚设的"信托投资"来实现，通常是在避税地设立信托子公司或与避税地的银行签订信托或委托协议，在法律形式上使这部分收入或财产与原所有人分离，跨国纳税人可以利用避税地不征或少征所得税、遗产税。

跨国公司的国际避税行为造成国际资本的非正常流动，表面上是侵害了有关国家的税收利益，深层次上甚至会影响国际收支平衡。因此，各国有必要积极采取相应的反避税措施，抑制并减少跨国公司的利用避税地实施避税行为增长的趋势。但是由于跨国纳税人所采取的国际避税活动的多样性，决定了国际反避税行为的长期性与复杂性。

（五）其他各种形式的子公司

在跨国经营中，为了某种特定目的而设立的子公司，其名称和形式很多，仅就较为常见的列举如下。

1. 车间子公司。车间子公司（Workshop Subsidiary）又称分厂子公司（Branch Plant），中转子公司（Relay Subsidiary），是指由母公司在海外设立工厂，生产零部件或从事装配，其设计、研制、营销和管理等均由母公司控制，而且只向母公司提供产品或服务，形同一个车间或分厂，故称为车间或分厂子公司。如果自主权较大，除面向母公司外，也向第三者供应其产品或服务，或者将来自母公司的一部分订单再分包给东道国当地的其他工厂，这样的厂商便称为中转子公司。

2. 铜牌公司。有些避税港的法律，对前来注册登记的公司，只要求有一间办公室和一名秘书，并聘请一位当地律师即可，可以没有实际业务，只是在办公室门前悬挂标明公司名称的铜牌，故称"铜牌公司"（Brass Plate Company），又可称为"空壳公司"（Shell Corporation）。

3. 中途歇脚公司（垫脚石公司）。母国和东道国为了防止跨国公司避税，也制定了一些限制措施，而跨国公司又力图设法绕开这些限制，中途歇脚公司（垫脚石公司）（Stepping Stone Company）便是方法之一。母公司须先物色好一个与东道国订有避免双重征税协定的第二国，如有环境宽松、立法不严而又税率偏低的国家，则最为理想，可在该国设立一家子公司，将在东道国所获利润汇入该国后，又立即设法转移到避税港，形同中途歇脚，故有此名称。

第二节　跨国公司的组织结构

管理上的组织结构是指企业内部结构和运行方式，包括企业内的组织机构设置、责权利的安排、内部交流系统的模式等，它侧重从企业运行效率和资源配置的视角来考虑。企业组织结构的设置要与公司战略相匹配，而合理的组织结构又能促进公司战略目标的实现，因此，管理上的组织结构对于企业发展意义重大。

对于跨国公司而言，组织结构是其全球战略得以实施的保障。与跨国公司国际化经营程度相匹配，跨国公司组织结构的演进可以分为出口部结构、母子公司结构、国际部结构、全球性结构四个阶段。

一、企业组织结构的基本形式

企业组织结构的基本形式有五种，分别是直线制、职能制、直线职能制、事业部制和矩阵制。

（一）直线制

直线制是一种最早也是最简单的组织形式，又称为军队式结构，其领导关系按垂直系统建立，不设专门的职能机构，自上而下形同直线。它的特点是企业各级行政单位从上到下实行垂直领导，下属部门只接受一个上级的指令，各级主管负责人对所属单位的一切问题负责。厂部不另设职能机构（可设职能人员协助主管人工作），一切管理职能基本上都由行政主管自己执行。

直线制组织结构的优点是结构比较简单，责任分明，命令统一。缺点是要求行政负责人通晓多种知识和技能，亲自处理各种业务。这在业务比较复杂、企业规模比较大的情况下，把所有管理职能都集中到最高主管一人身上，显然是难以胜任的。因此，直线制只适用于规模较小、生产技术比较简单的企业，对生产技术和经营管理比较复杂的企业并不适宜。

（二）职能制

职能制又称为分职制或分部制，指行政组织同一层级横向划分为若干部门，每个部门业务性质和基本职能相同，但互不统属、相互分工合作的组织体制。如在厂长下面设立不同的职能机构和人员，协助厂长从事职能管理工作。这种结构要求行政主管把相应的管理职责和权力交给相关的职能机构，各职能机构就有权在自己业务范围内向下级行政单位发号施令。因此，下级行政负责人除了接受上级行政主管人指挥外，还必须接受上级各职能机构的领导。

职能制的优点是：

（1）能适应现代化工业企业生产技术比较复杂，管理工作比较精细的特点。

（2）能充分发挥职能机构的专业管理作用，减轻直线领导人员的工作负担。

（3）利于业务专精，思考周密，提高管理水平。

（4）同类业务划归同一部门，职有专司，责任确定，利于建立有效的工作秩序，防止顾此失彼和互相推诿。

职能制的缺点是：

（1）妨碍了必要的集中领导和统一指挥，形成了多头领导。

（2）不利于建立和健全各级行政负责人和职能科室的责任制，在中间管理层往往会出现有功大家抢、有过大家推的现象。

（3）在上级行政领导和职能机构的指导和命令发生矛盾时，下级就无所适从，影响工作的正常进行，容易造成纪律松弛，生产管理秩序混乱。

由于职能制的组织结构形式缺点明显，现代企业一般都不采用职能制的组织形式。

（三）直线职能制

直线职能制又称为直线参谋制，是直线制与职能制的结合，它以直线为基础，在各级行政负责人之下设置相应的职能部门，分别从事专业管理，作为该领导的参谋，实行主管统一指挥与职能部门参谋、指导相结合的组织结构形式。

直线职能制组织结构中，企业管理机构和人员分为两类：一类是直线领导机构和人员，按命令统一原则对各级组织行使指挥权；另一类是职能机构和人员，按专业化原则，从事组织的各项职能管理工作。直线领导机构和人员在自己的职责范围内有一定的决定权和对所属下级的指挥权，并对自己部门的工作负全部责任。而职能机构和人员，则是直线指挥人员的参谋，不能对直接部门发号施令，只能进行业务指导。

直线职能制的优点是：

（1）把直线制组织结构和职能制组织结构的优点结合起来，既能保持统一指挥，又能发挥参谋人员的作用。

（2）分工精细，责任清楚，各部门仅对自己应做的工作负责，效率较高。

（3）组织稳定性较高，在外部环境变化不大的情况下，易于发挥组织的集团效率。

直线职能制的缺点是：

（1）直线职能制的部门间缺乏信息交流，不利于集思广益地作出决策。

（2）直线部门与职能部门之间目标不易统一，职能部门之间横向联系较差，信息传递路线较长，矛盾较多，上层主管的协调工作量大。

（3）难以从组织内部培养熟悉全面情况的管理人才。

（4）系统刚性大，适应性差，容易因循守旧，对新情况不易及时做出反应。

直线职能制组织结构优点明显，因此是现实中运用得最为广泛的一个组织形态。我国目前大多数企业，甚至机关、学校、医院等一般也都采用直线职能制的结构。但同时，由于直线职能制过多强调直线指挥，存在对参谋职权注意不够的倾向。

（四）事业部制

事业部制是指以某个产品、地区或顾客为依据，将相关的研究开发、采购、生产、销售等部门结合成一个相对独立单位的组织结构形式。事业部制结构最早起源于美国的通用汽车公司。20 世纪 20 年代初，通用汽车公司合并收买了许多小公司，企业规模急剧扩大，产品种类和经营项目增多，而内部管理却很难理顺。当时担任通用汽车公司常务副总经理的 P. 斯隆参考杜邦化学公司的经验，以事业部制的形式于 1924 年完成了对原有组织的改组，使通用汽车公司的整顿和发展获得了很大的成功，成为实行事业部制的典型，因而事业部制又称为"斯隆模型"。

事业部制是分级管理、分级核算、自负盈亏的一种形式，即一个公司按地区或按产品类别分成若干事业部，从产品的设计，原料采购，成本核算，产品制造，一直到产品销售，均由事业部及所属工厂负责，实行单独核算，独立经营，公司总部只保留人事决策，预算控制和监督大权，并通过利润等指标对事业部进行控制，因此，事业部制是一种分权管理体制。

事业部制的优点是：

（1）各事业部自主经营、独立核算、责任明确、适应性强。在事业部制组织结构中，决策权并不完全集中于公司最高管理层，而是分权给事业部，每个事业部都有自己的产品和市场，自主经营，责任明确，使得目标管理和自我控制能有效地进行，各事业部能够规划其未来发展，也能灵活自主地适应市场出现的新情况迅速作出反应，所以，这种组织结构既有高度的稳定性，又有良好的适应性。

（2）权力下放，提高企业运行效率。事业部制组织结构中决策权的下放，使公司最高管理层摆脱了日常行政事务和直接管理具体经营工作的繁杂事务，有利于最高领导层集中精力进行重大决策的研究，同时又能使各事业部发挥经营管理的积极性和创造性，从而提高企业的整体效益。

（3）各事业部之间的竞争有利于增强企业活力。各事业部作为利润中心，便于建立衡量事业部及其经理工作效率的标准，易于评价各事业部对公司总利润的贡献大小，同时各事业部门之间可以有比较、有竞争，由此增强企业活力，促进企业的全面发展。

事业部制的缺点是：

（1）由于各事业部利益的独立性，容易滋长本位主义。

（2）管理层次多，管理费用高。

（3）对公司总部的管理工作要求较高，否则容易发生失控。

事业部制可以分为产品事业部和区域事业部两种主要类型。产品事业部主要是以企业所生产的产品为基础，将生产某一产品有关的活动，完全置于同一产品部门内，再在产品部门内细分职能部门，进行生产该产品的工作。产品事业部适用于经营产品多样化的大型企业。区域事业部制是指对于在地理上分散的大型企业，按地区划分部门。区域事业部适用于市场多元化的大公司，尤其是跨国公司。

（五）矩 阵 制

矩阵制组织结构是将直线职能制和事业部制结合起来形成一个矩阵式的组织结构。矩阵制组织形式是在直线职能制垂直形态组织系统的基础上，再增加一种横向的领导系统，可称为"非长期固定性组织"。

矩阵制是由职能部门系列和为完成某一临时任务而组建的项目小组系列组成。例如，组成一个专门的产品（项目）小组去从事新产品开发工作，在研究、设计、试验、制造各个不同阶段，由有关部门派人参加，力图做到条块结合，以协调有关部门的活动，保证任务的完成。这种组织结构形式是固定的，人员却是变动的，需要谁谁就来，任务完成后就可以离开。

矩阵制的优点是：

（1）加强了不同部门间的横向联系，专业设备和人员得到了充分利用。

（2）灵活机动，可随项目进度组织或解散。

（3）任务明确，可促进激发项目成员的工作热情，促进项目目标的实现。

矩阵制的缺点是：

（1）成员易产生临时观念，影响工作效率。由于项目组成人员来自各个职能部门，当任务完成以后，仍要回原单位，因而容易产生临时观念，对工作有一定影响。

（2）成员受双重领导，有时不易分清责任。由于参加项目的人员都来自不同部门，隶属关系仍在原单位，只是为"会战"而来，所以项目负责人对他们管理困难，没有足够的激励手段与惩治手段，这种人员上的双重管理是矩阵结构的先天缺陷。

矩阵制组织结构使企业可以完成涉及面广的、临时性的、复杂的重大工程项目或管理改革任务，适用于一些重大攻关项目，尤其是技术研发等。

二、跨国公司组织结构的基本形式

跨国公司组织结构的发展是企业组织结构基本形式与其全球性经营特征相结合的产物。根据跨国公司参与国际化经营的不同阶段，其组织结构可以分为出口部结构、母子公司结构、国际部结构、全球性结构四大基本形式。

（一）出口部结构

出口部结构（Export Structure）是跨国公司在国内组织结构的基础上，设立一个独立的出口部门，全面负责公司的出口任务。

从跨国公司海外业务发展的逻辑顺序上看，早期的海外业务是从出口开始的。在公司跨国经营的初期，公司业务重点和主要市场仍在国内，但是公司已经开始将其经营触角延伸至国外市场。当一家公司初次进入外国市场时，由于公司对国外市场不熟悉，不会贸然进行大规模投资，这时公司会通过出口方式推动海外扩张。

公司进入国际市场的初期往往出口规模较小，因此选择间接出口的方式，即委托独立的出口代理公司来代理其出口业务。出口代理公司对国外市场信息及特征非常熟悉，并在进出口业务方面具有较强的专业知识，因此，出口规模不大的企业选择出口代理公司是一种较为有效的制度安排。随着产品在国外市场销售量的不断增长，企业将组建自己的出口部并任命公司中层管理干部为出口部经理。如果出口占公司销售额的比例很大并且出口目的地比较单一，同时公司希望对出口经营实施更大控制，那么出口部将会由公司高层管理人员（总经理或副总经理）直接领导。出口部负责公司所有产品的所有国际客户，控制对国际市场的产品定价或促销，协调公司与当地代理商或分销商的关系。典型的出口部结构如图 4 – 1 所示。

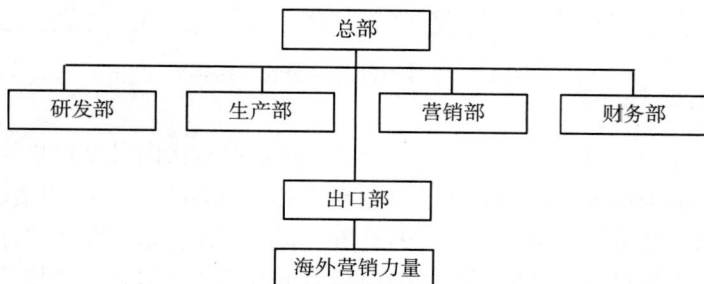

图 4 – 1　跨国公司的出口部结构

出口部结构的建立可以促进跨国公司与海外消费者的接触，及时

出 口 部 结 构（Export Structure），是跨国公司在国内组织结构的基础上，设立一个独立的出口部门，全面负责公司的出口任务。

149

获取国际市场信息，有利于提高出口产品竞争力。但是随着跨国公司进入越来越多的外国市场，跨国公司需要在经营环境存在重大差异的国别市场中进行竞争。由于总部管理人员没有能力详细地了解和掌握为数众多的国际市场的经营环境和特点，总部的集中控制逐渐显得力不从心，难以持续。

在企业国际化过程中的一定阶段，跨国公司开始遭遇集权和分权的冲突问题。一方面，出口部的经理人员由于对当地市场有较深的了解，他们希望被授予较大的自主权，以对市场需求作出快速的反应；另一方面，总部管理人员认为出口部经理缺乏全球战略眼光，对他们过多授权会影响公司的整体效率，并使协调活动变得更为困难。集权和分权的冲突将会长期困扰跨国公司。

为解决这一冲突，多数跨国公司会改变总部的集权模式，跨国公司组织结构开始向独立子公司的模式演变。跨国公司将其出口部按不同的国外市场分别设立国外子公司并赋予国外子公司相应的自主权和独立性。

（二）母子公司结构

母子公司结构（Mother-Son Structure），是指跨国公司在海外设立具有充分经营自主权的子公司，在海外独立负责生产、有效、研发等经营活动，而其国内母公司的组织结构不变。

母子公司结构（Mother-Son Structure）是指跨国公司在海外设立具有充分经营自主权的子公司，在海外独立负责生产、有效、研发等经营活动，而其国内母公司的组织结构不变。母子公司的组织结构如图 4－2 所示。

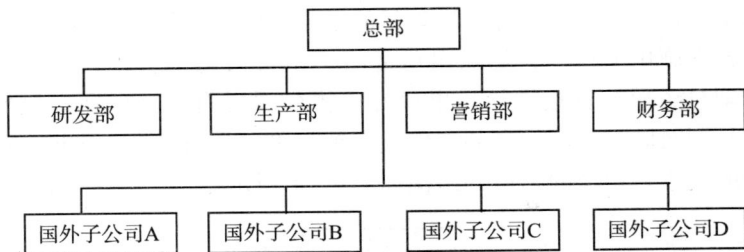

图 4－2　跨国公司母子公司结构

在母子公司结构中，每一个子公司都可以直接向母公司总经理或董事会汇报业务，而不需要通过管理上的中间环节。在某些情况下，子公司经理也可以请示本公司的董事会。尽管这一结构赋予国外子公司以很大的自主权，但国外子公司仍然不可能真正地独立。技术和资金等关键资源仍然牢牢地控制在母公司手中，国外子公司通常不具备研发能力，在产品开发上严重依赖于总部。

母子公司结构的优点是：

（1）海外子公司由于具有东道国法人地位，可以根据东道国市场环境变化及时调整经营方略。

（2）海外子公司具有经营自主权从而有利于子公司积极性的发挥。

（3）母公司投入资源少，经营风险低。

母子公司结构的缺点是：

（1）母公司没有专门机构管理子公司，仅靠总经理个人能力进行控制，随着海外子公司经营规模的扩大，有效管理变得困难。

（2）子公司经理的决策往往从子公司局部利益出发，对母公司全球战略易造成负面影响。

（3）子公司难以得到母公司在资源、技术等方面的支持。

欧洲早期跨国公司普遍采用母子公司结构的组织形式。这是源于欧洲国内市场狭小，欧洲跨国公司对国外业务与国内业务同等重视，而囿于通信和运输等条件，建立高度一体化的组织在当时不太可能。除了欧洲跨国公司之外，母子公司结构的组织形式在其他国家或地区的跨国公司中只是一个过渡阶段。即使是欧洲跨国公司，纯粹意义上的独立子公司结构也是少之又少。大部分跨国公司会根据业务的性质和不同行业的特点对海外业务进行不同程度的协调，企业的研发、制造、销售、服务等功能会在母子公司之间进行适当分配，对一些重要活动的监督和控制也会在母公司董事会、总经理和子公司董事会之间进行明确的安排。

随着跨国公司的国际业务从单一出口转向包括出口、许可证贸易和国外生产在内的综合性业务时，跨国公司内部各部门之间在利益上会产生许多冲突，无论是出口部结构还是母子公司结构在处理这些冲突时存在明显的局限性，为解决这一局限，公司需要设立职能完整的国际分部来统筹管理和协调公司的国际业务。

（三）国际部结构

国际部结构（International Division）是指跨国公司在其母公司组织体系中单独设立国际部来协调和控制跨国公司的国际经营活动。国际部结构如图4-3所示。

国际部与其他国内事业部处于同等地位，有自己的职能机构，通常由公司的副总经理主管，他可以直接向总经理汇报工作。每一个国外分支机构都直属国际分部指挥，国外子公司或分公司管理者直接向国际分部主管汇报。国际分部直接负责公司的出口、许可证贸易和对外直接投资业务，并负责协调公司所有的国际业务活动。它可以利用各种投资手段为子公司筹措资金，充当各子公司交流经验的渠道，还可以利用转移价格来减轻公司的纳税负担。

国际部结构（International Division），是指跨国公司在其母公司组织体系中单独设立国际部来协调和控制跨国公司的国际经营活动。

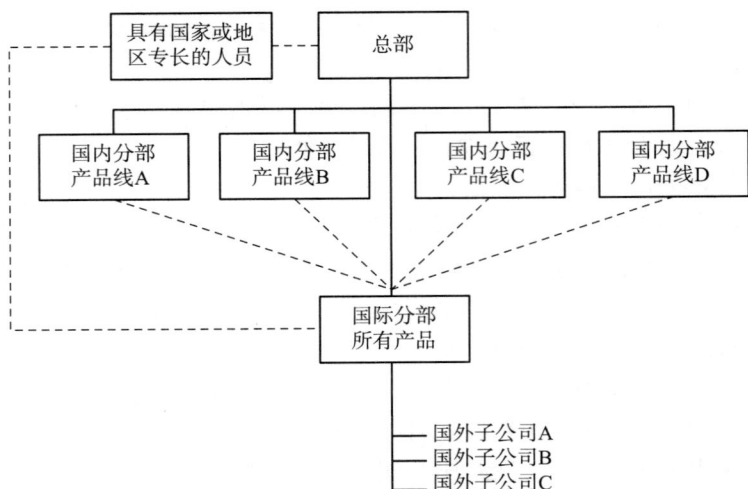

图 4 - 3   跨国公司的国际部结构

国际部结构的优点是：

（1）增强了总部对海外业务的了解和控制，有利于跨国公司对其国际业务的发展和扩张实施中央监控。

（2）有利于跨国公司进行全球产品的统筹规划，提高企业经营绩效。

（3）有利于提升海外业务管理水平，培养国际型人才。

国际部结构的缺点是：

（1）将国内部和国际部人为分开，造成相互间资源争夺。

（2）海外子公司数量的增加使得国际部难以及时准确进行决策。

20世纪60年代，国际部结构成为美国大型跨国公司的主要组织形式。到80年代，约有2/3的美国跨国公司仍然采用国际部组织结构来管理其国际业务。IBM公司、中国国际航空公司、中国银行等公司在跨国经营中都选择了国际部组织结构。

国际部组织结构适合于那些已经进行对外直接投资与国际生产，但国外经营多样化程度较低、国外销售额占总销售额的比例较小的跨国公司。国际部结构与母子公司结构相比，其国外业务活动的规模、地理范围，以及公司经营一体化的功能一般都较大。

当一家公司的国外子公司的数目进一步增加，经营规模进一步扩大时，国外子公司反而会因国际部的管理无能或指挥上的迟钝而导致不能针对当地情况作出灵活有效的决策和反应。在这种情况下，公司组织设计既应加强一体化营运能力的发挥，又应允许各子公司针对具体所处环境作出分散的决策和个别的反应。要达到这一要求，就必须克服国际部结构所具有的二元结构，即国内子公司与国外子公司之间的分隔。全球性部分克服了这一核心问题，成为 60 年代中期以来越来越多跨国公司的组织结构形式。

（四）全 球 性 结 构

当一个企业的规模大到可以在世界的不同地区进行经营时，这个企业就会被置于全球竞争之中。全球竞争要求企业必须制定一项面向全球的、综合性的经营战略，统一协调企业在全球的价值创造活动。这意味着跨国公司的国际组织将再度走向集中，母公司不得不采取新的形式加强对国外分支机构的协调与控制，分权倾向也将被新的集权倾向所取代。

全球性结构（Global Structure）是指跨国公司把国内一般企业的分部组织形式扩展到全球范围，从全球角度来协调整个企业的生产和销售，统一安排资金和分配利润。

全球性结构将跨国公司的国内经营和国外经营、国内结构和国外结构融为一体，将世界市场视为一个整体，在全球范围内重新划分部门，可以理解为一种超国家范围的事业部制。全球性结构可以分为全球性产品结构、全球性地区结构和全球性矩阵结构三种基本类型。

1. 全球性产品结构。全球性产品结构是指按产品种类或生产线在全球范围内设立相应部门，每一产品部门负责该产品种类或生产线的全球经营。全球性产品结构如图 4－4 所示。

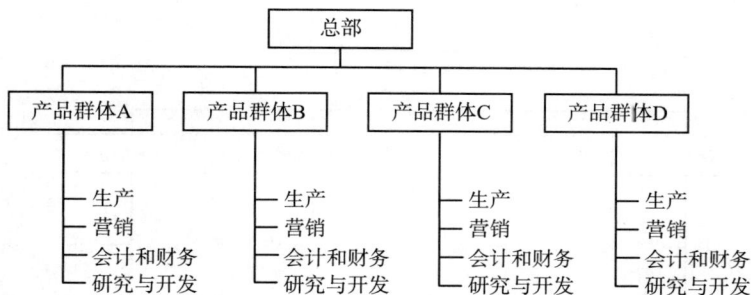

图 4－4 跨国公司的全球产品结构

在全球性产品结构中，企业的经营目标和战略由总部制定，各产品分部经理负责该产品在国际市场上的经营。公司内部应用相同技术及具有相似消费者的产品或服务被归并在一个产品分部中，不同的产品分部为公司的全球市场提供不同的产品与服务系列。每一个产品分部都是一个相对独立的战略业务单位和利润中心，是一个集生产、营销、财务于一身的相对独立的公司。产品分部的经理负责本部门产品的生产和市场营销工作，包括规划与协调产品生产和市场营销活动，

全球性结构
（Global Structure），是指跨国公司把国内一般企业的分部组织形式扩展到全球范围，从全球角度来协调整个企业的生产和销售，统一安排资金和分配利润。

153

监测与控制部门的经营绩效与收益。每一个产品分部都具有较为完备的职能，与本部门产品相关的一切生产、销售、研发、人事及财务决策权都归口于产品分部经理。总公司根据公司预算控制下属公司的业务活动，根据统一的绩效评估系统对下属公司的经营绩效进行评估，并在此基础上行使对下属公司的人事任免与调整权。

跨国公司的全球性产品结构，优点是可以实现产品的全球性规划，缩小了国内外市场差别而把全球作为统一的目标市场。缺点是不利于公司对各个产品的集中决策控制，每个产品群体中机构设置重叠导致了不必要的功能重复，不能发挥统一机构才能的作用。

一些通过增加在国外销售产品的多样性来进行扩张的公司则趋向于采用全球性产品结构。具体来看，全球性产品结构最适合于三种类型的跨国企业：第一，企业产品种类繁多；第二，企业产品的最终用户市场之间存在着较大的差异；第三，那些需要具备较高技术能力的企业。这种结构把经营的重点放在产品市场和技术诀窍上，把全球作为目标市场，这将有利于公司利用全球市场机会，并对国外市场上的竞争威胁做出快速反应。

2. 全球性地区结构。全球性地区结构是指跨国公司在国际经营中按地区设立分部，由母公司副总经理任地区分部经理，负责公司在世界某一特定区域的一切生产、销售和财务等活动，公司总部负责制定全球性经营目标和战略并监督各地区分部执行。全球性地区结构如图 4 – 5 所示。

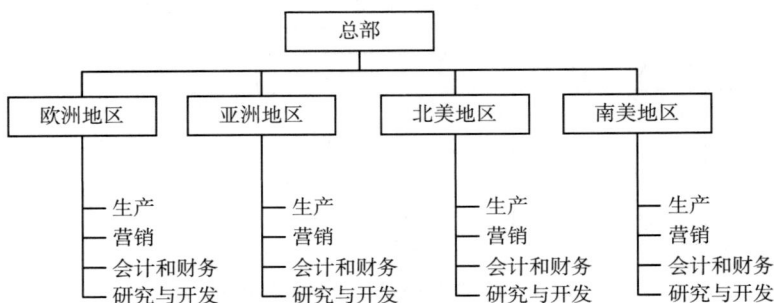

图 4 – 5　跨国公司的全球性地区结构

在全球性地区结构中，总公司负责全球经营的计划与控制，地区经理负责企业在世界某一特定地区的经营活动。每一个地区总部均具有企业的所有主要职能，可以在主管的区域内协调销售、生产和财务等方面的工作。全球性地区结构充分重视了国外公司作为利润中心的作用以及销售组合在国外市场上的适应性问题，在简化最高管理层对全球业务的管理方面向前迈进了一大步。

全球性地区结构的优点是可以强化子公司的独立实体地位，使各个地区的工作目标较以往更加明确，同时更易于沟通和联系各部门的决策，实际产品的销售针对性更强。而缺点是容易使公司的海外业务形成地区割据，产生地区产品销售的不均衡，各个地区差距和竞争加剧。

全球性地区结构特别适用于那些扩大了国外生产规模和销售量，但产品品种较为单一并且不同地区消费者消费偏好差别有限的跨国公司，如汽车、食品、饮料等企业。跨国公司选择这一组织结构时，应注意协调资源在全球范围内的有效配置，避免研发的重复进行，同时关注各地子公司的本土化倾向。

3. 全球性矩阵结构。虽然许多跨国公司在发展过程的一定阶段采取了全球性地区结构或全球性产品结构的组织模式，但驱动跨国公司组织演变的力量既来自产品的多样性，也来自地区的差异性，产品——地区冲突往往使纯粹的全球产品结构或地区分部结构处于顾此失彼的境地。一方面，全球性产品结构在实现公司效率最大化的同时，也导致了区域市场协调的困难性。产品分部的经理们肩负着国际市场的经营责任，但这些经理通常只具有在国内进行生产的专门知识。当这些只具有生产知识而不熟悉国际业务的人被分配到产品分部的各级机构去工作时，他们往往不能适应国际市场经营环境的特殊要求。同时，全球性产品结构明显缺乏灵活性，它会导致下属公司越来越依赖于母公司，从而抑制了下属公司的创新能力。另一方面，全球性地区结构在适应当地市场需求方面虽然具有较大的灵活性，但这往往是以牺牲公司的整体效率为代价的。全球性地区结构不是用世界规模的生产设备生产标准化产品，而是管理规模效益较低的小工厂。这种针对不同的地理范围进行的研究与开发、采购、生产、营销等活动，往往造成企业内部人员和机构的重叠，从而大幅度增加企业的经营成本。

为了平衡全球性地区结构与全球性产品结构的利益，协调混合的产品与地区性下属单位，有些跨国公司建立了全球性矩阵结构。全球性矩阵结构如图 4–6 所示。

全球性矩阵结构是以产品和地区为主线形成的方格式管理组织形式。全球性矩阵结构是一种对称性的组织，它在产品分部和地区分部两个方面具有相同的授权路线，地区分部注重国别的反应能力，产品分部注重全球效率。处于产品分部和地区分部结合点位置上的国外子公司经理被称为"双重领导的经理"，他们同时拥有来自母公司产品方面的上司和地区方面的上司。产品上司倾向强调（诸如效率和世界产品等）目标，而地区上司则倾向于强调适应当地市场的调整。对这两个方面的强调意味着公司试图在全球效率和地区适应性方面寻求一种平衡，从而克服单一的产品结构或地区结构的缺陷。

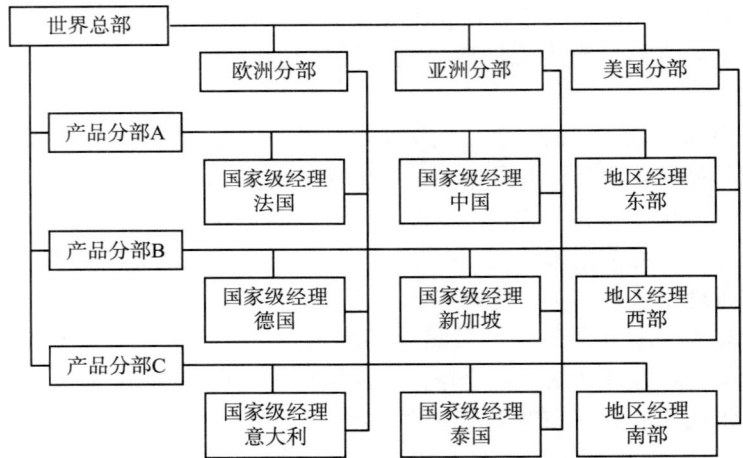

图 4-6　跨国公司的全球性矩阵结构

　　跨国公司的全球性矩阵结构优点是有利于公司各个部门的合作和协调，缺点是结构过于复杂，降低了处理问题的效率，同时增加了处理问题的成本。

　　从理论上讲，全球性矩阵结构可能是一种完美的解决方案，然而，实际的情况往往难以令人乐观。在实行全球性矩阵结构的跨国公司中，产品经理与地区经理之间的一致性决策被证明是缓慢而烦琐的，许多的矩阵组织变得太官僚，存在太多的会议和太多的冲突。由于矩阵式结构强迫所有的事情都要通过双重控制，这一做法会使观点和利益方面的分歧扩大，组织中哪怕只有一点小小的分歧，也将变成剧烈的争论和矛盾。双重汇报导致了冲突和混乱，繁杂的渠道产生信息的混乱，重叠的职责引起了无数的争执和责任的丧失。被地域、时间、语言、文化障碍所阻隔的经理们发现这种结构根本不可能消除混乱和解决冲突。结果，管理进程缓慢，管理者之间充满敌意而且代价昂贵，许多跨国公司不得不放弃这种双重汇报模式，或者退回到全球性产品结构或地区分部结构，或者向混合结构或网络结构演变。

　　许多跨国公司采取了一种混合型的组织模式。一些产品多样化的跨国公司选择了以产品结构为基本形式的组织模式，同时在具有显著地区差异性的区域设立部分地区协调机构；一些以地区结构为主的跨国公司则针对某些重要产品设立跨地区的协调机构，以有效地进行新产品开发，灵敏地进行产品分销。跨国公司组织开始偏离理想的结构模式，向着更能解决实际问题的方向演进。

三、跨国公司组织结构的新发展

跨国公司组织结构的演变过程本身是一个不断创新、不断发展的过程，在当前企业发展呈现出竞争全球化、顾客主导化和员工知识化等特点的背景下，跨国公司组织结构的发展呈现出新的特征。

（一）组织扁平化趋势

传统的企业组织是金字塔形的科层组织。科层制组织模式建立在专业分工和经济规模假设的基础之上，各功能部门之间界限分明。科层组织不可避免地面临沟通成本、协调成本和控制监督成本较高，部门或个人分工的强化使得组织无法取得整体效益的最优，难以对市场需求的快速变化做出迅速反应等问题，因此难以适应环境的快速变化。

扁平化组织是指通过破除公司自上而下的垂直高耸的结构，减少管理层次，增加管理幅度，裁减冗员来建立一种紧凑而富有弹性的新型团队组织。扁平化组织的特点是：强调以工作流程为中心而不是部门职能来构建组织结构系统；削减中层管理者，简化管理层次，使企业指挥链条最短，管理幅度增大；企业资源和权力下放于基层，顾客需求驱动；使用现代网络通信手段；以团队作为基本的工作单位，实行目标管理。

自 20 世纪 90 年代以来，伴随着信息技术的发展，组织结构扁平化步伐越来越快，扁平化组织使组织变得灵活、敏捷，富有柔性和创造性，大大提升了企业经营管理的效率，提高了企业的竞争力，因而成为跨国公司组织结构发展的新趋势。

（二）组织无边界化趋势

在传统的意义上，企业靠严格的边界制胜，而未来的企业则要靠无边界赢得竞争。组织边界包括内部边界和外部边界。组织内部边界既包括横向边界，即由工作专门化和部门化形成的边界；又包括纵向边界，即由组织层级所产生的边界。组织外部边界既包括外部组织边界，即企业与顾客、供应商、管制机构之间的隔离；又包括外部地理边界，即区分文化、国家和市场的界限。

传统的企业组织边界的存在往往会导致组织规模庞大、等级过多、职权过于集中、组织效率低下、内部沟通阻隔、阻碍创新等问题。为适应经济全球化、信息网络技术和知识经济的挑战与冲击，企业的组织模式应充分体现组织对环境的适应性和应变力，使之能够在第一时间对环境变革做出快速反应，同时也允许设计过程具有高度的灵活性和可变性。无边界组织应运而生。

娃哈哈"六制"管理模式：推动组织扁平化与高效运营

扁平化组织，是指通过破除公司自上而下的垂直高耸的结构，减少管理层次，增加管理幅度，裁减冗员来建立一种紧凑而富有弹性的新型团队组织。

157

无边界组织是通用电气的韦尔奇首创的一个概念。对于跨国公司而言，由于其经营规模较大、利益相关者较多、涉及国家较规范，因而建立无边界组织结构的必要性更强。无边界组织结构是指建立在打破组织内外部边界基础上的一种非正式的组织结构。打破企业内部横向边界，是指跨国公司应突破各个职能部门之间的边界，真正使计划、生产、销售等各部门真正连为一体，形成统一的系统。打破企业内部纵向边界，是指破除跨国公司内部等级制度，促使公司的各个层级之间互相渗透的，最大限度地发挥各自的能力。打破企业外部组织边界，是指让供应商和顾客成为一个系统的组成部分，真正做到为顾客服务，形成融洽和谐的外部环境和良好的公共关系。打破企业外部地理边界，是指向不同国家的企业相互学习，使跨国公司慢慢地与当地文化相融合。

（三）组织网络化趋势

新型的跨国公司组织带有明显的网络化特征。网络化的出现是对传统意义上的对称组织结构的挑战。传统上，企业内部不同单位的角色是对称的，跨国公司通常采用同一的方法来管理不同的业务、职能和不同子公司的运作。网络化的组织模式不是把不同的业务、职能和子公司看成同一性质，而是系统地对不同的工作和责任区别对待；不是按依赖或者独立的简单关系来理解组织清晰度，而是建立起一个公司内部不同部门之间的相互依存的关系；不是把控制下属单位当作主要的目标，而是通过复杂的机制来协调和引导差别化和相互依存的组织单位，使它们具有关于公司战略任务的共同愿望。

跨国公司的网络化组织模式具有分散化、专业化和相互依存的特点。传统组织模式中分散资产是为了更好地适应高度差异化的地方市场需求，而在网络化的模式之中，分散资产可以更好地利用全球的要素成本差异，使跨国公司敏锐地感知市场需求、技术趋势和竞争行为的变化，从而激发创新。专业化并不意味着某项稀缺资源或资产的独占，而是为了发掘规模经济效率，提升公司的专业技术水平和能力。相互依存的关系意味着母子公司之间不是简单的依赖或独立的关系，而是要根据全球经营环境实现跨国公司组织之间在信息共享、问题解决、资源分配和任务实施等方面的积极合作。

案例4-1　飞利浦公司的网络化组织模式

飞利浦公司是跨国网络的一个典型例证。该公司在 60 个不同的国家从事经营活动，其生产的产品从国防系统到灯泡等多种多样。该公司拥有根据产品相似性划分的 60 个产品亚类基础上的 8 个产品分部，每个产品分部都拥有世界范围的子公司。子公司可能集中于一种产品或一定范围的产品，子公司可能专业化于研究与开发、制造或对世界市场或地区市场的营销，还有些子公司只集中于销售。一些子公司高度独立于总部，而其他单位却受到总部的严格控制。

在地区方面，飞利浦公司将全球划分为三类：包括荷兰和美国在内的"关键国家"，在这些国家为当地市场和世界市场生产，控制当地销售；包括墨西哥和比利时在内的"大国"，在这些国家拥有一些当地和世界范围的生产设施，并进行当地销售；"当地商业国"是一些小国，在这些国家设立的主要是销售单位，这些单位从产品分部在其他国家的世界生产中心进口产品。飞利浦公司所有这些设计的目的是最大限度地提高效率、提高学习能力和当地反应能力。飞利浦公司的组织结构如图 4-7 所示。

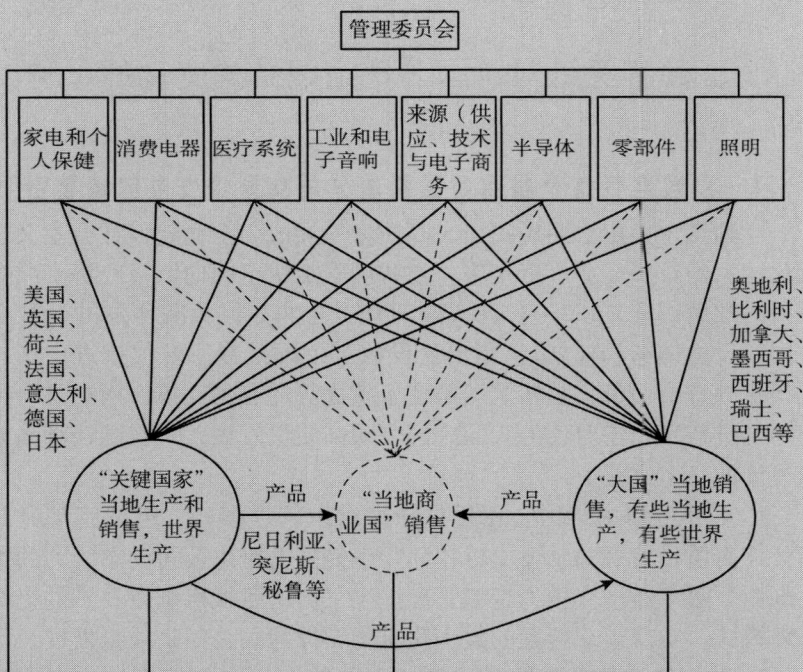

图 4-7　飞利浦公司跨国网络结构的产品联系

第三节　数字经济对跨国公司组织结构演化的影响

中国重视发展数字经济，党的十九大报告专门提到"数字经济""数字中国"。2016 年 G20 杭州峰会首次提出全球数字经济发展理念，

2017 年数字经济首次被写入中国政府工作报告，在 2018 年国务院政府工作报告也多次提到了数字经济、互联网＋、信息化、智能制造等相关内容。近年来，世界各国都不同程度地强调和重视数字经济的发展，并制定了相应的发展战略，比如欧盟的"欧洲数字议程"、德国的"数字战略 2025"、英国的"2015～2018 年数字经济战略"等。这些都充分说明，很多国家特别是发达国家已经认识到数字经济发展对于本国乃至世界至关重要，促进数字经济发展已逐渐成为国际共识。新信息技术迅速发展并应用到生产生活领域，给制造领域、消费领域等带来了"数字蝶变"，推动传统产业纷纷向互联网靠拢，依靠互联网与产业的深度融合，推动产业向网络化、智能化转型升级。跨国公司作为产业结构升级的重要力量，数字经济必然会对跨国公司组织结构与治理模式产生重要影响。

一、数字经济对跨国公司组织结构变化的影响

（一）数字经济是推动我国跨国公司高质量发展的重要引擎

党的二十大报告明确提出，高质量发展成为全面建设社会主义现代化国家的首要任务。近年来，党和国家加快了面向数字经济高质量发展的政策部署，2023 年 2 月 27 日中共中央、国务院印发的《数字中国建设整体布局规划》，指出建设数字中国是数字时代推进中国式现代化的重要引擎，是构筑国家竞争新优势的有力支撑。而立足跨国公司推进数字经济时代的我国跨国公司高质量发展，是我国经济高质量发展的必由之路。

1. 数字经济为跨国公司提供新的组织管理模式。组织管理是跨国公司高质量发展的重要支撑构面，也是提升跨国公司动态能力的重要剖面，数字经济直接为组织管理提供了新的赋能机制以及新的组织管理模式，实现组织管理的数字化重构支撑跨国公司高质量发展。

2. 数字经济帮助跨国公司形成面向数字技术的管理能力。在数字经济背景下，跨国公司通过数字技术深度嵌入与数字技术自主研发创新形成面向数字技术的管理能力，数字技术能够帮助跨国公司形成数据要素，进而促进跨国公司形成面向数据要素的新型数字能力，即通过面向数据要素的管理促进跨国公司更好地优化生产要素的配置以及资源的组合，形成数字资源整合能力、分析能力以及动态能力等多重数字能力。

3. 数字经济提升跨国公司内部动态协同能力。数字经济能够驱动跨国公司更好地开展组织内各层级员工与管理者、员工与员工的等级限制与心理距离，更好地实现组织内员工之间、管理者之间的动态

交互，直接性地改善了跨国公司内部协调成本以及提升跨国公司内部动态协同能力，在数字技术深度嵌入下帮助跨国公司更好地响应员工价值诉求，实现组织与员工之间的真正共生发展。

4. 数字经济促进跨国公司组织结构的网状化。数字经济驱动的组织管理赋能模式还体现在数字经济驱动跨国公司平台化重构，打造全新的平台型管理模式。平台型管理能够立足数字平台实现跨国公司与员工、管理者以及其他利益相关方的动态参与以及扁平化，打破组织与利益相关方之间的潜在交互壁垒，促进跨国公司组织结构的网状化，提升跨国公司内部信息传递与外部信息传输的动态效率，且整体上提高跨国公司价值创造的动态开放性与包容性，更好地实现跨国公司与多元利益相关方的协同共生发展。

（二）数字经济影响跨国公司的组织结构演化

1. 数字经济影响跨国公司的国际化扩张。借助全球化的趋势和数字经济的发展，跨国公司能够最大限度地借助全球资源实现自身的快速发展，而且一旦跨国公司进入全球经济领域，其扩张的思维就会得到进一步释放，就可以借助强大的规模优势不断提升对市场的控制力与影响力，继而提升其竞争优势和竞争能力。在这一过程中，跨国公司的国际化扩张是其组织结构模式演化的一个重要因素。比如，收购和兼并作为跨国公司规模扩张最为经典的方式，并购方能够借此消减其机会成本和时间成本，这不但有助于跨国公司在全球范围内开展组织结构优化和调整工作，大量跨国公司并购的事例还证明，借助跨国并购对其组织结构进行优化，能够实现组织结构的静态调整与动态协调，继而提升跨国公司的组织效率，使之竞争优势得到保持。从这个角度讲，越来越多的跨国公司通过并购的形式进行国际化扩张能够借此完成对其组织结构的演化，同时也是跨国公司在全球视角下进行规模扩张最重要的方式。

2. 数字信息技术促使跨国公司组织结构不断"瘦身"。随着数字信息技术的迅猛发展和经济全球化的实时推动，部分跨国公司的组织结构开始进行前所未有的大调整。其中，最为显著的特征为大幅度减少了管理层次，让跨国公司之组织结构放弃了金字塔式的等级制，而逐渐朝着网络型的模式进行转型，因此而产生的网络管理体制不但有助于跨国公司在全球范围内更好地借助当地的信息、技术、文化等资源优势，还能让分散在不同国家、不同地区的研发、生产和销售等行为，可以服务于跨国公司的全球战略的实施。比如，越来越多的跨国公司将其组织结构的层级进行了削减，扁平化的趋势越来越明显。而在这一过程中，数字经济发挥了十分重要的作用，为跨国公司组织结构的扁平化创造了十分关键的物质技术基础。这是因为信息技术的推

161

动，在信息收集、处理、传递与分析时，速度加快、质量更高，极大缩短了信息从组织高层到基层之间的传递距离，极大提升了跨国公司决策与管理的效果与效率。基于这样的情形，大量中间管理组织得以撤销，让跨国公司的组织结构越来越扁平化。同时，在信息的作用下，跨国公司的组织结构也表现出"瘦身"的趋势，对同级组织部门进行了前所未有的横向压缩，让原来组织单元中的服务辅助部门不断减少，提升了剩余部门的工作绩效。

3. 数字经济促使跨国公司组建起虚拟的创新公司或者生产联合体。在全球化视野下，跨国公司的生产经营活动范围越来越广泛，原始的实体经济模式中已经越来越多地渗入虚拟经济的成本。在这种情况下，虚拟组织作为介于市场与跨国公司之间的全新交易模式，在组织结构设计方面放弃了坚决以实体结构为主的形态，就连法人实体也不再是唯一的。因此，为了达到更有效的全球化运营，越来越多的跨国公司开始在经济实体的基础上，基于特定的目标临时组建起大量联盟结构。在这一组织形态下，跨国公司能够借助计算机网络、生产运作软件和虚拟现实技术等，把更多的跨国公司、供应商、经销商乃至客户等联系在一起。这样一来，跨国公司能够在资源共享的前提下，更好地选择适合自己的联盟伙伴，继而形成更具有竞争优势的产业链条与价值链，让跨国公司实现更健康、更经济的发展。而之所以如此，是因为随着世界经济一体化与数字技术扩散的影响，不断有跨国公司对其产业链和供应链进行重组，原有的实体经济因为固有的缺陷难以在链条上扮演重要角色，其组织结构模式也就逐渐呈现出虚拟化的趋势。这样一来，出于成本和收益的考虑，很多跨国公司放弃了技术创新组织及其相关的实体形态，转而按照市场机会和全球资源重新组建起虚拟的创新公司或者生产联合体，以达到共担风险、共享利益的目的。而一旦之前设定的目标得以实现，跨国公司的联盟和虚拟组织也就随之解散。

4. 数字经济影响跨国公司的研发组织模式。进入 21 世纪，在全球经济一体化和数字经济的极大推动下，跨国公司进行国际化竞争的态势越来越激烈。在这一过程中，跨国公司都要针对研发工作给予更多关注和投入，希望借助知识的可转移性在某种程度上对跨国公司的竞争优势施加正面影响，而这势必会影响到跨国公司的研发组织模式。在这一过程中，如果跨国公司内部的知识属于核心知识，就会给其带来持久的竞争优势，同时能够为公司获取更多有价值的知识创造条件；而对跨国公司在研发中希望获得的知识来说，需要具备核心知识的特定属性，只有这样才能让跨国公司从中获益。在全球经济环境日新月异以及竞争越来越激烈的当今时代，跨国公司为了获得和保持竞争优势，就会在不断地学习和创新中让自身的知识能力得到释放，而数字经济和技术为跨国公司获取这种能力提供了重要保障。如果跨国公司母公司能够借助数字经济和技术更加有效地生成更多的创新知识，同时可以把创新知识传递到海外子公司，就会采取集中型研发组织的模式。由此可见，数字技术获取能力的强弱会对跨国公司的研发和组织模式的选择造成极大影响，海外子公司所在的国家也会以此而产生知识溢出效应。

二、数字经济促进跨国公司空间组织模式的构成

（一）全球网络式空间组织模式

在经济全球化和数字经济时代，跨国公司的经营环境正在发生前所未有的变化，尤其对子公司来说，不但应追求经营模式的本地化，还要在全球化环境中对资源和能力进行重新界定。即跨国公司一方面要适应全球化市场的特殊性，又应以全球化的尺度对其母公司和子公司的生产、销售和研发工作予以统一管理，以此达到适应数字经济和市场全球化的目的。进入 21 世纪以来，在数字经济和经济全球化的推动下，地区经济一体化也不断加速，这在很大程度上影响到了跨国公司的组织结构和空间组织模式。其间，地区总部被视为跨国公司总部与分散在全球各地的子公司之间的过渡组织形态，能够对跨国公司的全球网络体系构建和重要战略方位的确立起到积极作用。一种情况是跨国公司要将地区总部视为核心，借此制订出适合区域发展的战略，通过围绕区域经营资源的互利性，更加有效地组织地区内的经营资源，通过其合理流动搭建地区性的空间组织；另一种情况则是需要把相关地区总部视为全球化运营的主体，通过地区性空间组织进行彼此关联，以此搭建跨国公司的区际性空间组织。由此可知，地区性空间组织与区际性空间组织之间存在紧密关联，跨国公司在搭建其全球化网络空间的过程中，需要更好地借助数字经济的网络化、均衡化与多核心的优势。

（二）以总部为中心的空间组织模式

在这一模式中，跨国公司的海外分支机构只和总部保持联系。同时，也可以将总部系列产品视作龙头和核心，相关原材料和零配件以及元器件等要通过海外子公司与之形成配套，以此构建起多层次的配套网络，形成以总部为中心的空间组织模式。可是，在这一过程中，不同的海外分支机构之间的业务往来并不频繁，跨国公司之管理职能与决策权主要集中在总部。此类空间组织模式和跨国公司进入东道国的发展阶段保持一致。实际上，对我国很多跨国公司来说，由于跨国

生产和经营工作还处在初级阶段，此种类型的跨国公司的空间组织模式能够更好地适应其海外发展，相关的海外分支机构也能够借助互联网技术和数字经济更好地在更为广泛的地理区域进行调整和规避风险，如我国跨国公司对共建"一带一路"国家和地区的投资。

（三）以多个海外子公司为中心的空间组织模式

在这一模式下，跨国公司总部借助互联网技术和数字经济的发展只针对海外分支机构开展财务监督工作，然后在宏观层面上对海外子公司的投资资产加以管理，和海外子公司运作相关的多数决策权都下放到当地的分支机构。从这个角度讲，这种模式属于海外子公司拥有更多独立性的松散类型的空间组织模式，能够更好地体现跨国公司基于空间急剧扩张的特点，和跨国公司在东道国的发展模式保持一致。一般而言，采用这种空间组织模式的跨国公司的优点在于可以全面发挥海外子公司的特定优势，能够更好借助当地资源获取竞争优势，如我国跨国公司在欧美国家的投资大多采用这种模式。

三、数字经济下跨国公司的主要组织结构

（一）全球产品部结构

在数字经济时代，跨国公司的全球战略的实施，需要基于全球范围内对资源进行优化配置，并在生产经营活动方面实现一体化，而与之相对应的便是全球产品部结构。全球产品部结构以产品为基础，能够适合在内部分工方面相对发达或者在产品经营方面以多样化为特征的跨国公司。近年来，越来越多的大型跨国公司都在采取这一组织结构。这是因为，数字经济促使跨国公司内部分工专业化与产品线之间的关联性更加显著，跨国公司子公司被纳入相同的全球性价值链之中，并成为内部的一个关键环节，相关活动通过产品部和总公司保持协调与统一，而这必将让子公司失去独立性，以达到适应全球化运营与追求全球效率的目的。采取全球结构的跨国公司中，它们生产的产品通常会利用数字经济优势面向全部国际市场，而出于降低成本与获得全球竞争优势的目的，这类跨国公司通常要实现内部分工的国际化，将不同生产经营活动分散至具有比较优势的国家或地区。这样一来，就需要跨国公司的不同子公司之间开展专业化生产与协作服务，借助数字信息技术获得规模经济优势和范围经济优势。

（二）网络组织

对跨国公司来说，网络组织指的是一类处在市场与传统层级结构

中间位置的跨国经济组织模式，该网络组织能够呈现出跨国公司由于持续的内部扩张而产生的高额协调成本与组织成本，借助长期稳定的协作能够强化组织成员内部的信任关系，让组织成员共同的目标得以实现。同时，不同的成员之间会基于数字经济知识和技术形成彼此依赖，这不但会在很大程度上抑制短期机会主义行为，还能更好地降低交易费用。此外，跨国公司的网络组织成员之间能够借助数字经济降低交易成本，为其各自战略目标的实现提供帮助。而围绕母公司进行的网络组织活动，可以进一步形成两个彼此交替的网络形式，并对已经形成的网络组织形成扩展：一种是跨国公司的内部网络，在这一网络中，母公司借助股权关系可以拥有和控制其海外子公司，由此构成了控制型的股权网络；另一种是跨国公司的外部网络，也就是在跨国公司的母公司中，能够控制其股权网络成员和供应商以及合作伙伴等，通过利益相关方之间签订的合同，可以构建一个非控制型契约网络。而对控制型股权网络与非控制型契约网络来说，因为数字经济的发展两者之间会彼此渗透和补充，以此搭建起跨国公司开展全球竞争的战略模式与经营体系。

（三）学习型组织

跨国公司作为通过母公司与分散在全球各地的子公司构成的网络组织，海外子公司通常被视为这一网络的关键节点，其价值一般来自在东道国市场上获得的知识和信息。在数字经济下，由于跨国公司的海外子公司环境存在的异质性，会产生更多的学习新知识并能够进行有效的及时交流，这可以看作跨国公司借助组织学习维持竞争优势的关键因素。

（四）柔性组织

数字经济使跨国公司的海外子公司可以借助互联网在世界各地不同市场上获得知识，并借助知识共享的形式在跨国公司内部和网络组织中传播知识，以此提升跨国公司的知识创新和使用能力。在这一过程中，柔性组织就显得十分重要。该类型的组织指的是通过合作者的利益引导，借助专业化联合的形式完成资产和资源的共享，并借此对跨国公司的生产经营过程施以控制。而互补的组织程序是其最为基本的特性，相关组织管理模式具有跨国公司组织与市场的双重优点，在进行有机融合的过程中，此柔性组织能够让地域间的跨国公司构建更为紧密的关联与协作。数字经济时代能够实现信息共享与联合开发，让跨国公司产生更理想的学习效应。同时，可以借助现代信息技术突出跨国公司的持续创新工作，借此提升其知识存量。此外，柔性组织能够对产品与市场形成彼此依赖的关系，在产品结构方面通常要具备更高的关联与配套服务，以便让不同的相互独立的子公司构建成一个动态的跨国公司网络，不同节点之间彼此互联，以便能够更加快速而准确地对全球环境和国际市场以及东道国的制度环境作出积极反应，实现跨国公司组织与市场组织之间的有机融合。而且借助柔性组织，跨国公司可以规避规模过大和无法实现规模经济的风险，在获取资源与技术和联合开发的过程中，最大限度地消除因过度竞争而产生的损失，更好地维护基于全球市场的竞争秩序。同时，借助这一柔性的组织安排，还可以构建母公司和子公司之间稳定互补而高效的产业链条，在生产运营的过程中能够借助更完整的产业链不断促进供应商和经销商的发展，让更多跨国公司从中得到免费技术支持与咨询服务，这对搭建起更为有效的供应商网络大有帮助。

（五）知识溢出的多国地区结构

这一结构是建立在地区而非产品的基础上，多国地区结构将地区视为组织结构设计的导向。多国地区结构适合有以下特征的产业：生产专业化程度很高的产业和产品线狭窄的产业，比如汽车生产、饮料制造、食品加工与医药器械等，在这些行业中，跨国公司能够通过投资替代出口的形式，在东道国市场开展生产、销售和服务等工作，东道国子公司可以和母公司生产经营类似甚至相同的产品。而为了达到不同东道国市场的要求，跨国公司的海外子公司通常要被分配更高的自主权，多国结构的跨国公司在东道国进行的本土化生产和销售活动，一般被看成母公司在东道国的缩影与复制品。但借助互联网和数字经济的发展，跨国公司会给东道国带来知识溢出效应。虽然跨国公司会偏向于把研发组织设置在当地的子公司中，但在全球环境下的生产运营可以通过数字技术把知识能力和知识资源关联在一起，然后借助知识本身的力量对东道国人力资源进行管理，以此提升东道国所在地子公司的效益。因为，在数字经济时代，跨国公司的核心能力通常表现在知识水平和技术层次等方面，而数字经济和技术为跨国公司在全球范围的技术和知识转化提供便利，可以更好地维持跨国公司子公司在东道国的核心竞争力。

关 键 词

合伙制企业　公司制企业　母公司　分公司　子公司　车间子公司　避税地公司　铜牌公司　中途歇脚公司　扁平化组织　网络化组织模式

思 考 题

1. 企业从法律形式来讲，可分为哪几种？

2. 试述跨国公司分公司与子公司不同的法律特征。

3. 试述矩阵制组织结构的含义和优缺点。

4. 试述事业部制组织结构的含义和优缺点。

5. 跨国公司组织结构的基本形式有哪些？其分别具有什么优缺点？其适用于何类企业？

6. 试述数字经济对跨国公司组织结构演化的影响。

7. 为什么数字经济是推动我国跨国公司高质量发展的重要引擎？

8. 数字经济如何影响跨国公司的组织结构演化？

9. 谈谈你对数字经济促进跨国公司空间组织模式构成的看法

10. 试分析数字经济下跨国公司的主要组织结构。

讨 论 题

阅读下列材料，分析 ABB 公司组织结构的效率。

ABB 公司是一家总部设在瑞士的电器设备公司，该公司的组织是一种松散的、分权式的矩阵组织。ABB 公司拥有大约 100 名国家管理者（其中大部分来自东道国）和 65 名全球管理者，全球管理者领导着若干产品分部：运输、工艺自动化、环保设备、财务服务、电器设备、发电及其电的传输和分配。ABB 公司在全球拥有 1 100 家当地公司，这些当地公司的管理者必须面对两个上司：负责当地经营的国家层次的上司和负责世界效率的全球管理者。根据实际情况，国家层次的上司或负责全球产品的上司可以拥有控制权。

ABB 公司的组织文化鼓励在产品线内部共享技术和产品。例如，ABB 公司的美国蒸汽涡轮经营就采用由瑞士公司开发的技术，来修理由美国技术制造的设备。对于不是当地公司发明的技术，并不存在抵触倾向，管理层甚至希望当地管理的工厂也参与到全球合作中来。例如，坐落在 16 个国家的 31 个变压器工厂，每月通过德国地区总部来共享其所有的绩效数据。甚至，如果一个工厂出现问题，全球总部希望可以从所有的工厂得到解决方案。

第五章
中国跨国公司的成长

要点提示

中国跨国公司的成长条件和成长路径；中国跨国公司对外直接投资风险；中国跨国公司防范对外直接投资风险战略。

引　言

在中国改革开放 40 多年的历史进程中，跨国公司作为重要参与者、见证者、受益者，发挥了积极作用。中国开放的大门只会越开越大，营商环境只会越来越好，为全球跨国公司创造的机遇只会越来越多。我们欢迎全球企业家来华投资兴业，努力实现互利共赢、共创美好未来。

——习近平 2019 年 10 月 19 日向首届跨国公司领导人青岛峰会所致的贺信

第一节　中国跨国公司的成长概述

一、中国跨国公司的发展历程及状况

（一）贸易型企业尝试投资阶段：1978～1984 年

这一阶段是以国有企业对外投资合作为主，并且境外设立的大多是小型企业、窗口型企业，其中贸易企业数量占主体，区域的分布主要集中在我国港澳特区、中东等少数地区。这时期的对外投资以简单分包、派遣少量劳务、建立营销渠道等为主，以发展资源开发和小型加工生产为重点，也涉及了在制造业等生产领域开办海外企业。这些

徐工集团的双向
投资发展

尝试投资兼顾了国内经济建设需要和自身实现能力。

　　1978 年 11 月，国务院批准对外经济联络部和国家基本建设委员会的《关于拟开展对外承包建筑工程的报告》，并随即组建"中国建筑工程公司"（后改名为"中国建筑工程总公司"），这是新中国成立以来的第一家对外承包劳务公司。

　　1979 年 11 月，北京市友谊商业服务总公司与日本东京丸一商事株式会社在东京开办了"京和股份有限公司"。1980 年 7 月，中国银行与美国芝加哥第一国民银行、日本兴业银行、中国香港华润（集团）有限公司合资，在中国香港地区创办了第一家对外合资金融企业——中资兴业财务有限公司。

　　1979～1983 年，经中国政府批准的对外投资企业共 61 个（含合资合作经营和独资子公司），总投资额为 10 119 万美元，其中中方投资 4 590 万美元，分布在 23 个国家和地区。这些企业在跨国经营的过程中，由于当初投资项目具有一定的盲目性，加上经营管理水平低，缺乏国际经营的经验和国际竞争实力，普遍出现了亏损。1983 年，根据国务院指示，对海外合营企业进行整顿，撤销了其中一些经营混乱、效益较差的企业，加强了企业的经营管理，同时新建了审批管理制度。1984 年新批准的海外企业为 42 个。

　　这一阶段我国对外投资的特点是以国际贸易、工程承包为主，没有涉及国际生产的领域。同时，由于缺乏国际经营的经验和管理水平低，经营效果不理想。

（二）生产型投资初步发展阶段：1985～1991 年

　　从 1985 年开始，我国的对外直接投资中，生产型企业有了较多增长，主要从事国内短缺资源的开发和小型生产加工，以缓解国内资源的短缺和当地市场的商品需求，投资规模比上一阶段有明显提高。

　　在这个阶段，中国对外经济合作发展初具规模，地域分布得到扩展。对外直接投资主要分布在采矿业、炼铝、远洋渔业、森林开发等行业，此外，还有加工生产装配、承包工程、交通运输、金融保险等。这些企业除少数分布在美国、欧洲等发达国家外，大多数是在发展中国家和地区。

　　在生产经营性的对外直接投资中，较有典型意义的是中国国际信托投资公司在 20 世纪 80 年代中期开始的对外直接投资。中国国际信托投资公司被称为中国第一家真正意义上的跨国公司，其第一个项目是投资 4 000 万元人民币，在美国西雅图与一家美国公司合资组建西林公司，从事林业和木材加工，1986 年成为中信独资子公司，在其开始经营的 3 年多时间里，采伐了 50 余万吨的木材运回国内，取得了较好的经营效益。同年（1986 年）中信在加拿大投资 6 200 万加元，购入加拿大塞尔加纸浆厂50%的股份、在澳大利亚投资1亿多美元购入波特兰铝厂的10%股份。中信另一个较重要的项目是1987年我国政府正式批准中国冶金进出口公司与澳大利亚哈那默斯利铁矿公司合资开发恰那铁矿，1989年底开始采矿，铁矿砂全部运回国内，这是一个长期的投资项目。到1998年底冶金进出口公司与哈那默斯利铁矿公司经营的这个恰那铁矿总投资2.8亿澳元，年产铁矿1 000万吨。

在这一阶段，经批准的海外投资企业数计945家。与第一阶段相比，其显著特点是这一阶段直接投资的规模有了显著的增加，其年度平均投资规模为6.4亿美元，是上一阶段的6～8倍。另外，这一阶段的规模已经开始表现出了国际生产投资的趋向，而不仅仅是以国际贸易性为主的投资。

（三）投资主体初步呈现多元化阶段：1992～2001年

这期间，一批优秀企业陆续到境外开办企业，积极尝试跨国经营战略，极大地充实了我国对外直接投资队伍，增大了总体的投资规模水平。并且，我国出现了一批民营企业和民间资本参股的大型企业和集团，如三九集团、小天鹅电器公司、TCL、海尔、华为等。这些企业先后走出国门参与跨国经营，改变着投资主体结构的历史，进一步增强了我国对外直接投资的扩展能力和总体水平，这些都使得这一时期的中国企业跨国经营出现了新的成长特征。

1997年，华源集团所属华源家纺集团有限公司利用中国和尼日尔两国复交的契机，联合当地一家最大的纺织印染联合企业，组建了合资经营的中国尼日尔纺织印染联合企业，总投资300万美元，中方持股80%，主要生产纺蜡花布，产品占当地市场份额的80%。

自1995年起海尔着手海外直接投资建厂，1996年海尔在印度尼西亚雅加达建立了海外的第一家以生产电冰箱为主的合资企业——海尔莎保罗（印度尼西亚）有限公司；1997年6月，菲律宾海尔LKG电器有限公司成立；1997年8月马来西亚海尔工业（亚西亚）有限公司成立；1997年11月南斯拉夫海尔空调厂成立；1999年2月海尔中东有限公司成立；1999年组建海尔美国公司，由海尔控股，1999年4月在美国南卡罗来纳的坎登建立海尔工厂，2000年3月投产。这一时期海尔的境外合作项目有20多个，合同金额超过5亿美元，设立海外企业多家。

根据原外经贸部的统计，截至2000年底，中国累计设立的海外企业为6 200多家，协议投资总额113.6亿美元，其中中方协议投资额75.7亿美元，地域分布遍及全球160多个国家和地区。其中，境外加工贸易类投资带动出口的成效显著，据计算，可带动每年约10亿美元的原辅材料和零配件出口。

这一阶段对外直接投资的特点是：投资规模骤然增大，年度平均投资规模是上阶段的 4.5 倍，投资的绝对水平提高；境外新设立的企业数明显增加，这一阶段年平均海外新增境外直接投资企业数比上一阶段多 75 家；民营企业海外直接投资兴起，预示着我国企业对外直接投资多元化时代的来临。

（四）中国跨国公司迅速崛起阶段：2001～2008 年

这一阶段，作为一种客观事物的逻辑延伸，中国企业的对外直接投资经过其自身的发展和调整，进入了较快的发展阶段。这时期初的经济形势是中国加入了世界贸易组织，中国的企业可以在世界贸易组织的框架内享受和遵循各国的贸易和投资自由化的规则，不受歧视地进行国际竞争。同时我国政府也明确提出了"走出去"战略，实施"引进来"和"走出去"同时并举的方针。加上我国经济的快速发展，由经济大国向经济强国的转变，世界制造工厂地位的确立，以及我国外汇储备丰富，外汇管制的放松，人民币坚挺，国内市场竞争激烈等，使企业有动力、有压力面对国际市场，走出去进行对外直接投资，这一时期成长起一大批中国的跨国公司。

从有关统计资料看，这一阶段前三年，投资水平基本保持前一阶段的规模，但是境外投资企业数的规模却有极大的提高，从 2002 年、2003 年到 2004 年批准的海外投资企业数分别为 350 家、510 家和 829 家，2005 年则为 1 067 家，其年平均增长速度达到 45%。

在这一阶段，我国有许多企业的对外直接投资迈出了极大的步伐，上海宝钢集团便是其中较突出的企业。上海宝钢在 2001 年 8 月与巴西 CVRD 合资组建了宝华瑞公司，取得了每年 600 万吨铁矿的供应，这是宝钢海外投资的第一步。经过发展，宝钢集团的海外直接投资形成了铁矿石的产、供、销一体化的稳定的资源基地，提高了自身的国际竞争力，为使自己成长为全球第三大跨国钢铁企业的目标打下了基础。

2004 年 5 月 13 日，中国海洋石油有限公司合资子公司——中海油 Muturi 有限公司已完成对英国天然气集团（BG）公司在印度尼西亚 Muturi 产品分成合同中 22.77% 的收购，公司支付 1.051 亿美元。2004 年 11 月 28 日，中国上海汽车工业（集团）总公司与韩国双龙汽车公司债权集团签署了双龙汽车公司部分股权买卖协议，上汽集团以 5 亿美元成功收购双龙汽车公司 48.9% 的股权。双龙汽车公司起始于 1954 年初创办的东亚汽车公司，是韩国第四大汽车企业，主要生产越野车和高级轿车，年生产能力 18 万辆，在韩国的市场占有率为 11%。上汽集团成为中国汽车业成功收购海外汽车集团的"第一人"，是实现跨国化的重要一步。

（五）在机遇和挑战中的快速发展阶段：2008 年至今

2008 年国际金融危机爆发后，世界经济格局和各国比较优势出现加速调整与变化，这既为中国跨国公司发展带来挑战，也提供了难得机遇。中国跨国公司进入快速发展期。中国跨国公司发展主要表现出以下特征：

1. 对外投资进入快速增长时期。自 2002 年以来，我国非金融类对外直接投资进入持续快速增长期，并呈现出不断加速趋势。在国际金融危机发生的 2008 年，该类投资比 2007 年增长了 1 倍多，达到 559.1 亿美元，2012 年更是猛增到 772.2 亿美元。尽管有复杂的国际形势，但中国对外直接投资流量仍然逆势增长，2021 年首次位居全球第一，达到 1 537.1 亿美元，同比增长 12.3%，占全球份额的比例达到 20.2%，占比较上年提高 9.8 个百分点。

2. 对"一带一路"共建国家投资增长较快。2021 年，中国对共建国家直接投资 1 384.5 亿元，同比增长 7.9%，占对外投资总额的比重达 14.8%。我国对"一带一路"共建国家非金融类直接投资 203 亿美元，同比增长 14.1%，为促进东道国经济发展作出了积极贡献。

3. 投资领域日趋广泛，结构不断优化。2020 年，中国对外直接投资涵盖国民经济的 18 个行业大类，近七成投资流向租赁和商务服务、制造、批发和零售、金融领域，四大行业流量均超过百亿美元。2020 年末，中国对外直接投资存量的八成集中在服务业，主要分布在租赁和商务服务、批发和零售、信息传输/软件和信息技术服务、金融、房地产、交通运输/仓储和邮政等领域。

4. 企业境外投资并购活跃，上市公司参与比例高。基于 Bloomberg 统计数据，2017 年中国内地企业参与的境外投资并购项目总数 935 项，涉及总额 1 609.9 亿美元，其中上市公司参与规模占 82.8%；2020 年主要因疫情影响下降至 591 项，规模 443.9 亿美元，上市公司参与比例降至 67.5%；2021 年境外投资相较 2020 年有所回升，并购数量 915 项，规模有所回升至 855.7 亿美元。

5. 对外承包工程大项目增多。2021 年新签合同额上亿美元项目 560 个，较 2020 年增加 46 个，主要集中在交通运输等基础设施领域，有利于进一步促进互联互通。同时，对外承包工程完成营业额 1 549.4 亿美元，同比下降 0.6%；新签合同额 2 584.9 亿美元，同比增长 1.2%。

6. 境外经贸合作区建设成效显著。截至 2021 年末，纳入商务部统计的境外经贸合作区分布在 46 个国家，累计投资 507 亿美元，上缴东道国税费 66 亿美元，为当地创造 39.2 万个就业岗位，有力促进了互利共赢、共同发展。这说明，党的十九大后中国"走出去"的企业越来越多，不仅有大型的中国跨国公司，也包括各种不同类型和不同性质的地方企业，中国企业国际化程度进一步提高。

中国企业对外投资不仅带动中国产品出口，还促进了投资所在地税收收入和就业机会增加。2020 年中国对外投资带动出口 1 737 亿美元，同比增长 48.8%，占中国货物出口总值的 6.7%。2020 年境外企业向投资所在国家（地区）缴纳各种税金总额 445 亿美元，年末境外企业从业员工总数达 361.3 万人，其中雇用外方员工 218.8 万人，占 60.6%。

二、世界 500 强中国企业的特色

（一）世界 500 强中国上榜企业数量持续增加，年营业收入不断增长，稳居领先地位

1995～2022 年，世界 500 强的中国企业上榜数量从 5 家到 145 家，营业收入规模从 0.1 万亿美元到 11.5 万亿美元，上榜数量和营业收入规模均位居全球第一。中国企业在全球范围内实现跨越式发展的背后，是中国经济取得的历史性发展。

1995 年，中国内地只有中国银行以及中国粮油食品进出口公司两家企业上榜世界 500 强。随着中国经济的快速发展，上榜的中国企业越来越多。2011 年中国上榜企业数量占比为 13.8%，首次超过日本的 13.6%，在 2019 年中国上榜企业达到 129 家，首次超过多年雄踞榜首的美国，领跑全球，此后连续 4 年稳居第一（见图 5-1）。2022 年，中国上榜企业更是在营业收入规模以上首次超越美国，实现了从上榜数量第一到营业收入规模第一的新跨越，创造了世界 500 强历史的国别发展奇迹。

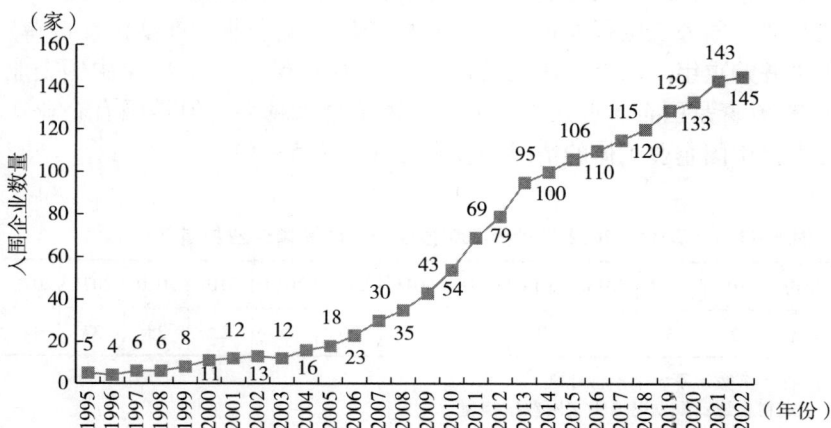

图 5-1　1995～2022 年世界 500 强中国企业上榜数量变化趋势

资料来源：根据财富中文网数据整理。

　　每年上榜 500 强的中国企业最小营业收入几乎逐年增长，1999 年企业上榜门槛值为 89 亿美元，2001 年超过 100 亿美元，2012 年突破 200 亿美元，2022 年中国企业 500 强上榜门槛已经提升至 294 亿美元（见图 5 - 2）。

（亿美元）

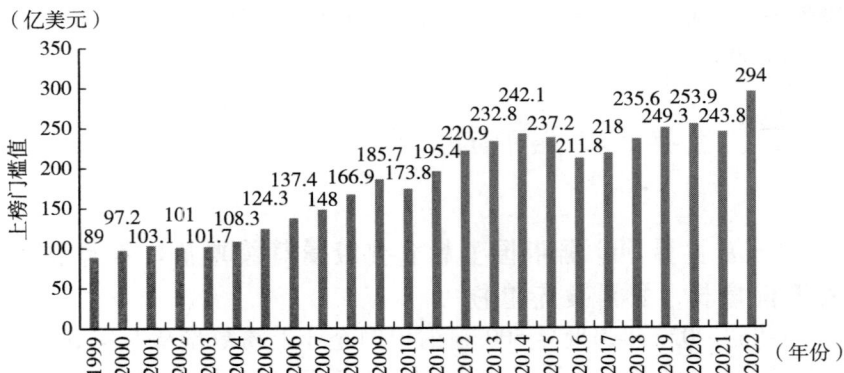

图 5 - 2　1999～2022 年中国企业各年上榜门槛值

资料来源：根据财富中文网数据整理。

（二）国有企业及国有控股企业占主导，民营企业数量不断增加

　　国有企业成为上榜中国企业的主体是历史形成的。中国民营企业在 20 世纪 90 年代才逐步发展壮大起来，因此最早进入《财富》世界 500 强的企业主要是国有企业。2001 年中国加入世界贸易组织那一年，进入世界 500 强的 11 家中国企业全部是国有企业。中国加入世界贸易组织以后，我国上榜企业所有制类型逐渐呈现从单一的国有独资到国有控股、国有联营、股份制企业等多种所有制形式并存的变化趋势。国务院国资委成立后，对标全球一流企业，推动国企改革，促进并购重组，国企迅速成长壮大。到 2014 年，上榜 92 家中国企业中有 76 家是国企。近几年，上榜的民企越来越多，但是国有企业作为上榜中国企业主体的情况一直未变（见表 5 - 1）。

表 5 - 1　　2011～2022 年世界 500 强中的中国民营企业数量*

年份	2011	2012	2013	2014	2015	2016	2017	2018	2019	2020	2021	2022
数量	2	5	5	7	8	15	20	28	22	28	37	34

注：*数字不含港澳台地区。

资料来源：根据财富中文网数据整理。

（三）形成了东部率先发展，中西部逐步加快发展的区域梯次协调发展之路

2009 年，中国内地上榜企业 34 家，分布在北京、广东、河北、吉林、江苏、上海 6 个省（市）。2022 年，中国内地上榜企业 129 家，扩大至 21 个省（区、市）。其中，东部地区 108 家，中部地区 8 家，西部地区 11 家，东北地区 2 家。

中国内地上榜企业集中分布在东部地区。东部地区上榜企业数量增长最快，从 2009 年的 33 家增加到 2022 年的 108 家，营业收入占比一直保持在 80% 以上，行业分布多元，金融、外贸、互联网等产业竞争优势明显。上榜数量、营业收入占比和行业分布的明显优势，反映出我国东部地区经济发展区位优势突出，长期以来是我国经济发展的领头羊。

中西部区域加快发展的趋势逐步显现。2010 年，中部实现世界 500 强上榜企业零的突破；2013 年以来数量相对稳定；2022 年共有 8 家企业上榜；2013 年，西部地区实现世界 500 强上榜企业零的突破；至 2022 年，突破两位数，共有 11 家企业上榜。中西部地区上榜企业数量合计为 19 家。中西部上榜企业目前分布在采矿和原油生产、金属产品、工程与建筑等行业，总体上反映出中西部地区的资源禀赋和区位特点。

东北地区上榜企业数量最少且鲜有增加。2009 年，一汽集团成为东北地区首家进入世界 500 强榜单的企业；2012 年，鞍钢集团成为东北地区第二家进入世界 500 强榜单的企业（见表 5 - 2）。

表 5 - 2　　　　2022 年中国企业上榜世界 500 强的地区分布

年份	东部	东北	中部	西部	港澳台	上榜企业总数
2009	33	1	—	—	9	43
2010	39	1	2	—	12	54
2011	52	1	3	—	13	69
2012	63	2	4	—	10	79
2013	72	2	10	1	10	95
2014	78	2	10	1	9	100
2015	79	2	10	2	13	106
2016	87	1	7	2	13	110
2017	92	1	7	3	12	115
2018	90	2	7	4	17	120

年份	东部	东北	中部	西部	港澳台	上榜企业总数
2019	95	2	10	5	17	129
2020	99	2	10	6	16	133
2021	110	2	7	7	17	143
2022	108	2	8	11	16	145

资料来源：根据财富中文网数据整理。

（四）上榜中国企业大多数处于工业化城市化时期传统产业

改革开放以来，特别是加入世界贸易组织以来，中国经济发展经历了大规模工业化和城市化过程。房地产行业、建筑材料、金属制品、矿业、工程建设等行业迅速崛起，形成了一批规模巨大的龙头企业。近年来，随着工业化和城市化基本完成，这些行业所属企业经营业绩下滑，直接拖累了上榜中国企业整体的经营业绩（见图5-3）。

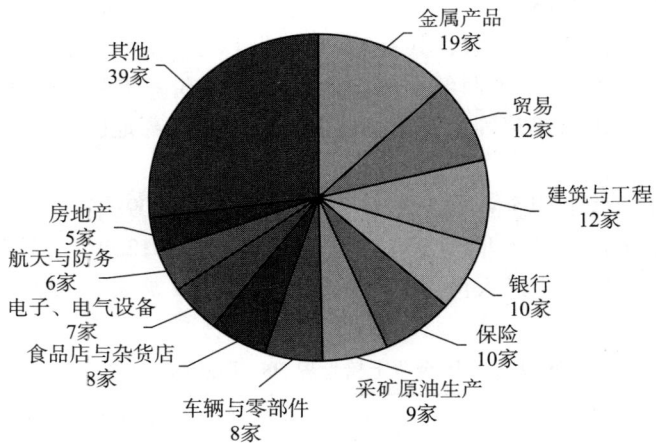

图5-3 2022年世界500强中国上榜企业行业分布

从145家上榜企业所属行业来看，金属产品行业依旧是中国上榜企业分布最多的行业，共有19家，其中行业前三位均被中国企业包揽，但平均利润只有11亿美元。贸易、工程与建筑、银行、保险四大行业也均有超过10家企业上榜。2022年进入榜单的中国银行共有10家，这10家银行利润占全部上榜中国内地企业利润总额的41.7%，上榜银行利润占比仍然很高。并且榜单上的房地产企业均来自中国，但一共只有5家，比上年少了3家。整体来看，中国在公用设施领域的优势最为明显，远远超过其他国家。

单就银行业来看，近几年中国银行业排名集体大幅提升，银行业多数已经进入前200强。同时，可看出进入世界500强的银行多为国有银行，这些银行逐步建立起自己的海外金融活动网络，将中国的商业银行推向国际市场。商业银行的国际化必须在"引进来"的同时，大胆地"走出去"，到我国的贸易伙伴地区或我国投资较集中的国家和地区设立分支机构，采取"区别对待，分步推进"的策略，逐步建立自己的海外金融网络。2012年、2017年和2022年中国进入世界500强中的部分银行排名变化（见表5-3）。

表5-3 2012年、2017年和2022年中国进入世界500强中的部分银行排名

银行（商业储蓄）	2012年度排名	2017年度排名	2022年度排名
中国工商银行	54	22	22
中国建设银行	77	28	24
中国农业银行	84	38	28
中国银行	93	42	42
交通银行	326	171	155
招商银行	498	216	174

资料来源：根据财富中文网数据整理。

（五）中国企业已具备世界级规模，但盈利水平还较低

中国公司盈利能力与世界500强公司平均水平的差距仍旧不小。中国145家公司上榜公司平均利润约41亿美元，虽然与自身相比有所提升，然而世界500强平均利润同期上升至62亿美元。以部分国家作为比较对象：例如，上榜的德国企业平均利润44亿美元，英国企业69.6亿美元，加拿大企业47.5亿美元，法国企业48.5亿美元，巴西企业84.8亿美元等，均高于中国公司。与上榜美国企业相比，中国企业利润差距更加明显。2022年《财富》世界500强上的美国124家企业平均利润高达100.5亿美元，几乎接近中国上榜企业的2.5倍。中国上榜企业利润及其增速远低于美国和世界平均水平。同时，根据以上数据计算，中国内地上榜企业平均销售收益率为5.1%，总资产收益率为1.15%，净资产收益率则为9.5%，世界500强的销售收益率、总资产收益率和净资产收益率分别为8.2%、1.94%和14.8%。与世界500强相比，三个指标都落后于《财富》世界500强平均水平。与美国公司相比，上榜中国企业的三个指标差距更为明显。上榜124家美国公司的三个指标分别为11%、3.21%和21.9%，经营状况明显优于上榜中国企业。

2022年进入榜单的中国银行共有10家，这10家银行利润占全部上榜中国大陆企业利润总额的41.7%，上榜银行利润占比仍然很

高。而银行利润过高必然挤压非金融企业的利润。如果不计算银行所得利润，2021 年中国内地上榜的非银行企业 126 家平均利润只有 26 亿美元。作为对比，117 家美国非银行企业平均利润近 92 亿美元，相比上年差距增大，超过中国大陆非银行企业的 3.5 倍。

（六）上榜企业数量虽逐年激增，但仍缺乏国际品牌

无论是中石化、中国工商银行，还是国家电网，目前毫无疑问都是全球最赚钱的一些企业，但它们并没有成为真正的世界著名品牌，其 80% 以上的营业收入是在国内，主要业务是在中国，而不是世界。打造全球知名的国际品牌，是中国企业全面提高国际化程度，助推企业由产业参与者向主导者过渡，成为产业规则与相关标准的制定者，进而跻身世界一流企业行列的必由之路。

品牌作为无形资产可以带来价值，例如，苹果公司 2022 年的品牌价值为 4 822 亿美元，位列全球品牌价值榜首，100 个品牌中，只有两个中国品牌，一个是小米，一个是华为。小米排名 84，华为排名 86（见表 5 - 4）。

表 5 - 4　　　　　　　　2022 年全球品牌价值排行榜 TOP10

排名	公司	品牌价值（亿美元）	较上年增加（%）
1	苹果	4 822	18
2	微软	2 783	32
3	亚马逊	2 748	10
4	谷歌	2 518	28
5	三星	877	17
6	丰田	598	10
7	可口可乐	575	0
8	梅德赛斯 - 奔驰	561	10
9	迪士尼	503	14
10	耐克	503	18

资料来源：全球知名品牌咨询公司 Interbrand《2022 年最佳全球品牌报告》。

从另一项排名来看，2022 年《世界品牌 500 强》排行榜入选国家共计 33 个。从品牌数量的国家分布看，美国依然以较大优势占据并保持世界品牌第一强国位置；法国、日本、中国和英国分别有 47 个、46 个、45 个和 35 个品牌上榜，是世界品牌大国的第二阵营；德国、瑞士和意大利是品牌大国的第三阵营，分别有 28 个、18 个和 15 个品牌入选（见表 5 - 5）。由此可见，即使受地缘政治风险和能源危

机影响，欧洲经济出现经济衰退和社会动荡，但欧洲国家的超级品牌依然坚挺。相较而言，中国企业的品牌企业还是很少，并且受困于经济脆弱性与波动性的显著性增强，跨国品牌大多面临多重压力，发展难度进一步加大，应不断加深对"品牌"的认知。

表 5 - 5　　　　《世界品牌 500 强》入选数最多的国家

排名	国家	品牌数量			代表性品牌	趋势
		2022 年	2021 年	2020 年		
1	美国	198	198	204	苹果、微软、谷歌、亚马逊、沃尔玛、麦当劳	→
2	法国	47	48	45	路易威登、香奈儿、迪奥、爱马仕、欧莱雅	↓
3	日本	46	46	44	丰田、本田、花王、佳能、索尼、松下	→
4	中国	45	44	43	国家电网、海尔、腾讯、中国工商银行、华润、五粮液	↑
5	英国	35	37	40	联合利华、英国石油、普华永道、沃达丰、汇丰	↓
6	德国	28	26	27	梅德赛斯 - 奔驰、宝马、思爱普、敦豪、大众	↑
7	瑞士	18	17	18	雀巢、劳力士、瑞信、万国、欧米茄	↑
8	意大利	15	15	15	古驰、葆蝶家、法拉利、菲亚特、普拉达	→
9	加拿大	7	7	7	汤森路透、庞巴迪、加拿大皇家银行、多伦多道明银行、安桥	→
9	荷兰	7	9	9	壳牌、飞利浦、喜力、荷兰国际集团、毕马威	↓
9	韩国	7	8	7	三星、现代汽车、起亚、乐金、乐天	↓

资料来源：世界品牌实验室。

（七）中国企业竞争力急需强化

中国企业相继挺进世界 500 强表明，我国企业开始具备世界级规模了，但目前中国企业的跨国经营依然存在着一些不足，比如投资规模小、跨国经营人才不足、缺乏技术优势等。

跨国化指数能比较好地测度一个公司的跨国经营水平。根据中国企业联合会公布的数据，中国跨国公司企业的跨国指数还很低，2012年中国 100 大跨国公司平均跨国指数为 12.93%，2017 年这个数字为 14.85%。2021 年中国跨国公司 100 大的平均跨国指数为 15.07%。受新冠疫情影响，2021 年中国跨国公司 100 大的平均跨国指数为 15.07%，比上年降低 1.03 个百分点。2022 年中国跨国公司 100 大的平均跨国指数为15.59%，与上年相比提高了0.52个百分点。由此可见，我们的跨国经营水平还远远低于世界水平。2012年和2017年中国跨国指数较高的公司在世界的排名情况（见表5-6）。

表5-6　　　2017年和2022年中国跨国公司跨国指数前十位

排名	公司名称	2017年跨国指数	公司名称	2022年跨国指数
1	宁波均胜电子股份有限公司	62.59	宁波均胜电子股份有限公司	74.62
2	广东省航运集团有限公司	60.88	洛阳栾川钼业集团股份有限公司	70.67
3	常州天合光能有限公司	60.71	万洲国际有限公司	61.94
4	浙江吉利控股集团有限公司	58.60	上海韦尔半导体股份有限公司	59.29
5	中国中化集团公司	58.47	闻泰科技股份有限公司	54.3
6	中国化工集团公司	57.95	中国有色矿业集团有限公司	49.32
7	联想控股股份有限公司	52.02	联想控股有限公司	48.81
8	江苏新潮科技集团有限公司	48.10	青山控股集团有限公司	47.23
9	潍柴控股集团有限公司	47.11	宁波申洲针织有限公司	45.64
10	华为技术有限公司	45.33	华为投资控股有限公司	43.69

资料来源：中国企业联合会报告。

在近5年来的世界500强榜单中，中国企业越来越抢眼，不仅在数量上，更在地位上。综观500强兴衰，我们发现，企业的强盛与衰落都有其可循的逻辑与轨迹。然而，要真正将一个民族的企业做大做强，并使之成为世界舞台上的百年企业，绝不仅凭一时的运气和机遇，更不能依靠政府提供的垄断壁垒，而要直面残酷的市场竞争，勇于接受各种挑战。

第二节　中国跨国公司的成长条件

一、国际条件

（一）金融危机和欧债危机后各国开放的政策是中国跨国公司成长和发展的重要条件

金融危机发生后，各国为了恢复国内经济，对来自国外的跨国公司投资采取更加宽松、自由的政策。2011 年，至少有 44 个国家和经济体采取了 67 项关于跨国公司对外直接投资的政策措施。在这些政策中，有 52 个是赞同投资环境的自由化，有 15 个是限制跨国公司对外直接投资的流入，与 2010 年相比，限制性政策措施的比例呈显著下降趋势。显然，各国在对外开放政策方面的宽松透明的趋势，为中国跨国公司的发展提供了更好的条件和机会。

但 2020 年通过的投资政策措施数量（152 项）相较于 2019 年增加了 40% 以上，限制性或监管性措施占全部投资措施的比例达到 41% 的历史最高点。2020 年，67 个经济体总共推出了 152 项影响外国投资的政策措施，与 2019 年相比增加了约 42%。主要由发达经济体引入的监管或限制性措施数量增加了 1 倍多，达到 50 项，原因在于一些国家引入或加强了外国投资审查制度，包括将此作为对 COVID - 19 大流行的回应。相反，旨在促进投资及其自由化和便利化的措施总数保持相对稳定（72 项），其中大部分由发展中经济体引入。其余 30 项措施属于中性或不确定的状态。因此，限制性更强或监管性更强的新政策措施的比例是 2003 年以来最高的（见表 5 - 7）。

表 5 - 7　　　　2003 ~ 2020 年国家管制的改变

年份	引入政策变化的国家数量	监管变化数量	自由化/促进 限制/监管	中性/待定
2003 ~ 2007 （危机前平均数）	67	128	20	1
2008	40	68	15	2
2009	46	89	24	4
2010	54	116	33	6
2011	51	86	21	3
2012	57	92	21	6
2013	60	87	21	3
2014	41	74	12	10
2015	49	100	14	11
2016	59	125	22	19
2017	65	144	23	23
2018	55	112	31	16
2019	54	107	21	20
2020	67	152	50	30

资料来源：根据 UNCTAD：World Investment Report 2021 整理。

（二）金融危机使得各国利率水平降低，为中国跨国公司走出去提供了机会

受 2008 年金融危机的影响，一些国家的利率水平普遍下降，从而为跨国公司进行投资降低了成本，2008 年 10 月至 2009 年，美联储三次下调贴现利率至 0.5%，三次调低联邦基金利率至 0~0.25% 的"目标区间"，为历史最低水平；欧洲央行五次下调基准利率至 1.0%，其中 2008 年 11 月下调 75 个基点，是该行创立后最大的单次降息幅度。与此同时，英国、加拿大、澳大利亚、新西兰、瑞典、丹麦、南非、韩国、土耳其、印度等国家也纷纷多次调低基准利率。各国利率的普遍降低使得中国跨国公司在国外的贷款变得更容易，同时各国利率的下降也意味着各国货币的贬值，这为中国跨国公司在国外扩大规模、进行绿地投资提供了良好的契机。但也由于 2008 年国际金融危机后，欧美主要经济体长期采取宽松货币政策，甚至启动了负利率、量化宽松等超常规工具，史无前例的宽松货币政策创造过多流动性。再加上 2020 年疫情冲击，超常规工具进一步强化实施。使得近年来，全球流动性宽裕程度历史罕见，为通胀爆发埋下巨大隐患。加之俄乌冲突及其制裁措施引发国际大宗商品涨价，为全球通胀火上浇油。受这几大因素影响，通胀问题愈演愈烈，进入 2022 年以来以美联储为代表的全球主要央行不得不采取大幅加息政策。全球利率水平走高将会对全球资产重新估值，而前期因低利率驱动的高额债务则面临较高的还本付息压力，中国跨国公司在国外的贷款将会变得困难。

（三）金融危机助力中国企业进行跨国并购

自 2008 年金融危机爆发以来，世界经济遭遇了巨大的冲击，受到全球经济萎靡、外需不振的冲击，中国经济增长遭遇巨大的挑战，并一度进入下行通道，在此风险与机遇并存的情形下，中国企业的跨国并购案例屡屡不断，从图 5-4 可以看出，2006~2012 年中国企业的海外并购进入火爆增长的态势。长期以来，跨国并购是我国企业海外投资的重要方式，金融危机的发生为我国企业的跨国并购带来了机遇。

金融危机爆发以来资产价格的大幅下降、欧美企业市值的严重缩水、并购成本的相对较低以及国家政策方面的支持都成为我国企业进行跨国并购的有利因素。例如吉利收购沃尔沃就是抓住了历史性的机遇，是中国汽车企业海外并购的成功典范。2010 年 3 月 28 日，吉利控股集团宣布与福特汽车签署最终股权收购协议，以 18 亿美元的代价获得沃尔沃轿车公司 100% 的股权以及包括知识产权在内的相关资产。吉利收购沃尔沃，也成为中国汽车业最大规模的海外并购案。

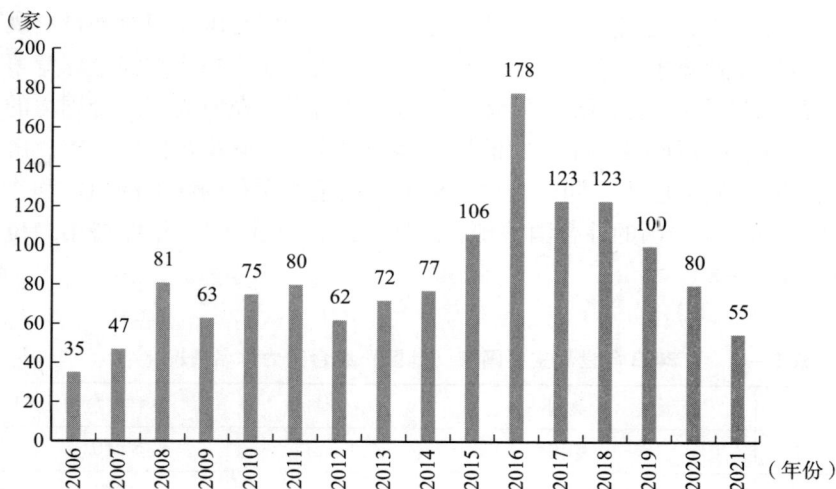

图 5-4 2006~2021 年中国企业海外并购

资料来源：zephyr 数据库。

（四）RCEP 给中国跨国公司带来新的机遇

1. 区域全面经济伙伴关系协定建立后，对我国跨国公司而言具有深远的意义。首先可进一步深化区域合作，促进经济发展。协定内既有日本、澳大利亚这样经济科技发达的强国，又有东盟内部泰国、马来西亚等自然资源丰富的国家，还有印度这样人口众多，消费需求、市场潜力比较大的国家，跨国公司可通过协定的建立进一步深化与区域各国的合作，在合作进程中进一步发挥自身比较优势，利用其他协定国比较优势弥补自己的比较劣势。

2. 能够开拓新市场。区域内包括 16 个国家，涵盖 32 亿人口，市场潜力巨大，通过协定的建立，跨国公司可以更进一步获得贸易利益。区域全面经济伙伴关系协定的主要内容就是要消除贸易壁垒，创造更加自由的环境。如果协定建立，各国间会降低关税水平、取消部分阻碍贸易自由化的非贸易关税壁垒，跨国公司可进一步在具有竞争优势的产品上提高专业化生产速度，形成规模化生产，降低生产成本，提高产品竞争力，获得规模经济效应带来的利益。

二、国内条件

（一）中国综合国力的上升是中国跨国公司成长的基础和前提

一个国家众多企业对外投资需要企业有实力基础，需要国家有综合国力条件，是国家兴旺发达的标志之一。中国跨国公司对外投资既是我国企业竞争力增强后的必然选择，也是企业进一步增强全球竞争力的重要手段。近年来我国综合国力不断增强，众所周知综合国力的大小强弱，反映着一个国家的发展水平，决定着它满足国民需求、解决国内问题的能力，同时，也在根本上决定着它在国际上的地位和作用，2021年中国的综合国力排名跃居第二，且在2022年保持第二位（见表5–8）。

表5–8　　　2022年世界主要国家（地区）综合国力排名情况

1	美国	11	沙特阿拉伯
2	中国	12	加拿大
3	俄罗斯	13	印度
4	德国	14	乌克兰
5	英国	15	意大利
6	韩国	16	澳大利亚
7	法国	17	土耳其
8	日本	18	伊朗
9	阿拉伯联合酋长国	19	西班牙
10	以色列	20	瑞士

资料来源：2022年综合国力排行榜。

我国国家综合实力的不断上升，表明我国经济科技文化等方面取得了举世瞩目的巨大成就，国民经济得到快速平稳发展，与发达国家的差距正呈现出缩小的趋势，这大大增加了我国企业与国外优秀企业合作的机会，从而使中国跨国公司能够有机会以不同的方式走出国门，借鉴国际优秀企业的管理经验，利用其他国家的资源，获得自身更好地发展。

（二）中国国际竞争力的不断提升，为中国跨国公司创造了巨大的发展空间

世界经济论坛发布的年度《全球竞争力报告》（Global Competitiveness Report，GCR）是全球最具影响力的国际竞争力研究报告之一。它通过对影响国民经济发展和繁荣的多种因素进行跨国比较并排名，显示各经济体的竞争力优势和劣势，认为一个更富有竞争力的国家将是有可能中长期发展更迅速的国家。洛桑国际管理发展学院（IMD）每年发布分析全球60个经济体的竞争力排名同样被世界各国

所普遍关注。中国近年国际竞争力的排名情况如表 5 - 9 所示。

表 5 - 9　　　　2011 ～ 2022 年中国的全球竞争力排名情况

年份	排名	变化
2011	19	- 1
2012	23	- 4
2013	21	+ 2
2014	23	- 2
2015	22	+ 1
2016	25	- 3
2017	18	+ 7
2018	13	+ 5
2019	14	- 1
2020	20	- 6
2021	16	+ 4
2022	17	- 1

资料来源：IMD 世界竞争力报告整理，https：//www. imd. org/。

世界两大权威评价机构对国际竞争力的评价的重要依据是各国经济表现、拥有的创新力强的公司和高效的生产要素市场、政府效能以及企业研发能力等，我国竞争力的排名显示了我国经济发展的速度质量和水平，反映了我国企业的竞争能力以及我国越来越规范有效的要素市场以及政府职能的转变等，世界各国都十分关注中国的发展和蕴藏的巨大市场潜力。2008 年金融危机后人民币持续稳步升值，中国跨国公司凭借其自身雄厚的资金实力和中国国内富有潜力的巨大消费市场，更是被许多国家所看好，纷纷出台各种优惠政策以吸引中国跨国公司的投资，这为中国跨国公司的成长提供了巨大的发展空间。

（三）中国外汇储备充足，币值坚挺，为中国跨国公司成长提供了有利的投资条件

进入 21 世纪以来，我国外汇储备一直保持在高位，币值稳定，为我国高水平对外开放提供了坚实基础。2004 年，我国外汇储备规模为 6 099 亿美元，至 2011 年，外汇储备增长至 31 811 亿美元，年均增幅达到 25. 3%。此后，我国外汇储备稳步上升，始终保持在 3 万亿美元以上。到 2023 年，我国外汇储备已达 32380 亿美元，继续稳居全球首位。人民币对美元汇率在此期间经历了先升值后稳定的过

程。2004 年人民币对美元的中间价为 8.28，到 2008 年，人民币汇率升值至 6.95，年均升值率为 3.0%。此后，人民币汇率大致保持在 6 至 7 的区间内。至 2023 年，人民币对美元汇率为 7.05（见图 5-5）。

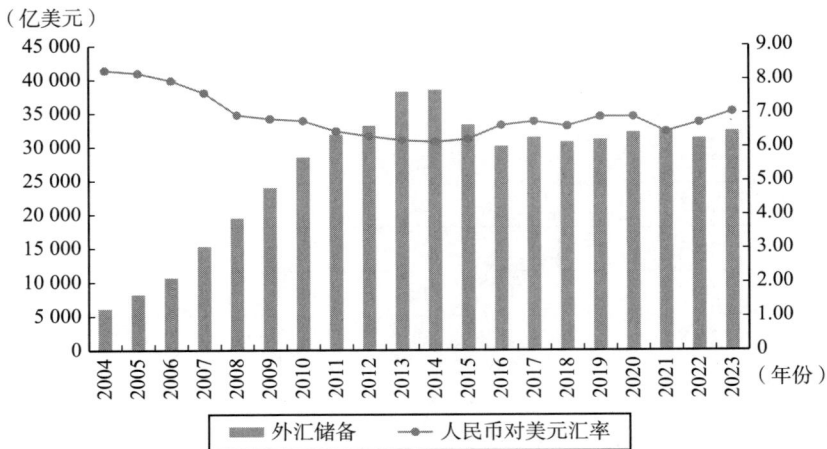

图 5-5 2004~2023 年我国外汇储备与人民币对美元汇率
资料来源：根据国家统计局网站数据整理。

随着我国外汇储备持续增长和人民币汇率逐渐升值，国际直接投资的模式也发生了一些变化。众所周知，进行国际直接投资需要支付款项和转移资本，即需要外汇。通常，国际直接投资会从汇率坚挺的国家流出，因此跨国企业若拥有相对坚挺的货币，就可能在汇率上获得所谓的"通货溢价"收益。然而，从宏观经济角度看，外汇储备的增加往往会带来人民币升值的压力，这也可能影响国家的外贸出口规模。因此，为了有效释放这些压力、规避潜在风险，并充分利用外汇储备，国家倾向于鼓励企业保留更多外汇，并推动符合条件的企业走出去，进行跨国投资。这种政策不仅有助于缓解外汇压力，也能激励企业通过海外投资拓展业务，进一步促进经济发展。显然，充足的外汇储备和坚挺的人民币汇率为海外投资提供了有力的刺激。

（四）中国企业实力逐渐提高，为中国跨国公司成长提供了实体依据

经过 40 多年的发展，中国已经有了一批拥有一定技术经济实力、熟悉国际化经营管理、适应国际市场激烈竞争需要的企业。通过推动这些企业"走出去"，可以拓展中国经济的发展空间，在全球范围内提高资源配置效率，从而提高中国企业的国际竞争能力。具有国际竞争力的大企业的迅速增加为中国跨国公司成长提供了实体依据。

（五）政府的政策对中国跨国公司的成长起着非常直接和关键的作用

随着中国加入世界贸易组织，逐渐融进世界经济的发展中，我国政府在政策和制度方面经历了一系列改革，主要历程：

1. 政府逐步推进"走出去"战略。在2000年以前，中国的国际投资政策是以鼓励吸引外资、限制对外投资为主要特征。1991年3月，国家计划委员会向国务院报送了《关于加强海外投资项目管理的意见》，指出"目前，我国尚不具备大规模到海外投资的条件"。上述观点成为20世纪90年代指导我国境外投资的基本政策，奠定了我国限制境外投资的基调（从实践情况来看，我国当时的海外投资主要是能够加强"南南"合作、推动我国与第三世界国家友好合作关系发展的带有援助性质的海外投资项目）。

1991年8月，国家计委在《关于编制、审批境外投资项目的项目建议书和可行性研究报告的规定》中，也仅仅是允许我国的企业、公司或其他经济组织到港澳地区和苏联、东欧各国以投资、购股等方式举办或参与举办非贸易性项目（非贸易性投资项目当时主要包括境外工程承包、劳务合作等形式），并不允许我国企业到除此之外的其他国家开展境外投资。

2001年全国人大九届四次会议通过的"十五"规划纲要中，"走出去"战略一词被正式提出。当时提出的"走出去"战略，鼓励三类对外投资：其一是能够发挥中国比较优势的对外投资，主要是指到境外开展加工贸易，实现带动出口的目的；其二是到国外合作开发资源的投资，主要为了获得国内短缺的资源；其三是到境外进行研发的投资，主要是为了创新与技术进步。这意味着，"带动出口""获得资源"和"技术进步"是当时实施"走出去"战略的主要理由，也可以认为是实施"走出去"战略的目的。

后来党的十六大报告、党的十七大报告、历年国务院政府工作报告、"十一五"规划纲要、"十二五"规划建议和"十三五"和"十四五"规划纲要均对"走出去"战略有明确表述。而且在这个过程中"走出去"战略的内涵不断丰富和加深。《对外投资合作"十二五"规划》明确指出，对外投资合作的主要任务是"三个优化"：一是优化对外投资合作领域，推动产业升级；二是优化对外投资合作市场布局，提高参与国际分工水平；三是优化经营主体结构，培育跨国公司和知名品牌。主要措施是"三个体系"：一是完善政策促进体系；二是健全服务保障体系；三是构建风险防范体系。在国家"走出去"政策的支持下，越来越多的企业开始选择走出国门，跨国投资。

"十三五"规划纲要进一步提出，以"一带一路"建设为统领，丰富对外开放内涵，提高对外开放水平。要秉持亲诚惠容，坚持共商共建共享原则，开展与有关国家和地区多领域互利共赢的务实合作，打造陆海内外联动、东西双向开放的全面开放新格局。

"十四五"规划纲要强调坚持企业主体，创新境外投资方式，优化境外投资结构和布局，提升风险防范能力和收益水平。完善境外生产服务网络和流通体系，加快金融、咨询、会计、法律等生产性服务业国际化发展，推动中国产品、服务、技术、品牌、标准走出去。支持企业融入全球产业链供应链，提高跨国经营能力和水平。引导企业加强合规管理，防范化解境外政治、经济、安全等各类风险。推进多双边投资合作机制建设，健全促进和保障境外投资政策和服务体系，推动境外投资立法。

2. 政府提供了金融、税收、财政、保险等方面的支持。

（1）金融条件。中国进出口银行于1994年成立，是跨国经营服务的主要政策性银行。它为中国对外承包工程及各类境外投资等海外扩张活动提供了政策性融资途径。亚洲基础设施投资银行（简称"亚投行"）是由中国倡议发起、57国共同筹建创立的多边开发银行，其使命是为面向未来的基础设施提供融资支持。2016年1月16日正式投入运营，现已发展为拥有106个成员的全球性多边开发银行。截至目前，亚投行共批准了221个项目，融资总额约420亿美元，带动资本超千亿美元，惠及三十多个亚洲域内与域外成员。下面以中国进出口银行对中海油并购背后进行金融扶持的案例进行分析。

早在2006年中海油与中国进出口银行签署贷款协议，贷款的总额为128亿元人民币，贷款期限10年，贷款固定利率为4.05%。所获贷款将满足其22.68亿美元和6 000万美元收购尼日利亚OML130区块45%的工作权益以及OPL229区块35%的工作权益的资本需求。2012年是中国石油企业海外油气并购历史性的一年，全年累计达成并购交易金额340亿美元，创历史最高水平，成为全球石油公司中最大的海外油气资产收购方。其中中海油最高，全年并购金额达214亿美元。2013年2月26日，中海油宣布，已完成对加拿大尼克森公司的收购交易，这是中国企业完成的最大一笔海外并购。前期中海油从中国进出口银行、国家开发银行、中国工商银行、中国银行等接受低贷款利率融资50亿~60亿美元。

总之，中海油能够连续多年进行大手笔的海外并购，与国内强大的金融支持是分不开的。但从长远的角度来看，并购只是第一步，能否实现海外分支的持续健康发展也需要金融机构的合理引导。

（2）跨国公司融资管制环境更加宽松。允许本国跨国公司的境内成员利用自有外汇资金以及从其他境内成员拆借的外汇资金，对境外成员企业进行境外放款或者境外委托放款——这在一定程度上缓解了本国跨国公司经营企业的境外成员企业运营融资的问题。

（3）优化国内税收优惠和费用补贴制度，为"走出去"的企业提供税收支持。给予跨国公司从事境外经营的分支自正式投产或开业之日起 5 年内对中方分得的税后利润免征所得税；对从事资源开发类投资项目的中国企业在东道国注册之前的有关费用提供财政补贴，包括聘请中介机构的咨询服务费、律师事务所服务费、可行性研究相关费用等。

（4）设立海外投资基金。2011 年 3 月 14 日，北京市政府与欧洲私人股本公司 A Capital Asia 合作设立中国首只用于海外投资的人民币基金，以支持中国企业的海外扩张。

（5）积极参与国际税收协定。税收协定可以有效地免除对外投资者的双重税收负担，防止东道国的税收歧视。截至 2011 年 4 月底，中国已对外正式签署 96 个避免双重征税协定，其中 92 个协定已生效，和中国香港、澳门两个特别行政区签署了税收安排。基本覆盖了我国主要对外投资的目的地。仅 2012 年通过执行税收协定，使企业享受税收优惠就达 100 多亿元。

（6）成立中国信保，为企业海外投资提供保险和风险预警机制。中国于 2001 年成立了中国出口信用保险公司（中国信保）——中国唯一承办出口信用保险业务的政策性保险公司。海外投资保险是中国出口信用保险公司针对中国投资者进行海外投资，保障投资者的海外投资免受征收、汇兑限制、战争和政府违约等事件造成损失进行承保的保险产品。它有效地分担了跨国公司的风险，极大地鼓舞了中国跨国公司的海外发展。

自 2005 年，中国出口信用保险公司每年都推出的《国家风险分析报告》《全球风险地图》，对与中国经贸关系最密切、中国企业最为关注的重点国家，全面客观地评价了其国际收支、外债负担、偿付能力、主权信用等涉及中国对外经济贸易安全的关键因素。

第三节　中国跨国公司的成长路径

一、市场寻求型成长

中国加入 WTO 之前，中国企业的国际化扩张绝大多数都是为了资源与市场。企业国际化具体表现为由不同阶段组成的渐进式过程，在地理扩张上遵循本地市场、地区市场、全国市场、海外相邻市场到全球市场的成长路径；在经营方式上遵循国内经营、间接出口、直接出口、设立海外销售机构再到海外直接生产的成长路径。例如，万向集团创始于 1969 年，以汽车零部件制造与销售为主要业务。它的国际化战略开始于 20 世纪 70 年代。1984 年，万向集团开始打入美国市场，成为美国市场上首家中国汽车零部件出口企业。经过 20 多年的不断探索，万向集团已在欧美等国家设立 30 多家公司，其国际营销网络涵盖全球 50 多个国家和地区。

从我国企业进入全球 500 强的行业分布来看，中国内地的上榜企业分别来自 26 个行业，其中主要来自采矿与原油生产、金属产品、商业银行、车辆与零部件、工程与建筑、贸易，这些行业的上榜企业数量都在 5 家以上。目前这些行业国内市场资源有限、市场竞争激烈，这些行业的中国跨国公司已经开始把寻求海外市场作为新的经济增长点。例如，近几年中国银行业在世界 500 强的排名集体大幅提升，多数已经进入前 200 强。尤其是四大国有银行逐步建立起自己的海外金融活动网络，将中国的商业银行推向国际市场。其中 2007 年 10 月，中国工商银行斥资 366.7 亿南非兰特（约合 54.6 亿美元，408 亿元人民币）收购了非洲第一大银行——南非标准银行集团有限公司 20% 的股权，成为该行最大股东。由于南非具有与西方国家金融系统同步对接的便利条件，南非还能够为其他金砖国家提供与西方国家加强在金融、贸易和投资领域合作的中转站。因此这次并购对于中国跨国公司寻求更广阔的海外市场具有战略意义。

二、资源寻求型成长

我国虽然地大物博，但人口众多，按人均计算，是一个自然资源相对紧缺的国家，石油、森林、橡胶、铁矿、铜矿等重要资源的人均拥有量远远低于世界平均水平，不少资源需要长期大量进口。确保获取稳定的稀有自然资源，以满足国内市场的需求，是中国跨国公司投资海外的一个重要原因。不仅如此，通过开发国外丰富的自然资源和能源，中国也可以降低自己国内制造和出口的成本。例如，中国五矿集团对澳大利亚 Channar 矿业的投资项目，这个项目平均每年产出 1 000 万吨铁矿石，在运营的 20 年（1990～2010 年）中向中国运回的铁矿石总共达 2 亿吨。同样，上海宝山钢铁公司在澳大利亚、巴西和南非也已经投资了 6 个项目，以此获取铁矿开采权和钢铁市场。1990～1994 年，该公司运回中国超过 1 000 万吨矿产，节约了近 600 万美元的费用。2005 年，中海油收购优尼科，看中的主要就是优尼科在亚洲的油气资源，这为中海油在中国东南沿海加紧实施天然气战略提供了理想的源地。

当然也包括寻求人力资源。为了更好地寻求人力资源，大多数跨国公司采用人才本地化策略。例如，海尔集团国际化的秘诀就是人员本土化。2021 年，海尔智家海外员工 36 080 名，来自全球 50 个国家和地区。其中在英国，海尔智家积极洞察当地人才市场，雇用了 650名员工，实现近 100% 的本土团队经营。除了工人和管理人员外，海外海尔人还包括一些海外设计人员和经销商。海尔认为国际化其实就是本土化。

三、战略性资产寻求型成长

（一）基本概念

战略性资产也称创造性资产。该定义最早是由邓宁在 1993 年提出。邓宁将资产分为两种类型：自然资产（Natural Assets）和创造性资产（Created Assets），也称为战略性资产（Strategic Assets）。自然资产是自然界产出的结果，包括自然资源和未经培训的劳动力。创造性资产是在自然资源基础上，经过后天努力而创造出来的基于知识的资产，是企业竞争优势的来源。创造性资产可以是有形的，如物质资产和财力资产；也可以是无形的，如专有技术、商标、商誉、组织能力、制度文化等。换言之，创造性资产是指那些包含在人、所有权、制度和物质能力中的知识、技巧、学习和经验的积累及组织能力。所有的创造性资产都有一个共同的特征——知识。以知识为基础的资源和资产的市场正日益变得开放，拥有这些资产的企业可以进行买卖。

> 战略性资产也称创造性资产，最早由邓宁在 1993年提出。它是指在自然资源基础上，经过后天努力而创造出来的基于知识的资产，是企业竞争优势的来源。

（二）作用

在追求提高竞争力的过程中，跨国公司对获取创造性资产，即主要的创造财富的资产和公司竞争力的关键源泉，赋予了特别重要的作用。跨国公司可以将对外直接投资（FDI）作为获取创造性资产和提高公司竞争力的主要手段。寻求创造性资产意味着必须以动态的观点来看待跨国公司的竞争优势。跨国公司的对外直接投资不仅是利用优势的过程，而且也是构筑新的竞争优势的过程。在经济全球化的新型竞争条件下，对外直接投资不再以垄断优势为先决条件，拥有局部竞争优势的后发企业可以通过对外直接投资的方式获得创造性资产，形成新的竞争优势。

（三）此类中国跨国公司对外投资的形式

中国企业的局部竞争优势是在与跨国公司的直接竞争中形成的。

这些优势使一批中国企业在技术相对成熟的行业逐步取得相对有利的竞争地位。这为中国企业进入发达国家市场或整合西方跨国公司的弱势业务提供了可能。这类企业在中国经济没有开放之前成立，在进行海外投资之前已经取得了相当大的国内市场份额。中国经济开放后，这些企业成为大型企业或中型企业，并且积累了比国内竞争者更多的资源，如中石油、中石化、中粮集团。这类跨国公司往往表现为对其他国家企业的并购行为，以获取战略性资产为目的。

基于寻求创造性资产的中国企业对发达国家的投资可以采取多种形式，其中最常见的是在当地建厂、设立技术监听站和跨国并购三种形式。这些形式既可单独使用，也可混合使用。

1. 当地建厂。通过在发达国家当地建厂，中国企业可以在发达国家建立一体化的生产经营体系，并通过这个生产经营体系发展起与当地供应商和销售渠道的紧密联系。这种联系是企业之间知识和技能传播的重要途径。通过在当地建厂，中国企业可以直接雇用发达国家的优秀技术和管理人才，在第一时间获得新产品和新工艺的最新信息，及时认识和把握新的行业机会。由于置身于发达国家的竞争环境，中国海外投资企业可以通过"干中学"来不断提高自己的技术和管理水平，更快地缩小与发达国家竞争对手的差距。当地建厂可以提高中国企业在发达国家的一体化经营程度，促进企业在当地"扎根"，这可以使中国企业更好地了解行业中的技术、质量、规模和成本需求，跟上技术发展和变化的步伐。

2. 在发达国家建立技术监听站。技术监听站（Technology Listening Post）是企业知识开发系统中担负着获取外部知识的外围机构，通常设立在国外知识创新集群所在地。技术监听站相当于企业的眼睛和耳朵，能有效地听取和管理来自全球的知识源。技术监听站既可以与当地建厂相配合，也可以单独设立。例如，海尔在发达国家建厂的同时，还在全球设立 10＋N 开放式创新体系、71 个研究院、30 个工业园、122 个制造中心、108 个营销中心和 23 万销售网络，这些机构和海尔一起构成了海尔的全球信息网，能够及时地获得国际最新的科技和市场信息。

3. 跨国并购。跨国并购可以使中国企业迅速获得研发资源、技术诀窍、专利、商标以及供应与分销网络。随着以知识为基础的资产和高技能的雇员与工作团队在国际竞争中的作用日益增强，中国企业越来越多地采取跨国并购的方式进入发达国家市场。跨国并购可以使中国企业充分利用发达国家产业转型和企业重组的机会，提高获取创造性资产的效率，但是，跨国并购同时也是风险很高的创造性资产获取方式。由于中国企业缺乏跨国经营的经验，往往难以正确评估被并购企业的真实价值，同时，由于创造性资产具有无形、隐性的特点，很可能会随着关键人员的流失而流失。要通过跨国并购有效地获得创造性资产，中国企业必须具备较强的整合能力。并购后的整合包括供应链和生产的整合、销售体系和客户体系的整合，以及人力资源、管理团队和企业文化的整合。其中，最为根本的是文化整合。

（四）中国不同类型的跨国企业所表现的特征

由于发达国家市场拥有大量的优质战略资产，中国不同类型的跨国企业在海外寻求资产的侧重点有所差别：

民营利基型企业很少会出于寻求全球化品牌、研发设备或分销渠道的目的而进行激进的并购，往往更愿意通过战略联盟寻求（诸如管理技能、目标市场研发经验等）资产。如中兴通讯在美国达拉斯建立实验室和生产基地，主要瞄准北美的手机和通信市场。

民营全球型企业在海外并购时，更看重技术、品牌以及分销渠道能否弥补自身的缺陷，以及是否满足分布广泛的商业需求，如华为。

国有跨国型企业更多出于母国政府支持国内经济发展的需要进行并购，以获取自然资源或构建服务网络，如中粮集团。

国有专家型企业聚焦于从部分国家或地区获取特殊资源，如2009年中国五矿集团对澳大利亚OZ矿业公司的投资以获取铜、锌、黄金等多种金属矿为目的。

四、中国跨国公司3L–3E成长路径

（一）3L成长路径

2006年澳大利亚麦考瑞大学教授马修斯（J. A. Mathews）提出了跨国公司的LLL分析框架——互联、杠杆化和学习（Linkage Leverage and Learning），认为跨国公司后来者要获取优势首先要努力实现全球化，因为国际化扩张比仅仅在国内市场拓展能获得更多的市场机会；其次要努力实现自有资源与市场主导者或合作伙伴资源的杠杆化；最后通过在与国际合作伙伴的互联和杠杆化过程中实现自身学习性的提高。马修斯认为，这种分析框架更适合于解释来自发展中国家的跨国公司，但马修斯却并没有明确地指出跨国公司后来者如何实现互联、杠杆化和学习化或者本土化。

（二）3L–3E成长路径

对外经济贸易大学跨国公司研究中心主任教授范黎波基于马修斯提出的跨国公司后来者的3L分析模型——互联（Linkage）、杠杆化

澳大利亚麦考瑞大学教授马修斯（J. A. Mathews）提出了跨国公司的LLL分析框架——互联、杠杆化和学习（Linkage Leverage and Learning）。

（Leverage）和学习（Learning），以这个理论分析范式作为跨国公司后来者的成长路径，提出嵌入性（Embeddedness）、平衡性（Equipoise）和内生性（Endogenous）作为跨国公司后来者实现互联、杠杆化和学习的关键点，以此构建出 3L－3E 的成长路径。

　　跨国公司后来者在全球化的互联过程中，除了传统的自然资源寻求、市场寻求和效率寻求的国际化动机外，更重要的是要寻求能够形成互补的战略性资产，这种融入全球获得最需求资源的过程就称为互联（Linkage）。这种战略性资产通常会在价值链的高端环节，因此作为后来者，努力嵌入（Embed）全球价值链高端环节就成为互联的关键点。杠杆化（Leverage）是跨国公司后来者通过与其国外关联部分进行各方面的融合，使自有资源能够充分发挥杠杆作用，从而实现双方资源的可流动性、可转移性和可持续性。实现的关键点在于平衡（Equipoise），即企业之间合作并非简单的加法和减法，他们更需要的是平衡性，这种平衡性的前提就是双方有合作的意愿，双方有信任和合作的态度。而一旦这种平衡性被打破，就可能导致双方合作的终止。学习（Learning）是指跨国公司不断积累，最终实现内生性优势的过程。嵌入全球网络的企业通过持续地改进互联和杠杆化水平，逐步建立累积性优势（量变优势），实现显性知识到隐性知识的转换，不断地提升自身的价值创造能力，最终产生"质变"，形成内生性优势的过程。通过价值创造能力产生的内生性（Endogenous）优势也成为跨国公司后来者实现学习性的关键点。

　　例如，联想集团收购 IBM 个人电脑业务的 3L－3E 路径。联想集团通过收购 IBM PC 业务，顺利嵌入 PC 产业链高端环节，获取了许多战略性资产，而不仅仅是一般性资产，进而有助于提升其自身的价值创造能力，形成内生性优势。技术与人才方面，联想收购 IBM 获得了 IBM 的专利技术以及可以使技术持续和完善下去的研发团队和专业人才，这些专利技术和人才就是联想建立内生性优势的基础。通过双方建立的战略合作、管理沟通、技术交流和人员培训机制，联想的组织经验，员工的个人素质和能力，技术水平均得到大幅提升，产品的工艺和质量水平均得到很大提高。通过对 IBM 的并购和成功的整合，联想的国际性品牌和国际化的渠道也均得到显著的提升和拓展。通过互联和杠杆化过程，联想建立了持续的知识转移机制，推动了嵌入人员、设备和任务中的知识资本在母公司内部的转移，加速了显性知识向隐性知识的转换进程，这种知识学习和转换进行到一定程度后必然会产生"质变"，最终形成联想的内生性优势。但如何与 IBM PC 部进行有效融合与平衡，实现双方资源的流动性、转移性和持续性，成为联想急需解决的问题，主要表现在四个方面：第一，战略愿景如何平衡，如何实现道同相为谋，从而为收购以及以后的发展铺平道路；第二，公司资金、利益如何平衡；第三，人力资源如何平衡，从高层到基本员工怎么处理；第四，企业文化如何平衡。联想还有很长的路要走。

五、中国跨国公司成长启示

1. 企业总是要在一定的环境之中生存和发展，外部环境不可避免地会对企业的行为产生影响。对我国跨国公司而言，由于其所面临的外部环境比国内经营时更为复杂，因此，我国跨国企业必须具备更强的环境适应能力。

2. 全球公司成为跨国公司的发展趋势。"冷战"结束后，跨国公司开始在全球市场上寻找、配置、整合资源，在全球范围打造产业链，将研发设计、制造组装、营销服务等价值链的各个环节在全球进行布局。由此导致了跨国企业的管理模式发生了变化：一是股权的全球化，大型跨国公司的股权从一国的股东扩展到全球；二是网络化的全球管理。特别值得注意的是，跨国公司在走向全球的过程中，其追求目标逐步从股东价值最大化转向承担经济、社会、环境的全面责任和全球责任。我国跨国公司也要转变经营战略，适应这种变化。

3. 中国政府要从理论上和实践上重视跨国公司和全球公司的研究。中国要融入全球公司发展的潮流，应推进源于中国的全球公司的发展。中国的多数公司正处在从跨国公司到全球公司的关节点上，因此，要像全球公司一样去全球寻找、整合资源，加快走向世界。中国政府要在理论上把跨国公司的研究融入整个国家的大战略研究里，在政策上要大力支持和推进中国跨国公司的发展。

2023 年中企国际化十大案例

第四节　中国跨国公司对外投资风险及其防范

一、我国企业海外投资面临的风险类型

我国企业海外投资面临的风险，从类型上划分有几种：政治风险、管理风险和财务风险等，还有如地震、台风、火山爆发之类的自然灾害带来的风险等其他风险。

（一）政治风险

1. 政府干预。在中国企业境外投资经营领域，以美国为代表的西方国家经常以国家安全为由干预中国企业正常的投资商业行为。2005年，联想集团宣布以17.5亿美元并购IBM公司个人电脑（PC）业务，但因为美国外国投资委员会（CFIUS）担心这一并购行为有可能危及美国的国家安全而被迫接受延期调查。在并购行为结束后，美国国会议员理查德·达马托（Richard D. Amato）又向国会提议审查联想计算机的信息安全，使联想的业务发展受到很大的制约。2005年3月，华为公司向印度政府提出了贸易许可申请，附带6 000万美元在印度设立工厂的申请，出于对中国企业在通信硬件方面的安全顾虑，印度政府暂缓了中国华为技术公司投资6 000万美元设立工厂的提议。

2. 民族主义风险。民族主义情绪高涨，导致工会势力加强，罢工频起，致使生产和工程进度等都受到极大的影响。在个别国家，政府颁布命令，要求企业提高基本工资，这导致企业生产成本加大，利润受到影响。中国企业海外经营往往过分追求纯粹的经济利益，不在东道国寻求利益代言人，不注重建立本土化的公共关系，很少实施本土化的经营战略。这样一来，我国境外投资企业的发展不仅难以真正融入东道国当地经济社会发展体系之中，而且由于与当地政府和公众缺乏有效的沟通与协调，很容易引起"排华"情绪，遭遇民族主义风险。如2004年，西班牙鞋商和贸易保护主义者打着保护民族产业的旗号，针对中国鞋发起了多起游行、示威、抗议活动，2004年9月17日，埃尔切市的少数激进分子甚至烧毁了大批中国鞋，酿成了震惊世界的烧鞋事件。

3. 政策变动风险。东道国政策、法规的不连续，会给我国企业境外发展的空间和利益造成很大的影响。例如，俄罗斯近年来不断提高石油和木材的出口关税，导致我国投资俄罗斯木材及加工业的企业遭受损失。此外，俄罗斯2006年底出台的关于整顿批发零售市场经济秩序，规范外来移民就业等有关法规，更是使10万华商遭受重大损失。泰国新政府修订《外国人经商法》，有1 300多家外资公司因此必须调整股份结构，也使得许多中国境外企业遭受了巨大损失。

4. 恐怖主义风险。"9·11"事件以来，恐怖主义威胁与全球反恐成为当今国际政治舞台上突出的特点。虽然国际社会做了很多反恐努力，但由于国际政治、经济、宗教、民族等深层问题没有得到解决，恐怖主义活动愈演愈烈。从西班牙马德里火车爆炸案、印度尼西亚巴厘岛爆炸案到俄罗斯莫斯科地铁爆炸案和伊斯兰人质事件，整个世界似乎到处笼罩在恐怖主义的阴影里，而针对外国人的绑架、恐怖袭击事件也屡有发生。近年来，中国公司也成为恐怖分子的袭击目标。

5. 地缘政治风险。地缘政治是政治行为主体通过对地理环境的控制和利用来实现以权力、利益、安全为核心的特定权利，并借助地理环境展开相互竞争与协调的过程及其形成的空间关系。特定时期人们对储存于特定地区的特定资源的需求程度决定着世界资源中心，同时形成这一时期的地缘政治争控的核心目标。石油已成为当代国际政治、军事和外交关系的重要筹码，许多国家都把石油看作关乎国家安全的大事，以至于当严重威胁发生时政府会不惜使用武力来进行干涉和保护。由于石油分布的不均衡性，各国为了获取石油围绕着世界特定区域而进行的激烈争夺和冲突从来就没有停止过，而战争一旦爆发，石油公司的巨额投资将会受到严重威胁。

2022年2月俄乌冲突爆发，未来地缘局势如何仍有较大的不确定性，对外资的负面影响已经真实显现，已有超过1 000家公司宣布退出俄罗斯市场，包括福特、雷诺、埃克森美孚、壳牌、德意志银行、麦当劳以及星巴克等汽车、能源、金融和餐饮巨头，一些风险还可能持续暴露。

（二）管理风险

1. 效率风险。我国对外投资仍以国有企业为主，目前大型企业仍是国有或国有控股。国有企业在治理结构上的缺陷，包括所有者和经营者在目标取向方面存在扭曲、责权不对称、对企业经营者的激励和约束不足，使得国有企业在国外市场竞争中缺乏效率和国际竞争力。另外，我国企业在财务管理、技术标准以及产品质量标准等方面都与国际惯例有一定差距，也使自己在国外竞争中处于劣势。

2. 跨文化风险。跨文化风险是指与东道国的语言、风俗习惯、价值观与态度、宗教信仰等方面的差异给企业对外投资带来影响的不确定性。不同文化背景的员工在价值观等方面容易形成较大差异。例如，在风险观念方面，中国企业家一般缺乏风险意识和冒险精神，在不确定条件下不敢贸然决策，往往失去市场竞争机会；而西方企业家则勇于冒险、敢于探索，尤其是在研制新产品、开拓新市场、运用新技术等方面表现突出。对外投资企业如果不重视多元文化的差异，将会增大投资风险。中国企业对外投资应该努力化解这种差异化的风险。

跨文化风险，是指与东道国的语言、风俗习惯、价值观与态度、宗教信仰等方面的差异给企业对外投资带来影响的不确定性。

（三）财务风险

1. 决策程序风险。根据我国的对外投资管理法规，到境外投资需要到外经贸管理部门办理境外投资审批手续，然后到外汇管理部门办理外汇来源风险审查手续。所以，在进行境外并购的决策时，就必须考虑到相关政策因素，在并购项目启动后，应优先办理这些手续。

但在实际工作中，有些企业到境外并购企业，执行"先斩后奏"的冒险策略，到并购协议签署后还没有办理相关审批手续，等到需要用外汇支付并购款时才想起补办。由于办理用汇审批手续需要一定的时间，很容易导致协议规定的支付并购款的时间已到，而企业却无法从国内调查拨款项的问题。对于那些已经拥有多家海外公司的大型企业来说，或许可以考虑临时从其他海外公司拆借资金救急，待获得批准手续后再偿还拆借的资金。但对于那些刚刚开始国际化的公司来说，出现这种问题就可能导致承担违约赔偿责任或延期完成并购而增加并购成本等问题。因此，决策程序风险是境内企业进行境外并购可能遇到的首要风险。

2. 价值评估风险。境外并购的核心问题是如何评估并购目标价值。对收购方来说，总希望收购目标的价格越低越好；而对出售方来说，则希望并购价格越高越好。最终的成交价格是并购双方相互谈判和相互妥协的结果。如果对并购目标的价值评估出现较大偏差或严重背离，就有可能给并购方带来沉重的财务负担。一般来说，境外并购的价值评估风险大小取决于对并购目标信息的不对称程度。一旦信息不充分，其收购价格就可能高于并购目标价值，使企业陷入财务困境。

3. 汇率风险。由于结算货币的不同和汇率波动，有时会给并购企业带来严重的财务风险。例如，国内某企业为了开拓东欧某国的市场销售渠道，以"债务承担式"并购了一家专门经销自己产品、已经资不抵债的销售公司，使这家东欧销售公司成为其子公司，并以较长的放账周期来销售母公司出口到当地的产品。该公司在当地以本国货币结算，而对国内母公司的进口则采用欧元结算。公司在并购时重点考虑的是市场因素，并没有充分考虑汇率可能造成的影响。在并购当年，被并购公司经营还算正常，财务上实现了盈亏平衡；但到第二年，由于当地货币对欧元大幅度贬值，又因放账周期过长导致对母公司的应付账款余额太大，年底决算时导致子公司发生了巨大的汇兑损失，使得该公司集团连续几年都面临着巨大的经营压力。

4. 融资风险。境外并购的融资风险包括两个部分：一是国内并购企业筹集并购资金的风险；二是指境外被并购企业在当地经营过程中融资成本过高或者根本无法融资的风险。一般来说，已经参与国际并购的国内企业，其并购资金的筹集并不困难，但对于境外被并购企业来说，如何保证在日后的经营中有着畅通的融资渠道和低成本的融资方式则存在一定的困难。从目前我国众多境外投资企业的现状来看，都面临境外融资渠道狭窄、融资成本偏高等一系列困难。

二、中国跨国公司应对投资风险的措施

（一）政治风险防范对策

1. 采取正确的跨国经营策略，从源头上降低政治性风险的发生概率。

（1）首先要确定参与形式，面临股权安排和非股权安排两种策略的选择；在股权安排中，又有直接投资和迂回投资（即通过自己持股的第三国公司到东道国投资）之分，股权比例也有全资、合资两种。为了最大限度降低政治性风险的发生概率，一般来说，在法制相对完备、社会安定、与我国无重大政治冲突的发达国家可以选择股权安排，以便最大限度地获利。法制越完备与我国政治冲突越少，就越应该采取直接投资形式，只要企业财力足以支持，股权比例也越高越好。相反，在法制不完备、社会不安定或与我国存在潜在重大政治冲突的国家，我国企业应优先选择非股权安排。东道国法制越不完备，社会越不安定，与我国潜在政治摩擦越多，我国企业越应当采取非股权安排或迂回投资方式，持股比例也越低越好。

（2）其次是选择参与环节。任何一个行业的经营都包括多个环节，投入各个环节的资产构成各不相同，不同资产的流动性相差很大，而规避风险的宗旨就是提高资产流动性。

（3）除了选择适当的参与形式之外，企业还需要选择适当的参与时机。一方面降低收购的财务成本；另一方面东道国民间的反对声浪也会低许多。

2. 加快组织海外华人商会，借助集体力量增强海外华商抵御政治性风险的能力。组织海外华人商会的重要意义已经引起了相当广泛的关注，在组织海外华人商会的过程中，应当注意以下几点：

首先，海外华人商会必须遵守东道国法规，在东道国法制下开展活动。

其次，海外华人商会应当坚持非政治原则，除了相关经济法规立法咨询过程之外，不参与任何纯政治性活动。

再次，海外华人商会应当实行民间、自治原则，我国政府外交和商务部门可以而且应当对其组建和开展活动给予积极的支持，如组织研讨和交流活动，及时总结、推广海外华商组织运作的成功经验，吸取教训，推荐、协助培养有关人才，引导其走上规范发展道路，但不宜过深干预其内部运作。

最后，积极利用非正式商业团体的积极作用。在组建海外华商商会过程中，如果一时难以组成正式的、包容当地所有华商的商会，那

199

么政府可以对海外华商基于宗族、籍贯组成的商业性团体给予适当支持，在这些较小商业团体发展的基础上最终形成包容性更强的海外华人商会。

3. 扩大与贸易伙伴国的人员交流，改善华商在海外的政治和舆论环境。改善华商在海外的政治和舆论环境，归根结底就是要在东道国国内寻找反保护主义同盟军，包括东道国进口商及其团体、东道国配套及相关服务企业、东道国当地雇员、信奉自由贸易的学术界和舆论界机构与人士，以及有关政界人士。在这个过程中，特别重要的是与政界、商界、学术界和舆论界精英人士的交流，因为他们对东道国社会舆论能够发挥强大的引导作用，防止东道国通过对华商、中国商品不利的不公正法规和做法，而人员交流正是增进相互了解、降低风险概率的重要方法。这种交流不仅要包括当前的精英交流，而且包括未来的精英交流。为此，我们需要有秩序、有意识地面向我国跨国经营重点国家和地区进一步扩大招收海外留学生和访问学者计划，招收对象是他们的高校学生，以及国家行政学院的未来公务员。我国政府有关部门、有较大海外权益的企业、有关商会可以与东道国进口商及其团体、东道国配套及相关服务企业联合或者分别设立有关进修、留学基金，鼓励双方的学生到对方国家留学。

4. 完善投资保护机制。

（1）通过签订国际多边、双边或区域投资保护协定保障本国企业跨国投资安全，母国对于本国企业海外投资的法律和政策保护，实际上是以两国或多国政府实行双边、多边保护协议为基础的。只有建立有双边、多边保护协定，才能真正落实责任和权利。在双边投资保护和保险制度下，中国企业在境外的投资一旦遭到政治风险，可以先由国内保险机构向投资企业赔偿损失，然后由保险机构获得代位求偿权，依据中国与东道国的双边投资保护协定，向东道国办理事项。我们也可以依据双边保护协定的对等原则，当中国境外企业在东道国遇到不公平待遇时，可以惩罚东道国在华的相应企业。

（2）积极利用多边投资担保机构和境外投资保险机构。多边投资担保机构可以向跨国投资者承保外汇冻结险、资产征用险、合同中止险、武装冲突和市民暴动险这四种风险。对外直接投资保险制度是资本输出国政府对本国对外直接投资者在国外可能遇到的政治风险，提供保证或由风险投资者向本国投资保险机构申请保险后，若发生承保范围的政治风险致使投资者受损，保险机构予以补偿的制度。

5. 完善政策性出口信用保险和海外投资保险制度。要建立专门的对外投资保险机构，因为外国企业遇到的投资风险与国内企业大不相同，普通的保险业远不能适应需要，必须建立专门的海外投资保险机构。这类机构最初的工作特点可以是：仅限于对私人直接投资，即投资者可以直接参与经营管理和支配的海外企业投资（不包括间接风险）；保险对象仅限于政治风险，不包括一般商业风险；保险的目的不只是进行事后补偿，更重要的是防患于未然，尽可能保证事故不致发生。发达国家在这方面已为我们提供了有益的经验。如日本的"通产省企业局长长期输出保险课"、美国的"海外私人投资公司"、联邦德国的"黑幕斯信用保险公司"和"德国信托与监察公司"等，都是专门开展对外投资特殊保险业务的组织。在保险范围上，根据国际惯例，可包括外汇风险、征用风险和战争灾害三种。实施时要注意依据中国与东道国签订的双边投资保护协定来办理。要根据我国企业跨国经营政治性风险的发展趋势，增加新的保险工具，扩大保险覆盖面。

6. 借助东道国资本外逃渠道规避汇兑限制风险（转移风险）。由于 20 世纪 90 年代以来国际金融（货币）危机频繁爆发，发展中国家和某些转轨国家的转移风险仍然不可低估，我国企业投资的新热点——拉美地区就是金融（货币）危机高发区，应对其转移风险是现实的需要。要从根本上化解这些国家金融（货币）危机导致汇兑限制的风险，需要这些国家推行稳健的宏观经济政策和强有力的管理，但这些不可能在短期内收效，而且也不是企业的责任所在。因此，企业只能寻求自己的应对之道，而东道国的资本外逃渠道就可以让我国企业用于规避转移风险。

拉美国家资本外逃现象一向极为严重，以至于原花旗银行主席沃尔特·瑞斯顿评价道："无论采取什么样的外汇管制措施，在巴西和阿根廷长大的人都能找到规避办法。"1976～1982 年间，阿根廷、墨西哥资本外流对外债增量之比均超过 60%，委内瑞拉该项比例竟然超过 100%；根据阿根廷议会资本外逃特别委员会 2003 年 2 月 24 日公布的数字，截至 2001 年底爆发金融危机，阿根廷 10 年外逃资金总额高达 604.12 亿美元。资本外逃途径也多种多样，仅笔者初步总结的中国变相资本流动主要渠道就有进出口伪报、平行贷款、提前错后、借用外债等 11 条。当我国企业借助东道国资本外逃渠道规避转移风险时，应当优先选择采用不直接违法的平行贷款、提前错后和转移定价等方法。特别是平行贷款，严格来说仅仅是不同币种、不同地点资产所有权的转移，其本身并不会造成实际的资本跨境流动，应当成为我国企业规避东道国转移风险的首选方式。相应地，对内地从事平行贷款业务的民间中介者，监管部门应当适度放宽限制。

（二）管理风险的防范对策

1. 提高企业的核心竞争力。核心能力指企业在特定的经营中具有竞争优势的多方面技能、互补性资产和运行机制的有机融合，是不同技术系统、管理系统的有机组织，是识别和提供竞争优势的知识体系。核心能力的强弱是企业实施境外投资的首要制约因素，也是决定境外企业抗拒经营风险能力的重要指标。不论在境外新设企业还是直接收购境外股权，境外投资成功的关键在于是否发挥和增强了投资主体的核心能力，如果只是盲目并购和多元化，往往导致经营失败。目前许多国内企业只关注境外投资的外在效果，如资本的集中、规模的扩大，却很少认真分析核心能力这个本质的东西，特别是一些有资金实力却并不具备竞争优势的企业，把境外投资等同于攻城略地的扩张导致收购境外股权时出价过高，也影响了境外投资的实际收益。

政府在资金、政策等方面要给予大力倾斜和扶持，以技术创新为主要抓手，培育龙头企业，形成支柱产业，逐步形成一定规模的行业体系，提高中国企业的核心竞争力。而企业应当把核心竞争力的建立和培育作为自己经营发展的战略。从本质上看，企业的竞争是科技创新能力和科技人才的竞争，科技能力高，效率就高，成本也就更低。面对国际市场日趋激烈的市场竞争环境，企业必须强化研发能力和技术创新能力，拥有更多的具有自主知识产权的技术专利，增强核心竞争力。

2. 实行内部诊断制度，完善境外企业的治理结构和管理结构。没有健全竞争机制以及激励与约束机制的境外经营，比国内经营的风险大幅增加，因此，形成完善的治理管理结构是境外企业应对经营风险的前提条件。

首先，通过加强对境外企业的财务监督完善其内控机制，目前国内投资单位选派到国外企业的财会人员，尤其是有经验的财会主管严重不足。很多境外企业内部账务管理和会计核算制度不健全，"多本账"问题严重，有的境外分支机构为节省开支甚至会计、出纳一人兼，这种不规范的财务制度往往成为贪污、舞弊者可资利用的漏洞，造成国有资产的大量流失。这种情况要求投资主体不能对境外企业放任不管，要有专门的审计部门对境外子公司进行定期和不定期的审计，特别要防止将国有资产和外汇资金用于境外投机性炒作。

其次，当东道国外部治理机制健全，母公司可以借助外部治理环境的强监督作用来安排内部治理，实现对境外企业的有效治理和控制，如很多跨国公司在境外企业的董事会中引入当地债权银行的代表和独立董事职务以加强对外子公司的监督。

最后，母公司应把内部诊断制度作为完善境外企业治理管理结构的重要手段，设立专门的机构，对境外企业的经营管理情况进行定期的内部评估，并提出相应的改进建议。

3. 跨文化管理风险的防范。

第一，树立正确的跨文化管理观念。树立正确跨文化管理的观念是跨文化管理风险防范的首要策略。跨文化管理的风险是客观存在的，也是复杂多样的，因此企业在进行国际经营的过程中要有充分的思想准备。当跨国公司的管理人员到具有不同文化的东道国工作时，往往会遇到很多困难。各国特有的语言、价值观念、思维形式等文化因素在跨文化管理中会形成障碍，从而影响跨国经营战略的实施。理解文化差异是发展跨国文化管理能力的必要条件，因而要重视对他国语言、文化、经济、法律等知识的学习和了解。同时不同类型的文化差异可以采用不同的应对措施。因管理风格和管理方法的不同而产生的冲突可以通过互相学习来加以改变；因生活习惯和行为方式不同而产生的冲突可以通过文化交流解决。只有把握不同类型的文化差异才能有针对性地提出解决文化冲突的办法。另外，文化差异在跨国经营和管理中也有有利的一面，即文化差异可看成是一种优势。恰当地利用不同文化所表现的差异，为企业发展创造契机，文化差异能给企业开展国际运营带来机遇。母国文化和东道国文化之间虽然存在着巨大的文化差异，但却不一定互相排斥，有时可能互为补充，这时"跨文化"就成为优势。一种文化的存在可以充分地弥补另外一种文化的许多不足及其单一性。美国肯德基公司在中国经营的巨大成功可谓是运用跨文化优势，实现跨文化管理成功的典范。而且，不同思想的碰撞就会产生新的想法，从而创造出新的企业文化。这种新型文化既保留着强烈的母公司企业文化特点，又与当地的文化环境相适应，既不同于母公司企业文化，又不同于当地企业文化，是两种文化的有机整合，从而体现跨国企业竞争优势。

第二，跨文化管理中的冲突管理策略。跨文化管理中最棘手的问题是文化冲突。不同形态的文化相互碰撞、相互排斥的过程即为文化冲突。一份对不同文化背景员工的调查显示：如果对不同文化背景的员工管理不力，会导致企业严重的内耗，决策不当，效率降低，从而对企业的日常基本运作产生影响。从表面上看，跨国企业经营管理过程从某种意义上是不同文化的碰撞与融合过程。那么对于跨文化管理，只有找到不同文化的结合点，实施平衡的管理模式，文化冲突才能迎刃而解。在管理过程中首先寻找超越文化冲突的公司目标，以维系不同文化背景的员工共同的行为准则，从而最大限度地利用企业的潜力与价值。不同文化背景的人彼此相处，必须建立跨文化沟通的机制。企业领导集体需要有意识地建立各种正式的和非正式的、有形的和无形的跨文化沟通组织与渠道。要注重"文化融合"，即不同文化间在承认、重视彼此间差异的基础上，相互尊重，相互补充，相互协调，从而形成两者合一的全新的组织文化，这种统一的文化不仅具有较强的稳定性，而且具有"杂交"优势。

第三，重视跨文化培训的重要性。跨文化培训，是解决文化差异和跨文化管理中一个有效的途径。跨文化培训的内容包括对文化的认识、文化敏感性训练、语言学习、跨文化沟通、冲突处理及地区环境模拟等。跨文化培训的主要方法就是对全体员工，特别是母公司外派员工进行文化敏感性训练。这种训练的目的是加强人们对不同文化环境的反应和适应能力。具体做法包括具有不同文化背景的员工集中在一起进行专门的文化培训、实地考察、情景对话、角色扮演，以便打破员工心中的文化障碍和角色束缚。增强每个人对不同文化环境的适应性，加强不同文化之间的合作意识和联系。这样可减少驻外管理人员可能遇到的文化冲突，使之迅速适应当地环境，维持企业内良好的人际关系，保障有效沟通，实现当地员工对企业经营理念的理解与认同等，造就一批高质量跨文化管理人员。

第四，全球化意识与本土化策略。本土化策略已经被许多跨国经营企业证明为一条有效的跨文化管理策略。要本着"思维上全球化和行动上本土化"的原则来进行跨文化的管理。通常跨国企业在海外进行投资，就必须雇用一部分当地职员。因为当地雇员熟悉当地的风俗习惯、市场动态以及政府的各项法规，这不仅有利于跨国企业在当地拓展市场，而且有利于跨国公司降低海外派遣人员和跨国经营的高昂费用、与当地社会文化融合、减少当地社会对外来资本的反感情绪。

（三）财务风险的防范对策

1. 建立科学合理的境外并购决策体系，减少境外并购决策的盲目性。在进行境外并购决策时，要建立科学的并购决策体系，进行充分的前期准备和科学的并购可行性分析，尤其是要对有关境外投资的管理政策与外汇政策进行详细的研究，既要保证境外并购的顺利进行，又不违反国家的政策法规。在并购境外企业时，建议成立由法律、财务、经营管理等方面的专业人士组成的项目小组，对并购可能涉及的各方面内容及风险进行全面考虑，避免境外并购决策的盲目性。

2. 改善信息不对称状况，合理确定并购目标的价值。国内企业可以聘请专业的投资银行等中介机构对并购目标的产业环境、财务状况和经营能力进行全面分析，合理评估目标企业的真实价值。由于不同的评估机构和不同的评估方法往往会得出不同甚至相差很大的结论，因此，最好同时选用两家以上的中介机构采用同一种评估方法同时对境外并购目标进行评估，评估结论仅作为并购成交价格的参考依据。

3. 运用国际化金融创新工具，规避汇率风险。在西方发达的金融市场中，用于规避汇率风险的金融产品较为丰富，走出去的国内企业要充分利用这些金融产品来规避汇率风险。如保持结算货币进出口用汇额度的平衡、远期汇率锁定、汇率套期保值等都是常用的措施。

4. 充分利用全球金融资源，进行多渠道融资。要防范境外并购的融资风险，可从以下几个方面入手：一是准确测算并购企业启动资金需要量，以防境外企业尚未正常运转就出现资金缺口；二是境外企业正常运转后，应加强现金流量管理，从严控制款项的收支、减少库存积压，加速流动资金周转，减少流动资金占用；三是运营过程中准确进行资金缺口预算，提前准备融资方案；四是充分利用各种融资渠道，择优选择融资方式，进行多渠道多方式融资，如可以采取当地抵押贷款融资、票据贴现融资、从关联公司拆借融资、通过国内跨国银行的全球授信额度等方式进行融资等。

5. 培养国际化的财务管理人才。在国际化人才的培养方面，日本某跨国公司的国际化财务人才战略值得国内企业学习。在该跨国公司，总部储备有大量的精通财务、法律、外语的国际财务人才，当有并购项目或投资项目时，可以立即从总部派出既懂并购企业所在国财会法规又精通该国语言的财务人员。

三、构建境外投资风险预警系统

从技术角度看，建立境外投资风险预警系统则是防范上述风险的具体方法。借助于该系统的有效运行，能够加强境外投资风险的事前管理。众所周知，风险预警系统是一种前馈控制系统，它是使系统在动态环境中保持一定稳定性或促使系统由一种状态向另一种状态转换的活动。

（一）境外投资风险预警系统的运行程序

1. 监测。大多数风险都是可以预测的，它有一个从潜伏到爆发、从量变到质变的过程，风险预警的监测程序就是对风险表现和要素进行连续的追踪，以便及时掌握风险走向的第一手材料。监测并不是对企业现象包罗万象的检测，它的目标应该非常明确，监测的终极对象就是风险监测选用的程序和方法应当及时而灵敏地反映出风险的变化监测获得的信息并不是越多越好，因为监测信息越多，越易使主要问题不突出，并且信息越多越复杂，获取信息的费用就越高，筛选和处理信息的费用也会越多，所以监测系统应该讲究成本效益原则，以尽量小的支出获取最有用的信息。

2. 识别。该程序可以帮助管理者对监测得到的信息进行鉴别、分类和初步分析，使其更有条理、更突出地反映风险的变化。由于监测到的大量基础信息，既包含有用的真实信息，同时又不可避免地混杂着大量的误导性的错误信息和失真信息，因此，通过鉴别程序可以对信息进行检查过滤，剔除其中的误导性信息，找出能反映风险的有用的真实信息。此外，预警依赖于监测，监测离不开指标。建立识别系统的关键是确定预报警情的指标体系，以观察境外投资是否存在风险的隐患。

3. 报警。在设计好预警系统警情指标后，该系统考虑的关键问题便是如何根据预警指标的变化，来预报警情、确定警度。该程序的基本任务：

一是分析警兆。企业在警情爆发之前，总有一定的先兆，即警兆。风险预警系统就是要借助于财务指标的变化趋势分析，结合一定的经验和方法，确定是否出现警兆，从而做出下一步决策方案。

二是预报警度。预报警度是预警的根本目的，根据警兆的变化状况，联系警情的警界区间，参照警度评价标准，并结合实际或未来情况来修正，从而预警实际警情的严重程度。

三是寻找警源。警源是风险形成的原因，是产生风险警报的根源，是实施预控对策的前提。在进行预警警源分析时，应注意根据预警对象的特点和变化规律，监测预警对象、确定警源。

4. 预控。风险预控程序是一种有计划、有步骤、有目标的行动，它有预知和计划，有明确的行动目标和方向，它是预先制订好的各种风险的处理计划和方案。例如，就境外投资管理协调机制而言，其风险预控方案应充分考虑如何提高境外投资审批效率，有条件地放宽对境外投资的管制，为国内优势企业"走出去"投资创造便利条件如何合理制定一部调整对外投资基本关系的专门法律，内容包括从对外投资项目的审批、事后监管，到对外投资的促进、服务措施等，从而有效防范管理协调机制运行中的风险警报，提高政府对境外投资的宏观管理水平。

通过风险预警系统的有效运行，可以对境外投资风险进行跟踪、监控，及早地发现投资风险信号，从而建立一套"识别风险—确定警度—探寻风险原因—加强风险预控"的逻辑机理，充分发挥境外投资风险预警系统的主要作用。

（二）构建境外投资预警系统的关键环节

1. 构建合理的风险预警指标体系。依照以下特征选取预警模型指标体系：一是统计特征，该指标需经过严格的统计检验，具有预警模型的动态特征，可以进行多因素统计分析；二是经济特征，该指标具有普遍性、可操作性以及显著性。本书认为，应按照境外投资风险种类，突出融资风险、投资决策风险、政府监管与服务风险、境外投资保护风险、投资环境风险的控制关键点设计指标体系。

2. 确定科学的风险预警识别模型。构建风险预警模型是对境外投资风险进行管理的具体手段，能够帮助政府有效评估风险状况，全面预测企业的发展前景通过预警警度的测定，使政府监管部门及时掌握风险走向，确保其监管工作有的放矢，从而做出使资源优化配置的科学决策。

3. 建立完善的境外投资风险预警机制。境外投资风险预警机制是预警系统正常运行的保障，具体来说，它应包括预警管理的组织机制，风险信息的收集、沟通与反馈机制，风险分析与监控机制三部分。

（1）境外投资预警管理组织机制。该机制至少应具备以下条件：一是组织机构管理的保证。要使境外投资风险预警的方法真正行之有效，必须在组织机构上予以保证，即要建立专门的风险预警管理机构，从事风险识别、分析等工作；二是明确的境外投资预警管理目标。预警管理目标应是经过努力可以实现的，这个目标可以是预警总体系统的目标，也可以是各子系统的分目标。例如，在境外投资风险预警管理过程中，设计一套完善的风险预警指标体系并明确其临界点，这就等于制定了系统控制的目标，通过总体系统及其子系统的建立，本着目标一致的原则，建立一个可以考核的完整目标体系，从而获得一个最好的控制标准体系，抓住导致风险的关键因素，实施系统的预控措施。

（2）境外投资风险信息的收集、沟通与反馈机制。该机制应具备以下条件：第一，基础信息真实可靠。信息的质量关系到境外投资风险预警机制的成败，只有在真实、可靠的相关信息基础之上才能够对境外投资风险状况做出恰当的评价。第二，境外投资风险信息传递渠道畅通。在预警机制中，各种采集到或处理后的信息传递是非常重要的事情，其传递流程包括两个有机部分：一是原始资料的传递和处理；二是警情预报的传递。由于现代化电子技术应用广泛，在风险动态监测、资料记录、数据处理、警情预报上，计算机网络技术将会起到越来越大的作用。需要注意的是，境外投资风险信息的传递速度非常重要，信息的任何拖延都会失去价值。第三，反馈自检系统有效。境外投资风险预警指标体系建立以后，并非就此固定不变。一般而言，在警情预报发出后，相应的风险管理措施开始运作，这些措施的实施效果反馈到预警指标体系，而且相似情况发生的次数积累到具有统计上的意义的时候，该预警指标体系就要进行适当调整了。

（3）境外投资风险分析与监控机制。通过分析可以迅速排除风险小的事件，而将主要精力放在有可能地造成重大影响的风险上，分析风险的成因，评估其可能造成的损失。在风险分析清楚后，就应立即制定相应的预防、转化措施，尽可能地减少风险带来的损失。该机制应具备以下条件：第一，建立定期和不定期的境外投资风险预警报告制度和风险预警分析制度；第二，完善的监控机制。境外投资风险预警管理机构应每隔一定时期对有关风险指标及数据进行分析、监控，发现问题及时处理。

关 键 词

对外直接投资　LLL分析框架　3L－3E路径　跨文化风险

思 考 题

1. 阐释与世界对外投资相比，我国企业海外投资发展阶段与特点。
2. 简述中国跨国公司的成长条件。
3. 试分析跨国公司成长路径。
4. 简述我国企业跨国经营可能遭受的风险及应对策略。

理 论 篇

第六章
以国际贸易学说为基础的跨国经营理论

要点提示

本章主要介绍了亚当·斯密的绝对优势理论、大卫·李嘉图的比较优势理论、赫克歇尔和俄林的要素禀赋理论、筱原三代平的动态比较优势理论、赤松要的雁形理论、小岛清的边际产业扩张理论、阿利伯的通货区域理论以及弗农的产品生命周期理论等影响比较大、发展相对成熟的以国际贸易学说为基础的跨国经营理论。

引　言

齐国使者到大梁来，孙膑以刑徒的身份秘密拜见，用言辞打动齐国使者。齐国使者觉得此人不同凡响，就偷偷地用车把他载回齐国。齐国将军田忌非常赏识他，并且待如上宾。田忌经常与齐国诸公子赛马，设重金赌注。孙膑发现他们的马脚力都差不多，可分为上、中、下三等。于是孙膑对田忌说："您只管下大赌注，我能让您取胜。"田忌相信并答应了他，与齐王和诸公子用千金来赌胜。比赛即将开始，孙膑说："现在用您的下等马对付他们的上等马，拿您的上等马对付他们的中等马，拿您的中等马对付他们的下等马。"三场比赛完后，田忌一场不胜而两场胜，最终赢得齐王的千金赌注。于是田忌把孙膑推荐给齐威王。威王向他请教兵法后，就请他当作老师。

——《史记·孙子吴起列传》译文

中国古代田忌赛马的故事反映了经济学和管理学的一个基本的原理——比较优势。实践中，一国基于比较优势原理或原则参与国际分工和国际交换对于其经济发展发挥了积极的作用。同时，这一原理贯穿于以国际贸易学说为基础的跨国经营理论的始终，成为以国际贸易学说为基础的跨国经营理论的精髓。

第一节　比较优势理论

比较优势理论分静态的比较优势理论和动态的比较优势理论。前者主要指古典的比较优势理论，主要包括亚当·斯密的绝对优势学说、大卫·李嘉图的比较优势理论、赫克歇尔和俄林的要素禀赋理论等；后者主要包括筱原三代平的动态比较优势理论、赤松要的雁形理论等。另外，阿利伯的通货区域论虽然没有直接依据比较优势原则，但从宏观经济因素即货币和汇价来分析跨国公司的投资行为，体现了比较优势思想，故也把它归入比较优势理论的范围。

一、古典的比较优势理论

古典的比较优势理论起源于亚当·斯密（Adam Smith）的以地域分工为基础的绝对优势学说，后经李嘉图、赫克歇尔和俄林等的补充与完善，形成比较优势理论、要素禀赋理论，它们作为国际贸易理论发展的主流，清楚地阐明了国际贸易的基础、运行模式和结果等问题。比较优势理论所体现的比较优势思想长期以来一直是国际贸易理论的核心思想，对后来的国际贸易理论的形成和发展影响极大。

（一）绝对优势理论

绝对优势理论的代表人物是英国著名经济学家亚当·斯密。亚当·斯密是古典经济学学派的主要奠基者之一，同时又是自由贸易理论的创始人、自由贸易政策的倡导者。1776年，亚当·斯密发表了《国民财富的性质和原因的研究》（简称《国富论》）一书，批判了重商主义，创立了自由放任的自由主义经济理论。在国际贸易理论方面，他首次提出了主张自由贸易的绝对优势理论。

绝对优势理论的基本思想是：各国因自然禀赋（Natural Endowment）或后天的有利条件（Acquired Endowment）的不同，引发劳动生产率的绝对差异，从而造成各国在产品生产成本上的绝对差异，即绝对优势或劣势，这是国际贸易发生的基础。在国际贸易活动中，各国应该生产和出口本国具有绝对优势的产品，进口外国具有绝对优势的产品（或本国具有绝对劣势的产品）。这样，各国可以通过国际贸易提高劳动生产率，增加物质财富，提高国民福利。

1. 绝对优势理论的假定条件。绝对优势论所建立的绝对优势模型是在一系列严格的假定条件下成立的：

（1）供给方面。

①两个国家、两种产品，一种生产要素投入（劳动力），即这是一个"2×2×1"模型；

②投入的边际产量是固定的；

③生产的规模报酬不变。

（2）需求方面。收入预算约束，即对两种产品的消费需求受制于收入水平，不可能借贷消费。

（3）贸易方面。

①没有运输成本或其他交易费用；

②进出口贸易值相等，即贸易是平衡的；

③生产要素在一国之内可以自由流动，但在国际不能流动。

（4）市场结构。生产和交换都在完全自由竞争条件下进行。

2. 绝对优势理论的主要内容。

（1）分工可以提高劳动生产率。亚当·斯密非常重视分工，他在《国富论》的开头，便颂扬分工，强调分工的利益。他认为分工可以提高劳动生产率，因而能增加国家财富。他以制针业为例来说明其观点。根据斯密所举的例子，在没有分工的情况下，一个粗工每天至多只能制造 20 枚针，而有的甚至连一枚针也制造不出来。在分工之后，平均每人每天可制造 4 800 枚，每个工人的劳动生产率提高了数百倍，这显然是分工的结果。

斯密认为，分工是由交换引起的。至于交换的原因，他认为是人类特有的一种倾向。在斯密看来，交换是人类出于利己心并为达到利己的目的而进行的活动。人们为了追求私利，便乐于进行这种交换。为了交换，就要生产能交换的东西，这就产生了分工。

（2）分工的原则是绝对优势。绝对优势就是指一国生产某种产品的成本比另一国绝对的低。斯密认为，分工既然可以极大地提高劳动生产率，那么每个人都专门从事他最有优势的产品的生产，然后彼此进行交换，则对每个人都有利。他指出："如果一件东西在购买时所花费的代价比在家里生产时所花费的小，就永远不会想要在家里生产，这是每一个精明的家长都知道的格言。"① 裁缝不想制作他自己的鞋子，而是向鞋匠购买。鞋匠不想制作他自己的衣服，而雇裁缝制作。农民不想缝衣，也不想制鞋，而宁愿雇用那些不同的工匠去做。他们都感到，为了他们自身的利益，应当把他们的全部精力集中使用到比邻人处于某种有利地位的方面，而以劳动生产物的一部分或同样的东西，即其一部分的价格，购买他们所需要的其他任何物品。

---

① ［英］亚当·斯密：《国民财富的性质和原因的研究》，商务印书馆 1979 年版，第 424 页。

在斯密看来，适用于一国内部不同个人或家庭之间的分工原则，也适用于各国之间。他认为，每个国家都有其适宜于生产某些特定产品的绝对有利的生产条件，如果每个国家都按照其绝对有利的生产条件（即生产成本绝对低）去进行专业化生产，然后彼此进行交换，则对所有交换国家都是有利的。他在《国富论》中写道："在每一个私人家庭的行为中是精明的事情，在一个大国的行为中就很少是荒唐的。如果外国能比我们自己制造还便宜的商品供应我们，我们最好就用我们有利地使用自己的产业生产出来的物品的一部分向他们购买……"①

国际分工之所以也应按照绝对优势的原则进行，斯密认为是在某些特定商品的生产上，某一国占有那么大的自然优势，以致全世界都认为，跟这种优势做斗争是枉然的。他举例说，在气候寒冷的苏格兰，人们可以利用温室生产出极好的葡萄，并酿造出与国外进口一样好的葡萄酒，但要付出 30 倍高的代价。他认为，如果真是这么做，那就是明显的愚蠢行为。

（3）国际分工的基础是有利的自然禀赋或后天的有利条件。斯密认为，自然禀赋和后天的有利条件因国家而不同，这就为国际分工提供了基础。因为有利的自然禀赋或后天的有利条件可以使一个国家生产某种产品的成本绝对低于别国而在该产品的生产和交换上处于绝对有利地位。各国按照各自的有利条件进行分工和交换，将会使各国的资源、劳动力和资本得到最有效的利用，将会大大地提高劳动生产率和增加物质财富，并使各国从贸易中获益。这便是绝对成本论的基本精神。

（二）比较优势理论

比较优势理论的代表人物是大卫·李嘉图（David Ricardo）。大卫·李嘉图是英国著名经济学家，是古典政治经济学的完成者。1817年，大卫·李嘉图发表《政治经济学及赋税原理》一书，提出了自己的国际贸易思想，即比较优势理论。

比较优势理论是对亚当·斯密绝对优势理论的重大发展，其主要思想是：各国因自然因素等条件的不同而存在着劳动生产率的相对差异，从而造成各国在生产成本上的相对差异，即比较优势或劣势，这是国际贸易产生的基础。在国际贸易活动中，各国应该生产和出口本国具有比较优势的产品，进口外国具有比较优势的产品。这样，各国可以通过国际贸易提高劳动生产率，增加物质财富，提高国民福利。

---

① ［英］亚当·斯密：《国民财富的性质和原因的研究》，商务印书馆 1979 年版，第425 页。

1. 比较优势理论的假定条件。与绝对优势理论的假定条件完全相同。

2. 比较优势理论的主要内容。大卫·李嘉图的比较优势理论是在亚当·斯密的绝对优势论的基础上发展起来的。亚当·斯密认为由于自然禀赋和后天的有利条件不同，各国均有一种产品生产成本低于他国而具有绝对优势，按绝对优势原则进行分工和交换，各国均获益。大卫·李嘉图发展了亚当·斯密的观点，认为各国不一定要专门生产劳动成本绝对低（即绝对有利）的产品，而只要专门生产劳动成本相对低（即利益较大或不利较小）的产品，便可进行对外贸易，并能从中获益和实现社会劳动的节约。

大卫·李嘉图在阐述比较成本论时，是从个人的情况谈起的。他在《政治经济学及赋税原理》一书的"论对外贸易"一章中论述道："如果两个人都能制造鞋和帽，其中一个人在两种职业上都比另一个人强一些，不过制帽时只强 1/5 或 20%，而制鞋时则强 1/3 或 33%，那么这个较强的人专门制鞋，而那个较差的人专门制帽，岂不是对双方都有利么？"[①] 然后，李嘉图由个人推及国家，认为国家间也应按"两优取其重，两劣取其轻"的比较优势原则进行分工。如果一个国家在两种商品的生产上都处于绝对有利地位，但有利的程度不同，而另一个国家在两种商品的生产上都处于绝对不利的地位，但不利的程度也不同。在此情况下，前者应专门生产比较最有利（即有利程度最大）的商品，后者应专门生产其不利程度最小的商品，通过对外贸易，双方都能取得比自己以等量劳动所能生产的更多的产品，从而实现社会劳动的节约，给贸易双方都带来利益。

假设有 A、B 两个国家，生产 x，y 两种产品，A、B 两国在单位产品 x，y 的生产上所耗费的劳动（单位：天）分别为 LA_x，LA_y 和 LB_x，LB_y，如果不等式 $LA_x/LB_x < LA_y/LB_y$ 或 $LA_x/LA_y < LB_x/LB_y$ 成立，那么根据李嘉图的比较优势理论，A 国在产品 x 的生产上，B 国在产品 y 的生产上耗费的劳动相对较少，即劳动生产率较高，两国分别在这两种产品的生产上具有比较优势。

（三）要素禀赋理论

要素禀赋论又称要素比例学说，或赫克歇尔—俄林理论，是著名的瑞典经济学家赫克歇尔（Eli Heckscher, 1879～1952）和俄林（Bertil Ohlin, 1899～1979）提出的关于国际贸易的理论。赫克歇尔于 1919 年发表了《对外贸易对收入分配的影响》的著名论文，提出了要素禀赋论的基本论点。俄林继承了其导师赫克歇尔的论点，于

---

① ［英］大卫·李嘉图：《政治经济学及赋税原理》，商务印书馆 1976 年版，第 114 页。

1933 年出版了《域际贸易和国际贸易》一书，创立了要素禀赋理论。20 世纪 40 年代萨缪尔森（P. A. Samuelson）发展了赫—俄理论，提出了要素价格均等化学说，又称赫—俄—萨（H－O－S）理论。

要素禀赋理论的基本思想是：世界上各个国家因要素禀赋状况的差异而产生在不同产品上的比较优势，是国际贸易产生的基础。在国际贸易活动中，各国应该生产和出口密集使用本国充裕要素的产品，进口密集使用本国稀缺要素的产品。一方面，各国因参与国际贸易而获取比较优势利益；另一方面，各国的生产要素价格会因国际贸易而均等化。

可见，要素禀赋理论继承了比较优势理论的比较优势原则，但又与比较优势理论有明显差别。一方面，两者依据的理论基础不同，比较优势理论以劳动价值论为基础，而要素禀赋理论以多要素价值论为基础。另一方面，比较优势理论认为国际贸易产生的原因在于各国由于劳动生产率的差异而导致生产成本存在差异，而要素禀赋理论则是在假定各国劳动生产率相同的条件下，来分析国际贸易发生的原因。

1. 要素禀赋理论的假定条件。

（1）世界上只有两个国家，生产两种产品，采用两种生产要素，即劳动力和资本。即这是一个"2×2×2"模型；

（2）两国的生产技术相同，即同种产品的生产函数相同；

（3）在两国中一种产品都是劳动密集型的，另一种则都是资本密集型的；

（4）两国两种产品的生产都是规模报酬不变的；

（5）两国进行的是不完全专业化生产；

（6）两国的消费偏好都相同，因而都面临着相同的社会无差异曲线；

（7）两国的商品和要素市场都处于完全竞争状态；

（8）生产要素在一国之内可以自由流动，但在国际不能自由流动；

（9）没有阻碍自由贸易的运输成本、关税和非关税壁垒等限制；

（10）两国的生产要素都被充分利用；

（11）两国间贸易平衡。

2. 要素禀赋理论的主要内容。要素禀赋理论主要通过对相互依存的价格体系的分析，用生产要素的丰缺来解释国际贸易的产生和一国的进出口贸易类型。其主要内容包括以下几个方面：

（1）比较优势的形成取决于各国生产要素比率的不同和产品生产要素投入组合。

一般而言，一国拥有各种生产要素的数量，即要素禀赋是不同的。一国与另一国相比，一些生产要素相对充裕，而另一些生产要素相对稀缺，这就是生产要素的比率不同。生产要素的比率不同，生产要素的价格比率也不同。相对充裕的生产要素，其价格相对较低；而相对稀缺的生产要素，其价格相对较高。

不同产品在生产过程中，对生产要素的投入比例要求也不同，即要素密集度不同。一种产品与另一种产品相比，如果一种产品在生产过程中，要求投入相对较多的劳动要素，这种产品就被称为劳动密集型产品；如果另一种产品在生产过程中，要求投入相对较多的资本要素，这种产品就被称为资本密集型产品，依次类推。在只有两种商品（x 和 y）、两种要素（劳动和资本）的情况下，如果 y 商品生产中使用的资本和劳动的比例大于 x 商品生产中的资本和劳动的比例，则称 y 商品为资本密集型产品，而称 x 为劳动密集型产品。

要素禀赋理论假定两国生产产品的要素投入比例相同。在两国生产要素禀赋不同，从而生产要素价格比率不同的情况下，产品的生产成本就会存在相对差异，比较优势因此而产生。由于一国相对充裕的生产要素，其价格相对较低，生产中密集使用该要素的产品，其生产成本也就会相对较低。因此，一国的比较优势产品就是密集使用该国充裕要素的产品。反之，密集使用该国稀缺要素的产品就是该国的比较劣势产品。

（2）各国应该生产和出口密集使用本国充裕要素的产品，进口密集使用本国稀缺要素的产品。

俄林在其《域际贸易和国际贸易》中分析一国进出口商品结构时得出这样的一个著名结论："贸易的首要条件是有些商品在某一地区比在其他地区能够更便宜地生产出来。一个地区的出口商品含有相对大量的、比其他地区便宜的生产要素，而进口的是其他地区能够更便宜地生产的商品。总之，进口的是使用高昂生产要素比例大的商品；出口的是使用低廉生产要素比例大的商品。"[①] 按照现在的说法就是：一国应该生产和出口密集使用本国充裕要素的产品，进口密集使用本国稀缺要素的产品；若一国劳动充裕、资本稀缺，就应该生产和出口劳动密集型产品，进口资本密集型产品；若一国资本充裕、劳动稀缺，应该生产和出口资本密集型产品，进口劳动密集型产品。这一结论也是比较优势原则的进一步运用。

（3）自由贸易不仅会使各国产品的价格趋向均等，而且也会使各国生产要素的价格趋向均等。

要素禀赋理论认为，国际贸易在推动各国产品价格因自由竞争而趋向均等的基础上，会进一步推动各国生产要素的相对价格和绝对价格均等化。"生产要素价格和商品价格均等化趋势是贸易使产业活动

---

① ［瑞典］伯尔蒂尔·俄林：《域际贸易和国际贸易》，商务印书馆 1986 年版，第 10 页。

适应于生产要素的地区供应情况的自然结果"。① 此被称为要素价格均等化定理。

罗伯特 A. 蒙代尔（Robert A. Mundell，1957）继承了赫克歇尔－俄林（Heckscher－Ohlin）学说的分析模型，认为各国不同要素禀赋是资本等要素流动的基础，要素跨国流动和商品跨国流动一样，都可以产生专业化的效果，资本的跨国流动是单向的，要素跨国流动和商品跨国流动是可以相互替代的。这样比较优势产生的国际分工模式同样适用于国际投资模式。蒙代尔的理论是对传统比较优势贸易理论的扩展，为研究 FDI 理论揭开了神秘的面纱。

二、动态的比较优势理论

动态的比较优势理论从动态、长期的观点出发，把生产要素的供求关系、政府政策、各种可利用资源的引进、开放程度等综合到贸易理论之中，将古典的静态比较优势理论动态化。动态比较优势理论主要包括筱原三代平的动态比较优势理论、赤松要的雁形理论、小岛清的边际产业扩张理论、弗农的产品生命周期理论等。这里主要介绍前三种理论，弗农的产品生命周期理论分专节进行介绍。

（一）筱原三代平的动态比较优势理论

日本经济学家筱原三代平（Shinohara Miyohei）提出的"动态比较优势理论"是对李嘉图静态比较优势学说的一个突破性发展。筱原结合第二次世界大战后日本经济发展的战略重点选择，敏锐地观察分析世界各国的经验和现实，针对古典比较优势学说的静态缺陷，提出了对战后日本经济发展产生重要影响的现代比较优势理论，即"动态比较优势论"。这一理论强调产业政策和贸易政策的协调，并认为保护手段可以形成比较优势。这一理论的主要观点包括：

1. 一国在经济发展过程中的比较优势是可以通过努力加以创造的。筱原三代平认为，比较优势具有动态性。如果一个国家在某些产业、某些产品上处于比较劣势地位，把比较劣势转变为比较优势，那么可以通过政府政策干预、开发要素资源等方法实现。但是这必须遵循三个基本的原则，即著名的"筱原三基准"②：（1）"需求收入最大化原则"，即由"相对价值"出发，一国应选择生产出口的商品必须符合国内外市场需求的主流，其生产出口活动应立足于为本国带来

動态的比较优势理论主要包括筱原三代平的动态比较优势理论、赤松的雁形理论、小岛清的边际产业扩张理论、弗农的产品生命周期理论等。

筱原三基准：
（1）"需求收入最大化原则"；
（2）"生产率上升最大化原则"；
（3）"产业关联度最大化原则"。

---

① ［瑞典］伯尔蒂尔·俄林：《域际贸易和国际贸易》，商务印书馆 1986 年版，第 31 页。
② 黄建忠：《国际贸易新论》，经济科学出版社 1999 年版，第 56 页。

最大的收入；（2）"生产率上升最大化原则"，即从本国的资源、人力资本、技术等赋存条件出发，选择在短时期内可能出现显著的生产率上升突破效果，也就是使本国生产率能够得以最快速度提高的产业作为生产、出口的主攻方向；（3）"产业关联度最大化原则"，即选择作为生产主导产品参与国际分工、贸易的产业应当与其他国内的产业部门具有最大的配套联系，以便通过这些主导产业的发展，产生带动其他产业迅速成长的效果，形成稳定加强的国际比较利益优势。"筱原三基准"之间的内在联系十分明晰，彼此间组成一个完整的、全面发展和巩固提高的动态比较优势体系。

2. 一国的国际贸易优势应与合理的产业结构保持一致。筱原三代平认为，改变比较劣势的不利地位，形成本国的比较优势更主要的是必须与本国产业结构的调整相联系。他强调，静态的比较优势原理不利于产业结构的合理化，它将使发达国家和发展中国家的经济差距扩大。因此，改变比较劣势的不利地位必须调整产业结构、谋求贸易结构的合理化。

3. 动态比较优势的形成要借助于国家的干预力量。筱原三代平认为，国家应对扶持和促进重心产业发展进行行政干预，对幼稚产业实行适当的保护政策，刺激其比较优势的形成。当这种产业的比较优势形成后，也就是说当它具有了国际竞争力后，可以逐渐扩大其自由贸易的程度。"二战"后，日本政府为了振兴经济，实行产业保护政策，限制进口和直接投资。20 世纪 60 年代为适应自由化要求，政府引导大型企业合并。70 年代实行产业结构调整政策，80 年代制定有助于知识密集型产业形成的政策，90 年代政府制定有关防治环境污染政策。

由以上内容可知，产业结构和贸易结构的相互适应及其动态的合理化是增强一国比较优势的重要途径。也正因为如此，筱原三代平的动态比较优势理论也被称为产业—贸易结构论。

筱原三代平的"动态比较优势论"对李嘉图古典比较优势原理的继承性和发展性表现为：第一，坚持以生产率的变化为产生比较优势的基础，不脱离生产领域寻求比较优势；第二，对生产领域中产生的比较优势做动态解析，突破了李嘉图关于技术不变、生产要素不能在国际转移等与商品生产过程本质不相容的前提假定；第三，从国际市场和国内产业联系等更广泛的范围考察比较优势的动态性、扩张性等特征。因此，该理论是对古典国际贸易理论的重要补充与发展。

（二）赤松要的雁形理论

赤松要的雁形理论①解释了后进国家参与国际贸易的模式以及实

---

① 王林生、范黎波：《跨国经营理论与战略》，对外经济贸易大学出版社 2003 年版，第 72~73 页。

现产业结构升级的途径。赤松要在对日本棉纺工业发展史的研究中发现了经济和贸易发展的雁形形态的现象。他指出，日本棉纺工业的发展经历了从进口、国内生产到出口的演变过程。19 世纪 60 年代末 70 年代初，日本实行门户开放，西方棉纺产品大量涌进日本市场；之后，西方棉纺技术和日本低工资的结合，加上已形成的棉纺产品的国内市场，导致了日本棉纺工业的产生和发展；最后，规模经济和低工资优势使日本棉纺产品取得了国际市场上的价格竞争优势，推动了日本棉纺产品出口的增长。这个过程犹如 3 只飞翔的大雁：第一只雁为进口浪潮，第二只雁为国内生产浪潮，第三只雁为出口浪潮（见图 6-1）。据此，赤松要提出了后进国家的贸易格局应遵循"进口—国内生产—出口"模式的雁行理论。

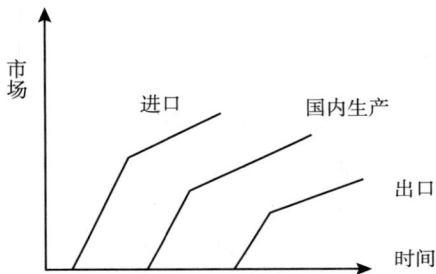

图 6-1　雁形图

第一只雁是进口的浪潮。这是因为后进国的产业没有发展起来，市场又向外开放了，这样，外国产品进入后进国市场。

第二只雁是进口所引发的国内生产浪潮。外国产品涌进后进国市场，导致市场的进一步扩大，后进国就可以利用引进的先进技术和本国的低工资相结合，从事本国生产，即采用进口替代战略。

第三只雁是国内生产所促进的出口高潮。在本国生产规模达到一定程度，随着先进技术的采用、经营管理水平和劳动生产率不断提高，加上本国的低工资，产品成本大为下降，逐渐形成优势，进入国际市场，形成出口浪潮。

"二战"后日本的其他产业，如钢铁、石油化工、汽车、家电、电子工业的发展过程也呈现明显的雁形格局。可以看出，日本在不同时期发展重点产业的过程，也正是日本动态比较优势和新兴产业国际竞争力不断形成的过程。

（三）小岛清的边际产业扩张理论

1. 边际产业扩张理论提出的背景。边际产业扩张理论，又被称为边际比较优势理论或"小岛清"模式，是由日本一桥大学教授小

边际产业扩张理论，又被称为边际比较优势理论或"小岛清"模式。

岛清在 20 世纪 70 年代中期根据国际贸易理论中的比较优势理论和日本的对外直接投资现实提出的。它从企业比较优势的动态变迁的角度很好地解释了日本企业的对外直接投资。

20 世纪 70 年代中期以前，跨国公司理论以海默和金德伯格的垄断优势论和弗农的产品生命周期论为主流。70 年代中期以前，日本学术界也普遍接受上述理论。但 70 年代中期以后，一些日本学者在试图解释日本开始大规模的对外直接投资时却发现无法做出令人信服的结论。日本学术界认为上述理论只研究美国跨国公司问题，没有考虑其他国家对外投资的特点。于是，日本经济学家小岛清（Kiyoshi Kojima）在其著作《对外直接投资论》（1979 年）、《跨国公司的对外直接投资》和《对外贸易论》（1987 年）、《外国直接投资的宏观经济方法》（1990 年）中，根据日本对外投资的特点，创立了"小岛清"模式，用以解释和指导日本的对外直接投资活动。小岛清认为，海默的垄断优势论是从微观经济理论出发，强调企业内部垄断优势对海外投资行为的影响，偏重微观经济分析和公司管理的研究，而忽略了宏观经济因素的分析，尤其是国际分工中比较优势原理的作用。

对于垄断优势论和产品生命周期理论所强调的特有优势，特别是只有拥有雄厚资本和高技术优势的大型企业才有实力成功对外直接投资的观点，小岛清予以否定。事实上，20 世纪 60 年代日本和欧洲经济的快速发展和企业的成长，打破了美国跨国公司一统全球市场天下的格局。与美国的对外直接投资明显不同的是，日本的对外直接投资主体大多是中小规模的企业，而这些日本企业拥有的却是容易为发展中国家接受、吸收的劳动密集型技术优势。小岛清认为，海默理论等主流理论只适用于解释美国跨国公司的对外直接投资，但无法解释日本企业的对外直接投资问题。

2. 边际产业扩张理论的主要内容。小岛清运用自己提出的边际产业扩张理论，解释了日本式对外直接投资问题，其理论核心是："一国应该从已经或即将处于比较劣势的产业开始对外直接投资，并依次进行"①。小岛清称这一原则为"补充比较优势原则"（The Principle of Complementing Comparative Advantage），或"外国直接投资的边际产业原则"（The Principle of Direct Foreign Investment Originating in the Marginal Industry）。② 小岛清认为，这一原则将增进投资国和东道国的社会福利。从微观角度看，通过直接投资，投资者可以获得更为丰厚的利润，因为他把生产场所从一个比较不利的地点转移到一个比较有利的地点。从宏观角度看，这种类型的投资将为东道国提供其所缺乏的资本、技术和管理知识，促进当地其他生产要素资源的合理

边际产业扩张理论的核心是："一国应该从已经或即将处于比较劣势的产业开始对外直接投资，并依次进行"。

①② ［日］小岛清：《对外贸易论》，南开大学出版社 1987 年版，第 444 页。

利用，改善东道国的生产函数，推动东道国的技术进步和经济增长。对投资国而言，将比较不利的产业和产品生产出口到别的国家，有利于本国产业结构的优化；同时，投资国还为东道国的产品提供了市场，东道国通过出口，提高了自己在国际市场的购买力，使投资国的产品出口有了更广阔的市场。

对以上"边际产业扩张"的核心思想，小岛清以图作了明确的说明。图6-2中，Ⅰ-Ⅰ线是日本企业的商品成本线，并假设a，…，z均可用100日元生产出来。Ⅱ-Ⅱ虚线是东道国商品成本线，a'，…，z'，成本由低到高，a'为0.8美元，z'为5美元，Ⅰ线与Ⅱ线相交于m点，此交点表示按外汇汇率计算（假设100JPY=1USD）两国m商品的成本比率相等。当美元汇率上涨时Ⅱ线会整个向左上方移动，下跌时则向右下方移动。因此，左边的a、b、c产业是日本国的边际产业，拟由这些产业开始对外直接投资。投资的结果，可使东道国的生产成本降至 a^*、b^*、c^*。这样双方均沾有利。这种直接投资实现了双方贸易的互补和扩大，称为顺贸易导向的日本式的对外直接投资。反之，从z、y、x等日本最具有比较优势的产业开始，逆着比较优势进行对外直接投资，那就是逆贸易导向的美国式的对外直接投资，这种投资的结果，其成本虽然会低于：z'、y'、x'，但是高于本国的z、y、x，其结局是用国外的生产替代了本国的出口贸易，并不能达到节约生产成本的目的。

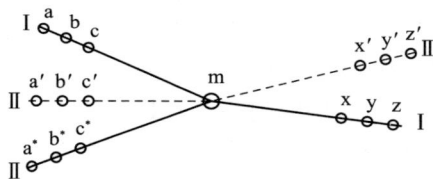

图6-2 边际产业扩张论

资料来源：转引自林康：《跨国公司与跨国经营》，对外经济贸易大学出版社2000年版，第189页。

3. 日本式对外直接投资的特点。根据小岛清理论模式，对外直接投资的贸易效果可以是创造贸易的，也可以是破坏贸易的。前者以日本对外直接投资为代表，后者以美国对外直接投资为代表。与美国企业对外直接投资模式相比，小岛清具体分析了日本企业对外直接投资的特点：[1]

（1）日本立足于本国资源贫乏、市场狭小的基本国情，其对外直接投资是以对自然资源开发与进口、零部件生产等标准化技术、劳

① 林康：《跨国公司与跨国经营》，对外经济贸易大学出版社2000年版，第189~190页；鲁桐：《WTO与中国企业国际化》，中共中央党校出版社2000年版，第24~25页。

动力密集型行业的直接投资为主。这些行业是日本比较劣势产业或即将失去比较优势的行业。

这种按边际性优势或劣势的顺序进行海外直接投资，它有利于投资国产业结构升级，有利于投资国的跨国经营，并有利于东道国发展具有潜在比较优势的产业，投资国生产的产品可以就地转售，也可向母国或第三国目标市场出口。因此，东道国接受这种投资。而美国对外直接投资始于比较优势产业，投资于西欧、加拿大等市场，目的是抑制当地的竞争者，占领市场。

（2）日本对外直接投资的主体是中小企业，并以与东道国家技术差距最小的产业依次进行投资。

这种投资不是以技术优势为武器，而是以投资者激烈竞争为前提。投资者提供的技术以适用技术为主，便于东道国吸收利用，开发劳动密集型产品，增加就业，扩大出口。因此，深受东道国的欢迎。而美国企业的国外直接投资，依靠垄断性的技术优势，击败竞争对手，夺取投资市场。

（3）日本对外直接投资大多采用合资经营方式，投资扩散效应大。有时也采用产品分享方式（Production Sharing Method）的非股权安排（Non-equity Arrangement）。而美国企业的国外直接投资往往采取独资经营方式，搞所谓全部股权的"飞地式"（Enclave）的子公司（一国境内的外国领土），容易激起民族主义情绪，故20世纪70年代以来，美国也不得不接受与当地合伙者合作的合资经营方式。

（4）日本式的对外直接投资是"顺贸易导向的投资"（Pro-trade Oriented Investment），即按"边际产业"顺序进行对外直接投资，符合比较成本与比较利润率相对应的原则，有利于扩大双方的比较成本差距，也利于贸易扩大。这种投资将促进投资国和接受投资国的产业结构调整，推动经济的发展。而美国的对外直接投资采用"逆贸易导向的投资"（Con-trade Oriented Investment），也就是通过投资，将具有比较优势的产业转移到西欧，使双方比较成本的差距缩小，这样违背了"比较成本与比较利润率相对应"的原理，损害了双方应当享受的国际分工和扩大贸易的好处。因此，美国式的"逆贸易导向的投资"是以投资替代贸易。

4. 对"小岛清"理论的简要评价。

（1）小岛清第一个从比较优势的原则将贸易和投资看成一个相互关联的整体活动来考察。20世纪70年代中期以前，有关跨国公司直接投资理论主要关心企业为什么能够进行海外经营的问题。比较流行的观点是：对外直接投资是具有某种优势的寡头垄断企业，为控制不完全竞争市场而采取的一种行动方式。而这种理论是以美国拥有垄断优势的跨国公司为依据的。小岛清的理论另辟蹊径，以非美国跨国公司的经营活动为考察对象，提出了直接投资活动怎样促进一国产业结构升级，并促进贸易发展的问题。

（2）小岛清强调直接投资的根本特征在于"资本、技术、管理经验、营销技巧等知识的总体转移"，把直接投资看作是"先进生产函数的移植"。这种观点有利于促进跨国公司与东道国政府的合作。

（3）小岛清提出直接投资促进贸易的关键环节之一是投资国转移技术的当地适应性问题。这一点对发展中国家尤为重要。近年来，国际直接投资的一个令人瞩目的趋势是发展中国家对外投资的迅速增长。发展中国家跨国公司就其普遍特征而言，既缺乏垄断优势和技术优势，经营规模也比发达国家跨国公司要小得多。但发展中国家跨国公司往往掌握着广大发展中国家市场的适用技术，这恐怕也算是这些发展中国家的技术优势。

（4）小岛清的投资理论从本质上说是为发达国家跨国公司服务的。其实，所谓美国型直接投资是发达国家之间以水平分工为基础的投资，日本型直接投资是某些发达国家企业对发展中国家的以垂直分工为基础的投资，这两种类型的投资是由"二战"后发达国家经济发展水平、经济结构的差异，以及各自比较优势的动态发展所造成的。在20世纪初，英国、美国、法国等发达国家的跨国公司的对外投资多为资源导向型的。战后日本对外投资大多属于自然资源型投资，反映了日本对外投资的阶段性特征，即60年代末，日本的对外投资仅限于几个传统的部门，并集中在东南亚国家劳动密集型产业。事实上，日本80年代中期以来的直接投资，在产业特征、投资方式、技术水平等方面也开始接近美国式直接投资。这说明资本主义国家的跨国公司永远只是一个追求利益的经济实体，在哪里投资和怎样投资都完全服务于跨国公司的全球战略。而绝不是像小岛清所说的那样直接投资是为先进的生产函数的转移和普及。该理论最多只能说符合特定历史条件下企业直接投资的特点，而不能说具有长远的普遍意义。

三、阿利伯的通货区域理论*

20世纪70年代以前，有关跨国公司及其投资理论的研究大多集中在跨国企业的各种技术和垄断优势方面，而另外一些经济学家把研究兴趣放在投资中的资金和货币因素对跨国公司投资行为的影响方面，其中以阿利伯（R. Aliber）的通货区域理论最为典型。阿利伯的

---

* R. Z. Aliber："A theory of direct foreign investment"，in Kindleberger, C. P. （ed），The International Corporation，Cambridge，Mass：MIT Press，1971. 转引自：鲁桐：《WTO与中国企业国际化》，中共中央党校出版社2000年版，第27~31页。

通货区域理论发表于 1970 年，他从跨国公司的融资优势或信用资产角度提出跨国公司之所以拥有优势，很重要的一个原因是其具有的资本和货币优势，并建立模型予以解释。

（一）通货区域论的主要内容

阿利伯把对外直接投资视为资产在各个通货区域之间的一种流动，他把 FDI 看作是一种货币现象来研究。阿利伯认为，在考察跨国公司拥有的优势时，需要考察以下几个方面的影响因素。

1. 通货变动的影响。对外直接投资反映了那样一种类型的经营活动，即母国企业（跨国公司）投资于预期收益相当的部门，能获得比东道国企业更高的收益率。这是因为，投资货币的不同，使投资者拥有了当地竞争对手通常无法具备的特殊优势。这种特殊优势是和资本出口国的通货相对坚挺而存在着一个通货溢价直接相关。我们知道，对于一种金融资产（如债券）无论以什么货币定值，都会有货币贬值的风险，为了抵消预期贬值所造成的损失，债券中应有一笔升水或称通货溢价，债券的利息中应包含通货溢价。由于各国货币强弱不同，强币预期贬值的风险和贬值率必小于弱币，故强币的通货溢价低于弱币。当强币所在的企业在国际市场融资时，由于利率中包含较低的溢价，所以利率较低，融资成本自然较低。例如，长期以来，美元一直被视为世界货币市场上的强势货币，故美国的跨国公司得以在金融市场用较低的利率筹资，如发行债券等，并通过币值波动取得潜在的收益。阿利伯据此提出了一个模型（见图 6-3）。

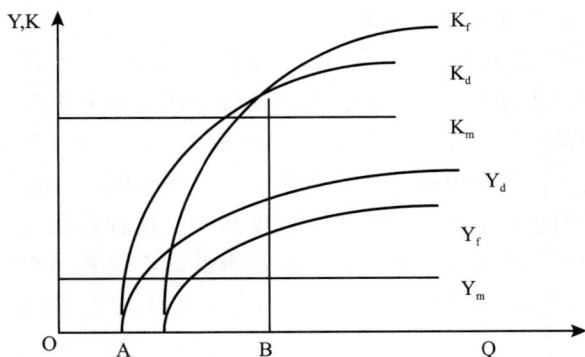

图 6-3　阿利伯模型：利用外国市场可供选择的方法

资料来源：［英］尼尔·胡德、斯蒂芬·扬：《跨国企业经济学》，经济科学出版社 1992 年版，第 98~99 页。

图 6-3 描绘了有关货币区域因素的重要性，它表明跨国公司在外国市场上怎样利用其垄断优势。

（1）Y 代表利润收入，K 代表收入的资本化价值，Q 代表产品数量。

（2）Y_m 表示母国企业出口销售所得利润；K_m 表示该项收入按母国通货资本化后的价值。

（3）假设由母国企业在东道国生产，则 Y_f 表示母国企业在东道国直接投资生产将获得的收入；K_f 则是跨国生产收入的资本化价值。

（4）Y_d 和 K_d 分别表示东道国企业自行生产供应国内市场所获得的收入及其按东道国通货资本化后的价值。

由图 6-3 可知，Y_f 比 Y_d 小，因为跨国企业离开本国到国外生产，要承担附加的控制和管理成本。但是，由于通货溢价的影响，跨国企业子公司收益的资本化价值在一定时点（如图中 B 点）后会上升到高于东道国企业的水平。阿利伯模型还显示出市场规模与外国投资选择方式之间的关系。如图 6-3 所示，如果市场小于 OA，母国将出口；如果市场大于 OB，在外国生产的直接投资将发生。因为在这种情况下，国外子公司可得的资本化收益上升到高于当地企业的水平。但如果市场规模在 OA 与 OB 之间，发放许可证则可能是最佳的投资方式。

2. 廉价的资本。一般而言，跨国公司比之当地经营企业处于国际融资的优势。因为它们有良好的信用等级，更接近于具有更高流动性的国际资本市场，处于良好的资本供给环境。对于跨国公司在东道国的子公司来说，因为有其母公司的国际背景和实力背景，加上可能的跨境担保，因此直接投资项目企业即使要在东道国当地金融市场融资，其成本也可能比东道国当地企业要低。不过有观点认为，融资成本较低、更易进入国际资本市场，不足以说明企业为何实施直接投资而不是证券投资，也不能说明这些融资方面的优势足以抵消跨国公司在异国他乡经营所发生的诸多额外成本。

3. 跨国投资分散风险。在国际证券投资领域，为实现预期收益与风险的匹配而进行组合性投资，无论在理论还是实务中都已经是相当成熟了。而跨国公司在不同国家进行的直接投资，至少是部分地吸收了组合投资可以实现风险分散的理念，而且当不同投资地的差异化程度越大，特别是经济波动性的相关程度越小，这种跨国投资就越有可能分散实业投资的风险。再加上直接投资的核心是相当程度股权与经营控制，所以比之证券投资，对于风险的控制力也应当说是更有效。

（二）对通货区域论的评价

1. 阿利伯用比较投资的国内收益和国外收益差别的方法，来解释对外直接投资的动因，这种解释似乎比较符合 20 世纪 50 年代美国跨国公司的投资活动。在 50 年代，美国在欧洲的制造业子公司所取得的税后利润率，一般比美国国内制造业的利润率高 3~4 个百分点。美国直接投资的急剧增长，同这一时期美元坚挺密不可分，这里存在通货的溢价因素。然而，到 60 年代尽管前半期美国在欧洲的子公司的投资收益并不比美国高，但后半期，美国国内制造业的收益一般都比国外高，同时，美国在欧洲的制造业投资却持续高涨，这一现象却是阿利伯模型无法解释的。

2. 阿利伯模型的价值在于，当分析跨国公司海外经营活动的动机及其方向时，汇率的变动无疑是一个需要考虑的重要因素。20 世纪 80 年代中期以后，日本对外直接投资呈现出急剧上升的态势，特别是日本公司在美国进行大规模的兼并与收购活动，曾一度引起美国上下诚惶诚恐。这与日元对美元汇率大幅度升值有密切关系。

3. 阿利伯通货区域理论的主要缺陷表现在以下两个方面：第一，它的应用范围是极其有限的。它不能解释战后美国与欧洲国家之间的交叉投资，而双向投资一直是国际直接投资的主流。阿利伯模型也不能解释美国企业在美元区的投资。20 世纪 80 年代以前，大多数发展中国家都实行严格的外汇管制，也没有完善的资本市场，对跨国公司在这些国家的投资，通货区域论无法作出解释。第二，跨国公司产生和发展的原因应当到物质生产领域的深刻变化中去寻找，而不能仅仅归结为货币因素。跨国公司是一个综合性的国际化生产体系，它根据其全球经营战略来决定投资的方向与方式，同时也必然受不同地区区位因素的影响。如果世界上只有一个统一的通货区，而不是若干个通货区，则阿利伯的全部论点也就不复存在。所以，该理论具有明显的局限性和片面性。

第二节　产品生命周期理论

产品生命周期理论（Product Life Cycle Theory）是由美国哈佛大学经济学教授雷蒙德·弗农（Raymond Vernon，1966）最先提出的，后经尼克博克（Knickerbocker，1973）、威尔斯（Wells，1977）、格雷汉姆（Graham，1975，1978）等对其进行了主要的扩展和检验，使其成为贸易领域和投资领域有深远影响的理论。该理论从产品技术垄断的角度分析国际投资产生的原因，认为产品生命周期的发展与对外直接投资有着密切的关系。

一、产品生命周期模型 I

（一）产品生命周期理论的产生

1966 年，美国哈佛大学经济学教授雷蒙德·弗农在《产品周期

产品生命周期，是指产品在市场上竞争地位的变化过程：第一步产品向市场推出；第二步产品逐渐扩大销路，以致充斥市场；第三步产品由盛至衰，最终逐渐被新一代产品所替代甚至退出市场。

中的国际投资与国际贸易》一文中提出，美国企业对外直接投资是与产品生命周期密切相关的。所谓产品生命周期是指产品在市场上竞争地位的变化过程：第一步产品向市场推出；第二步产品逐渐扩大销路，以致充斥市场；第三步产品由盛至衰，最终逐渐被新一代产品所替代甚至退出市场。可见，这里所说的产品生命不是指其使用价值磨损殆尽的过程，而是产品在市场上的营销生命。弗农理论把国际投资同国际贸易和产品生命周期结合起来，利用产品生命周期的变化，解释美国"二战"后对外直接投资的动机和区位的选择，因而他的理论被称为对外直接投资的产品生命周期理论。[①]

从理论渊源来看，产品生命周期理论吸收了熊彼特的经济发展理论、林德的需求偏好相似论、波斯纳的技术差距模型、哈夫鲍尔的创新与模仿理论等。

（二）产品生命周期模型 I

产品生命周期理论的基本思想是，在产品的整个生命期间，生产和销售所需要的要素是会发生变化的，因此在新产品的生产中会出现一个周期。当新产品被引入时，通常需要大量的研究与开发费用和人力资本含量高的劳动力。当这一产品的生产技术日臻成熟而走向大规模生产时，产品日益变得标准化，需要标准化的技术和大量的非熟练劳动力，这样在这一产品上的比较优势就由最初开发时的技术和资本富余型的发达国家转移到劳动力相对富余，劳动力成本相对低廉的国家。这一比较优势的动态转移通常伴随着技术创新国与其他国家之间的国际贸易和对外直接投资活动。产品生命周期理论由最初的产品生命周期模型（Product Life Cycle I，PLC I）和修正的产品生命周期模型（Product Life Cycle II，PLC II）组成。这里先介绍产品生命周期模型（PLC I）。

产品生命周期模型（PMC I）是弗农 1966 年在其《产品周期中的国际投资与国际贸易》一文中提出的，主要试图解释战后初期美国制造业在欧洲的海外投资活动。弗农将产品生命周期分为三个阶段，即新产品（或创新）阶段、成熟产品阶段、标准化产品阶段。三阶段实际上是产品区位转移的三段模式论，即在母国生产并出口——转移到其他发达国家投资生产，母国减少生产和出口——转移到发展中国家和地区投资生产，母国停止生产——改为从海外进口。

产品生命周期模型的基本假设是：需求取决于收入水平；企业的交流成本（Communication Costs）随着企业与市场间距离的扩大而迅

---

① R. Vernon. "International Investment and International Trade in the Product Cycle", *Quarterly Journal of Economics*, 1966.

速增加；技术市场是不完全竞争市场；技术创新是一个间断的、突变的过程。

1. 新产品阶段（New Product Stage）。在新产品阶段，创新国和创新企业往往拥有技术上的垄断优势，新产品在国内生产，大部分在国内销售，一小部分出口。这时新产品生产企业注意力集中在产品的设计及其功能上，并非成本。消费者对新产品价格的高低并不在乎，因为没有比较机会。

弗农认为，新产品阶段，产品的性能、市场需求都不稳定，需要较多地投入进行市场开发，新产品的开发成本也随着企业与市场的距离拉大而增加；另外，在早期阶段新产品价格弹性较低，这时，创新企业往往选择本国作为生产基地，以靠近需求市场。

一旦早期生产者决定在某个特定国家设点生产，该国很可能在一段时间内保持领先地位。其他地区后起的生产者，在国内市场很小的情况下，无法在市场上与之竞争。因此，进行创新的生产者，由于其新产品几乎没有国外竞争，通常为其产品开辟有限的出口市场，他们首先在其他高收入国家找到了市场。

各国企业创新机会并不均等，这与其经济实力和技术水平有关。一个特定国家的创新有着与该国的生存条件有关的特征。在一个技术工人极为缺乏和昂贵而资本却是富余和便宜的国家，企业经理和工程师可能会集中开发节省劳动力的设备。在劳动力资源丰富而原料缺乏的国家，能使企业经理和工程师们感兴趣的创新是节省原料。此外，人均收入高的国家能够提供销售过去尚未见过的新产品和劳务的机会，而人均收入低的国家则能提供将现有产品改造成低价形式的独特机会。

长期以来，美国一直是世界上生产新产品最多的国家，这主要与美国的市场条件有关。弗农认为，美国市场条件有三个主要特征：一是市场规模大，它可以减少引进新产品过程中的风险；二是美国消费者的人均收入高，这个条件使某些新的消费品的销售得以增长；三是美国劳动的相对成本高，这个特点不断产生了以资本替代劳动的创新需求。美国开发的新产品往往注意节省人力、时间及提供方便的高档消费品和资本—技术密集型产品。如汽车、缝纫机、电视机、录像设备、照相机、起重机、自动控制设备等产品，都是投高收入消费者所好或节省劳动的产品，这些都是美国人发明的。而英国偏重于生产节约劳动成本的新产品，日本偏重于生产少投入、少污染、袖珍型的新产品。

2. 成熟产品阶段（Mature Product Stage）。在此阶段，产品的设计和生产已经有了某些标准化的因素。随着经验的积累和产品的发展，产品已经基本定型。当产品成熟时，无论最初生产者的专门知识和专门技巧可能是什么，他们都会被国内和国外的其他生产者所分享。价格竞争的威胁更为明显。当对产品的需求增长时，后期消费者比初期消费者更关心价格问题，即需求价格弹性比最初消费者高。此外，各种商标的产品之间的价格上的差异（交叉弹性）通常对那些后期使用者更为重要。

此时，需求扩大，产量增加，需求的价格弹性逐渐增大。由于市场竞争日趋激烈，参与竞争者增加，替代产品增多，生产新产品的企业的技术垄断和市场寡占地位相对削弱，因而生产成本的节约成为能否在市场上击败竞争者的重要因素。按照利润最大化原则，只要美国出口商品的边际生产成本加上运输成本低于进口市场（西欧国家）的预期平均生产成本，美国投资者总是选择出口，而把直接投资放在以后。只有当上述条件逐渐变得有利于投资时，美国企业才会把西欧国家作为优先选择的投资区位，因为那里的需求类型与美国相近，劳动力成本相对较低。

3. 标准化产品阶段（Standardized Product Stage）。在标准化阶段，产品的生产技术、生产规模及产品本身已完全成熟，都已趋标准化。这时，国内外的仿制品充斥，原新产品生产企业的垄断优势已完全消失，成本—价格因素在市场竞争中起了决定性作用。这样，为了进一步降低成本，原投资国开始在一些发展中国家投资生产，再将其生产的产品返销到母国或第三国市场。此时，产品创新国成为该产品的进口国。

图6-4说明了不同国家在产品生命周期的不同阶段的生产、消费、出口和进口变化情况。

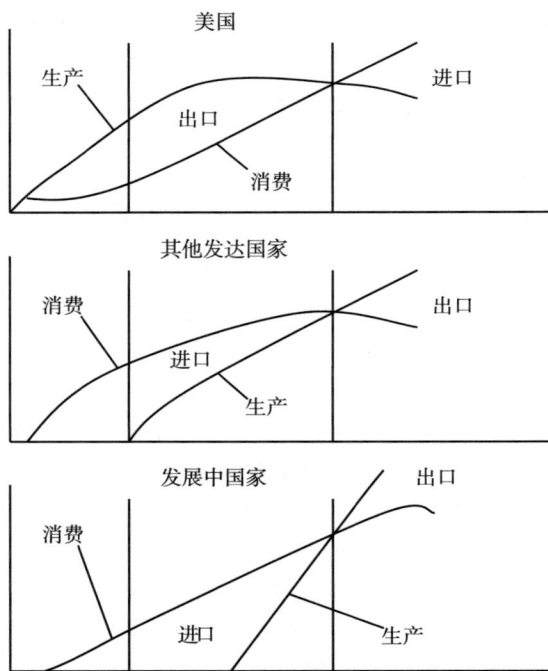

图6-4　不同国家在产品生命周期中的情况

案例 6-1 复印机的贸易流向

20 世纪 60 年代初，美国施乐公司研究开发了复印机，并在美国本土市场销售。后来，施乐公司开始向日本、西欧的一些发达国家出口。随着这些国家市场需求的增长，施乐公司开始在日本（富士—施乐公司）和英国（兰克—施乐公司）建立合资企业。协议规定，在合资期间，施乐公司拥有复印机生产技术和工艺的专利权，到期后，外国合作者便可以使用该技术工艺进入复印机市场。

随着合资企业的发展，美国复印机的出口量开始下降，美国的用户也发现在本土生产复印机的成本大幅上涨，于是它们又将生产基地陆续转移到新加坡和泰国等发展中国家。

复印机技术起源于美国，然后向其他几个发达国家（如日本和英国）出口和转移技术，接下来，这些发达国家又从复印机出口国转变为净进口国。复印机产品国际贸易模式的这种演变与产品生命周期理论的预测是基本一致的。

二、理论评价

（一）产品生命周期理论的贡献

1. 产品生命周期理论反映了 20 世纪五六十年代的美国制造业对外直接投资的情况，较好地解释了美国对西欧和发展中国家的直接投资。

作为一种投资理论，弗农从企业垄断优势和特定区位优势相结合的角度深刻地揭示了出口企业转向直接投资的动因、条件和转换的过程。他认为，创新国的企业在产品成熟阶段必须到国外寻找低成本的生产区位和新的市场，与东道国的原材料优势和劳动成本优势相结合，以扩充自己的优势，确保原先出口贸易业已占有的市场份额，有效地排斥当地的仿制品，抑制潜在的竞争对手，维护创新国的垄断优势。与此同时，该企业通过国家间的成本差异和跨国经营的优势还可以获得对国内竞争企业的比较优势。

2. 产品生命周期的实证研究，具有重要的现实意义。"二战"后，美国曾经是收音机的主要出口国。当国外市场（特别是日本）开始掌握这一技术时，美国则成为收音机的大量进口国。随着半导体收音机的发展，贸易流量又开始有利于美国。但最后，美国又开始进口半导体收音机，并以印刷电路的发展开始了它的第三代出口。在电子元件行业中，从真空管转变到晶体管，然后又转变到集成电路和微型电路这一过程，也产生了类似的贸易类型。

231

3. 产品生命周期理论正确地评价了贸易、对外直接投资和企业增长之间的紧密关系。产品处于"创新"阶段时，生产成本相对来说并不重要，在"标准化"阶段，由于面临市场竞争，甚至可能是削价竞争产品的挑战，生产成本就变得十分重要了。此时，产品发明者可能会到国外寻找成本较低的生产地点和新的市场。

4. 产品生命周期理论弥补了古典贸易理论的比较优势静态分析的局限，第一次从比较优势的动态转移角度将国际贸易和国际投资作为整体考察企业的跨国经营行为。

弗农等认为，随着产品生命周期的演进，比较优势呈一个动态转移的过程，贸易格局和投资格局随着比较优势的转移而发生变化；每个国家都可以根据自己的资源条件，生产其具有比较优势的、一定生命周期阶段上的产品，并通过交换获得利益。

5. 作为直接投资理论，产品生命周期模型把东道国的区位优势与企业的所有权优势结合起来，说明国际生产格局的形成。

它揭示了对外直接投资的动因和基础不仅取决于企业拥有的特殊优势，而且取决于企业在东道国所能获得的区位优势。只有这两种优势的结合，才能给投资者带来利益。

6. 产品生命周期理论为制造业跨国公司的成长提供了一个有力的分析工具。特别是对"二战"后初期，美国资本、技术密集型企业在欧洲国家的贸易和直接投资活动，作出了比较合理的解释。该模型从技术差距的角度阐述了跨国公司从事跨国经营的基础，特别是对最初从事跨国经营并与最终产品相关的企业，产品生命周期模型有较强的借鉴意义。

（二）产品生命周期理论的局限性

1. 该理论塑造的产品区位转移的三段模式，即母国生产并出口发达国家，发达国家投资生产，母国减少生产和出口，最后在发展中国家投资生产，母国停止生产改为由海外进口。这一发展模式主要反映了20世纪五六十年代美国制造业对外直接投资的情况具有一定的合理性。70年代以后，这一发展模式随着国际经济条件的变化显得越来越不适用。

弗农也承认，他的产品生命周期理论在以下两个条件变化的情况下变得苍白无力：[①] 一是越来越多的国家从事技术创新，并由此建立海外子公司；二是随着经济国际化和全球化的发展，发达国家之间在收入水平、市场规模、要素成本日趋接近。产品生命周期理论无法解

---

① R. Vernon. "The Product Cycle Hypothesis in the New International Environment," *Oxford Bulletin of Economics and Statistics*, 1979, 41 (4).

释 20 世纪 70 年代以后，西欧国家和日本对美国的大规模直接投资活动，更不能说明近 20 年来，发展中国家对发达国家直接投资迅速发展这一现象。

2. 弗农等虽然坚持了动态的方法，强调随着时间的推移，跨国经营活动是怎样在贸易和投资之间转移的，但产品生命周期理论没有进一步说明贸易活动和直接投资活动是以怎样的速度实现转换的。

3. 产品生命周期理论把直接投资看作是对贸易活动的替代，当我们考察跨国公司的全球战略时，贸易与投资绝不是简单的替代关系。

在产品生命周期模型中，跨国公司的海外经营战略是创新技术被广泛地扩散，新产品进入成熟阶段的结果。事实上，跨国公司是以全球战略的眼光决定各区位的生产经营方式的。很多产品不是由母国扩散到海外，而是一开始就在海外进行设计、研究、开发，瞄准海外市场销售。在技术竞争激烈的条件下，产品生命周期相应缩短，企业为了抢占市场，获得丰厚的垄断利润，就必须尽可能快地在不同地区生产和销售新产品，并针对不同地区的需求偏好开发、生产差异性产品。

4. 该理论仅仅考察了美国企业的情况，开发资本—技术密集型产品，然后转移到发达国家投资生产，但日本小岛清理论对日本海外直接投资作出了完全不同的解释，由此可见，弗农的理论有很大的局限性。

5. 该理论认为，母国垄断优势的消失，导致对外直接投资。事实上，许多跨国公司在既保持母国的技术优势的同时，又进行大规模的国外直接投资。

三、模型修正：产品生命周期模型 II

20 世纪 70 年代，弗农在跨国公司经营实践中，逐步认识到他所提理论的不足之处，曾多次撰文修正和发展自己的论点。主要是运用国际垄断（或寡占）行为来解释跨国公司的国外投资行为。其代表作有 1971 年所著《国家主权面临困境：美国企业的跨国扩散》、1974 年的《经济活动的区位》以及 1977 年所作的《风暴笼罩多国企业》等。弗农的产品生命周期修正理论，将产品生命周期重新划分为"创新期寡占""成熟期寡占"和"衰老期寡占"。

（一）创新期寡占

以垄断市场竞争为基础的创新寡占（Innovation-based Oligopoly）阶段仍然坚持产品生命周期 I 的基本观点，即国内市场条件是产品创新的关键性因素。不同国家由于经济条件、社会因素的差异，所形成的企业特定优势不同。美国企业偏重于研究与开发的创新活动是与其国内高收入和高劳动力成本相一致的。由此假设，美国的发明创造或许在节约劳动力方面，欧洲国家可能在节约土地和原材料方面，而日本的发明创造可能更集中在节约原材料领域。在产品生命周期的第一阶段，弗农认为把生产地点放在发明创造国仍然有强大的经济动因，以便把生产过程同研究与开发、市场购销活动协调起来。因而，创新技术是寡头垄断市场进入的主要障碍。

（二）成熟期寡占

与第一阶段相比，由于产品和地区的战略将取决于其他寡头企业的行动和反应，研究与开发、生产和市场购销方面的规模经济，构成了对付竞争对手的有效市场进入障碍。在寡头竞争行业中，作为一个整体所追求的取消个别寡头企业领先的战略，其最终目标是稳定各自在全世界的市场份额。从这个意义上看，产品周期模型所预示的结果与尼克博克所观察到的"跟进领先者"行为十分相似。在成熟寡占（Mature Oligopoly）阶段，当某一家企业实行新的价格战略和投资战略时，现有的市场均衡被打破，结果，其他企业会立即采取对策维持市场稳定。

（三）衰老期寡占 （Senescent Oligopoly）

在产品生命周期的最后阶段，规模经济作为市场进入障碍的作用已经大大减弱。尽管寡头垄断企业为了维持原有的市场均衡而采取一切努力，试图树立新的市场障碍，如成立卡特尔组织、提高产品差异等，但这些都不足以保持原有的生产格局。由于市场进入障碍减弱，企业面临着竞争压力，生产区位的选择更多地取决于成本因素，而不是毗邻市场或寡占反应。结果，一些生产成本高的企业不得不退出该行业，其他掌握某种特殊资源的企业要么转而生产其他产品，要么因获得某些"外部性效应"而继续生产。总之，在产品周期的衰老期寡占（Senescent Oligopoly）阶段，生产区位在很大程度上取决于成本和市场因素。

尽管如此，弗农理论仍存在着明显主要缺陷：一是局限于对美国跨国公司对外直接投资的动机、原因和特征进行分析，涉及其他国家的跨国公司较少；二是只进行经验的分析与描述，缺乏抽象的实证分析，故缺乏普遍意义。

关 键 词

筱原三基准　创新期寡占　成熟期寡占　衰老期寡占

思 考 题

1. 试述古典的比较优势理论是如何解释和指导企业跨国经营行为的。

2. 筱原三代平的动态比较优势理论对我国贸易政策的制定有何借鉴意义？

3. 雁形理论是如何解释后进国家参与国际贸易及实现产业结构升级的？

4. 通货区域论是如何解释跨国公司对外直接投资行为的？如何认识该理论？

5. 产品生命周期理论有何理论和实践意义？发展中国家如何利用该理论来引导外国公司的投资活动？

6. 边际产业论的主要内容是什么？如何认识该理论？

讨 论 题

第二次世界大战后，日本完成了从纺织等劳动密集型产业到钢铁、化学等重工业，再到汽车、电子等资本密集型产业的转型升级。但 20 世纪 90 年代开始，日本并未能抓住信息技术革命的机遇，产业升级陷入瓶颈。第一，日本此前的产业升级主要遵循"吸收—消化—模仿"模式，而 20 世纪 90 年代开始日本与欧美的技术差距明显缩窄，且开始受到遏制。第二，20 世纪 90 年代开始，日本的产业政策频频出现失误。最后，日本的产业结构变迁并没有完全按照小岛清的"比较劣势"原则进行，部分符合日本比较优势的产业也出现了向外转移的现象。例如，2010 年日本汽车行业海外研发费用为 847 亿日元，而到了 2020 年这一费用已增至 2 482 亿日元，10 年间增长了近三倍。

资料来源：钟正生等，《日本产业空心化现象再审视》，平安证券研究报告，2023 – 01 – 11。

问题：党的二十大提出，"建设现代化产业体系，坚持把发展经济的着力点放在实体经济上，推进新型工业化，加快建设制造强国、质量强国、航天强国、交通强国、网络强国、数字中国"，请结合日本战后的经济发展情况谈一下上述判断的重要性与紧迫性。

第七章

以产业组织学说为基础的
跨国经营理论

产业组织学说（Industrial Organization Theory），简言之，是指研究一个产业部门（行业）组织结构的特征及其影响资源使用效益的理论，是哈佛大学教授梅森（Edward S. Mason）在20世纪30年代末提出的，他的学生贝恩（Joe S. Bain）又加以发展，提出产业组织学说是由"结构—行为—绩效"（Structure-Conduct-Performance）三个部分组成的体系。

要点提示

通过本章的学习，理解和掌握垄断优势论、内部化理论和国际生产折衷理论等以产业组织学说为基础的三大跨国经营理论成立的前提、主要内容、理论意义和实践意义。

引　言

以产业组织学说为基础的跨国经营理论是以不完全市场竞争为条件展开的，是从产业组织和市场结构的角度来解释跨国公司进行对外直接投资的理论。所谓产业组织学说（Industrial Organization Theory），简言之，是指研究一个产业部门（行业）组织结构的特征及其影响资源使用效益的理论。而组织结构的特征，即指该产业部门是以什么样的竞争形式组织起来的。这个学说是哈佛大学教授梅森（Edward S. Mason）在20世纪30年代末提出的，到了50年代，他的学生贝恩（Joe S. Bain）又加以发展，提出产业组织学说是由"结构—行为—绩效"（Structure-Conduct-Performance）三个部分组成的体系。"结构"指一个产业部门的市场结构；"行为"指该部门中企业的市场行为；"绩效"指该部门的经济效益、产业的增长率、部门内平等竞争的机会和充分就业等；其中市场结构是研究的出发点。

海默（Hymer）、邓宁（Dunning）等众多学者把产业组织学说应用于跨国公司的研究，形成以产业组织学说为基础的跨国公司理论已成为研究跨国公司问题的主流理论。

第一节　垄断优势论

一、垄断优势理论的提出与主要内容

（一）理论的提出

垄断优势理论（The Monopolistic Advantages Theory）也称为特定优势论（The Specific Advantages Theory），是产业组织理论在跨国公司和直接投资领域应用研究的结果，是关于跨国公司凭借其特定的垄断优势从事国外直接投资的一种跨国公司理论。

20 世纪 60 年代初，美国学者斯蒂芬·海默在他的博士论文《一国企业的国际经营：对外直接投资研究》中，首次提出了垄断优势论。海默的论文当时并未引起重视，但由于其导师查尔斯·金德伯格（Charles P. Kindleberger）加以推崇，又于 1976 年出版了这篇论文，并写了序言，而金德伯格自己在后来的论文和著作中也系统阐述了该理论，使之得到广泛的重视。因此，西方学者常常将金德伯格与海默并列为垄断优势理论的创建者，并将他们的理论分析称为"海默—金德伯格传统"（H–K. Tradition）。这一理论不仅首先创立了国际直接投资理论，而且也开创了国际直接投资理论研究的先河，被称为零公里界碑。

（二）主要内容

垄断优势理论的核心内容是"市场不完全"与"垄断优势"。市场的不完全性是企业对外直接投资的先决条件，拥有垄断优势是企业开展对外直接投资的决定性因素，而企业拥有的垄断优势则来自市场的不完全性。具体而言：

1. 市场不完全性是企业对外直接投资的先决条件，必须放弃传统国际资本流动理论中关于完全竞争的假设。

传统的国际资本流动理论认为，企业面对的海外市场是完全竞争的，即市场参与者所面对的市场条件均等，且无任何因素阻碍正常的市场运作。完全竞争市场所具备的条件是：（1）有众多的卖者与买者，其中任何人都无法影响某种商品市场价格的涨跌；（2）所有企业供应的同一商品均是同质的，相互间没有差别；（3）各种生产要素都在市场中无障碍地自由流动；（4）市场信息通畅，消费者、生

垄断优势理论的核心内容是"市场不完全"与"垄断优势"。市场的不完全性是企业对外直接投资的先决条件，拥有垄断优势是企业开展对外直接投资的决定性因素。

237

产者和要素拥有者对市场状况和可能发生的变动有充分的认识。海默认为，对市场的这种描述是不正确的，"完全竞争"只是一种理论研究上的假定，现实中并不常见，普遍存在的是不完全竞争市场。

海默在其博士论文中，根据美国商务部关于直接投资与间接投资的区分准则，实证分析了美国1914～1956年对外投资的有关资料，并得出了对外直接投资与对外证券投资有着不同的行为表现。海默研究发现对外直接投资与寡占工业部门结构有密切联系。美国从事对外直接投资的企业主要集中在资本集约程度高，技术先进，产品具有差别的一些制造业部门。这些部门都是寡占程度较高的部门，跨国公司大都是这些部门中的主要厂家，其子公司在东道国也都是主要生产厂家。海默认为，传统的国际资本流动理论难以对这种直接投资作出科学的解释，因为传统的解释国际资本运动的理论是要素禀赋论。该理论认为，各国的产品和生产要素市场是完全竞争的，资本从"资本过剩"国流向资本短缺国，国际资本运动的根本原因是各国间利率的差异，对外投资的主要目标是追求高利率。因此，海默主张利用产业组织理论来解释美国企业对外直接投资行为，即从不完全竞争或寡占竞争来解释对外直接投资。由此，海默得出结论，对外直接投资是市场不完全和寡头垄断的产物，是拥有某些垄断优势的大公司为实施控制不完全市场所采取的一种措施。金德伯格进一步研究了市场不完全性作为对外直接投资先决条件的重要性。他指出，对外直接投资的存在，是以存在着产品或要素（包括技术）市场的不完全性，以及政府或企业对竞争的干预所导致的市场不完全性为前提的。

根据海默和金德伯格的研究，市场不完全可分为四种形态：（1）由规模经济引起的市场不完全；（2）产品市场的不完全；（3）资本和技术等生产要素市场的不完全；（4）由政府课税、关税等贸易限制措施引起的市场不完全。

2. 拥有垄断优势是企业进行对外直接投资的决定性因素。海默在他的博士论文中，首先明确指出大企业到国外直接投资的主要原因在于其特定优势。这种"企业特定优势"（Firm-Specific Advantage），即企业国际化经营的垄断优势。海默认为，美国企业拥有的技术与规模等垄断性优势是美国能够在国外进行直接投资的决定性因素。垄断优势的产生在于美国企业控制了技术的使用以及实行水平一体化与垂直一体化经营。海默认为当企业处在不完全竞争市场中时，对外直接投资的动因是为了充分利用自己具有的垄断优势，这种垄断优势足以抵消跨国竞争和国外经营所面对的种种不利而使企业处于有利地位。企业凭借其拥有的垄断优势排斥东道国企业的竞争，维持垄断高价，导致不完全竞争和寡占的市场格局，这是企业进行对外直接投资的主要原因。

根据海默和金德伯格的研究，企业的垄断优势，可以从不完全竞争的市场中产生。据此，跨国公司对外直接投资所凭借的垄断优势可以分为以下四类：

（1）来自产品市场不完全的垄断优势。如来自跨国公司拥有的产品差异化能力、商标、销售技术和渠道或其他市场特殊技能以及包括价格联盟在内的各种操纵价格的条件。

（2）来自要素市场不完全的优势，如技术要素（优势可来自专利、技术诀窍等知识产权，技术的专有和垄断既可以使跨国公司的产品与众不同，又可以限制竞争者进入市场；充足的研发费用，加快了大公司的技术创新步伐）、资本要素（跨国公司可凭借其拥有的较高的金融信用等级而在资本市场上以较低的成本，较多较快地筹集到资金）、管理技能和信息等方面。

（3）来自企业规模效益的垄断优势。跨国公司通过水平的或垂直的一体化经营，可以取得当地企业所不能达到的生产规模，从而可以降低成本。当一体化经营达到一定程度之后，公司对产品价格或原料价格便有一定控制能力，公司可通过提高产品价格，压降原材料价格来获取利润。跨国公司还可实行国际专业化生产，利用各国生产要素价格的差异，从而合理布置生产区位来取得企业内部与外部规模经济，获得一定的竞争性优势。

（4）来自政府干预的垄断优势。东道国和母国可以通过市场准入、关税、利率、税率、外汇及进出口管理等方面的政策法规对跨国公司的直接投资进行干预，跨国公司可以从政府提供的税收减免、补贴、优先贷款等方面的干预措施中获得某种垄断优势。

资料 7 - 1　跨国公司垄断优势的表现形式

由于跨国公司在进行对外直接投资时，相对于东道国厂商处于较为不利的地位，比如东道国企业熟悉投资环境，熟悉市场，运费低廉，信息灵通，决策迅捷，易于获得政府的支持以及不存在语言文化障碍等。跨国公司在东道国投资要承担更大的风险，要想获胜，跨国公司就必须利用市场的不完全性和自身的垄断优势来抵消东道国厂商所持有的优势，并补偿在东道国陌生环境中投资经营所增加的成本，以获得高额利润。关于垄断优势的构成，海默和金德尔伯格以及后来的学者约翰逊（H. G. Johnson）、卡夫斯（R. E. Caves）以及曼斯菲尔德（E. Mansfield）等进行了充分的论述，概括来讲，跨国公司拥有的垄断优势大致可归纳为以下几个方面：

1. 技术优势。拥有先进技术是跨国公司最重要的垄断优势。大型跨国公司拥有极强的科研力量和雄厚的资金，可以投入巨额资金开发新技术、新工艺。

这一优势又可以通过专利等手段，防止这种新工艺、新技术为同行所利用，保持这种优势在跨国公司内部长期使用，以保持其垄断地位，这与单纯的技术转让相比，可获得更大的利润。跨国公司的新产品开发技术是其技术优势中最有实质性的部分。跨国公司的许多开发、研究所取得的成果，投入生产过程后，必然要走向产品异质化。因为对新产品进行异质化，只需对产品的物质形成性能作少量改变，就可以免受同行的仿造，同时又可以扩大市场占有量，从而扩展原有的优势。

2. 先进的管理经验。跨国公司由于具有受过良好训练与教育的员工，经验丰富的经理人员和经过实践考验的、能有效运行的组织结构和机制，能保证整个企业的高效运营。这既是先进技术对公司组织的要求，又是先进技术得以在公司普及的条件。跨国公司还在长期的世界市场竞争中总结出一整套适应现代化生产过程的先进管理技术，大大地优化了公司的生产经营活动和资源的有效配置。这是东道国企业所无法比拟的优势。

3. 雄厚的资金实力。大型跨国公司的资金由两部分构成：一部分为公司自有资金；另一部分为金融市场上融通的资金。首先，跨国公司本身具有雄厚的资金实力；并且公司总部可以在公司内部的各子公司之间灵活调度数额庞大的资金，这是一般东道国企业无法与之相比的。其次，跨国公司可以在国际金融市场上利用公司良好的资信顺利地融资，大大地降低了融资的成本。有了大量的资金就可以在世界范围内寻找最有利的投资项目，以保证跨国公司获得高额利润。

4. 相对全面且灵通的信息。大型跨国公司拥有先进的通信设备，分支机构遍布全球，它们收集的信息不仅全面灵通，而且可以得到及时的处理。当今世界已经迈入了信息社会，一个企业的成功与失败与它具有的信息密切相关。可以说，现代社会中，谁拥有了信息，谁就拥有了世界。有些跨国公司在信息网络上投下巨资，不仅是拥有大量的信息为公司的运营服务，也是在信息网络服务创造上获得垄断优势。

5. 规模经济优势。大型跨国公司大都处在科学技术密集型、知识密集型行业，这些企业的规模越大，单位产品成本越低，边际收益越高，这就是内部规模经济。跨国公司可以利用各国生产要素的差异，通过横向一体化取得这种内部规模经济优势，提高公司获利能力。这种内部规模经济还会导致同行业在地域上的集中，促进专业化供应商队伍的形成，使一些关键的设备和服务由专业供应商提供，还可以实现高技术的劳动力市场的共享和知识外溢所带来的利益，这就是外部规模经济。跨国公司可以通过纵向一体化取得这种外部规模经济的优势，并使之转化为公司内部的利润。

6. 全球性的销售网络。大型跨国公司历史悠久，声名显赫，影响面广，产品更容易打入国际市场，特别是这些大型跨国公司都有自己独立的销售网络，并且与国际包销商建立了长期而稳定的业务联系，销售成本低，商品流转速度快等，这就使跨国公司在销售方面占有巨大的优势。

二、垄断优势论的发展

海默、金德伯格的垄断优势论为跨国公司对外直接投资理论的研究奠定了基础。20世纪六七十年代很多西方学者主要沿着海默等的传统，进一步补充发展了垄断优势理论。其中以产业组织学说中的厂商理论和市场结构理论作为主要研究方法对跨国公司的直接投资理论进行了进一步的论证，较具有代表性的论点归纳如下。

（一）核心资产论

除了企业的规模效益外，前面已经说明垄断优势：一是来自产品市场的不完善，如专利、档次、商标、品牌等造成的产品差异；二是来自要素市场的不完善，如掌握特有的技术、信息等。这些实际上都是无形资产，由于企业对这些资产的独占，即排他性的占有，使局外企业难以在这方面进入市场展开竞争，这就是市场不完善及其所导致的垄断优势。一些西方学者认为在上述无形资产中，最核心的部分便是技术和知识，即信息，企业通过对核心资产的占有，才形成垄断优势，并携此优势到海外投资设厂，因为东道国企业无法竞争，故它得以在国外环境中生产发展，并攫取高额利润，这些学者的说法可统一称为"核心资产论"（The Core-Asset Theories）。

这方面有两种代表性的论点：

一是强调产品的差异性，即企业创造差异产品的能力，称为"产品差异能力论"（Thesis of Firm's Ability to Differentiate Products），哈佛的凯夫斯是其代表。凯夫斯于1971年2月在《经济学》杂志发表了一篇论文《国际公司：对外投资的产业经济学》，从产品差别能力的角度对垄断优势论进行了补充。他强调跨国公司所拥有的使产品发生差别的能力是其拥有的重要优势。产品的差异可以适应不同层次和不同地区消费者的消费偏好，从而扩大产品的销量。跨国公司可以充分利用自己的技术优势对原有产品进行革新改造，使其产品在实物形态上或功能上与其他生产者的产品发生差异，凭借优良的质量、优美的包装、新颖的外形等，吸引更多的消费群体。跨国公司还可以通过独特的商标品牌等营销技巧，抓住消费者的消费心理。这些都是跨国公司所具有的优势。

二是强调信息（技术、知识）的专有性（专用性），即企业对信息所产生的成果的占有能力，故可称为"占有能力论"（Appropriability Thesis），其代表为约翰逊和梅吉两位教授。约翰逊在1970年发表的一篇论文《国际公司的效率和福利意义》中指出："知识的转

241

移是直接投资过程的关键"。知识包括技术、专有技术、管理与组织技能、销售技能等一切无形资产。跨国公司的垄断优势主要来源于其对知识资产的控制。知识资产与其他资产不同，它的生产成本很高，如果通过对外直接投资的方式来利用这些资产，能够降低它的边际成本。而知识资产的供给又极富有弹性，可以在若干不同的地点同时使用。所以跨国公司的子公司可以利用总公司的知识资产，创造更高的利润，而东道国当地企业则无此优势。

梅吉在 1977 年发表的论文《信息与多国公司：对外直接投资的占有能力论》阐述了类似观点。他认为，制造简单的产品只需简单的技术和知识，容易为他人袭用仿制。制造复杂的（Sophisticated）产品需要高科技，这种技术和知识的专用性强，很难为他人模仿掌握，这也意味着企业对这种技术和知识的创造的成果的占有能力强，故大公司乐于投资，并将它们让渡给海外的子公司和附属企业，以确保跨国经营的优势。如果在外部市场上向第三者提供，往往由于对方不甚了解其价值，不愿支付应有的代价；但过多地公开其内容，以便使对方确信其价值，则又会造成泄密，大大降低了对这项技术和知识所创造的成果的占有能力，垄断优势也就丧失。

（二）寡占反应论

美国学者尼克博克（F. T. Knickerbocker）在 1973 年发表了《寡占反应与跨国公司》，从寡占反应论（Oligopolistic Reaction Theory）的角度对垄断优势论作了重要补充。他指出寡占反应行为是导致战后美国跨国公司对外直接投资的主要原因。尼克博克将对外直接投资划分为两大类：一类是进攻性投资，是指在国外建立第一家子公司的寡头公司所进行的投资，一般来说要承担更大的风险；另一类是防御性投资，是指同行业的寡头公司追随进攻性投资，在同一地点进行的投资。这种投资比进攻性投资的风险要小。进攻性投资的动机一般来说是由产品生命周期引起的，而防御性投资动机则是由寡占反应行为引起的。尼克博克主要研究的是后者。

尼克博克所指的寡占是指由少数几家大公司组成的，或由几家大公司占统治地位的行业或市场结构。在这种行业或市场的结构中，每一家寡头大公司都占有举足轻重的地位，其重大活动会影响到其他几家大公司。寡占反应行为是指每一家大公司对其他大公司的行动都十分敏感，紧紧盯着竞争对手的行动，一旦竞争对手采取对外直接投资，就紧随其后实行跟进战略，以维护自己的相对市场份额。寡占反应行为的主要目标在于抵消竞争对手率先行动所带来的好处，避免给自己带来风险。尼克博克认为寡占反应行为必然导致对外直接投资的成批性，因为只有处于盈利率高的行业的跨国公司才能拥有雄厚的资金实力,才能作出迅速的防御性反应。也只有这样的跨国公司才可能在东道国当地市场迅速建立起与国内市场相类似的市场结构,并获得高额利润。尼克博克分析了美国1948～1967年对外直接投资的状况,发现美国跨国公司在国外的子公司中有一半是集中在三年内建立的,并且这些跨国公司的集中程度也高。西欧对美国的直接投资也反映出同样的情况。

三、垄断优势理论的评价

垄断优势理论不仅开创了国际直接投资理论研究的先河,而且许多内容具有科学性,首次提出了不完全竞争市场是导致国际直接投资的根本原因,并论述了市场不完全的类型;提出了跨国公司拥有的垄断优势是其实现对外直接投资获得高额利润的条件,并分析了垄断优势的内容;提出了知识的转移是跨国公司直接投资过程的关键,并分析了知识产品的特点;提出了产品的差异能力是跨国公司进行对外直接投资的又一重要优势,并分析了产品差异性能给跨国公司带来的优势的维护和强化;提出了跨国公司的寡占反应行为是导致其对外直接投资的主要原因,并分析了寡占反应行为所导致的对外直接投资的成批性。这些理论对于国际直接投资理论和实践的发展都具有十分重要的意义。

垄断优势理论也存在着许多局限性:垄断优势理论主要是对美国对外直接投资研究的成果,并且研究的对象是技术经济实力雄厚、独具对外扩张能力的大型跨国公司。垄断优势理论对于发展中国家的对外直接投资及中小企业的对外直接投资没有进行分析。而实践中出现的情况则是,自20世纪60年代以来许多发达国家的中小企业也积极进行对外直接投资,特别是广大的发展中国家的企业也加入国际直接投资的行列中来。垄断优势理论显然对这些新现象无法作出科学的解释,垄断优势理论的这些局限性使它至少在目前已经失去了普遍意义。

第二节 内部化理论

垄断优势理论认为跨国公司拥有的核心技术等垄断优势是其进行对外直接投资的必要条件,然而,在现实生活中,很多拥有垄断优势的公司并不进行对外直接投资,而是通过许可证交易的形式出售其技术，这是为什么？内部化理论（The Internalization Theory）正是要回答这个问题。

一、内部化理论的提出与起源

内部化是指在企业内部建立市场的过程，以企业的内部市场代替外部市场，从而解决由于市场不完善而带来的不能保证供需交换正常进行的问题。内部化的思想起源于 1937 年科斯（Ronald H. Coase）所著的《企业的性质》一文，在先驱者中还有威廉姆森（Oliver E. Williamson）和阿罗（Kenneth J. Arrow）等。

内部化理论也称市场内部化理论，它是 20 世纪 70 年代以后西方跨国公司研究者为了建立所谓跨国公司一般理论时所提出和形成的理论，但不足以称其为"通论"。这一理论主要是由英国学者巴克莱（Peter J. Buckley）、卡森（Mark C. Casson）和加拿大学者拉格曼（Allan M. Rugman）共同提出来的。巴克莱和卡森在其 1976 年合著的《跨国公司的未来》及 1978 年合著的《国际经营论》中，对跨国公司的内部化形成过程的基本条件、成本与收益等问题作了明确的阐述，使人们重新审视内部化概念。1979 年，卡森在《跨国公司的选择》中对内部化概念作了进一步的理论分析。拉格曼在《跨国公司内幕》一书中对内部化理论作了更为深入的探讨，扩大了内部化理论的研究范围对此做了进一步的发展。

二、内部化理论形成的假设条件

内部化理论建立在三个假设的基础上：一是企业在不完全市场上从事经营的目的是追求利润的最大化。但这种市场不完全并非规模经济、寡头行为、贸易保护主义和政府干预所致，而是由于某些市场失效（Market Failure），以及由于某些产品的特殊性质或垄断势力的存在等因素所致，它们常常会导致企业市场交易成本增加。二是中间产品市场的不完全竞争，使企业在组织内部创造市场，以克服外部市场的缺陷。三是内部化超越国界时就产生了跨国公司。

三、内部化理论的主要内容

（一）外部市场失效是内部化形成的主要原因

企业外部市场的失效，促使内部市场的建立。内部化理论认为，

244

市场分为两大类：一类存在于企业之外，受价值规律和供求关系支配的外部市场；另一类是企业内部的市场，不受市场供求关系的影响，也不是买卖双方在市场上按独立竞争原则确定的价格，而是根据跨国公司的全球战略目标和谋求最大限度利润的目的，由公司少数决策人制定的价格，即转移价格。外部市场往往是不完善的，存在着种种不确定的因素，交易成本大。某些中间产品，特别是知识产品的市场尤为不完善，使得企业无法充分利用外部市场有效地协调其经营活动。于是，跨国公司通过对外直接投资，建立海外子公司，以其公司内部市场取代外部市场，使资源和产品在公司内部得到合理的配置和充分的利用。

（二）以知识为代表的中间产品是促使内部化市场形成的重要动力

知识产品包括专利、专用技术、商标、商誉、管理技能和市场信息等。知识产品在实现其专用权价值时，会因不完全竞争的市场而受阻，之所以如此，这是由知识产品的特殊性质和知识产品的市场结构，以及知识产品在现代企业经营管理中的重要地位所决定的。具体而言，知识产品及其市场结构存在的特点是：知识产品的形成耗时长、费用大；知识产品可以给拥有者提供垄断优势；知识产品的价格很难通过市场来确定；知识产品的外部市场可能导致额外的交易成本等。

以上这四个方面的因素作用的结果，导致跨国公司往往倾向于将知识产品在企业内部转让，以内部市场来代替外部市场，以避免外部市场不完全造成的损失，达到长时期保持对知识产品的独占优势，并最大限度地实现价值的增值。

（三）内部化过程同交易成本密切相关

交易成本是指企业为克服外部市场的交易障碍而付出的代价。内部化理论认为，通过外部市场所进行的交易会导致附加成本的增加，市场结构的选择是决定交易成本大小的因素。而企业内部资源的转移可使交易成本最小化，这就是形成内部化市场的基本动机。

跨国公司是否创建内部化市场也是基于成本—收益分析：

跨国公司创建内部化市场可能增加的成本有：第一，分割市场产生的资源成本；第二，信息交流成本；第三，政府歧视性成本；第四，内部市场的管理成本。同时，市场内部化可能给跨国公司带来的收益有：第一，创造内部远期市场带来的收益；第二，引入差别定价机制带来的收益；第三，避免讨价还价带来的收益；第四，消除中间产品市场不确性带来的收益；第五，减少政府干预带来的收益。内部化过程既有收益，又有成本，当内部化的边际收益等于边际成本时，企业即可以实施内部化。卡森又进一步做了研究，认为内部化的目的在于避免外部市场交易成本，故不必过多考虑内部化成本—收益的比例关系，只要内部化成本小于市场交易成本，企业即可以实施内部化。同时，巴克莱和卡森分析了内部化的形式：一般来说，原材料和零部件等中间产品交易市场的不完全使企业产生了垂直一体化的动机；另外，无形资产如知识、技术、商誉及管理诀窍等中间产品交易市场的不完全产生了水平一体化的动机。

总之，内部化理论的主要内容可以概括为：由于市场存在不完整性和交易成本上升，企业通过外部市场的买卖关系不能保证企业获利，并导致许多附加成本。因此，企业为了实现其利益的最大化，通过对外直接投资，将本来应在外部市场交易的业务转变为在公司所属企业之间进行，并形成一个内部市场，则能克服外部市场上的交易障碍，弥补市场机制不完整所造成的风险与损失。

四、内部化理论在跨国公司行为分析中的具体应用

内部化理论旨在用交易费用理论解释跨国公司为什么存在及其边界该如何确定的，但这一理论在分析跨国公司行为时却有着广阔的应用前景。现实中，学者们常常应用该理论分析跨国公司的竞争战略以及跨国公司的国际市场进入模式选择。在分析跨国公司竞争战略方面，学者们应用内部化理论来分析与跨国公司多元化战略相对应的一体化增长战略，这方面的应用在企业竞争理论研究中占据着重要的地位。在分析跨国公司的国际市场进入模式选择方面，交易费用是跨国公司选择是否以内部化形式进入国外市场的显著因素。

巴克利（1988）认为，跨国公司选择市场进入模式直接受到所在产业的性质和中间产品特性的影响，大体上说，中间投入品市场失灵程度较高，投入品的产出在最终产品质量和产量方面的贡献难以衡量或者需要在生产全过程密切监督劳动投入时，往往意味着通过市场而非科层将产生较多的交易费用，造成一定程度的不经济。因此，跨国公司较多地倾向于通过内部化手段延伸组织科层对类似活动的直接控制，达到节约交易费用和扩大盈利的目的。表7-1列举了一些较多采用一体化形式进入国际市场的产业。

表 7 - 1　　　　　　　　　　跨国公司控制程度较高的产业

产业特性	产业举例
基础业： 需要密切监督质量的易腐农产品 储量较为集中的矿产品	香蕉业、烟草业 石油、采铜业
制造业： 需要专业知识和技能自由流动的科研密集型产业 需要复杂机械和售后服务的资本密集型产业	计算机元件、药剂产业 挖掘机、重型电子机械
服务业： 知识、技能和沟通密集型服务 有区域依赖的服务业	银行业、分销服务业 石油服务业、保险业

资料来源：Buckley and Casson. Testing the Internalization Theory of the Multinational Enterprise. *Journal of International Business Study*，Summer，1988。

案例 7 - 1　　商誉：特许经营 VS 国外生产

商誉是商标的内涵所在，拥有良好的商誉可以为企业创造价值。商誉可以通过商标这个载体在企业间进行转移，而且商誉投资一般是在早期发生，以沉淀成本的形式累积下来，一旦商誉建立之后，只要不遭到破坏，就能持续不断地为企业带来收益。商誉的另一个特点是边际扩张成本几乎为零，企业可以轻易地把商标使用在另外一种产品上，或是通过商标使用权的转让把商誉延伸到另一个企业身上。

当跨国公司把商誉作为核心资产向国外扩张时，它可以采用两种方法：一种是通过市场将商标使用权转让给国外企业，自己靠收取转让租金获益；另一种是通过商誉内部化在国外建立子公司销售自己的产品获利。选择何种方式构成了跨国公司国际市场进入方式的选择。

我们要考虑商誉的外部性，它造成成本收益的不对称，即商誉使用权的受让方在机会主义驱使下有滥用商誉的动机，最终的损失则主要由转让方承担。商誉的特许使用隐藏着"搭便车"的可能性，对所有正在使用某个商标的企业来说，这种商标变成了公共产品，任何使用者提供的商品或服务，其质量会影响所有共享这一商品的其他企业，被特许者可能以降低商品质量的行为使自己的收入最大化。当非重复购买者的比例越高，监督"搭便车"和滥用商誉的成本越高，降低商品质量的行为就容易出现，当然它对商誉的侵害就越严重。所以企业转让商标使用权时，通常要签订合同规定最低的质量标准，或是对被许可方进行培训以保证服务质量。尽管如此，许可方仍然不能保证被许可方会自觉遵守合同。

把商誉内部化成为一种替代方案，即把国外潜在的商标使用者转换成自己的雇员，他们获得的报酬不再以经营利润为主，也不能从降低产品质量中获益，因而滥用商誉的动机就减少了，原先的外部市场交易成本自然降低了。

但是这种做法带来了组织成本的上升，商誉所有者或跨国公司母公司不得不花费成本监督子公司及其雇员，激励他们努力工作。

因此以商誉作为核心资产向国外市场扩张时，选择转让商标使用权给国外独立厂商还是建立子公司进行内部化取决于交易成本和组织成本的比较，具体地说就是在监督雇员以保证他们努力工作和通过合约规定和监督被许可方的产品质量水平以防止被滥用所支付的成本之间做出比较。显而易见，如果制定合约规则比较容易，监督他人执行规则及检查破坏商誉的行为较容易，而且确保雇员努力工作的成本相对较高时，企业选择在国外特许商标使用权的现象就比较常见。

五、内部化理论的评价

（一）内部化理论的提出对西方跨国公司国际直接投资理论的发展产生了深刻的影响

内部化理论力图克服以往各种跨国公司国际直接投资理论的缺陷，从跨国公司内部资源配置机制的形成过程出发，研究外部市场对公司内部资源配置效率的影响，从而对跨国公司对外直接投资决定因素作出新的解释。不少经济学家把它称为"外国直接投资的一般理论"。所谓一般理论主要有两层含义：一是该理论能解释战后各种类型的跨国公司对外直接投资，其中，包括发达国家跨国公司对外直接投资，也包括发展中国家跨国公司的对外直接投资，而且还可以解释跨国银行等服务性行业跨国公司的形成与发展；二是该理论可在不同程度上替代早期的跨国公司直接投资理论。

与前述的垄断优势理论相比，内部化理论沿袭了产业组织理论的分析方法，以市场不完全竞争为前提条件，阐述在垄断经济条件下，跨国公司产生的原因及其特点。从这个意义上说，内部化理论与垄断优势理论是相融的。但二者又存在着明显的不同：（1）垄断优势理论偏重于市场不完全性的具体形式分析，如寡占、规模经济、技术垄断等；内部化理论则强调市场不完全的一般形式，即"市场失效"以及由于某些产品的性质或垄断势力集中等引起的市场交易成本上升。（2）内部化理论把市场的不完全（失效是不完全的发展形态）归结为市场机制内在的缺陷，并从中间品的特性与市场机制的矛盾来论证内部化的必要性；而在垄断优势理论中，却是由于中间品的特性产生了垄断优势，而市场不完全乃垄断排斥了竞争所致。（3）垄断优势理论在分析跨国公司产生的原因时，是把垄断优势作为公司从事跨国经营的前提条件，而并没有进一步阐述垄断优势是怎样获得的，也更谈不上对获得垄断优势，企业所付出的成本问题的分析；而内部化理论则正好相反，认为跨国公司的垄断优势是其市场内部化的结果，而非前提。（4）垄断优势理论从垄断市场结构说明对外直接投资的决定因素；而在内部化理论中，垄断因素只是作为增加知识产品市场交易成本的一个因素才被纳入分析过程。海默等强调技术优势对跨国经营的重要意义；内部化理论则强调企业管理的重要性，要求不断提高企业协调和管理的能力，才能降低交易成本，形成跨国经营的优势。

（二）内部化理论的分析方法是传统微观经济理论与交易成本理论的结合

这主要表现在：（1）内部化理论接受古典经济学理论中关于厂商追求最大限度利润的假设。（2）内部化理论从单个厂商的行为着手，利用成本收益的比较分析来说明跨国公司对外直接投资的基础。在解释市场不完全性时，内部化理论引入了科斯定理，重新规定了市场不完全性的性质及内容。在理论中，市场不完全性是外部市场机制的失效以及由此引起的市场交易成本等。正是由于这种市场交易成本，导致跨国公司对外直接投资。

（三）该理论较好地解释了跨国公司在对外直接投资、出口贸易和许可证安排参与国际经济方式选择的依据

由于跨国公司内部化理论源于交易费用理论，所以它能够分析跨国公司国际市场进入模式选择问题，通过如何选择合适的策略使交易费用最小化以及非交易费用节约带来的收益的最大化，比较出对外直接投资、出口贸易和许可证安排之间的差别。跨国公司通过对外直接投资市场内部化，保持其在世界范围内的垄断优势，从而实现公司利润的最大化，因此在这三种方式中占主导地位。出口贸易由于受到进口国贸易保护主义的限制，许可证安排由于局限于技术进入产品周期的最后阶段，因而均属于次要地位。

（四）内部化理论还有助于解释"二战"后跨国公司增长速度、发展阶段和赢利变动等事实

知识产品市场的内部化激励跨国公司在研究与开发方面投入巨额资金，为保持和扩展拥有的技术优势而增加对外直接投资，推动了国际直接投资的高速增长。大型跨国公司的兼并和合并活动，以及研究开发领域的扩展，使其多样化经营程度进一步提高，也促进了国际直接投资的迅速增加。

249

（五）内部化理论具有一定局限性

巴克莱和卡森认为，第二次世界大战以前，跨国公司主要是"生产过程市场内部化的产物"，在"二战"后，跨国公司直接投资的格局是"知识市场内部化的产物"。这意味着跨国公司实行内部化主要是对高技术含量的知识产品实行内部化，这就势必阻碍了新技术、新产品在全世界范围的迅速普及，从而在一定程度上阻碍了生产力的发展。内部化理论未能科学地解释跨国公司对外直接投资的区域分布，因而常常受到区位优势论经济学家的抨击。同时，内部化理论对西方大型跨国公司的垄断行为的某些特征未能作出具体约束分析，这也是该理论的一大缺憾。

第三节　国际生产折衷理论

本节系统地介绍了国际生产折衷理论的产生背景、主要内容及其理论特点，目的是从综合的角度来探究跨国公司对外直接投资的动因。

一、理论的产生

国际生产折衷理论（Eclectic Theory of International Production），又称国际生产综合理论，是由英国经济学家邓宁在20世纪70年代系统提出来的。

国际生产折衷理论（Eclectic Theory of International Production）又称国际生产综合理论，是由英国经济学家邓宁在20世纪70年代系统提出来的。他运用综合的方法对他之前的各种主要跨国公司理论进行了比较和概括，于1976年发表了其代表作《贸易、经济活动的区位与多国企业：折衷理论探索》，提出在研究跨国公司国际生产活动中，应当吸收区位理论，并融入俄林的要素禀赋论和巴克莱、卡森的内部化理论，形成了所谓的跨国公司折衷理论。1981年邓宁出版了《国际生产与跨国企业》一书，进一步系统化、理论化、动态化地修正了其理论。

在国际生产折衷理论产生之前，虽然海默、巴克莱和卡森、弗农、小岛清的直接投资理论都能对现实作出一些解释，但却缺乏普遍意义。到20世纪70年代，一些学者试图从各个方面对以往的理论进行一些修正以更适应广泛的现实。其中贡献比较突出的有戈登，他在1972年出版的《生产理论》一书中根据新要素论以及与厂商拥有特定资产有关的新技术要素论解释厂商进行国际直接投资的区位决定因素；巴克莱和卡森则把直接投资动因一方面归结为区位优势的吸引；

另一方面归结为知识产权市场的失灵，主张把国际贸易论和产业组织理论结合起来解释国际直接投资。但相比较而言，邓宁更广泛地集百家之长、容众说精髓，既包容了海默以后直到 20 世纪 80 年代的各种学派主张，而且吸收了当时新兴的一些经济学理论、方法，例如产业组织理论、新厂商理论、区位理论等，使其有关直接投资和跨国公司的理论直到目前还仍然是主流性的学派体系。

应该说，邓宁国际生产折衷理论的提出具有相当的理论发展基础和现实动向背景。就理论发展基础来说，邓宁认为自 20 世纪 60 年代开始，国际直接投资理论领域已经存在着四个方面的发展方向：

（1）根据产业组织理论，研究跨国公司发展对外直接投资所拥有的净优势，集中表现为海默的垄断优势理论以及这一脉络由金德伯格等贡献的后续发展；

（2）采用动态分析方法，将直接投资与对外贸易结合起来研究，其代表是弗农的两个周期模型；

（3）根据生产区位理论研究跨国公司为什么在某国进行直接投资而非在其他国家进行直接投资，即直接投资的区位选择理论；

（4）基于厂商理论，强调外部市场的不完全对跨国公司国际直接投资的影响，即巴克莱和卡森为代表的内部化理论。

就当时的现实动向背景来说，主要是"二战"后国际直接投资格局发生的重大变化需要更全面综合的理论来解释现实，这些现实的变化体现在四个方面：

（1）国际直接投资主体呈现多元化发展趋势，西欧各国成为国际直接投资领域的重要力量，日本作为后起之秀，对外直接投资也迅猛发展，形成了美、日、欧"大三角"的国际投资新格局，而发展中国家，无论是作为引资主体还是投资主体，对外直接投资也迅速增加；

（2）对外直接投资的部门开始分散化，除制造业外，资源开发业、服务业以及其他行业等成为直接投资越来越重要的投资领域，且发展速度显著；

（3）国际直接投资的流向呈现出多样化趋势，既有传统的发达国家向发展中国家进行的纵向直接投资，也有发达国家之间自 20 世纪 60 年代开始就一直占据主导地位的横向直接投资。另外，尽管规模较小，80 年代末期还开始出现了一定规模的发展中国家向发达国家的逆向直接投资；

（4）国际直接投资的形式也呈现出多样化，除了独资形式外，合资、合作企业也得到了迅速的发展，其中跨国公司之间建立在战略联盟基础上的合作投资更是引人注目。

251

二、主要内容

国际生产折衷理论的主要内容是由三个核心优势理论组成的，即源自各种特有优势理论、海默垄断优势论的所有权优势，源自巴克莱、卡森等内部化理论的内部化优势，源自较系统的区位经济学理论、戈登直接投资区位选择理论并主要由他自己提出的区位优势。

（一）所有权优势

所有权优势
（Ownership Advantages），又称为厂商优势、竞争优势、垄断优势，是指一国企业拥有或者能够获得其他企业所没有或无法获得的资产及其所有权。

所有权优势（Ownership Advantages）又称为厂商优势、竞争优势、垄断优势，是指一国企业拥有或者能够获得其他企业所没有或无法获得的资产及其所有权。邓宁认为，跨国公司所拥有所有权优势主要包括两类：第一类是通过出口贸易、技术转让和对外直接投资等方式均能给企业带来收益的所有权优势，这类优势几乎包括企业拥有的各种优势，如产品、技术、商标、组织管理技能等；第二类是只有通过对外直接投资才能获得的所有权优势，这种所有权优势无法通过出口贸易、技术转让的方式给企业带来收益，只有将其在企业内部使用，才能给企业带来收益，如交易和运输成本的降低、产品和市场的多样化、产品生产加工的统一调配、对销售市场和原料来源的垄断等。

具体来讲，这些所有权优势可归纳为四类：

1. 技术优势，主要包括专利、专用技术、管理经验、销售技巧、研究与开发能力等；

2. 企业规模优势，反映为研究与开发和全球化经营规模优势等；

3. 组织管理优势，体现为组织人才优势、组织的协调管理优势等；

4. 金融和货币优势，例如因为知名度、良好企业形象、优良资信记录而产生的融资信用优势和融资成本优势。

但邓宁指出，企业拥有所有权优势只是其能够对外直接投资的必要条件，而非充分条件，因为它们只能够解释为何跨国公司能够积极地进行国际直接投资。

（二）内部化优势

内部化优势
（Internalization Advantages），是指技术在同一个所有权的企业内部进行交换，按企业的共同战略目标配置技术资源，这样企业所拥有的垄断优势才能得到充分的发挥。

国际生产折衷理论认为，跨国公司强大的国际竞争能力不是来自传统的特有垄断优势，也不是来自单纯的技术占有，而是来自技术的内部化优势（Internalization Advantages）。技术在同一个所有权的企业内部进行交换，按企业的共同战略目标配置技术资源，这样企业所拥有的垄断优势才能得到充分的发挥。

邓宁认为一个企业如果具有在产品各阶段生产的特点，就很容易产生"跨地区化"以至于"跨国化"。因为在产品的各阶段生产过程中，必然存在中间产品，如果将这些中间产品的供求过程在外部市场进行，则会由于外部市场的不完全性，造成生产成本的上升。而把中间产品的外部市场交易变成企业内部的关系，在企业内部统一调拨合理资源，使产品生产的全过程都由企业内部完成，可使企业的垄断优势发挥最大的效用。所以跨国公司将其所拥有的各种所有权优势加以内部化的动机在于避免外部市场的不完全对企业产生的不利影响，实现资源的最优配置，并且继续保持和充分利用其所有权优势的垄断地位。

邓宁认为，市场的不完全既存在于中间产品领域，也存在于最终产品领域，我们可以将其划分为两种：

1. 结构性市场不完全，即由于竞争壁垒、交易成本高而导致的市场不完全；

2. 知识性市场不完全，即由于不容易获得或需要支付较高代价才能获得生产和销售的有关信息所导致的市场不完全。

跨国公司对其拥有的所有权优势可以采取转让的方式，即将其拥有的资产或资产的使用权出售给外国的企业，即资产使用的外部化，也可以采取内部化方式，即将其拥有的资产所有权留在企业内部使用。在跨国公司的直接投资中，资产使用的内部化就是其利用所拥有的资产发展对外直接投资。

但是邓宁认为，一个企业具备了所有权优势且将其内部化使用，还不足以完全解释跨国公司的直接投资，因为区位优势才是跨国公司对外直接投资的充分条件。

（三）区位优势

区位优势（Location Advantages）是指东道国固有的、不可移动的要素禀赋优势，如优良的地理位置、丰富的自然资源、潜在的市场容量等。区位优势是由投资国和东道国的多种因素决定，具体可以包括生产投入和市场的地理分布状况；生产要素成本；运输成本和通信成本；基础设施状况；政府干预经济的程度和范围；金融市场的发展和金融制度的完善；国内市场和国际市场的差异程度；文化环境的差异程度；贸易壁垒；等等。根据区位优势理论，区位优势包括了直接区位优势和间接区位优势。

1. 直接区位优势。东道国的某些有利因素所形成的区位优势，比如广阔的产品销售市场，政府的各种优惠投资政策，低廉的生产要素成本，相对充分可供的当地原材料和其他投入品。

2. 间接区位优势。由于投资母国某些不利因素所形成的区位优

区位优势（Location Advantages），是指东道国固有的、不可移动的要素禀赋优势，如优良的地理位置、丰富的自然资源、潜在的市场容量等。

势，如商品出口运输费用过高、商品出口受到东道国贸易保护主义限制、生产要素成本过高等。

邓宁认为，区位优势不仅决定了一国企业是否进行对外直接投资，还决定了其对外直接投资的类型和部门结构。为此，邓宁把对外直接投资划分为六种类型：资源开发型、生产或加工专业化型、贸易型、销售型、服务型和其他型。每一类对外直接投资又是由不同的所有权优势、内部化优势和区位优势的组合所决定的。

（四）三项优势的关系

邓宁认为，国际直接投资 = 所有权优势 + 内部化优势 + 区位优势。

邓宁认为，决定对外直接投资的三项因素之间是相互关联、紧密联系的。用公式表示就是，国际直接投资 = 所有权优势 + 内部化优势 + 区位优势。一个企业所拥有的所有权优势越大，将其资产进行内部化使用的可能性也越大，从而在国外利用其资产比在国内可能更为有利，就越有可能发展对外直接投资。如果企业在三个方面都处劣势，则最好吸引国外直接投资。如果企业面临出口、直接投资和许可转让三种国际经营扩展方式的选择，那么当企业试图要对外直接投资时，必须具备三项优势；当企业试图选择出口时，企业只需要具备所有权优势和内部化优势而不必同时具有区位优势；当企业只拥有所有权优势的情况下，则最好选择许可贸易方式。

如果用折衷理论来分析服务业的国际经营方式的选择，那么在服务业，所有权优势体现在：通过提供可靠、及时、高效、安全、舒适、豪华的优质服务，始终维护良好的商业信誉；敏捷和可靠的信息服务，保证信息的获得、调集、储存、检索、使用、交流的能力；广泛满足客户对地点和品种选择的需要；为客户提供市场准入的机会和条件等。内部化优势在服务业显得格外重要，因为信息市场成本高，外部市场不完全，且商业秘密难以保护等，公司只能依靠自身组织结构进行合理资源配置。因此，服务业内部化形式应当不同于生产部门的以对外独资或合资经营形式为主，而应以非股权的契约式国际合作方式为主。在服务业内部，区位优势因行业部门而有所不同。银行金融服务需靠近工商业中心城市；旅游业选址必须注意气候、自然风光、名胜古迹等。

三、理论特点

在西方，学术界认为俄林是将区位论与国际贸易理论结合起来的首创者，而邓宁十分推崇俄林而深受其影响，故在自己的研究中引入区位论，从而成为将区位论与跨国公司理论结合起来的首创者。这一结合解决了其他理论未能回答的问题，即企业为什么不采用商品出口或无形资产转让的方式，而一定要进行对外直接投资，并说明了其他理论未能回答的投资的地理方向问题。

由于邓宁回答了其他理论所未能说明的问题，故当代很多文献都认为邓宁体系可视为跨国公司的"通论"。我们可从以下三个方面加以阐释：

（一）从思想渊源来看，邓宁体系对各家学说兼收并蓄，形成了一个综合的理论模式

"折衷"一词是邓宁的自我标榜，1988 年他在答复对折衷理论的诘难时，这样写道："选用折衷一词命名是具有雄心的，也是经过深思熟虑的"。[①] 所谓雄心是说，志在"集百家之所长，熔众说于一炉"。因此邓宁一方面吸收海默以来跨国公司理论各个流派的思想，使自己的体系能兼顾各个方面；另一方面又利用西方经济学中产业组织理论、新厂商理论、区位理论中的某些观点，增加自己体系的理论色彩。从学术思想的渊源来说，可算是一种"通论"。

（二）从经济内容来看，邓宁体系涵盖了各种跨国经营活动，即货物贸易、无形贸易的转让和对外直接投资

在 1991 年邓宁的著作中，对于"三优势模式"有简明的表解，如表 7 - 2 所示。

表 7 - 2　　　　　　　　　　　三优势模式

项目	所有权优势（O）	内部化优势（I）	区位优势（L）
对外直接投资	√	√	√
出口	√	√	×
无形资产转让	√	×	×

表 7 - 2 中，"√"号意为具备该项优势，"×"号意为没有该项优势。当 O、I、L 三项同时齐备，缺一不可，才会从事对外直接投资，形成跨国企业。如果仅有 O、I 两项，而没有 L，意味着缺乏有利的国外投资场所，企业只能在国内实行内部化，即在国内设厂生产，再行出口。如果没有 I、L，而仅有 O，则企业难以在内部利用，又不能对外直接投资，只得将无形资产转让给他人。由此可见，邓宁的"三优势模式"可以兼顾解释商品出口、无形资产转让（如许可

① Eclectic Paradigm of International Production: A Restatement and Some Possible Extensions, Journal of International Business Studies, 1988 Spring/Summer.

证贸易）和对外直接投资三种方式，从这个意义来说，也可算是一种"通论"。

（三）从适用范围来看，邓宁体系既可以用于发达国家，又可以用于发展中国家

自第二次世界大战结束至整个20世纪60年代，在世界对外直接投资中，美国企业挟其财力、技术、管理经验的优势而一直居于统治地位，故美国是海默垄断优势论萌发的土壤。进入70年代后，日本对外直接投资迅速增长，特别是集中在亚太地区，小岛清理论正是适应这一趋势而产生的，它只适用于解释日本式的对外直接投资。与此同时，西欧资本也开始向美国大规模进军，对外直接投资的世界格局呈现了"三极化"，即主要集中在"美—日—西欧"三极之间相互进行，于是内部化理论应运而生。伯克莱和卡森在1976年的著作《多国企业的未来》中指出：母国与东道国的政治、经济结构越相似，其内部化成本就越低，直接投资的净收益就越高，因此世界对外直接投资呈现"北方—北方"格局（North - North Pattern）。因此，伯—卡二人的体系只适用于解释发达国家的跨国经营，而不适用于解释第三世界的跨国企业的产生。但是80年代，亚洲"四小龙"和少数拉美国家的对外直接投资有了惊人的增长，第三世界的跨国公司崭露头角，令人刮目相看。为了适应这一趋势，邓宁将一国对外直接投资与其经济发展的阶段联系起来考察，分析了各国国际生产或对外直接投资的动态性质。通过实证分析，发现第三世界跨国公司的崛起，是由它的经济发展阶段所决定的，是其经济实力增长的必然结果。故邓宁的体系既可适用于发达国家，又可适用于发展中国家（地区），满足了多方面的需要，从而博得"通论"的"雅称"。

跨国公司理论的
时代演化

关 键 词

市场内部化　所有权优势　内部化优势　区位优势

思 考 题

1. 垄断优势理论的主要内容表现在哪些方面？如何认识该理论？
2. 内部化理论的主要内容表现在哪些方面？如何认识该理论？
3. "国际生产折衷理论"的主要内容表现在哪些方面？如何认识该理论？

讨 论 题

当地时间2023年6月22日，印度尼西亚雅万高铁联调联试综合

检测列车运行时速首次达到 350 公里，标志着雅万高铁已达到设计速度标准，实现了联调联试阶段性任务目标。雅万高铁连接印度尼西亚首都雅加达和万隆市，全长 142.3 公里，最高运营时速 350 公里，是"一带一路"倡议和中国与印度尼西亚两国务实合作的标志性项目，也是中国高铁首次全系统、全要素、全产业链在海外建设项目，全线采用中国技术、中国标准。项目建成后，雅加达到万隆的旅行时间将由现在的 3 个多小时缩短至 40 分钟，将极大改善当地交通状况、带动沿线经济社会发展，对深化中国与印度尼西亚两国务实合作、推动共建"一带一路"高质量发展和印度尼西亚"全球海洋支点"战略的实施，具有十分重要的意义。

资料来源：电力工业网：时速达到 350 公里！雅万高铁联调联试见证中国速度，[EB/OL]. [2023 - 06 - 25]. https：//www. chinapower. org. cn/detail/408129. html.

问题：哪些优势可以推动我国跨国公司更好推动共建"一带一路"高质量发展？

第八章
跨国公司新理论

要点提示

通过本章的学习，理解和掌握跨国公司母子公司关系理论、跨国公司子公司角色理论和跨国公司子公司发展理论等跨国公司子公司理论及其发展趋势以及投资发展阶段论、小规模技术理论、技术地方化理论和技术创新产业升级理论等发展中国家和地区的跨国公司理论。

引　　言

近年来，跨国公司对外直接投资活动的规模进一步扩大，方式不断推陈出新，出现了一些新的特点和趋势。尤其是"十四五"期间国际经济形势更加扑朔迷离，中国跨国公司对外直接投资面临更大的风险。在这种情况下，学术理论界进行了分析概括，提出了一些新的理论和见解。

第一节　跨国公司子公司理论

一、跨国公司母子公司关系理论

跨国公司母子公司关系理论产生于 20 世纪 70 年代和 80 年代初，它属于跨国公司海外子公司研究的早期理论，这方面的主要代表人物有波兰德（Brandt）和哈勃特（Hulbert）、赫兰德（Hedlund）、奥特拜克（Otterbeck）等。

（一）主要内容

1. 跨国公司母子公司关系性质。根据跨国公司母子公司关系理论，母子公司之间是等级结构，母公司是中心，是竞争优势的拥有者和转移者，子公司是总公司的资源和优势的"输送管道"，因而子公司应该致力于发展与母公司的双重关系，而不是网络组织中的一部分。并且所有海外子公司都是相同的，其职能仅局限于当地的销售和生产，没有其他的职能和自主权，母公司应该以相同的方式对海外子公司进行控制和管理。

2. 母公司控制海外子公司的动因。根据跨国公司母子公司关系理论，母公司几乎主导一切海外经营活动，设立海外子公司的主要目的是配合执行母公司制定的战略规划。在母公司对子公司进行战略控制的具体动因上，普拉哈拉德（Prahalad）和多兹（Doz）在 1981 年指出了三个方面的因素：

（1）经济因素方面，海外子公司在整体公司中所占的资产比例及其实现的销售和利润份额不断增加，以及子公司所在市场往往比母国具有更强增长潜力；（2）政治因素方面，当地政府限制母公司集中控制当地子公司的做法，鼓励了海外子公司追求更强自主权的行为；（3）由于外资和产业政策方面的原因，跨国公司在某些国家/地区或者产业不得不采用合资的方式进入当地市场，但是合资企业中双方存在激烈的控制权争夺。

3. 母公司控制海外子公司的方式。母公司控制海外子公司的方式多种多样。早期学者多关注正式控制机制，将控制机制分为行政整合机制和人员整合机制，认为所有海外子公司通过相同的正式组织渠道向母公司报告工作，在相同的计划、信息和控制系统下经营。后来，学者们又提出直接控制、间接控制、产出控制、行为控制、官僚控制、文化控制、实质性控制、组织联系控制等多种控制方式。

直接控制机制包括诸如母公司决定高层管理人员的国籍结构、母公司选派和培训子公司的高层管理人员以及母公司对子公司执行一般性或者例行性的监督。间接控制机制包括诸如母公司派员查核子公司的营运情况、提供标准化的组织结构设计、提供标准化的部门流程及标准化的会计账册和程序。

产出控制基于经营成果而不是取得这些成果的过程来评估一个单位的绩效；行为控制基于公司政策、公司守则和规章对组织行为进行控制；官僚控制强调管理组织内部的行为而不是结果；文化控制利用组织文化控制雇员的行为和态度，强有力的组织文化在雇员中树立共同的准则、价值观、信念和传统，鼓励员工对组织高水平承诺和支持，雇员和管理人员了解管理目标并且将其努力导向这些目标。

至于实质性控制手段（Substantive Control）则是利用子公司对母

公司战略性资源的依赖进行控制。而组织联系控制（Organizational Context Control）包括认知、战略、权利和行政四个导向的整合，母公司通过操纵这四个导向建立有效管理工具以规范母子公司之间的关系。这些工具包括三种：（1）信息管理，针对跨国企业的全球性运作，形成并提供精确而重要的信息，包括信息系统、考核系统、资源分配程序、战略规划和预算程序。（2）人员管理，主要目的在于为跨企业内部成员塑造一种行为标准和规范，包括经理人的筛选、职业规划、奖惩系统、管理发展和社会化模式。（3）冲突管理机制，目的在于解决子公司之间"必要交易"中所发生的冲突，这些交易必须建立在有效的全球战略上，主要包括权力的分配、整合者、经营团队、协调委员会、项目组织及问题解决程序、设置专门协调角色、决策过程授权等。

（二）简要评论

跨国公司母子公司关系理论作为早期的跨国公司海外子公司理论，它从组织间关系的角度，以交易费用理论和概率论为基础对母子公司关系的两重性进行了研究，为海外子公司理论的发展开辟了道路。因为直到现在，任何研究跨国公司与其海外子公司之间战略与配置的理论，都始终离不开母子公司之间关系的研究。然而，该理论本身也不可避免地存在一定的片面性。该理论把跨国公司海外子公司视为只是按照母公司的意图行事，没有自己的思想与自主权，而且母公司可以以一种相同的方式来管理海外子公司。这种观点不但忽视了海外子公司之间在职能与责任上的不同，即海外子公司在跨国公司的全球战略中承担不同的战略任务，而且没有看到海外子公司自身的权力与发展，即海外子公司所具有的主动权与自主权。从分析方法上看，该理论从静态的角度对跨国公司进行了研究，并且仅从母子公司关系的两重性来对跨国公司内部的这种安排进行解释，具有某种程度的片面性。

二、跨国公司子公司角色理论

跨国公司子公司角色是指在跨国公司的全球网络体系中，子公司担负的与其内外资源相匹配的战略使命，以及子公司所行使的特定的行为职能范围。跨国公司子公司角色理论产生于 20 世纪 80 年代初，这方面的主要代表人物有怀特（White）和波因特（Poynter）、巴特利特（Bartlett）和戈夏尔（Ghoshal）、贾里奥（Jarillo）和马丁内兹（Martinez）、邓宁（Dunning）等。

（一）主要内容

根据跨国公司子公司角色理论，跨国公司在东道国设立的子公司，彼此间的职能及所发挥的作用是各不相同的，每个地区的海外子公司都扮演着某种角色，承担某一特定的战略任务。

虽然学者们在海外子公司承担不同角色这一观点上都表示一致，但在子公司角色类型的划分上却存在着不同的维度。代表性的有：

1. 怀特和波因特的海外子公司角色分类。1984 年，怀特和波因特基于海外子公司所承担的业务的不同，把海外子公司划分为微型复制品型、销售卫星型、合理化生产者型、产品专家型和战略独立型等五种角色类型。

（1）微型复制品型。该类型的子公司就是母公司的一个缩影，它生产和销售母公司产品系列中的某些产品或与母公司产品系列有关的产品。某些行业中受牵制因素影响较多的跨国公司普遍采用这种战略角色类型。这里所说的牵制因素是指：当地的偏好（如食品）、贸易壁垒、当地制造补贴、运输成本较高或规模经济程度不高等，这些因素促使子公司仿效本国母公司。

（2）销售卫星型。该类型的子公司并不参与制造，仅负责销售母公司或其他子公司制造出来的产品，有时也会从事某些包装或简单加工等业务。该类型的海外子公司有可能是单一的进口公司，充当批发商的角色；也有可能是规模庞大的销售商，具有广泛的分销设施或销售机构。

（3）合理化生产者型。该类型的海外子公司为多国市场或全球市场生产零部件或成品，如果是生产零部件，产品将出口到跨国公司的其他部门加工，因此，产品范围和增值范围都有限。销售产品主要由跨国公司的销售卫星型子公司负责，而研究开发也在跨国公司组织内的某地进行。母公司独享诸如制造能力、产品品种增加和扩大等战略决策权。当企业的经济特征（如规模经济、区位因素）有利于集中生产以服务几个市场时，宜采用合理化生产者型的海外子公司形式。

（4）产品专家型。该类型的海外子公司为多国市场或全球市场开发、生产、销售有限的产品系列。这种类型的子公司在研究开发、生产和销售方面完全独立自主。当然子公司要与母公司保持良好的沟通，母公司对它所确立的产品实行战略控制。该类型的子公司常被授权完全自主地在全球范围（或地区范围）进行新产品开发、生产和销售。

（5）战略独立型。该类型的子公司自身拥有资源，并可自由地为当地市场、多国市场或全球市场开发新的业务系列。母公司既不限制它进入全球市场，也不制止它去开拓新的业务领域。该类型的子公司在某种程度上具有投资者的特征，但是它在组织和金融上与母公司联系密切。

2. 邓宁的海外子公司角色分类。1988 年，邓宁从产权动机的角度对跨国公司海外子公司角色进行了分类。在他看来，产权动机是海外子公司经济活动的性质、范围及其在跨国公司中所处地位的主要决定因素。围绕这一产权动机，邓宁把跨国公司海外子公司分为四类：市场开拓型子公司、资源开拓型子公司、效率开拓型子公司和战略资产开拓型子公司①。

（1）市场开拓型子公司。这种类型海外子公司的建立主要是为了克服各种类型的销售障碍，主要目标是尽最大可能保护跨国公司的外销市场。

（2）资源开拓型子公司。这种类型海外子公司的建立主要是为了获取如自然资源、廉价劳动力等低成本的生产要素。

（3）效率开拓型子公司。这种类型海外子公司的建立是整个跨国公司为获得尽可能大的销售量或市场占有率，而在世界各地设立专业生产企业以提高生产效率的行为。

（4）战略资产开拓型子公司。这种类型海外子公司的出现，可能是因为最近盛行的企业兼并浪潮。很明显，兼并其他企业的目的绝不仅是为了把跨国公司的能力转移到子公司，其重要目的还包括保护和利用被兼并子公司的能力，以增强跨国公司的整体竞争实力。

3. 巴特利特和戈夏尔的跨国公司子公司角色分类。巴特利特和戈夏尔（1986，2002）从海外子公司所服务市场的战略重要性及其自身的资源与能力水平出发，对子公司的海外任务进行了总结归纳，明确了海外子公司的四种角色类型，即战略领导者、贡献者、执行者和黑洞（见图 8 - 1）。

> 巴特利特和戈夏尔认为：海外子公司的四种角色类型，即战略领导者、贡献者、执行者和黑洞。

当地市场的战略重要性	高	黑洞	战略领导者
	低	执行者	贡献者
		低	高
		当地子公司的资源和能力	

图 8 - 1　巴特利特和戈夏尔的子公司战略角色分类模型

资料来源：王林生、范黎波：《跨国经营理论与战略》，对外经济贸易大学出版社 2003 年版，第 164 页。

---

① Dunning J. H. Explaining International Production, London and Boston: Unwin Hyman, 1988. 转引自赵景华：《跨国公司在华子公司战略研究》，经济管理出版社 2002 年版，第 41~42 页。

（1）战略领导者（Strategic Leader）。承担这种任务的子公司可以与母公司合作制定和实施公司的战略，子公司是母公司发展和执行战略的伙伴。该角色的子公司具有很强的应变能力，它不仅是觉察市场变化的信号感应器，而且还能帮助跨国公司分析所面临的威胁和机会并做出适当反应。但只有在战略地位比较重要或规模较大的市场中具备"很强竞争力"的海外子公司才能承担这种任务。对承担领导者角色的子公司，总部应确保其业务战略与公司总目标和优先顺序一致，并支持这些负有战略责任的子公司，给它们的创新提供资源与自由。

（2）贡献者（Contributor）。承担这种任务的海外子公司多处于规模较小或战略地位不甚重要的市场上，但有自己的独特能力，具备较其他子公司更广泛的技能和研发资源的基础，对母公司来讲，具有较强的作用。对承担贡献者角色的子公司，总部的任务是改变对当地子公司的资源规划，不要过分影响当地经理和技术人员的自主性，使他们能够保持一定程度的创新自由。在宝洁（P&G）欧洲公司推出Vizir产品过程中，法国公司就扮演了贡献者角色，它承担了二级市场的产品测试并被允许对广告促销进行必要的修改。

（3）执行者（Implementer）。承担这种任务的子公司多在一个不太重要的市场中运作，并有能力维持当地的业务。国外子公司承担这种任务，大多数得不到重要的信息，资源也有限，因而不具备成为贡献者或战略领导者的条件。但执行者的作用也是十分重要的，因为"它们帮助公司增值，并承担重要任务，为公司正常运转和发展提供资金。执行者的效率与战略领导者或贡献者的创造性一样重要，甚至更为重要，因为有时正是执行者为跨国公司提供了强有力的竞争优势"①。对承担执行者角色的子公司，总部需要对子公司保持严格的控制。因为这些子公司是跨国公司取得规模经济优势的基础。宝洁公司在推出Vizir产品的第一个年度里，其在奥地利、西班牙、荷兰、比利时的子公司都扮演了执行者的角色，它们不能改变配方、改变包装，而且也不允许调整广告术语，这些子公司为宝洁公司获得市场竞争优势奠定了坚实的基础。

（4）"黑洞"（Black Hole）。在市场规模较大或具有重要战略地位的市场中，跨国公司海外子公司的市场占有率或自身竞争力却微不足道，这部分市场即被称为"黑洞"。对于黑洞，一般而言，这是跨国公司根本不愿意接受的位置。这些子公司往往严重依赖于总部的帮助和支持，因此，跨国公司总部的任务是开发它们的资源和能力，使

① Bartlett. C. A. and S. Ghoshal. Tap Your Subsidiaries for Global Reach ［J］. Harvard Business Review, 1986, 64 (6).

之能够更好地适应当地市场，对当地市场的变化能够更加敏感；总部所实施的战略措施不应该是简单地接管，而应该是帮助它们设法脱离现状。然而，处于"黑洞"环境中的子公司有时能起到母公司海外"窗口"的作用。例如，很多韩国和中国台湾的计算机制造商要在"黑洞"中，如美国的硅谷，建立一个小型子公司，作为观察美国技术的"窗口"。同样，很多美国和欧洲的跨国公司也在日本建立小型子公司，目的是为总部收集情报、监视日本的技术发展，以便可以先发制人地对付竞争对手，以维护自己在全球市场上的优势位置。

4. 贾里奥和马丁内兹的海外子公司角色分类。1990年，贾里奥和马丁内兹根据海外子公司与母公司的一体化程度及当地化程度把海外子公司战略角色分为三种类型，即自主型、接受型和积极型。

（1）自主型海外子公司。该类型的海外子公司独立于母公司或其他子公司之外，从事大部分的价值链活动。这种类型的子公司战略对在"多种国内行业"中参与竞争的跨国公司尤为典型。

（2）接受型海外子公司。该类型的海外子公司在当地从事少量的业务活动（典型的活动仅为市场营销和销售，但也可能单纯地从事制造或采掘活动），并且与跨国公司的其余活动紧密结合。这种任务多分配给在全球行业中参与竞争的全球公司的海外子公司。绝大部分集中度较高的跨国公司的海外子公司采用接受型战略角色。

（3）积极型海外子公司。该类型的海外子公司在当地从事多种业务活动，并且与跨国公司的其余活动紧密结合。这种类型的海外子公司不仅具有较高的自主性，而且与母公司的关系较为紧密。

（二）简要评论

跨国公司海外子公司角色理论的贡献就在于它认识到了海外子公司在跨国公司的全球战略中所承担的不同角色。认识到这一点，可以使企业在国际化中，有效地避免投资的盲目性，并指导跨国企业的全球战略配置。同时跨国公司也可以根据自身的特点和战略需要，把海外子公司划分为不同的类型，然后针对不同类型的子公司，建立不同的管理与控制机制，对海外子公司进行适当有效的管理。认识不到这种角色的不同，就不能有针对性地区别对待各个海外子公司，也就不能最大限度地发挥海外子公司在全球战略中的作用，从而最终取得跨国公司总体的成本最优与利润最大。

当然子公司角色理论也存在着一定的局限性，如这种理论只是从静态的角度对海外子公司的发展进行了研究，认为跨国公司海外子公司在东道国所扮演的角色，自始至终不会发生改变；海外子公司作为跨国公司在东道国的战略执行者，应认真执行母公司所赋予的战略任务；除此之外，自身并不需要有太大的发展，也不存在角色或活动的转变问题，从而忽视了海外子公司在发展中自身的积极性与主动性。

三、跨国公司子公司发展理论

跨国公司子公司发展理论即子公司角色演化的理论，该理论基于网络观点，加入了资源和能力因素对子公司进行了动态研究，其主要逻辑在于，子公司通过关系网络积累其有价值的能力，从而提升自己的地位并扩展自己的活动范围。这方面的代表性人物主要有普拉哈拉德和多兹、怀特和波因特、贾里奥和马丁内兹、伯肯绍（Birkinshaw）和胡德（Hood）等。

（一）主要内容

1. 基本思想。根据跨国公司海外子公司发展理论，海外子公司的发展是一个动态的过程，并不是完全按照母公司的战略意图进行发展，也不是在东道国长期固定地充当一种角色。随着时间发展，海外子公司通过它的网络关系或自身的发展可以积累有价值的能力和资源，这些能力导致海外子公司在母公司中的战略地位有所提升，并且因此扩展了海外子公司活动的范围，同时使海外子公司所扮演的角色也有所改变。该理论的研究立足于跨国公司的网络性，将子公司的资源及能力引入对子公司角色演化的研究中。

2. 跨国公司海外子公司角色演化的一般模式。1998 年，伯肯绍和胡德两位学者在美国著名的管理刊物《管理评论学刊》（*Academy of Management Review*）发表《跨国公司子公司演化——基于海外子公司能力和特许变化视角的分析》（*Multinational Subsidiary Evolution：Capability and Charter Change in Foreign-owned Subsidiary Companies*）一文，系统地阐述了跨国公司海外子公司角色演化的一般模式①。伯肯绍和胡德从子公司是一个"半自治"（Semi-Autonomous）的实体这一假设出发，认为子公司角色演化与能力（Competence）和特许（Charter）有密切关系。能力是子公司通过组织过程开发和利用资源或资源的组合以实现预期目标的能力。特许是指由母公司授予的、子公司参与实施并负有责任的业务或业务要素，可以是子公司服务的市场、制造的产品、采用的技术、覆盖的职能领域，或者这些因素的任意组合。伯肯绍和胡德认为子公司演化可以子公司能力的提高或下降以及子公司特许的确立或取消来界定。即子公司的发展包括能力的提

① Birkinshaw, J., Hood, N. Multinational Subsidiary Evolution："Capability and Charter Change in Foreign-owned Subsidiary Companies," *Academy of Management Review*, 1998, 23 (4)：773 - 795.

升和特许的确立；子公司的衰退包括能力的下降和特许的消失。基于此，他们提出子公司演化的五种一般模式（见图8-2）。

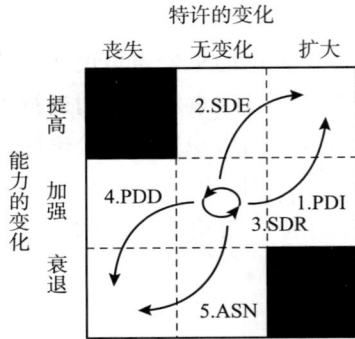

图8-2　子公司地位和作用的演进模式

资料来源：Birkinshaw, J., Hood, N. Multinational Subsidiary Evolution："Capability and Charter Change in Foreign-owned Subsidiary Companies," Academy of Management Review, 1998, 23 (4): 783。

（1）母公司驱动的投资（Parent-Driven Investment，PDI）。母公司的特许扩展导致子公司能力的提升。即母公司管理层做出在某一子公司增加特许的决策，然后被选中子公司通过能力提升的过程使其具备履行新的特许所需要的能力。

（2）子公司驱动的特许扩展（Subsidiary-Driven Charter Extension，SDE）。子公司能力的提升导致特许的扩展。即子公司管理层有意识地努力寻求和开发新的市场机会，在长期努力中开发并构建适当的能力，向母公司证明自己的能力并寻求持续的扩展。它代表子公司管理人员的一种战略行动。

（3）子公司驱动的特许强化（Subsidiary-Driven Charter Reinforcement，SDR）。子公司能力的提升导致特许的巩固。即内部和外部的竞争促使子公司不断提升自己的能力，从而巩固子公司在跨国企业中的地位，从而使现有特许虽然没有扩大但得到了强化。

（4）母公司驱动的撤资（Parent-Driven Divestment，PDD）。这一过程与PDI相对，是特许的撤销导致能力的衰退。即母公司出于某种考虑作出了将其国际经营活动合理化或者退出某一业务的决策，导致某些子公司特许的撤销。其结果一是出售或关闭子公司；二是特许撤销而子公司作为一个实体还继续存在。此时，随着职责的重新分配和技能的重新开发，与旧的特许相关的能力可能会逐渐丧失，也可能将原有能力保留下来并面向新的特许重新开发。后一种情形可以称为特许的更新。

266

（5）子公司忽略导致的衰退（Atrophy Through Subsidiary Neglect-

ASN）：这一过程与 SDE 和 SDR 相对，是能力的下降并最终导致特许的丧失。即或者由于子公司自身能力的萎缩，或者由于其他子公司能力提升使该子公司的能力水平相对下降，导致总部撤销其特许。

3. 跨国公司海外子公司角色演化的影响因素。伯肯绍和胡德（1998）总结过去探讨子公司战略角色演化的文献，归纳出子公司的演化是由总部指派（Head-Office Assignment）、子公司选择（Subsidiary Choice）和当地环境决定（Local Environment Determinism）三种机制互动而决定的观点①。

（1）总部指派的观点。总部指派的观点认为总部有责任制定全公司的战略，并且了解子公司的角色如何被指定才能确保符合上述战略。许多研究着重在结构背景层面，例如，母公司运用控制与协调机制来指导子公司经理人的行为，并决定子公司的角色。巴特利特和戈夏尔（1989）认为母公司主要是根据当地市场的重要性与成长性进行指派的。总部指派的观点认为母公司不仅有责任，而且有能力指派子公司的角色，影响子公司的角色演化。

（2）子公司选择的观点。子公司选择指的是子公司自身的选择和对战略的定义。子公司拥有的特定的资源和能力、子公司所具有的创新创业精神、子公司管理层的抱负、子公司雇员的主动性努力以及子公司对自己的市场和能力的了解等重要因素使子公司能够在跨国公司整体战略规划中扮演重要角色，能够主动发挥自身优势来促进跨国公司整体业绩的提高。子公司选择的提出源于子公司在跨国公司体系中所具有的能动性和特质性。前者强调子公司具有创业创新精神，能够主动吸收、开发和利用当地知识来更有效地规避当地商业风险和把握发展机会；后者强调子公司拥有总部和其他子公司所没有的独特资源。根据战略选择的观点，子公司的角色可能是子公司选择的结果，即子公司管理阶层可以在很大程度上决定子公司的角色。这个观点存在的假设是子公司管理阶层比总部了解当地市场以及自身具有的能力，因此能够比较合理地决定子公司该扮演哪种角色。子公司选择的观点重点在于将特定的资源和能力、子公司管理阶层的愿望以及子公司员工的发动与努力视为子公司角色的决定因素。

（3）当地环境决定论的观点。在子公司战略角色的演化中，当地环境也是关键因素，影响子公司角色的演化。环境决定论认为每一子公司的角色可被视为当地环境的函数。当地环境包括区位重要性、资源、竞争情况、当地机构（如政府、产业组织、社会团体、供应

① Birkinshaw, J., Hood, N. Multinational Subsidiary Evolution: "Capability and Charter Change in Foreign-owned Subsidiary Companies," Academy of Management Review, 1998, 23 (4): 773 – 795.

商、消费者等）等因素。这些因素都影响子公司对当地需求的响应力及其创新的能力。

（二）简要评论

子公司发展理论与前两个不同，因为它研究的重点是海外子公司角色和活动的演变，它关注的是一个长期、动态的问题，而不是短期、静态的问题，它更注重研究海外子公司的角色或活动，并且怎样随时间而变化，从而在分析方法上，有效地克服了子公司角色理论静态分析的缺陷，使这一理论更为接近现实，能更为科学地对海外子公司问题进行深入研究。

四、跨国公司子公司理论研究的新视角

最近几年，国外学者基于不同的视角对跨国公司子公司进行了全新的研究，有效地促进了跨国公司子公司理论的发展。

（一）卓越中心

随着国际化进程的不断深入，某些海外子公司在一个或几个职能领域中表现出超出寻常的能力与优势，并逐渐被总部和其他子公司所认可。对于这类子公司，不同学者曾经给出各自的定义，如"能力中心""战略中心""战略卓越中心"等。1998 年，缪尔（Moore）和伯肯绍（Birkinshaw）在对全球服务企业进行实证研究之后，将这类子公司统一命名为"卓越中心"（Center of Excellence，COE）并给出如下定义：所谓卓越中心就是指具备独特知识并且被任命将其知识在跨国公司内部实行共享的实体。由此可见，卓越中心身兼双重角色：一方面，它要开发自身的技能与知识；另一方面，它又要负责将知识与技能扩散到跨国公司的其他单元，而后者恰恰更被母公司所重视。

"卓越中心"（Center of Excellence，COE ），就是指具备独特知识并且被任命将其知识在跨国公司内部实行共享的实体。

（二）程序公正性

"程序公正性"（Procedural Justice）的概念来源于法律心理学的范畴，其意为决策过程的变动被判断为公正的程度。近年来，以吉姆和莫博尼（Kim and Mauborgne）为代表的学者开始将程序公正性理论应用于跨国管理中，以了解程序公正性对跨国公司全球战略决策的影响。相应地，学者们将程序公正性定义为：跨国公司动态战略决策过程能被海外子公司高层管理者判断为公正的程度。程序公正性的议题虽然成果较少，但它却对母子公司关系、子公司自治与子公司创新等方面都有重要影响。

（三）知识流动

对于跨国公司海外子公司的知识流动研究，经历了从层级观点向网络观点的转变过程。层级观点认为，作为关键资源的知识只能从母公司流向子公司，并由母公司对知识流动过程进行控制。但是，该理论只是分析了纵向层级关系上的知识流动，即母公司向子公司的知识转移，而没有涉及子公司向母公司的知识回流和子公司之间的横向知识流动。随着子公司自主创新性与战略地位的提高，越来越多的学者开始从网络观点对母子公司以及子公司之间的知识流动行为进行研究。

五、跨国公司海外子公司理论的发展趋势

跨国公司海外子公司的理论研究已经成为跨国管理领域的重要分支。综观跨国公司海外子公司的相关研究文献，海外子公司理论从产生、成长到发展的过程，清晰地呈现出两大趋势。

（一）海外子公司的理论研究由以跨国公司整体为研究对象转移到以子公司为研究对象

早期的跨国公司文献都是将跨国公司整体作为分析单位，直至母子公司关系理论的出现，才真正地打开这一"黑箱"，将视角深入跨国公司的内部，随后的子公司角色理论与子公司发展理论更是将研究主体从母公司过渡到子公司自身，探求子公司的角色演变与自主发展。新近兴起的子公司特定优势与子公司主导创新行为这两大研究方向，便是该趋势的典型代表，尤其是子公司特定优势的研究，愈益成为理论界研究的热点，成为跨国公司海外子公司理论的重要组成部分。

1. 子公司特定优势。子公司特定优势理论，其内容主要包括缪尔和希勒的子公司特定优势、巴特利特和戈夏尔的子公司战略模型和邓宁的海外子公司角色理论，由于巴特利特和戈夏尔的子公司战略角色模型和邓宁的海外子公司角色理论前面已有阐述，所以下面我们重点介绍缪尔和希勒的子公司特定优势思想。

（1）子公司特定优势理论的产生。1998 年，缪尔和希勒对加拿大拥有治理权（Mandate）和不拥有治理权的跨国公司子公司的比较研究中发现：同一国家和地区、同一产业中不同的海外子公司所承担的职能存在很大差别，可以从不承担职能到承担重大的职能；属于同一跨国公司，但在不同国别市场中经营的子公司所承担职能也不尽相同。缪尔和希勒认为，这两种现象足以证明传统的折衷范式（Eclectic Paradigm）中的所有权优势和区位特定优势都已经无法充分解释子公司之间的现存差别，尽管它们同属于一家跨国公司，或它们在相同国家、相同产业开展业务。因此，他们指出除了传统的 OIL 优势以外，跨国公司还存在第四种优势，即基于子公司层面的子公司特定优势（Subsidiary Specific Advantages，SSAs）。这种优势既不像所有权优势那样能为整个跨国公司所共享，又不能像区位特定优势那样为处于相同国家的其他企业所共享，是结合所有权优势和区位特定优势于一体的新优势。2001 年，缪尔发表题为《通过子公司卓越中心建立子公司特定优势的战略》一文，正式提出了建立子公司特定优势的理论设想和行动策略。

（2）子公司特定优势理论的主要内容。根据缪尔和希勒的研究，子公司特定优势理论的主要内容包括：子公司特定优势的概念、子公司特定优势的来源、子公司特定优势的建立途径等。

子公司特定优势，是指它只属于某一个跨国公司的子公司，为一个子公司所独有，而不存在于同一个跨国公司范围内的其他姊妹企业。

①子公司特定优势的概念。所谓子公司特定优势是指它只属于某一个跨国公司的子公司，为一个子公司所独有，而不存在于同一个跨国公司范围内的其他姊妹企业。这个优势既不像所有权特定优势那样，可以为跨国公司在所有国别市场上的各个分支机构所共享，也不像区位特定优势那样可以为一个国别市场上所有的企业那样可以共享。从一般意义上讲，子公司特定优势包括：产品差异化、管理能力、产品管理与流程管理能力、全球营销的规模经济性、东道国市场的持续需求增加、充分利用东道国的资本市场和金融专门知识以及适合于跨国公司的结构性变革能力等。这种优势事实上就是区位优势和所有权优势的组合。

②子公司特定优势的来源。子公司特定优势是子公司在跨国公司内部的竞争优势，是区位优势和所有权优势的组合，所以子公司特定优势来源于两个方面，一是来源于子公司专有知识，二是来源于子公司的区域位置。对于前者，子公司专有知识能穿越边界进行价值创造，如通过世界性产品委任，但知识本身具有流动障碍，如隔离机制，它使知识很难在整个跨国公司内被充分吸收。换句话说，当子公司专有知识嵌入终端产品和服务中时，它会使整个公司获取世界范围内的租金，但当它以中间产品（如知识）的形式体现时，这样的优势不能在内部充分转移。① 至于后者，子公司来源于区域位置的优势常常具有明显的客观性。

③子公司特定优势的建立途径。从价值活动的职能范畴的角度看，子公司特定优势并不可能在任何一个职能领域都建立起来，一些职能领域容易建立，而另外一些职能领域建立就比较困难。缪尔教授

① 《子公司特定优势：跨国公司的新优势和新挑战》，www. ChanceLine. com。

通过对英国 203 个跨国公司的子公司进行细致研究，根据对统计结果进行分析，得出如下结论：在子公司层面上，子公司承担的职能包括：研究、开发、生产与工艺技术、营销和销售、分销和仓储、采购、人力资源等，在这七个职能领域中，四种职能与子公司特定优势直接相关，即研究、开发、分销、生产制造能力和技术可以成为建立子公司的特定优势。对于子公司来说，在另外三种职能领域包括市场营销、人力资源、采购建立子公司特定优势是比较困难的。

缪尔认为，建立子公司的特定优势，最好的组织方法不是总部的集中指导和控制，而是通过建立"卓越中心"（Center of Excellence，COE），集中配置和协调公司内部的优势资源，并通过中心，最有效地整合外部资源。根据缪尔的定义，"卓越中心"作为一种组织设计，可以使子公司特定优势充分展现出来。"卓越中心"代表跨国公司里"最好的实践"或最领先的理念，它承担着使知识在跨国公司内实现充分共享的责任，同时通过发展和支持"卓越中心"，子公司能够在跨国公司框架内取得更广泛的全球性角色。对于 COE 与 SSAs 之间的潜在联系，缪尔认为，子公司建立和维持一个 COE 有利于增强它在跨国公司里获取更多角色的能力，COE 为子公司建立 SSAs 提供了一个重要的可行机制，并且其自身也是子公司特定优势早已存在的一个证据。

2. 子公司主导创新行为。随着子公司逐渐摆脱了母公司附属的角色，更多的子公司可以通过自发性的创新行为来寻求发展。这种现象逐渐引起了学者们的重视，并被定义为"子公司主导创新行为"（Subsidiary Initiative）。根据伯肯绍 1997 年下的定义[①]，子公司主导创新行为是子公司发现新市场中的机会，并运用自身的资源与能力对机会进行积极追求的一种创业过程；而且此过程完全是由子公司自行发起，而非母公司所指派。子公司创新行为对跨国公司整体具有重要意义：一方面，它是跨国公司在海外寻找并开发新的市场机会的重要手段；另一方面，通过子公司之间的内部竞争而提升了整个企业的运营效率。

伯肯绍、胡德以及琼斯（Jonsson）1998 年提出了一个影响子公司主导创新行为的因素模型。[②] 他们认为子公司管理、母子公司关系以及子公司所在环境三个层面的因素都对子公司主导创新行为有正面影响。其中子公司管理层面包括子公司领导强度、子公司创新文化两因素；母公司层面包括子公司自主程度、母子公司沟通程度两因素；

① Birkinshaw, J. Entrepreneurship in Multinational Corporation: the Characteristics of Subsidiary Initiatives [J]. Strategic Management Journal, 1997.
② Birkinshaw, J., Hood, N., Jonsson, S. Building Firm-specific Advantages in Multinational Corporation: The Role of Subsidiary Initiative [J]. Strategic Management Journal, 1998.

子公司所在环境层面包括当地竞争程度、产业全球化程度两个因素。

（二）海外子公司的理论研究从纵向层级的观点逐渐过渡到网络的观点

早期的母子公司关系理论重点探求母公司与子公司之间的纵向关系，以母公司如何有效控制其下属的子公司为主要研究目的。随后的子公司角色理论与子公司发展理论则摆脱了纵向层级的研究思路，将母公司与子公司都视为跨国公司整体网络的节点，并赋予不同子公司以差异化的角色与任务。近年来，跨国公司网络结构与子公司网络嵌入这两大研究方向的兴起，更为突出地体现了这种发展趋势。

1. 跨国公司网络结构。面对全球竞争环境日益呈现出复杂与不确定性的特征，以及海外子公司的地位与作用不断增强的趋势，母子公司的纵向层级结构已难以适应这种变化，因此越来越多的学者将跨国公司视为由母公司以及海外子公司作为节点的一个网络组织。

巴特利特和戈夏尔在其《跨国界管理》一书中提出了"一体化网络"（Integrated Network）的跨国型组织结构。他们认为，在不断变化的全球环境中进行国际化经营，跨国公司必须同时具备全球一体化的效率，灵活的当地化响应和全球范围的创新与学习这三种战略能力，而"一体化网络"结构则是能够同时实现这三种战略能力的有效组织结构。他们将"一体化网络"的特征归结为：分散化的资产、专业化的经营以及各个业务单位之间相互依存的关系。一体化网络学说首次将跨国公司描述为网络式结构，并且作为跨国公司网络结构研究的代表性理论，为其后的研究奠定了坚实的理论基础。

弗斯格林和约翰逊（Forsgren and Johanson，1992）两位学者将跨国公司视为"多中心"（Multi-Centre）结构的组织实体。他们认为，随着子公司的不断成长，子公司对母公司以及整个跨国公司的重要程度将日益提高，因此，有一部分子公司将会演变成为"卓越中心"。成为"卓越中心"的子公司将面对两种关系网络：一种是作为所有权控制的母子公司网络；另一种是子公司在东道国市场与当地的利益相关者形成的关系网络。此时，跨国公司就不再是单纯以母公司为中心的层级结构，而是以母公司和多个"卓越中心"子公司所共同组成的"多中心"结构。多中心结构学说更多的是从子公司的角度对跨国公司网络进行研究，因而顺应了现实经营中海外子公司不断发展与演进的趋势。学者赞弗（Zanfei）2000年首次提出了跨国公司"双网络"（Double Network）的概念。他将跨国公司的内部单元（母、子公司）之间的联系称为内部网络（Internal Network）；内部网络中的各个单元跨越跨国公司边界与当地的厂商或机构之间的合作关系称为外部网络（External Network）。内部网络与外部网络的相互依存就构成了跨国公司的"双网络"结构。

2. 子公司网络嵌入。所谓子公司网络嵌入，是指通过引入社会网络的方法与视角对子公司的经济行为进行分析。"嵌入"是经济社会学中的一个基础性概念，其含义是经济主体与其赖以生存的社会结构之间连接的紧密程度。将嵌入与跨国公司子公司相结合，可以更深入地研究子公司与其周围各网络主体之间联系的紧密程度对子公司的角色、行为和绩效所产生的影响。

从网络观点出发，跨国公司子公司是作为跨国公司整体网络中的一个节点而存在的。子公司面临的网络可以分为内部网络和外部网络两种。内部网络是母公司和各国子公司之间形成的关系网络；外部网络是跨国公司与其组织外部的供应商、销售商、联盟伙伴以及东道国政府等利益相关者之间形成的关系网络。子公司只有与东道国的供应商、销售商、联盟伙伴和政府机构形成紧密的嵌入关系，才能吸收并开发出根植于当地的专有知识与技能。而子公司与母公司及其他子公司之间的嵌入程度，也关系到子公司能否将自身的专有知识转移到跨国公司的其他单元，并从其他单元吸收所需的知识与技能。

第二节　发展中国家和地区的国际投资理论

发展中国家在吸引国际直接投资的同时，从 20 世纪 60 年代末 70 年代初也开始对外直接投资并且得到快速发展。发展中国家企业对外直接投资的快速增长打破了发达国家在国际投资领域一统天下的局面，并对传统的国际直接投资理论提出了新的挑战。在此情况下，80 年代以来，针对发展中国家企业对外直接投资的理论纷纷出现。其中颇具代表性的有邓宁的投资发展阶段论、威尔斯的小规模技术理论、拉奥的技术地方化理论、坎特威尔和托兰惕诺的技术创新和产业升级理论等。

一、邓宁的投资发展阶段论

20 世纪 80 年代初，英国里丁大学研究跨国公司问题的著名专家邓宁发表《投资发展阶段论》（Investment Development Cycle），提出了投资发展阶段理论，旨在从动态角度解释一国的经济发展水平与国际直接投资之间的关系。①

（一）投资发展阶段理论的主要内容

投资发展阶段理论是邓宁的国际生产折衷理论在发展中国家的运用和延伸，投资发展阶段理论的中心命题是："发展中国家对外直接投资倾向取决于：（1）其经济发展阶段；（2）该国所拥有的所有权优势、内部化优势和区位优势"。即该理论强调发展中国家的对外直接投资倾向不仅取决于其 OIL 优势，而且其净对外直接投资是该国经济发展水平的函数。

在《投资发展阶段论》一文中，邓宁研究了 67 个国家 1967 ~ 1975 年间对外直接投资与人均国民生产总值的联系（见表 8 - 1），认为一国的对外直接投资规模与其经济发展水平有密切联系，并根据国民生产总值指标，区分了各国所处的不同经济发展阶段。处于不同阶段的国家，其对外投资和利用外资的地位不同。根据进一步的统计分析，邓宁相应地把对外直接投资发展过程划分为四个阶段，并运用折衷范式从一国所拥有的所有权优势、内部化优势和区位优势的不同及变动角度进行了解释，认为处于不同发展阶段的国家，其经济发展状况和水平对本国企业所有权优势和内部化优势的形成，外国企业在所有权优势和内部化优势的实现，以及本国区位优势的状况，都将产生重大影响（见表 8 - 2）。

表 8 - 1　　1967 ~ 1975 年人均对外直接投资规模与 GNP 比较　　单位：美元

人均 GNP （1971 年）	加权 平均流出	1967 ~ 1975 年		非加权 平均流出	1967 ~ 1975 年	
		流入	流出		流入	流出
4 000 及以上	33.0	16.3	16.7	24.8	30.3	-5.5
2 500 ~ 3 999	20.2	15.7	4.3	20.8	31.4	-5.5
1 000 ~ 2 499	3.2	12.9	-9.7	1.2	39.6	-10.6
500 ~ 999	0.4	8.6	-8.2	0.4	21.8	-37.4
400 ~ 499	0.2	7.4	-7.2	0.2	9.0	-21.4
300 ~ 399	0.2	3.2	-3.0	0.1	3.7	-8.8
125 ~ 299	0	3.1	-3.1	0	1.9	-3.6
125 以下	0	0.5	-0.5	0	1.3	-1.9

资料来源：J H Dunning. *International Production and the Multinational Enterprise*，George Allen and Unwin Ltd, 1981：114。

---

① 鲁桐：《WTO 与中国企业国际化》，中共中央党校出版社 2000 年版，第 31 ~ 36 页；张纪康：《跨国公司与直接投资》，复旦大学出版社 2004 年版，第 182 ~ 183 页。

表 8 - 2　　　　　　　　　　对外直接投资与经济发展阶段

经济发展阶段	外国直接投资		对外直接投资	
第一阶段	外国企业所有权优势	充足	本国企业所有权优势	无
	外国企业内部化优势	充足	本国企业内部化优势	不适宜
	国内区位优势	少量	外国区位优势	不适宜
第二阶段	外国所有权优势	充足	本国所有权优势	少量
	外国内部化优势	充足	本国内部化优势	少量
	国内区位优势	增加	外国区位优势	少量
第三阶段	外国所有权优势	下降	本国所有权优势	增加
	外国内部化优势	下降	本国内部化优势	增加
	国内区位优势	下降	外国区位优势	增加
第四阶段	外国所有权优势	下降	本国所有权优势	增加
	外国内部化优势	下降	本国内部化优势	充足
	国内区位优势	下降	外国区位优势	增加

资料来源：邓宁：《用国际生产折衷理论解释发展中国家对外直接投资》，引自 Krishna Kumar 和 Maxwell G. Mcleod 主编：《发展中国家跨国公司》（1981）。

按人均国民生产总值，投资发展阶段理论区分为四个经济发展阶段：

第一阶段：人均国民生产总值在 400 美元以下。处于这一阶段的国家由于经济发展落后，本国企业缺乏所有权优势，且内部化能力较差，完全没有对外直接投资；同时由于这些国家的区位优势较少，只有少量的外来直接投资，结果其净对外直接投资额等于零或是接近于零的负数。

第二阶段：人均国民生产总值在 400~2 000 美元之间。由于经济发展水平的提高，国内基础设施有了较大的改进，投资环境得到改善，区位优势明显提高，吸引外国直接投资的引力加大，外国对本国的投资量开始增加。但该国企业的所有权优势的形成还需要时间，不足以克服在国外生产的障碍，直接投资流出仍然很少，投资水平仍然很低，从而净对外直接投资仍呈负数增长。

第三阶段：人均国民生产总值在 2 000~4 750 美元之间。在这一阶段，由于经济实力有了很大提高，本国企业所有权优势和内部化能力大大增强，对外直接投资流出明显提高。处于这一阶段的国家开始成为对外投资国。但另外，国内技术力量的增强以及劳动力工资水平的提高，使该国作为东道国的区位优势逐渐丧失，外国企业必须更多地利用和增强自身的内部化优势。总体看来，在这一阶段上，外国对本国的直接投资量虽然仍然大于本国的对外直接投资，但本国对外投

资的速度明显快于吸收外资的速度，因此净对外直接投资额不断
增加。

第四阶段：人均国民生产总值在 5 000 美元以上。在此阶段上，
这些国家企业的投资流出量超过外资流入量，是国际投资的主力军。
这些国家的企业具有很强的所有权优势和内部化优势，也善于利用国
外的区位优势。在这些国家中，外国投资者往往遇到东道国企业的激
烈竞争，在获得该国区位优势和发挥自身所有权优势方面受到更大的
挑战。

（二）对投资发展阶段理论的评价

1. 投资发展阶段理论将一国的吸引外资和对外投资能力与其经
济发展水平结合起来，认为一国的国际投资地位与其人均国民生产总
值成正比关系。就其发展趋势而言，世界上发达国家和发展中国家国
际投资地位的变化大体上符合这一趋势。

2. 投资发展阶段理论动态地描述了对外投资与经济发展的辩证
关系，同时也沿袭了邓宁关于国际生产的政治经济综合分析框架。

投资发展阶段理论认为一国吸引外资和对外投资的数量不能仅用
经济指标衡量，它还取决于一国的政治经济制度、法律体系、市场机
制、教育水平、科技水平以及政府的经济政策等因素。一国的所有权
优势、内部化优势和区位优势可以从国家、产业和企业三个层面上进
行分析。从所有权优势看，国家层面的因素包括自然资源禀赋、劳动
力素质、市场规模及其特征、政府的创新、知识产权保护、竞争与产
业结构政策；产业层面的所有权优势包括产品和加工技术深度、产品
差异程度、规模经济、市场结构等；企业层面的所有权优势包括生产
规模、产品加工深度、生产技术水平、企业创新能力、企业的组织结
构、管理技术、企业获得的成本要素供给能力等。

3. 投资发展阶段理论具有一定的启示性。我们从投资发展阶段
理论获得的启示是，在一定的经济发展条件下，一国的外国直接投资
和其对外投资是紧密联系的两个发展过程。怎样利用好外资并使其作
为提高本国国际竞争力的基础，是每一个发展中国家所面临的课题。
中国经过十几年的改革开放，吸引了大量外资，它不仅在很大程度上
弥补了我国经济增长过程中的资金缺口，更重要的是引进了外国先进
技术，促进了我国生产力的提高和产业结构的升级，培养了我国新一
代企业管理人才，为我国企业走向国际市场奠定了基础。

4. 投资发展阶段理论在分析方法上存在着严重不足。邓宁用人
均国民收入水平来区分经济发展阶段，从而说明一国的国际投资地
位。按照这一逻辑，经济越发展，人均净对外投资量就越大。但这
一结论难以经得住实践检验。例如，人均净对外投资值低，可以由

两种情况所致：一类是那些低收入国家，既没有外资流入，更谈不上对外投资，其人均净对外投资表现出一种均衡状态；另一类是经济发达国家，其对外投资存量和外国直接投资存量都有相当规模，其人均净对外投资值仍然是低的，而这两类国家在经济发展水平上不可比拟。

二、威尔斯的小规模技术理论[*]

美国哈佛大学研究跨国公司的著名教授刘易斯·威尔斯（Louis T. Wells）1983 年出版了《第三世界跨国企业》一书，该书被学术界认为是研究发展中国家跨国公司的开创性成果。

（一）小规模技术理论的主要内容

威尔斯教授和他的助手在 20 世纪 80 年代初建立了发展中国家跨国公司的数据库，包括 1 964 家海外子公司和分公司、963 家母公司，这些子公司和分公司分布在 125 个东道国，其中有 963 家子公司和分公司是从事制造业经营的。威尔斯在该项研究中对发展中国家跨国公司的投资动机、竞争优势、投资方式以及政府政策等问题进行了深入的讨论。

威尔斯认为，传统对外直接投资理论的最大缺陷是把竞争优势绝对化了。发展中国家跨国企业的竞争优势是相对的，主要来自低生产成本。这种低生产成本是与其母国的市场特征紧密相关的。发展中国家的市场与发达国家的市场存在着巨大的差别，一个突出特点是其大多数制成品市场需求有限、规模很小。如果发展中国家企业直接从发达国家引进制造技术时，相对于国内狭小的市场，引进的技术能力往往不能充分利用，存在着资源的闲置与浪费。另外，作为直接投资母国的发展中国家中的企业，其技术优势恰是一种反映母国市场规模特点的特殊优势，而母国市场规模与发展中国家东道国市场规模的相似性，确保了这种特殊技术在发展中国家东道国的投资过程中的实用性并具有比较优势。

威尔斯主要从以下三个方面分析了发展中国家跨国企业的相对比较优势：

1. 拥有为小市场需要提供服务的小规模生产技术。低收入国家制成品市场的一个普遍特征是需求量有限，大规模生产技术无法从这种小市场需求中获得规模效益，而这个市场空当正好被发展中国家的跨国企业所利用，它们以此开发了满足小市场需求的生产技术

---

* ［美］刘易斯·威尔斯：《第三世界跨国企业》，上海翻译出版公司 1986 年版。

而获得竞争优势。例如，1959 年，斯里兰卡准备求助苏联建一座轧钢厂。当时在苏联一座轧钢厂最小的生产能力也要 6 万吨/年，在西方国家一座轧钢厂的平均生产能力在 100 万吨/年。而斯里兰卡对钢材的年需求量只有 3.5 万吨，而所需的钢材品种却比这种轧钢厂所能提供的要多。最后，斯里兰卡从印度进口适合小批量生产的钢铁设备。

在许多产品的销售市场较小的情况下，发展中国家的企业只有使技术适合于小规模制造，才能增加利润。这些企业一般在开始时总是使用从工业国引进的技术，然后逐渐改造使之适合于当地市场。威尔斯对印度 52 家制造业跨国公司的一项调查表明，绝大部分印度公司的生产技术是从国外进口的，而且几乎所有公司都对进口的外国技术进行了改造，以满足本国和其他发展中国家小批量、多样化产品的市场需求。

2. 发展中国家和地区的竞争优势来自"当地采购和特殊产品"。为了减少因进口技术而造成的特殊投入的需要，发展中国家和地区的企业便寻求用本地的投入来替代。一旦这些企业学会用本地提供的原料和零部件替代特殊的投入，它们就可以把这些专门知识推广到面临同样问题的其他发展中国家。

发展中国家和地区对外投资的另一特征表现在鲜明的民族文化特点上，这些海外投资主要是为服务于海外某一种团体的需要而建立的。一个突出的例子是华人社团在食品加工、餐饮、新闻出版等方面的需求，带动了一部分东亚、东南亚国家和地区的海外投资。而这些民族产品的生产往往利用母国的当地资源，在生产成本上占有优势。根据威尔斯的研究，这种"民族纽带"性的对外投资在印度、泰国、新加坡、马来西亚以及来自中国台湾、中国香港两个地区的投资都占有一定比例。

3. 低价产品营销战略。与发达国家跨国公司的产品相比，物美价廉是发展中国家产品最大的特点。当然，这一特点自然成为发展中国家跨国企业提高市场占有率的有力武器。而发达国家的跨国公司的营销策略往往是投入大量的广告费用，树立产品形象，以创造名牌产品效应。美国学者巴斯吉特（Busjeet）对毛里求斯出口加工区外国制造业公司的调查证实，发展中国家跨国公司推销产品的广告费用大大低于发达国家的同行公司。在被调查的企业中，96% 的发展中国家的公司广告费用占其销售额的比例低于 1%，而在发达国家的同行公司中，21% 的子公司广告费用占其销售额的比例超过 5%。

（二）对小规模技术理论的评价

1. 威尔斯的小规模技术理论在西方理论界被认为是关于发展中

国家跨国公司研究的代表性的理论。该理论把发展中国家跨国企业竞争优势与这些国家自身的市场特征结合起来，在理论上给后人提供了一个充分的分析空间，使人们进一步思考的问题是，作为经济落后国家，怎样利用现有的技术并与自身的特点结合起来，形成比较竞争优势。

2. 小规模技术理论对于分析经济落后国家企业走向国际化的初期阶段，怎样在国际竞争中争得一席之地是颇有启发的。世界市场是多元化、多层次的，即使对于那些技术不够先进、经营范围和生产规模不够大的小企业，参与国际竞争仍有很强的经济动力。这不仅有利于实现企业的经营战略和长期发展目标，而且企业的创新活动大大增加了发展中国家企业参与国际竞争的可能性。

3. 小规模技术理论不仅可用来解释发展中国家对发展中国家的直接投资行为，而且也可用来解释发展中国家对发达国家直接投资的动因。该理论指出，除了具备小规模技术的优势以外，某些发展中国家的企业还具备生产特殊产品的优势。这类投资往往以东道国中的侨民为消费对象，生产的特殊产品就是反映母国消费者偏好，同时也是散布在世界各地侨民消费偏好的产品。生产特殊产品的优势，不仅体现在对海外特殊消费对象消费偏好的充分了解，而且也可体现在利用传统知名品牌上。

4. 小规模技术理论存在的局限性。从本质上看，小规模技术理论属于技术被动论。他显然继承了弗农的产品生命周期传统，认为发展中国家所生产的产品主要是使用"降级技术"，生产在西方国家早已成熟的产品。这样，发展中国家在这个国际生产的位置永远处于边缘地带，或是产品生命周期的最后阶段。发展中国家跨国公司在技术上的创新活动仅仅局限于对现有技术的继承和使用。

三、拉奥的技术地方化理论*

英国经济学家拉奥（Sanjaya Lall）在对印度跨国公司的竞争优势和投资动机进行了深入研究之后，1983 年出版了《新跨国公司：第三世界企业的发展》一书，提出了技术地方化理论。

（一）技术地方化理论的主要内容

拉奥在对印度跨国公司的竞争优势和投资动机进行了深入研究后指出，即使发展中国家跨国公司的技术特征表现在规模小、使用标准

---

* ［英］拉奥：《新跨国公司：第三世界企业的发展》，John Wiley 和 Sons 出版公司，1983 年版。

技术和劳动密集型等方面，但这种技术的形成却包含着企业内在的创新活动。正是这些创新活动使发展中国家的跨国企业形成了、具有了和不断发展着自己的"特有优势"（Proprietary Advantage）。通过对不同发达国家跨国公司的比较，拉奥论证了即使对发达国家而言，直接投资的垄断优势也并非完全一致，而是随各国具体情况的不同而变化的。例如，美国企业的技术创新属于节约劳动型，而欧洲企业的技术创新就属于原材料节约型。

拉奥认为，是以下几个条件使发展中国家企业能够形成和发展自己的"特有优势"：

1. 在发展中国家，技术知识的当地化是在不同于发达国家的环境下进行的，这种新的环境往往与一国的要素价格及其质量相联系。

2. 发展中国家生产的产品适合于它们自身的经济和需求。换句话说，只要这些企业对进口的技术和产品进行一定改造，使它们的产品能够更好地满足当地或邻国市场需要的话，这种创新活动就会形成竞争优势。

3. 发展中国家企业竞争优势不仅来自其生产过程与当地供给条件和需求条件的紧密结合，而且来自创新活动中所产生的技术在规模生产条件下具有更高的经济效益。

4. 在产品特征上，发展中国家企业仍然能够开发出与名牌产品不同的消费品，特别是国内市场较大、消费品的品位和购买能力有很大差别时，来自发展中国家的产品仍有一定的竞争能力。

5. 上述几种优势还会由于民族的或语言的因素而得到加强。

因此，拉奥认为，发展中国家也能够根据自身独特的情况发展并拥有独具特色的垄断优势。通过实证研究，拉奥指出，发展中国家特有的优势是建立在使用成熟技术和对非差异化产品的特殊营销技能基础上的。这种优势可能源于发展中国家企业自身的技术创新，或源于对从国外引进的成熟技术、生产工艺的改进，也可能源于在提供该类成熟技术方面所具有的成本优势。发展中国家向东道国提供的技术可能不是新技术，但这种技术通过母国企业的改进，使这一技术更加适应了其他发展中国家的需要，更好地顺应了东道国的要素价格条件和东道国对产品质量的要求，即把这种技术知识当地化。并且发展中国家企业的技术创新往往还具有小规模倾向，这种小规模技术更能适应一些发展中国家东道国市场较小的特点。

正是由于发展中国家对成熟技术不是被动地模仿和复制，而是积极主动地改进、消化和吸收，从而形成了一种适应东道国环境的技术。因此这种技术的形成包含着企业内在的创新活动，而恰恰正是这种创新活动给发展中国家的企业带来了其独特的竞争优势。

（二）对技术地方化理论的评价

拉奥的技术地方化理论不仅分析了发展中国家企业的国家竞争优势，而且强调形成竞争优势所需要的企业创新活动。在拉奥看来，企业的技术吸收过程实际上是一种不可逆的创新活动。这种创新往往受当地的生产供给、需求条件和企业特殊的学习活动的直接影响。与威尔斯相比，拉奥更强调企业技术引进的再生过程。即发展中国家对外国技术的改进、消化和吸收不是一种被动的模仿和复制，而是对技术的消化、改进和创新。正是这种创新活动给企业带来新的竞争优势。虽然拉奥的技术当地化理论对企业技术创新活动的描述仍然是粗线条的，但他把发展中国家跨国公司研究的注意力引向微观层次，以证明落后国家企业能够以比较优势参与国际竞争，是有一定的积极意义的。

四、坎特威尔和托兰惕诺的技术创新和产业升级理论*

英国里丁大学研究技术创新与经济发展问题的著名专家坎特威尔教授（Cantwell）与他的弟子托兰惕诺（Tolentino）共同对发展中国家对外直接投资问题进行了系统的考察，提出了发展中国家技术创新和产业升级理论，该理论主要从技术累积论出发，解释发展中国家的对外直接投资活动，从而把这一过程动态化与阶段化了。坎特威尔和托兰惕诺首先提出了以下两个基本命题：

1. 发展中国家产业结构的升级，说明了发展中国家企业技术能力的稳定提高和扩大，这种技术能力的提高是一个不断积累的结果。

2. 发展中国家企业技术能力的提高是与它们对外直接投资的增长直接相关的。即技术能力的存在和累积不仅是国内生产活动模式和增长的重要决定因素，同时也是国际生产活动的重要结果。

在以上两个命题的基础上，该理论的基本结论是：发展中国家对外直接投资的产业分布和地理分布是随着时间的推移而逐渐变化的，并且是可以预测的。根据坎特威尔等的研究，发展中国家跨国公司的对外直接投资遵循下面的发展顺序：

1. 在周边国家进行直接投资，充分利用种族联系；

2. 随着海外投资经验的积累，种族因素重要性下降，逐步从周

---

* Cantwell, John & Tolentino, Paz Estrelia E. Technological Accumulation and Third World Multinationals Discussion Paper in International Investment and Bussiness Studies, No. 139, University of Reading, 1990.

边国家向其他发展中国家扩展直接投资；

3. 在经验积累的基础上，为获取更先进的复杂制造业技术开始向发达国家投资。

由此可见，技术创新和产业升级理论是以地域扩展为基础，以技术累积为内在动力的。随着技术累积固有的能量的扩展，对外直接投资逐步从低级阶段向高级阶段发展即从资源依赖型发展到技术依赖型投资，而且对外直接投资的产业也逐步升级。该理论由于比较全面地解释了20世纪80年代以后发展中国家，特别是新型工业化国家和地区对外直接投资的现象，而受到了西方经济理论界的高度评价。

我们虽然是将以上几种理论归为发展中国家跨国公司理论，但不等于说指导发展中国家跨国公司发展的理论只有以上几种。跨国公司理论主流学派的学者们大多对把发展中国家跨国公司独立出来、寻求新的理论解释的努力持否定态度。一些代表性人物，如邓宁、巴克利、卡森等认为，主流跨国公司理论对发展中国家跨国公司有很强的解释力，不需要提什么新理论。实际上，把发展中国家跨国公司作为一个特定对象来研究和分析是必要的，即使是主流理论的应用也会有一个"技术变动和创新"的过程。然而，要想因此而形成一套完整的甚至是与主流理论分庭抗礼的理论体系可能困难重重，因为"发展中国家跨国公司"这一概念所包含的意义、内容本身就很复杂。

关　键　词

子公司角色　卓越中心　子公司特定优势

复习思考题

1. 跨国公司母子公司关系理论的主要内容是什么？如何认识该理论？

2. 试述跨国公司海外子公司的角色类型。

3. 跨国公司子公司角色理论的主要内容是什么？如何认识该理论？

4. 跨国公司子公司发展理论的主要内容是什么？如何认识该理论？

5. 试述缪尔和希勒的子公司特定优势理论的主要内容。

6. 跨国公司子公司理论研究有哪些新的视角？

7. 试述跨国公司子公司理论发展的趋势。

8. 邓宁的投资发展阶段理论的主要内容是什么？如何认识该理论？

9. 根据拉奥的技术地方化理论，发展中国家企业对外直接投资有何优势？

10. 威尔斯的小规模技术理论是怎样论述发展中国家企业对外直接投资的？

实 务 篇

第九章
跨国公司兼并收购
与战略联盟

要点提示

通过本章的学习，掌握跨国公司跨国并购的各种方式，了解跨国并购的内部动因以及外部环境刺激因素，通过企业并购实务过程了解并购程序，并大体理解以美国和欧洲国家为代表的发达国家所做的企业并购监管。最后通过学习跨国公司战略联盟的有关内容熟悉它的特征和类型，以及相关的战略联盟理论。

引　言

"知道如何联盟及并购的公司，将成为该产业的领导者。"

——思科总裁兼 CEO　约翰·钱伯斯

对许多公司来说，在全球市场谋求生存和繁荣成为跨国并购和战略联盟加速高潮中的首要战略动力。跨国并购特别是涉及大的跨国公司、巨额资金和公司活动重大改组的兼并和收购是全球化最明显的特点。跨国并购和战略联盟不仅加速了世界经济全球化进程，而且使各国面临着严峻的挑战。

第一节　跨国并购概述

跨国公司对外直接投资最通常的两种方式就是新建投资（Green Field Investment，又称绿地投资或创建投资）和跨国并购（Cross-border M&A）。从 20 世纪 80 年代中期开始，跨国并购逐渐取代新建投资，成为对外直接投资的主要方式。现在，全球对外直接投资的大部分都是通过跨国并购来实现的。

一、跨国并购的定义

并购（Mergers & Acquisitions，M&A），实际上是兼并（Mergers）和收购（Acquisitions）的简称。所谓的企业兼并，通常是指一家企业以现金、证券或其他形式购买取得其他企业的产权，使其他企业丧失法人资格或改变法人实体，并取得对这些企业决策控制权的经济行为，兼并也被称为合并。

收购是指企业用现金、债券或股票购买另一家企业的部分或全部资产或股权，以获得该企业的控制权，而被收购企业可仍以法人实体存在，其产权可能是部分转让的经济行为。收购的对象一般有两种：股权和资产。收购股权与收购资产的主要差别在于：收购股权是收购一家企业的股份，收购方成为被收购方的股东，因而要承担该企业的债权和债务；而收购资产则仅是一般资产的买卖行为，由于在收购目标企业资产时并未收购其股份，收购方无须承担其债务。

兼并后，兼并企业成为被兼并企业新的所有者和债权债务的承担者，是资产、债权、债务的一同转换；而在收购中，收购企业是被收购企业的新股东，以收购出资的股本为限承担被收购企业的风险。

兼并多发生在被兼并企业财务状况不佳、生产经营停滞或半停滞之时，兼并后一般需调整其生产经营、重新组合其资产；而收购一般发生在企业正常生产经营状态，产权流动比较平和。

跨国并购
（Cross-border
Mergers & Ac-
quisitions）， 是
指跨国公司出于
某种目的，通过
一定的渠道或者
支付手段将东道
国企业的全部资
产或者一定比例
的股份买下来，
从而达到对其生
产经营权的控制。

由于在运作中它们的联系远远超过其区别，所以兼并、合并与收购常作为同义词一起使用，统称为"购并"或"并购"，泛指在市场机制作用下企业为了获得其他企业的控制权而进行的产权交易活动。

跨国并购（Cross-border Mergers & Acquisitions），是指跨国公司出于某种目的，通过一定的渠道或者支付手段将东道国企业的全部资产或者一定比例的股份买下来，从而达到对其生产经营权的控制。按照联合国贸易与发展会议（UNCTAD）的定义，跨国并购包括：一是外国企业与境内企业合并；二是收购境内企业的股权达 10% 以上，使境内企业的资产和经营的控制权转移到外国企业。

资料 9-1　跨国并购与新建投资的不同

跨国并购是与新建投资并行的两大对外直接投资进入方式之一。跨国并购与新建投资的重要区别之一在于前者涉及的是现有资产从国内所有者（含东道国境内投资者或境外投资者）转移至国外所有者手中，从逻辑上讲，简单的跨国兼并应当不增加东道国的生产力，因为没有经过投资产生新的生产能力，尽管标的资产价值或相关资产会因跨国兼并的发生而导致财富效应性质的资产增值。而在跨国新建投资中，因为有现实的直接投资资本或权益资本发生了跨国的流动，因此在东道国，跨国公司所控制的资产至少在理论上是新创造的。

二、跨国并购的分类

（一）按跨国并购产品异同或产业方向分类

1. 横向并购（Horizontal M&A）。横向并购是指属于相同或者相近行业，生产提供相同或者相似的产品和服务的经济主体之间的跨国并购。近年来此类并购通常可以获得协同效果（其资产的联合价值超过这些企业独立时各自资产的总和）并加强市场力量。出现此类并购的典型行业有制药、汽车、石油业，并越来越多地包括一些服务业。

2. 纵向并购（Vertical M&A）。纵向并购是指生产提供相同或者相似的产品或者服务，但是出于不同生产或者经营流程，具有密切的纵向协作关系的经济主体之间的跨国并购。

此类并购通常是寻求降低生产链前向和后向关联的不确定性与交易成本以及获得规模经济的收益。零部件生产商与客户（如电子最终产品生产者和汽车制造商）之间的并购就是很好的例子。

3. 混合并购（Conglomerate M&A）。混合并购是指属于不同行业，并没有直接的投入产出联系或者经济技术联系的经济主体之间的跨国并购。

此类并购通常是寻求业务多元化，或以分散风险、深化规模经济等战略为目标。对于并购企业来说，混合兼并的重要成本就是合并升水——被并购企业投资者所持股票收益高于并购前市值。实质上这种更高的资本收益（Capital Gain）主要产生于由混合兼并所可能取得的协同效应，包括经营效率提高[1]、潜在金融收益[2]等。

---

① John C. Narver, "Some Observations on the Impact of Antitrust Merger Policy on Marketing", Journal of Marketing, January 1969, pp. 24 – 37.

② Walter J. Mead, "Instantaneous Merger Profit as a Conglomerate Merger Motive", Western Economic Journal, December 1969, pp. 295 – 306.

（二）按照企业并购中的公司法人企业变更情况分类

1. 吸收兼并（Consolidation M&A）。吸收兼并指在两家或两家以上的公司合并中，其中一家公司因兼并其他公司而成为存续公司的合并形式，在这类合并中，存续公司（Surviving Company）仍然保持原有公司名称，而且全权获得其他被吸收公司的资产和债权，同时承担其债务，被吸收公司在法律上从此消失。

2. 创立兼并（Statutory M&A）。创立兼并又称新设兼并或者联合，是指两个或两个以上公司通过合并同时消失，并在新的法律和资产负债关系基础上形成新的公司，新设公司接管原来企业的全部资产和业务，重新组建董事机构和管理机构等。

（三）按是否经由中介实施并购划分

1. 直接并购。直接并购又称协议收购（Negotiated Acquisition）或者友好接管（Friendly Takeover），由跨国公司并购方直接向东道国目标公司提出资产或者所有权购买要求，双方通过一定的程序进行协商，共同完成收购的各项要求，在协议的条件下完成的收购。

2. 间接并购。间接并购是指并购公司不向被并购公司直接提出并购要求，而是通过在市场上收购目标公司已发行和流通并具有表决权普通股票，从而获得对被并购公司控制权的市场行为。

（四）按并购是否取得目标企业的同意与合作划分

1. 善意并购。善意并购（即友好并购）指目标企业接受并购企业的并购条件并承诺给予协助的并购。

2. 恶意并购。恶意并购（即敌意并购）指并购企业在目标企业管理层对其并购意图不清楚或对其并购行为持反对态度的情况下，对目标企业强行进行的并购。

在恶意并购中，当事人双方通常会采用各种攻防策略，通过收购、反收购的激烈"战斗"完成收购行为，强烈的对抗性为其基本特征。在市场经济条件下，公司为扩大自己的实力，改善自己的经营结构或吃掉自己的竞争对手，往往需要通过并购其他公司的方法，来扩大自己的实力。而在一般情况下，目标公司原来的大股东及经营管理人员是不愿意放弃自己对公司的控制权，不愿意看到公司被人控制、兼并。因而进攻性公司与目标公司围绕收购与反收购、兼并与反兼并展开激烈的斗争往往难以避免，从而使恶意收购成为股市中一种常见的收购方式。

就恶意收购来看，主要有两种方法：第一种是"狗熊式拥抱"（Bear Hug）；第二种是"狙击式公开购买"。

"狗熊式拥抱"，是一种主动的、公开的要约。收购方允诺以高价收购目标公司的股票，董事会出于义务必须要把该要约向全体股东公布，而部分股东往往为其利益所吸引而向董事会施压要求其接受报价。在协议收购失败后，"狗熊式拥抱"的方法往往会被采用。

"狙击式公开购买"，一般指在目标公司经营不善出现问题或在股市下跌的情况下，收购方与目标公司既不做事先的沟通，也没有警示，而直接在市场上展开收购行为。

（五）按照并购的支付方式划分

1. 股票支付。股票支付是指以并购方的股票换取目标公司股票的行为，一般不涉及现金支付。在第五次并购浪潮中，由于并购交易所涉及的金额越来越大，特别是一些大型跨国公司之间的并购，涉及的金额高达上千亿美元，单靠现金很难完成，因此股票支付成为这部分交易的最主要形式。

2. 现金支付。现金支付是指并购公司按照交易双方所确定的并购价格，向目标公司的所有者一次或者分期偿付现金的支付方式。现金支付具体又包括及时支付与递延支付。

及时支付指达成并购协议以后的一定时间内就直接向目标公司支付一定数量的金钱。

递延支付通常要借助财务顾问发行某种形式的票据，作为对目标公司股东的支付，并购企业可以利用目标公司带来的现金收入偿还票据。

3. 综合证券收购。综合证券收购或称混合证券收购，是指收购公司对目标公司或被收购公司提出收购要约时，其出价不仅有现金、股票，而且还有公司债券、优先股、认股权证、可转换债券等多种形式的混合。

> **递延支付**通常要借助财务顾问发行某种形式的票据，作为对目标公司股东的支付，并购企业可以利用目标公司带来的现金收入偿还票据。

三、跨国并购的趋势

（一）并购总额波动上升，单项并购的规模不断扩大

20 世纪 90 年代以来，全球跨国并购总额越来越高，但是整体波动幅度较大。1990 年，全球跨国并购总额为 980.50 亿美元，2000 年则增长到了 9 596.81 亿美元，十年间增长了 8.79 倍。其后，出现了大幅下降，跌至 2003 年的 1 654.25 亿美元，后又逐渐增长至历史极值 2004 年的 10 326.89 亿美元。其后，反复波动至 2022 年的 7 065.72 亿美元。整个汇报期内，涨幅最高的年份是 2005 年，涨幅为 169%，跌幅最大的年份是 2001 年，跌幅为 55%（见图 9 - 1）。

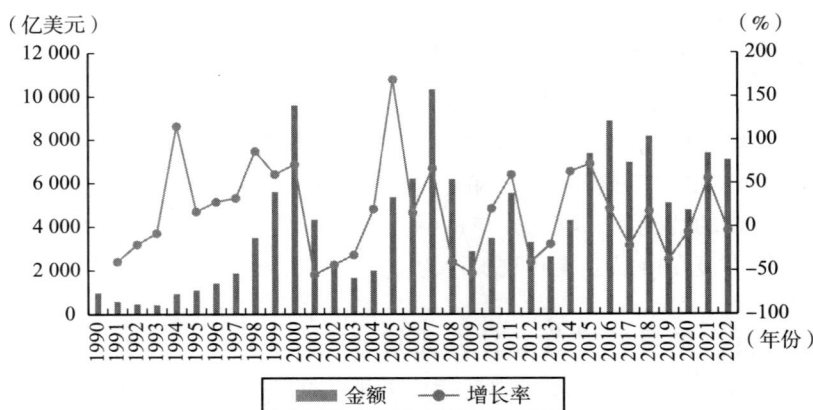

图 9 - 1　1990～2022 年跨国并购及其增长率

资料来源：UNCTAD, Cross-border M&A database，数据是指净购买。

　　20 世纪 90 年代以来的跨国并购中，单个并购的规模呈扩大趋势。1998 年 5 月，德国的戴姆勒——奔驰公司与美国的克莱斯勒公司以 405 亿美元的股票价值实现了并购，创造了制造业跨国并购的纪录。同年下半年，英国石油公司出价 482 亿美元收购美国阿莫科公司，使这一纪录大大提高。1999 年，英国的沃达丰公司（VODAFONE AIRTOUCH PLC）以 603 亿美元并购了美国的空中通信公司，再次将此纪录刷新。2000 年出现了超过 1 000 亿美元的超大型跨国并购，全球最大的移动电话运营商英国的沃达丰公司以 2 047.30 亿欧元收购了德国老牌电信和工业集团曼内斯曼（MANNESMANN AG）。2001 年，美国的传媒业巨头美国在线（AMERICA ONLINE INC.）与时代华纳［TIME WARNER INC.（OLD）］的并购额也达 1 911.20 亿欧元。表 9 - 1 列出了截至 2023 年 7 月世界十大跨国并购。

表 9 - 1　　　　　　　全球前十大跨国并购交易额　　　　　　单位：亿欧元

年份	并购方		被并购方		并购额
	公司名称	国家	公司名称	国家	
2000～2000	VODAFONE AIRTOUCH PLC	英国	MANNESMANN AG	德国	2 047.30
2000～2001	AMERICA ONLINE INC.	美国	TIME WARNER INC.（OLD）	美国	1 911.20
2000～2000	GLAXOSMITHKLINE PLC	英国	SMITHKLINE BEECHAM PLC	英国	1 899.51

续表

年份	并购方		被并购方		并购额
	公司名称	国家	公司名称	国家	
2016 ~ 2016	NEWBELCO SA/NV	比利时	SABMILLER PLC	英国	1 153.60
2013 ~ 2014	VERIZON COMMUNICATIONS INC.	美国	CELLCO PARTNERSHIP INC.	美国	947.49
2000 ~ 2000	PFIZER INC.	美国	WARNER - LAMBERT COMPANY	美国	934.09
2016 ~ 2018	AT&T INC.	美国	TIME WARNER INC.	美国	925.48
2019 ~ 2019	TWDC HOLDCO 613 CORPORATION	美国	TWENTY - FIRST CENTURY FOX INC.	美国	752.67
2005 ~ 2005	KONINKLIJKE NEDERLANDSCHE PETROLEUM MAATSCHAPPIJ NV	荷兰	SHELL TRANSPORT & TRADING CO PLC, THE	英国	723.08
2008 ~ 2008	ALTRIA GROUP INC.	美国	PHILIP MORRIS INTERNATIONAL INC.	美国	715.18

资料来源：Zephyr 全球并购交易分析库：https：//zephyr. bvdinfo. com/ip；年份为宣布年份至完成年份；由于部分交易交割时间较长，无法获得精确的美元交易额，故采用欧元计价。

由表 9 - 1 可知，大型的跨国交易主要发生在欧美之间，尤其是美国、英国、荷兰和比利时等国家。产生这种现象的原因可能是欧美之间的经济联系较紧密。从并购双方的行业看，大型跨国并购往往在同业并购中产生，这可能是出于减少竞争和提高规模经济性的考虑。

（二）横向并购的比重不断增加，横向并购活动密集行业的市场集中度正在加强

近年来，横向并购的重要性不断提高，成为跨国并购的主要形式。1989 年，跨国并购价值的 59% 是横向并购，1999 年达到了 70%，而在 2011 年的前十大跨国并购中，5 项并购属于横向并购。纵向并购自 20 世纪 90 年代中期以来一直在增长，但仍然低于 10%。在 20 世纪 80 年代末期的并购高潮中，混合并购非常普遍，但是由于企业越来越倾向于关注核心业务以应付日益激烈的国际竞争，其重要

性已经降低。横向并购由于能够显著地影响市场竞争态势，所以日益成为国家监管的重要目标。

（三）股票互换在跨国并购的融资方式中所占比重越来越大

近年来，股票互换已成为并购、特别是大型并购普遍采用的融资方式，因为在交易规模巨大的并购中使用现金支付是不可能的。然而，股票互换由于涉及需要增发新股，会影响到原股东的利益，因此，各国的监管当局对此类并购的审批都比较谨慎。例如，2020 年 3 月 30 日，中国上市公司上海莱士发布公告称，向西班牙上市公司 Grifols. S. A. 发行股份，以购买 Grifols Diagnostic Solutions Inc. 45% 股权的交易，新增股份于 3 月 31 日上市，卖方基立福已在 3 月 13 日将合计 45% 的 GDS 股权过户至上海莱士名下。而为了获得各当局的批准，此前，上海莱士已经顺利完成该次重大资产重组事项的全部前置程序：陆续通过美国联邦交易委员会（FTC）反垄断审查和外商投资委员会（CFI 美国）的安全审查，获得国家发展和改革委员会《境外投资项目备案通知书》、中国证券业监督管理委员会的同意批复，上海市商务委员会的《企业境外投资证书》。并购完成后，上海莱士控股股东及其一致行动人的持股比例由 36% 被动稀释到了 26%。

（四）跨国并购的战略性动机日益明显，善意并购成为主流

早期的跨国并购可能是寻求短期的金融收益，而非寻求效率等战略和经济效应。但随着时间的推移，由短期金融收益推动的交易在跨国并购中的重要性正在下降，做大规模、提升影响力、降低成本、多元化战略正日益成为公司跨国并购的考量。当公司股东高度分散、价值被严重低估时，容易被其他公司恶意并购。据报道，在 2017 年，恶意并购占据了当年并购总量的 15%。然而，恶意并购在大多数情况下并不奏效。例如，2019 年 11 月，惠普公司拒绝了施乐公司提出的合并两家公司的提议，而施乐公司的回应是宣布更换惠普公司整个董事会的计划，并对惠普公司的股票发起正式的要约收购。由于受新冠疫情影响，施乐公司最终同意在 2020 年 3 月停止该交易。同样，2018 年，科技巨头博通公司对半导体供应商高通公司的恶意并购也未获成功。在试图提名 11 名董事进入高通董事会后，博通将其报价从大约 1 000 亿美元提高到 1 210 亿美元。但因美国监管机构提出了信息安全问题，以及博通的竞争对手（包括英特尔）可能在暗地里的干预，导致博通最终退出。

总的来说，在跨国并购中，恶意并购很难实施的原因主要有：第一，恶意跨国并购往往面临东道国严格的行政监管与司法审查；第二，被收购公司通常采用保护主义的股权结构作为额外的防御手段；

第三，恶意跨国并购会激起东道国的民族主义情绪，不利于后期经营；第四，要约收购往往成本高且耗时长；第五，恶意跨国并购给公司带来的消极氛围和不确定性，可能导致被并购公司人才外流；第六，恶意并购会玷污恶意并购者的交易记录，并产生以顾问或监管费用等形式的重大开支。

（五）服务部门跨国并购居于主导地位，初级品部门占比较低

与产业结构的变动类似，服务部门的跨国并购占比正日益提高，由 1990 年的占比 49% 至 481.68 亿美元，上涨至 2013 年的 79% 至 2 067.33 亿美元的历史占比高位，随后下落至 2022 年的 71% 至 5 036.19 亿美元。除了个别年份（1993 年）外，占比都超过了 40%。就其内部构成看，金融保险和信息服务两个部门的占比较高，尤其是金融保险，大都占服务部门跨国并购净值的 50% 以上。制造部门的跨国并购占比虽不如服务部门，但其占比依然不能小觑。除了部分年份占比达到了 40%～50%，大部分年份占比均在 20%～40%，值得指出的是，制造业占比最低的年份是 2022 年，低至 12%，为 847.18 亿美元。从制造业的内部构成看，不同行业不同时期占比差异较大，没有明显的规律，相对而言，焦炭、石油及化学和药品部门的占比较高，这可能与这些部门的规模经济性较强有关系。比较而言，初级品部门在世界跨国并购净值中的占比较低，占比最高的年份为 2002 年，达到了 18%；而 2011 年和 2022 年占比 17%，也比较高。除此之外，其余年份大都较低，低于 10%。

（六）发达国家是跨国并购的主体，其中欧美公司是最活跃的参与者，发展中国家在跨国并购中比重不大且不平衡

现在世界跨国并购价值占世界 FDI 流量的大部分，这一结果在很大程度上受到发达国家公司业绩与综合实力的影响。以净购买值计算，在 1990～2022 年，世界的净跨国并购总额增长了 6.21 倍，发达国家的净跨国并购购买的价值则增长了 6.48 倍。在此期间，发达国家在世界净跨国并购中所占比重从未低于 49%（2013 年），且在大部分年度基本维持在 90% 左右。在超过 10 亿美元的大型跨国并购中，也是绝大部分都发生在发达国家，发达国家是跨国并购中的绝对主体。

尽管亚洲和拉丁美洲在跨国并购中比较重要，在国外收购方面，发展中国家企业仍然不是主角。在 2008 年之前，发展中国家企业在全球跨国并购购买价值中的比重都不超过 20%，在 1999 年则低至 2%。发展中国家企业在对外投资时，更愿意利用新建投资而不是并购。尽管如此，在次贷危机后，以中国为代表的发展中国家在国际并

购方面取得了很大的成就，2012 年约占据了国际收购总额的 36%，2013 年则攀升至 47%，达到历史最高点，之后逐年下降，2022 年降至 8% 为 582.26 亿美元。

从具体国家看，美国与欧盟的净跨国并购一直较高，大部分年度都居于世界前列。其中，美国在 2005 ~ 2008 年、2015 ~ 2016 年、2018 年和 2021 年净跨国并购金额较高，都超过了 2 000 亿美元，而欧盟则在 2018 年和 2021 ~ 2022 年都超过了 2 000 亿美元。作为后起之秀的中国净跨国并购的金额也出现了较大幅度的增长。从 2008 年开始，中国企业的净跨国并购金额超过了 300 亿美元，达到了 358.78 亿美元，其后直至 2018 年，均维持高位运行，2017 年达到了创纪录的 1 308.76 亿美元。这主要是受中国巨额外汇储备和次贷危机的影响。而伴随着新冠疫情的暴发，2020 年以后，中国的净跨国并购金额出现了大幅下降，2021 年降到了 8.49 亿美元，成为自 2005 年以来的最低值。

第二节　跨国并购的动因及特点

一、跨国并购动机的内部动因

一般而言，从国外投资者的角度出发，跨国并购与作为另一种 FDI 进入方式的新建投资相比，具有两个主要优势：速度和获得所有权资产。

（一）速度

跨国兼并收购进入的一个重要动机就是谋求最快速地进入东道国市场。跨国并购的快速进入所可能导致的利益之一就是时间收益，因为抢先于竞争对手，并购企业不仅能够相对优先的获得当地资源，而且还能够谋取在东道国的市场结构效应收益。

当然，国际并购进入的时间速度效益较高或时间成本较低并不意味着这种进入方式的总成本一定是低的。在一些国家，某些行业，通过并购方式实现的快速进入有可能伴随着比创建投资进入更高的资本交易成本，例如，在发展中国家，跨国并购进入尽管速度上快了，但却有可能引致一些额外的成本，如资本市场不发达所导致的产权交易成本、对被并购当地企业的员工进行的再培训成本。因此，邓宁认为，对发展中国家的并购进入其总成本未必低于创建进入（J. H. Dunning，1993）。

（二）获得所有权资产

收购或与一家现有企业合并，而不选择新建投资的第二个主要动机是寻求战略资产，如 R&D 或技术诀窍、专利、商标、当地特许权或许可权以及供应与分销网络。能够立即获得这些所有权资产非常重要，因为这些资产无法在其他市场上获得，而自己开发又需要时间。无论是对于促进企业的静态优势，即在某个给定时点上企业获得收入的资源和能力，还是对于加强企业的动态优势，即随着时间的推移企业维持和增强其产生收入的资产的能力，这些资产都是至关重要的（J. H. Dunning，1993）。例如，中国家电企业在品牌知名度、研发技术、管理经验等方面与发达国家存在一定差距。为了弥补这一差距，近年来，中国企业开始参与海外高科技企业的并购，以获得先进的生产技术和管理经验等所有权资产。2015～2022 年，中国美的集团用了近七年的时间完成了对拥有先进的机器人技术的德国库卡（KUKA Aktiengesellschaft）的并购。通过德国库卡，美的集团可以将机器人业务和自己的家电、部件、工业互联网、智慧物流等业务拉通资源，扩大全球市场的规模和份额。

（三）寻求新的市场

寻求新的市场和市场力量是企业长期关注的目标，特别是在市场饱和的情况下，企业的发展有赖于开拓外国市场。无形资产在外部市场上的交易成本很高，这也解释了为什么拥有所有权特定能力的企业在新的地理区位或行业领域利用这些能力时，常常会选择直接投资的方式，而不是选择出口或许可证方式。通过并购，企业可以迅速获得新的市场机会，在不增加行业生产能力的情况下达到临界规模。通过接管一家企业可以立即利用现成的当地供应商与顾客网络，并获得相应的技能。

（四）通过协同效应提高效率

预期通过协同效应提高效率可能是最经常提到的并购动机。协同的性质可以是静态的（如在某一时点上降低成本或增加收入），或是动态的（如加强创新）。静态协同包括：管理资源的综合利用（如合并后只需要一个经理办公室而不是两个）；利用彼此的营销和分销网络来增加收入；采购协同（加强讨价还价的实力）；生产中的规模经济导致成本下降；避免进行重复生产、研发或其他活动。例如，当 Gillette 公司和 Duracell 公司传出合并的消息以后，Duracell 公司的

CEO 就直言不讳地说："我们一直在寻找一个更加广泛的销售渠道，特别是在像中国、印度、巴西这样的发展中国家，现在我们找到了，那就是 Gillette。"动态协同可能涉及互补性资源和技能的配合，以提高企业的创新能力，从而对销售额、市场份额和利润产生长期的积极影响。

（五）扩 大 规 模

在经济全球化的形势下，较大的规模可以成为一个关键因素，特别是在需要规模经济、巨额研发开支和扩大分销网络的经营活动中更是这样。同时，要收购一家规模大的企业是比较困难的，所以规模也具有保护功能。大的规模还能进一步创造出财务、管理和经营协同，从而降低企业经营的脆弱性。

（六）多 样 化 （分 散 风 险）

进行并购的另一个推动因素是通过产品或地域市场的多样化来实现降低风险（包括经营风险和外汇风险等）的目标。通过收购外国公司能绕过关税与非关税壁垒，从而减少不确定性。不过，随着全球竞争加剧和技术加速发展，企业更加集中于核心活动，因而，虽然地域多样化的动机仍在起作用，但产品多样化的动机已经不那么重要了（Morck and Yeung，1999）。

（七）财 务 动 因

在并购背后可能有着重要的财务动机。股票价格并不总是反映企业的真实价值。例如，潜在收购者对一家公司预期收益流量的估算要高于现在的股东。一家企业的管理不善、资本市场不完全以及重大的汇率安排都可能使收购一家价值被低估的公司获得短期资本收益，或可能影响到预定的并购时机选择。在证券投资型并购的情况下，在资本不发达的国家或在发生金融危机时，这类动机是特别重要的。此外，有些收购是出于税收的考虑，如利用未使用的税收优惠。

（八）个 人 （行 为）动 机

个人收益（或行为）动机论者认为，公司管理者追求其自身的利益，特别是在公司治理薄弱的情况下更是如此（即经济学家所说的"委托—代理问题"的表现）。他们可能寻求扩张或"建立帝国"来加强管理者的权力、尊严、职业安全并提高薪酬，尽管这样做可能缺乏技术效率或者不符合股东的利益（Baumol，1967）。他们也可能受到金融市场的压力——特别是在两位数的增长率被视为正常的情况下——要表现公司的高增长率和高利润率，在这方面，并购是比新建投资更容易的方式。另外，个别管理者也可能高估了自己管理收购的能力，认为自己已为进行合并做好了特别充分的准备。

二、跨国并购的外部环境刺激因素

上述是对跨国并购的基本动机进行的考察，但是企业的收购行为在很大程度上还受到经济和管制环境变化的影响，而跨国并购则要受到国际经济环境和管制环境的很大影响。

（一）技术环境变化刺激

迅速的技术变革使世界技术领先企业面临着更大的竞争压力。结果在大多数行业，创新的成本和风险与日俱增，而且还需要保持不断地吸收新的技术和管理方法。企业需要付出更大的努力，以保持创新技术。管制框架和资本市场方面的变化促进了跨国并购，也鼓励了企业寻求并购，保持领先地位，开拓新的技术领先领域，赶上新知识、产品生命周期缩短的步伐。在一个以技术变化快、高风险研发开支不断增加为特点的环境中，许多企业感到有必要通过跨国并购来分摊创新成本，获得新的技术资产以增强它们的创新能力。并购使企业能够迅速做到这一点。来自发达国家（现在越来越多来自发展中国家）的跨国公司所采取的这种寻求资产型的 FDI 已成为 FDI 日益重要的形式。

（二）政策与管制环境变化的刺激

1. 外国直接投资和贸易体制的自由化。如果技术的关键作用是使寻求资产型 FDI 变得更为重要，技术变化促进了国际生产体系的运营，那么在 21 世纪的前十年中，政策与管制环境的变化为这些体系的扩张，包括通过并购的扩张，提供了更大的空间。截至 2010 年底，国际上共有 6 092 个有关国际投资协定的条约，大都是促进 FDI 流入的。与并购相关的变化包括取消强制性的合资要求、多数股权限制和审批要求。特别是通过缔结双边投资保护协定和避免双重征税协定，国际管制框架也被强化了。

然而，突如其来的新冠疫情改变了这种自由化的趋势。2019 年和 2021 年，国际投资协定总数分别为 3 284 项和 3 288 项，与 2010 年相比，有了大幅度的下降。2021 年，很多发达国家推出或加强了基于国家安全标准的投资审查制度，或延长了疫情期间为保护战略性公司不被外国收购而采取的临时制度。因此，为了国家安全而对外国直接投资进行审查的国家总数达到了 36 个。这些国家合计占全球外国直接投资流入量的63%以及存量的70%（分别高于2020年的52%和67%）。相反，发展中国家继续主要采取措施放宽、促进或便利投资，这证实了外国直接投资在其经济复苏战略中的重要作用。在所有更有利于投资的措施中，投资便利化措施占了近40%，其次是向外国直接投资开放新的活动（30%）和新的投资激励措施（20%）。

2023年，各国采取的投资政策措施的数量比2022年减少了25%，但仍维持在2019～2023年的平均水平左右。其中，72%的指标都对投资者有利。有利的措施（自由化、促进、便利）和不太有利的措施（限制进入和行动）之间的总体平衡没有改变。具体而言，发展中国家主要采取措施促进投资，而发达国家则倾向于采取更严格的措施。在发展中国家，86%的措施对投资者有利；而在发达国家，57%的措施对投资者不太有利。

2. 大型区域协定正日益影响国际投资规则。进入21世纪后，新一代大型区域经济协定的数量正在增加。区别于欧盟、东盟自由贸易区、美洲自由贸易区和亚太经合组织这些传统的区域协定，像《区域全面经济伙伴关系协定》（RCEP）、《全面与进步跨太平洋伙伴关系协定》（CPTPP）这种大型区域协定的全面性和地缘战略相关性决定了它们对国际投资政策具有更大影响。除投资问题外，这些协定还可涵盖货物贸易和原产地规则、服务贸易、竞争、电子商务、知识产权、公共采购、国有企业监管以及与中小企业相关的政策。大型区域协定可以放宽市场准入，促进缔约方之间的区域一体化，刺激更多的投资流动。大型区域协定给域内企业提供了重新组织和提高竞争能力的机会和客观条件，跨国公司通过跨国兼并，可以促进了企业效率的提高，加速了产业结构调整，从而区域经济一体化的进程在这方面不断推动了跨国并购的发生。

3. 税收政策在世界各地被用来促进国际投资。全球企业所得税平均税率从1980年的将近40%降至2021年的25%左右。无论国家或地区大小或发展水平如何，下调税率的一个主要考虑是为了争夺国际投资。与其他国家或地区相比，最不发达国家的财政收入相对更多地依赖企业所得税，2021年此类国家的平均企业所得税率最高（28%）。2011年以来的国家或地区投资政策显示，很多国家或地区都对投资广泛采用税收激励措施。2021年，在采取与税收有关的投资措施的100个国家或地区中，90个降低了税收、推出了新的税收激励措施或加大了现有激励措施的优惠程度。1/3以上的财政激励措施（39%）是基于利润的（主要是采用免税期和降低企业所得税）。相反，新的税收激励措施中仅有超过1/10（13%）是基于支出的，即通过补贴、加速折旧或税收抵免减少资本支出的税后成本，从而奖励投资或再投资。在全球范围内，大多数新的激励措施针对的是制造业和服务业投资，但地区差异很大。专门针对农业和采掘部门的税收激励措施集中在发展中和最不发达国家或地区。

三、跨国并购发生的特点

（一）动机不同于国内市场并购进入

尽管跨国并购和国内市场的并购可以是从相同或相近的市场竞争角度考虑，但它们之间还是常常存在着一些差异。例如：

1. 由于跨国进入壁垒的存在，跨国并购往往是为了对分割型市场（Segmented Market）实现突破，使之服务于跨国公司的全球生产经营体系；而国内市场的横向兼并收购更多的是为获取规模经济、增加市场份额，增强实力地位。

2. 更快地进入东道国市场及其周边国家市场。20世纪90年代以来，随着许多国家开放其传统的对外封闭垄断性市场，例如通信业、航空运输业等，尽快在东道国的这些敏感产业挤占一席之地成为跨国公司选择并购进入方式的主要原因。

（二）更多地发生在较高市场集中度的市场

研究表明，东道国目标产业的市场集中度越高，发生并购进入的可能性也越大。20世纪80年代中期，鲍德温和凯夫斯根据他们的研究首次提出了这一观点。而20世纪90年代一浪高过一浪的大规模跨国并购活动的国家和产业分布又证实了这一点；事实上，无论是国内市场的厂商进入还是国际市场的跨国进入，当产业市场的集中度发展到极端的程度，即自然垄断或受政策保护的完全垄断，跨国的并购就是唯一的进入选择了[①]，因为新建进入必然导致整个产业新增生产能力的低效和耗费，竞争的结构仍然将回到只适合单一厂商生存经营的自然垄断状态。

（三）更多地发生在跨国产业市场进入壁垒较高的产业

规模经济效应显著、生产能力相对过剩程度高的产业所产生的进入壁垒十分高，正如产业组织理论中所证明了的，先入厂商的过度生

---

① 在一些自然垄断产业，跨国公司的进入是采取合资或合作的经营方式，在正常且合理的情况下，东道国希望借助于国外合作伙伴来提高其产品质量、生产效率，以作为稳定自然垄断地位的基础；而跨国经营企业的参与，则或是为获取技术、管理收益，或是以交叉互换的方式试图从东道国政府和合作伙伴处得到某种进入东道国相关产业或其他市场的许可、优惠。跨行业多样化经营的跨国公司往往通过这种方式在发展中国家获得引致市场势力（Market-power Inducements）。

产能力策略在阻止新建进入下是有效的进入壁垒，但对并购进入却是无效的。所以跨国并购能够有效越过东道国的进入壁垒而进入东道国市场，并且这种方式对东道国产业市场产量总额没有直接影响，对已有厂商的冲击也相对缓和一些。实际上当目标产业的市场可开发余地较小，或生产供给已显过度的情况下，除非是建立在创新产品、工艺基础上的新建投资进入，否则既能有效进入东道国市场，又可避免发生进入跨国公司和先入厂商间恶性竞争的，恐怕也只有收购兼并进入方式的选择是最适宜的。

（四）更多地发生在跨国跟随进入情况下

在高度相互依赖的国际化产业市场，一旦跨国公司发现主要竞争对手拥有了先入竞争优势，那么，为了在东道国尽快形成自己的有效规模化生产能力，为了尽快获取自己在当地的一席之地，往往倾向于采用并购的进入方式。但必须指出的是，这里所说的跟随进入是一种市场的竞争性反映，与直接投资进入动因理论中的"跟我来"方式（Follow-the-leader Behavior）是不同的。

（五）跨国并购数量最多、规模最大的是发达国家

除了上述一些与国家的经济发展水平相关的因素，如规模经济、市场集中等之外，并购的进入方式的选择实际上还跟东道国的国民收入水平有关，许多年来的统计数据也正表明了这一点。的确，收入水平越高，在相同或相近的人口规模下，意味着东道国国内市场的容量相对也较高，从而对跨国公司直接投资进入的吸引力也就越大[①]。当然，预期收益的水平和人口数量的多少在进入发展中国家的具体方式上也会起相当的作用；另外，经济发展水平较高的国家往往拥有发展程度较高的大规模、活跃的股票市场，因此这也为跨国并购的有效实施提供了充分的条件。

（六）高度依赖进口行业少有跨国并购

在东道国国内没有某种产品生产能力的行业即当地市场需求的满足主要来自国外进口，那么，兼并收购进入就不会在这样的行业发生。因为，以并购的直接投资方式对进口发生替代的前提，必须是东道国存在有效的生产能力，或者说，必须有可被兼并的同行业厂商。否则，进口替代的实现唯有通过新建的直接投资方式。

---

① Claudio R. Frischtak and Richard S. newfarmer, "Market Structure and Industrial Performance", in C. R. Frischtak and R. S. Newfarmer, eds., Transnational Corporations: Market Structure and Industrial Performance, UN Library on Transnational Corporations, Vol. 15 (London and New York: Routledge for and on behalf of the UN).

（七）大多数跨国并购发生在相关国家的同行业现实或潜在竞争厂商之间

尽管并购的方式有三种，即同行业的并购、跨生产工艺环节的纵向并购和跨行业的混合并购，但因为竞争的逼迫、追求市场势力的延伸、缺乏竞争政策的跨国协调或尚没有完备的超国家的独立反垄断政策，所以跨国的横向并购就一直是国际市场中跨国并购的主导方向。

第三节　跨国并购的一般程序及监管

一、跨国公司并购的一般程序

一般来说，企业并购都要经过前期准备阶段、方案设计阶段、谈判签约和接管整合四个阶段。各阶段的基本内容如表9-2所示。

表9-2 　　　　　　　　跨国公司并购的一般程序

前期准备阶段	谈判签约阶段
1. 企业发展战略与并购战略的制定	1. 协商与谈判
2. 目标企业的搜寻、调查与筛选	2. 签约与披露
3. 目标企业的评估	3. 审查与批准
方案设计阶段	接管与整合阶段
1. 目标企业的定价与支付方式的制定	1. 交接与接管
2. 融资方式的安排与制定	2. 资产、财务、人员及文化的重组
3. 税务筹划与安排	
4. 并购会计处理方法的选定	
5. 并购程序与法律事务安排	

（一）前期准备阶段

企业根据发展战略的要求制定并购策略，初步勾画出拟并购的目标企业的轮廓，如所属行业、资产规模、生产能力、技术水平、市场占有率，等等，据此进行目标企业的市场搜寻，捕捉并购对象，并对可供选择的目标企业进行初步的比较。

企业并购是一项有风险的业务，巨大的损失往往来源于战略决策上的失误。因此为了达到并购的目的，都必须为自己制定一个切实可行的战略，以适应不断变化的环境。企业的并购战略理论是不断演进的，从安索夫提出的并购协同理论开始，到迈克尔·波特的竞争优势理论、战略业务单元理论，以及核心竞争力理论，可以看出并购战略的发展轨迹与公司战略的演进是同步的。著名的管理学家德鲁克也提出了关于企业并购的五项基本准则。

1. 并购企业必须能为被并购企业做贡献。并购企业只有彻底考虑了它能够为被并购的企业做出什么贡献，而不是被并购企业能为并购企业做出什么贡献时，并购才可能会成功。对并购企业的贡献可以是多种多样的，包括技术、管理和销售能力、资金等多方面因素。

2. 企业要想通过并购来成功地开展多种经营，需要有一个团结的核心，有共同的语言，从而将它们合成一个整体。也就是说，并购与被并购企业之间在文化上要能够整合，要能形成共同的文化基础，至少要有一定的联系。

3. 并购必须是双方共同同意的，并购企业必须尊重被并购企业的员工、产品、市场和消费者。

4. 并购企业必须能够为被并购企业提供高层管理人员，帮助被并购企业改善管理。

5. 并购应该以经营战略为基础，而不应该以财务战略为基础。没有"经营战略"，并购公司就不知道如何管理被并购公司，成功的并购应该以经营计划为基础，而不应该以单纯的财务分析为基础。

（二）方案设计阶段

方案设计阶段就是根据评价结果、限定条件（最高支付成本、支付方式等）及目标企业意图，对各种资料进行深入分析，统筹考虑，设计出数种并购方案，包括并购范围（资产、债务、契约、客户等）、并购程序、支付成本、支付方式、人员安排、融资方式、税务安排、会计处理等。

（三）谈判签约阶段

通过分析、甄选、修改并购方案，最后确定具体可行的并购方案。并购方案确定后并以此为核心内容制成收购建议书或意向书，作为与对方谈判的基础；若并购方案设计将买卖双方利益拉得很近，则双方可能进入谈判签约阶段；反之，若并购方案设计远离对方要求，则会被拒绝，并购活动又重新回到起点。

在企业并购谈判时，双方对谈判的内容往往是保密的，这是因为：

1. 防止信息泄露对公司雇员的不利影响；
2. 防止信息泄露对公司客户的不利影响；
3. 防止信息泄露对公司有关系的银行等金融机构的不利影响；
4. 避免公司股票在股市上异常波动；

5. 有利于双方敞开谈判。

协议一般由律师起草和制作。主要内容为：并购价格和支付方式；交易完成的条件（包括具备法律要求的有关方面意见）和时间；规定交易完成前风险承担，保证交易顺利完成；规定交易完成后有关义务和责任；等等。

（四）接管与整合阶段

双方签约后，进行接管并在业务、人员、技术、文化等方面对目标企业进行整合。并购后的整合是并购程序的最后环节，也是决定并购是否成功的重要环节。

二、企业的反并购措施

（一）事前的反并购策略

1. 董事轮换制（Staggered Board Election）。在公司章程中规定，每年只能更换 1/3 的董事，这意味着即使并购者拥有公司绝对多数的股权，也难以在两年内获得目标公司董事会的控制权。目前，美国标准普尔指数的 500 家公司中有一半以上公司采用这种反并购策略。这种策略使并购者不可能马上改组目标公司，降低了并购者的并购意向，提高了并购者获得财务支持的难度。一些学者的研究表明，董事轮换制对目标公司股票价格的影响很小。

2. 绝对多数条款（Super-majority Provision）。绝对多数条款是指在公司章程中规定，公司的合并需要获得绝对多数的股东投赞成票，这个比例通常为 80%，同时，对这一反并购条款的修改也需要绝对多数的股东同意才能生效。这样，敌意并购者如果要获得目标公司的控制权，通常需要持有公司很大比例的股权，增加了并购的成本和并购难度。

3. 双重资本重组（Dual Class Recapitalization）。这种反并购策略是将公司股票按投票权划分为高级和低级两等，低级股票每股拥有 1 票的投票权，高级股票每股拥有 10 票的投票权。但高级股票派发的股息较低，市场流动性较差，低级股票的股息较高，市场流动性较好。并且高级股票可以转换为低级股票。如果经过双重资本重组，公司管理层掌握了足够的高级股票，公司的投票权就会发生转移。即使敌意并购者获得了大量的低级股票，也难以取得公司的控制权。与董事轮换制和绝对多数条款相比，采取双重资本重组来反并购的公司较少。这种策略对目标企业股价的影响也较小。

（二）事后的反并购策略

1. "毒丸计划"（Poison Pill）。毒丸计划是用来对付恶意收购的，其基本思路就是一旦被收购，就做出让收购方难以接受的策略，从而使收购方放弃收购。

毒丸计划是美国著名的并购律师马丁·利普顿（Martin Lipton）1982年发明的，正式名称为"股权摊薄反收购措施"，就是目标公司向普通股股东发行优先股，一旦公司被收购，股东持有的优先股就可以转换为一定数额的收购方股票，以达到摊薄并购方股权比例的目的。

毒丸计划的其他类型有：

其一，股东权利计划。该计划表现为公司赋予其股东某种权利，多半以权证的形式体现。权证的价格一般被定为公司股票市价的2~5倍，当公司被收购且被合并时，权证持有人有权以权证购买新公司的股票。

其二，负债毒丸计划。该计划指目标公司在恶意收购威胁下大量增加自身负债，降低企业被收购的吸引力。例如，目标公司发行债券并约定在公司股权发生大规模转移时，债券持有人可要求立刻兑付，从而使收购公司在收购后立即面临巨额现金支出，降低其收购兴趣。

其三，人员毒丸计划。该计划指目标公司全部或绝大部分高级管理人员共同签署协议，在目标公司可能被收购并且高管人在收购后将被降职或革职时，全部管理人员将集体辞职。

其四，资产收购和资产剥离。改变目标公司的资产结构也可以作为反并购措施之一，包括将并购者希望得到的资产（这些资产常被称为"皇冠上的明珠"）从公司剥离或出售，或者购入并购者不愿意得到的资产，或者购入某些可能会引起反垄断法或其他法律上的麻烦的资产。

2. 特定目标的股票回购。特定目标的股票回购有时也被称为讹诈赎金或"绿色邮包"，当公司从单个股东或一组股东手中购回其持有的相当数量的公司普通股票时才会采用，这样的股票回购经常是溢价成交，而且回购并不适用于其他股东。特定目标的股票回购可以作为反并购的一种手段，它可以促使并购者把股票出售给目标公司并赚取一定的利润，从而放弃进一步并购的计划。

3. 诉诸法律。也许最普通的反并购策略就是与并购者打官司。诉讼可能针对并购者的某些欺骗行为，违反反垄断法或者证券法规等行为。

法律诉讼有两个目的：第一，可以拖延并购，从而鼓励其他竞争者参与并购。研究表明，在有法律诉讼的情况下，产生新的竞争出价者的可能性有 62%，没有诉讼则只有 11%。第二，可以通过法律诉讼迫使并购者提高其并购价格，或迫使目标公司为了避免法律诉讼而放弃并购。不过这个目的似乎并不容易达到。

4. 邀请"白衣骑士"（White Knight）。当遭到敌意并购时，目标公司邀请一个友好公司，即所谓"白衣骑士"作为另一个并购者，开出更高的价格来并购目标公司。通常，"白衣骑士"能不能成功拯救目标公司，跟敌意并购者的出价高低有很大关系。在美国 1978～1984 年的 78 起成功的反并购案例中，有 36 起是被"白衣骑士"拯救的。

5. "帕克门"战略（Pac-man）。"帕克门"原是 20 世纪 80 年代初流行的一部电子游戏的名字，在该游戏中，任何没有吞下敌手的一方遭到自我毁灭。当敌意并购者提出并购时，目标公司针锋相对地对并购者发动进攻，也向并购公司提出并购。实践表明，"帕克门"战略是一场非常残酷的并购战，你死我活，最后的胜利者往往是那些实力雄厚、融资渠道广泛的公司。如果双方旗鼓相当，结果很可能是两败俱伤。

三、世界各国对于企业并购的监管

（一）美国的企业并购监管

美国是世界上最早制定反托拉斯法（即反垄断法）的国家之一，其反托拉斯法律体系主要由成文法、判例以及主管部门［司法部的反托拉斯局和联邦贸易委员会（Federal Trade Commission，FTC）］所发布的各种政策指南构成。其成文法主要有 1890 年制定的《谢尔曼法》和 1914 年制定的《克莱顿法》《联邦贸易委员会法》等。

1. 美国的主要并购法律。

（1）谢尔曼法。1890 年，美国国会制定的第一部反托拉斯法，也是美国历史上第一个授权联邦政府控制、干预经济的法案。该法规定：凡以托拉斯形式订立契约、实行合并或阴谋限制贸易的行为，均属违法；任何人垄断或企图垄断，或与他人联合、共谋垄断洲际间或与外国间的商业和贸易，是严重犯罪。违反该法的个人或组织，将受到民事的或刑事的制裁。

该法奠定了反垄断法的坚实基础，至今仍然是美国反垄断的基本准则。但是，该法对什么是垄断行为、什么是限制贸易活动没有作出明确解释，为司法解释留下了广泛的空间，而且这种司法解释要受到经济背景的深刻影响。

（2）克莱顿法及其修改。1914 年，美国众议院司法委员会主席克莱顿提出了一个有关控股公司和企业合并的法律草案，并于 5 月 6 日生效，它是《谢尔曼法》的补充和修正。《克莱顿法》主要关注四种反托拉斯法的商业行为：价格歧视、独家交易、合并和联合董事会。

有关企业合并的法律规定主要体现在《克莱顿法》。该法第 7 条规定：任何商业公司都不得直接地或间接地收购另一商业公司的全部、部分股票或其他股份资本，任何受联邦贸易委员会管辖的公司都不得收购另一商业公司的全部或部分资产，以致任何部门，任何商业行业因此类收购而严重削弱竞争或形成垄断。在这里，美国首次通过成文法首次确立了并购控制的"严重减少竞争"（Substantially Lessen Competition，SLC）标准。

在对外资并购监管方面，1995 年《国际经营活动反托拉斯执法指南》第 2 条明确指出，外国商业案件可能涉及所有反托拉斯法的规定，主管机关不因当事人国籍不同而在反托拉斯执法中采取任何歧视性做法，只要考虑到符合管辖权要求、礼让及外国政府干预原则，所有案件都适用同一实体规则。因此，外资并购在实体法上也要接受 SLC 标准的检验。

美国国会于 1950 年通过了《塞勒—凯弗维尔反兼并法》，对《克莱顿法》的第 7 条进行了修正，增加了关于取得财产的规定。该规定禁止任何公司购买其他公司的股票或资产，如果这种购买有可能导致竞争的大大削弱或产生垄断。

1976 年，美国国会又通过了《哈特—斯科特—罗迪诺反托拉斯改进法》，该法规定：大型企业的合并必须在合并之前向联邦委员会或司法部反垄断局申报批准。这一条款适用于销售额或者资产超过了 1 亿美元的企业对 1 000 万美元的企业的并购。

（3）联邦贸易委员会法。联邦贸易委员会法主要是对重组并购进行管理，防止重组并购中的垄断行为。联邦贸易委员会法规定，任何并购必须获得 FTC 或者司法部的批准，未经批准，资产不得并购为一体。FTC 和司法部联合实施反垄断法，共同提出了企业并购准则。该准则概述了 FTC 和司法部对横向和纵向并购的有关政策。贸易委员会还被授权禁止任何个人、合伙人和公司在交易活动中或任何影响交易的活动中利用不公平竞争以及欺骗性手段。

2. 司法部颁布的并购准则。美国的反垄断法主要明确了反垄断的基本原则、分析因素、审查程序和惩罚措施等，司法部和贸易委员会编制了企业并购准则，为处理并购案提供指导。企业并购准则概括了对并购采取的具体政策，介绍了监管机构在分析并购活动时采用的分析框架和标准，以减少执行反垄断法过程中的不确定性。企业并购准则包括横向并购和非横向并购准则，以横向并购准则为主。从1968 年颁布第一个并购准则起，几次修订，目前最新版本是 2010 年8 月 19 日司法部和 FTC 共同发布的《横向并购指南》（Horizontal Merger Guidelines）。

（1）1968 年的并购准则以市场集中度为主要判据。为了在市场上保持一定数量小规模企业，防止形成共谋的条件，1968 年的并购准则根据市场特征，详细规定了兼并企业的市场份额标准。

（2）1982 年并购准则改进集中度标准，细划市场范围。1982 年并购准则仍然以横向并购为主，但有两个主要改进：一是提出了新的划分市场范围的方法和规则，即哪些产品、哪些企业应划为同一市场；二是引进了新的方法来测定市场集中度，即赫芬达尔—赫尔希曼指数（Herfindahl-Hirshman Index，HHI 指数），HHI 指数是美国司法部和 FTC 确定相关市场集中程度的方法之一，等于某一行业市场中每个企业市场份额的平方之和。HHI 指数考虑了企业规模分布和集中度两方面因素，是对简单的集中度指标的改进。

资料 9－2　赫芬达尔—赫尔希曼指数（HHI）

1982 年并购准则根据 HHI 指数将市场集中度分为高中低 3 类：HHI 指数小于等于 1 000 时，为低集中度市场；当 HHI 指数大于 1 000 并小于等于1 800 时，为中集中度市场；当 HHI 指数大于 1 800 时，为高集中度市场（见表 9－3）。

表 9－3　　　　　　　　　1982 年美国企业并购条件

市场分类	HHI 增加值
HHI ≤ 1 000	不受限制
1 000 < HHI ≤ 1 800	< 100
HHI > 1 800	< 50

1982 年并购准则规定：在低集中度的市场内，不管并购企业的市场份额是多少，一般都可以得到批准。在中等集中度市场中，如果 HHI 上升小于100，一般可以获准。如果并购后的 HHI 上升 100 以上，就可能得不到批准。在高度集中的市场里，并购后 HHI 上升小于 50，一般会得到批准；HHI 上升在 50～100 之间，有可能得不到批准；如果并购使 HHI 上升 100 以上，不会得到批准。准则规定，对非横向并购来说，除了需要考虑对横向并购适用的标准外，还要考虑进入阻碍、排除竞争对手等其他因素。

（3）1992 年并购准则突出了效率分析。随着快速技术进步和全球经济一体化的趋势，企业的规模不断扩大，并购政策也随之变化。1994 年 4 月，美国司法部和 FTC 联合发布了新的 1992 年横向并购准则。这一新准则总结了实施 1968 年和 1982 年准则的经验教训，新的兼并准则淡化了市场份额指标，突出了效率指标，强调了并购对竞争趋势的影响分析，提出了评价并购的竞争效应的分析框架和具体标准，详细地解释了如何分析并购行为是否导致反竞争效应，以及特定的市场要素是否影响了这种效应。

3. 域外管辖权。美国法院主张美国反托拉斯法具有域外管辖性。1995 年 4 月 5 日，司法部和 FTC 第一次联合发布了《国际经营活动反托拉斯执法指南》。其核心内容是管辖权，并根据效果原则（Effects Doctrine）提出了美国所主张的激进管辖权观点。

所谓的效果原则是指在坚持礼让原则的前提下，两家非美国企业之间发生的并购且该并购将对美国产生重大影响的，只要并购当事人之一或双方在美国有生产设施或销售场所，或当事人向美国出口且共同占有美国某一特定产品销售的重大比例的，无须考虑该并购行为发生地及该行为当事人的国籍，"效果标准"（Effects Test）都将被满足，《克莱顿法》应予以适用。

4. 执法及双重审查。一般而言，除接受联邦反托拉斯主管机关的并购审查外，在许多严格管制的产业所发生的外资并购还要接受有关产业主管机关的审查和限制，以保护美国特定产业中的经济利益，这就使一起并购必须接受双重审查（Concurrent or Over Lapping Review）。

（二）世界上其他地区或国家的企业并购监管

1. 欧盟。欧盟的反垄断法有两个层次。一是由欧共体委员会制定的条约，主要是促进竞争的法规，例如，对跨国公司并购实施审查的主要法律依据是 1958 年《罗马条约》第 85 条、第 86 条，《罗马条约》第 85 条禁止共谋，第 86 条禁止具有支配市场地位的企业滥用其支配力。1978 年《关于股份有限公司合并的第三号公司法指令》，1989 年《合并控制条例》以及 1994 年、1997 年对该条例的修正案等。为了有效关注数字经济时代的反垄断，欧盟《数字市场法》（Digital Markets Act，DMA）已于 2022 年 11 月 1 日正式生效。该法以事前行为规制的形式来确保建立公平、透明和可竞争的数字市场，其直接目标是促进市场的可竞争性和公平性，而终极目标是统一欧盟数字市场，重塑欧盟数字主权。

2. 英国。在英国，并购问题已经成为 1965 年以来实施反垄断法的主题。在这一时期，英国政府的促进公平竞争的经济政策经历了一个独特的阶段。

英国于 1973 年通过了《公平交易法》，也制定了类似于美国的企业并购专门立法——《伦敦城收购及兼并准则》，对上市公司收购问题作出了较为详细的规定，另外，英国的《公司法》也对公司并购做了专篇，与美国法不同的是，英国并没有专门的反垄断法，其中对企业并购中反垄断规定包含在《1980 年竞争法》中。

3. 德国。德国是一个社会市场经济国家，自由竞争被认为是社会市场经济的核心。因此，反垄断在德国同样成为企业并购立法的核心任务。和许多其他国家和地区一样，德国的反垄断法（包含在《反限制竞争法》之中）对企业并购所产生的垄断问题的规制也存在一个不断完善和发展的过程。1957 年颁布的《反限制竞争法》并没有对企业并购实施控制的规定，1973 年对该法的修改才较为系统地规定了企业并购的概念、对并购进行干预的规模标准、控制的程序、对受害人的法律救济以及例外情况等。1976 年的修改强化了对出版、报纸、杂志发行诸企业并购的控制。1980 年的修改扩大了企业并购前通知的要求，缩小了并购小企业的豁免范围和标准。1989 年的最新修订强化了对商业企业并购的控制。总之，德国通过对《反限制竞争法》的不断修订，对企业并购控制存在着一个不断强化的趋势。

第四节　跨国公司战略联盟

一、战略联盟的含义与特征

（一）含义

跨国公司战略联盟（Strategic Alliances of Transnational Corporation）又称公司间协议（Inter-firm Agreement）或国际战略联盟（International Strategic Alliances），是指两个或两个以上的跨国公司为实现某一或若干战略目标，以签订长期或短期契约为形式而建立的局部性互相协作、彼此互补的合伙、合作联合关系，其主要目的就是"通过外部合伙关系而非内部增值来提高企业的经营价值"。战略联盟概念是由美国 DEC 公司总裁简·霍普兰德和管理学家罗杰·奈格尔首先提出的。

在跨国公司建立相互间的战略联盟这种行为过程中，联合是自发的、非强制的联合，各方仍旧保持着本公司经营管理的独立性和完全自主的经营权，彼此之间通过达成各种各样的协议，结合成一个松散的联合体。

（二）企业战略联盟的基本特征

1. 从经济组织形式来看，战略联盟是介于企业与市场之间的一种"中间组织"。

科斯（Coase）和威廉姆森（Williamson）根据交易费用理论，认为企业组织的存在是对市场交易费用的节约，企业和市场是两种可以相互替代的资源配置组织。

关于市场与企业间是不是存在明确的边界问题，理查德森（Richardson）等认为"市场关系是一组复杂的交易关系，在市场网络中存在着一些紧密型合作的非交易关系，如持股和长期合同，因而企业和市场间并非完全隔绝，它们之间存在着一系列相互融合的'中间组织'，企业有意识的内部协调与市场上'看不见的手'的价格机制可以同时在企业间起作用。"

战略联盟就属于这一类"中间组织"。联盟内交易既非企业的，因为交易的组织不完全依赖于某一企业的治理结构；亦非市场的，因为交易的进行也并不完全依赖于市场价格机制。战略联盟的形成模糊了企业和市场之间的具体界限。

奥斯本（Ndsborn）和巴哈恩（Baughn）将战略联盟的协议安排形式称为拟市场（Quasi-Market），将战略联盟的合资形式称为拟科层组织（Quasi Hierachies），这显然从某一个角度揭示了战略联盟的"中间组织"性质。

2. 从企业关系来看，组建战略联盟的企业各方是一种平等的合作伙伴关系。

战略联盟既不同于组织内部的行政隶属关系，也不同于组织与组织之间的市场交易关系。联盟企业之间的协作关系主要表现为：

（1）相互往来的平等性。联盟成员均为独立法人实体，相互之间的往来不是由行政层级关系所决定的，而是遵循自愿互利原则，为彼此的优势互补和合作利益所驱动。各成员企业始终拥有自己独立的决策权，而不必受其他成员企业的决策所左右。

（2）合作关系的长期性。联盟关系并不是企业与企业之间的一次性交易关系，而是相对稳定的长期合作关系。因此，企业参与联盟的目标不在于获取一时的短期利益，而是希望通过持续的合作增强自身的竞争优势，以实现长远收益的最大化。

（3）整体利益的互补性。联盟关系并不是企业与企业之间的市场交易关系，或是一个企业对另一个企业的辅助关系，而是各成员之间的一种利益互补关系。每个成员企业都拥有自己的特定优势，通过相互之间的扬长避短，可有效降低交易成本，产生"1＋1＞2"的协同效应。同时，每个成员企业都能获得与其在联盟中的地位和对联盟的贡献相对应的收益，这种收益仅依靠企业自身的力量难以获取。

（4）组织形式的开放性。企业联盟往往是松散的协作关系，通常以共同占领市场、合作开发技术等为基本目标，其所建立的并非一定是独立的公司实体，成员之间的关系也并不正式。若机会来临，联盟中各成员便"聚兵会战"；一旦目标实现又"各奔前程"，或与其他企业结成新的联盟。因而企业战略联盟本身是一个动态的、开放的体系，是一种松散的公司间一体化的组织形式。

3. 从企业行为来看，联盟行为是一种战略性的合作行为。

战略联盟行为并不是对瞬间变化所作出的应急反应，而是着眼于优化企业未来竞争环境的长远谋划。因此，联合行为注重从战略的高度改善联盟共有的经营环境和经营条件。特别是在竞争激烈的高科技行业中，没有哪个企业的技术能在所有方面都居于领先水平。通过战略联盟可把各个企业独有的优势结合起来建立一个"全优"的组织体系，其中每个环节都可能是世界一流的，是任何单个企业所望尘莫及的。借助联盟企业可以实现技术上的优势互补，加快技术创新速度并降低相关风险。在高科技领域，企业组建战略联盟取代"孤军作战"已成为世界潮流。

二、战略联盟形式与战略目标

（一）战略联盟的形式

美国学者罗兰吉（Lorange）依战略联盟在价值链上环节的不同位置将战略联盟分为：

1. 联合研制型战略联盟。这是在生产和研究开发领域展开的合作，参与联盟的企业充分利用联盟的综合优势，共享经营资源，相互协调，共同开发新产品、新材料和新技术。例如，2020年，丰田和比亚迪成立了双方各持股50%的合资公司，共同开展纯电动车及该车辆所用平台、零件的设计、研发等相关业务。联合研制型战略联盟中的成员多为风险型企业，合作的目的在于获得新技术、降低资金的投入风险和项目的开发风险。这类联盟在微电子、生物工程、新材料等高科技行业中比较常见。

2. 资源补缺型战略联盟。以上游活动与对方的下游活动结成的战略联盟。这里有两种情形，一是拥有独特技术的跨国公司，为了接近海外市场或利用对方的销售网络而结成的联盟。这类联盟在通过资源的互补而实现风险共担、规模经济及协同经济性的同时，往往忽视自身核心能力的提高。另一种情形是厂家与用户的联合型战略联盟，

华为的国际战略联盟

厂家之间把生产与消费、供给与需求直接联系起来。世界机器人的最大生产厂家日本法那库公司与世界机器人最大用户美国通用汽车公司于 1982 年在美国创办的通用—法那库机器人开发公司即属于此类。

3. 市场营销型战略联盟。多流行于汽车、食品、服务业等领域，重在互相利用各自价值体系中的下游环节，即营销网络。该类联盟是以下游活动为合作领域而结成的战略联盟，其目的在于提高市场营销的效率和市场控制的能力，这类联合是抢占市场的有效手段，除了具备资源补缺型的优点外，还能较好地适应多样化的市场需求。它的不足之处在于，这类联盟是以降低环境的不确定性为目的，而不是通过核心能力的扩大去创造需求。

（二）战略联盟的目标

1. 开拓市场。在经济全球化与区域化发展的进程中，在跨国经营与国家经济主权界限这对矛盾还仍然相当突出的环境中，没有一家企业能够完全利用自己的资源将其经营触角独立地伸展到全球的任何角落。因此，利用外部企业的资源，在互利互惠的基础上共同开拓国际市场无疑是节约资源、提高跨国进入效率的一种明智的战略选择。例如，日本三菱公司和德国奔驰汽车公司在汽车、宇航、集成电路等11 个项目上形成的战略合作联盟，就是为了在欧洲统一大市场的关税联盟之前抢先进入欧洲市场的一种战略安排。而许多跨国核心制造企业与全球网络化营销企业间签订的、非纯粹上下游买卖供求基础上的战略生产、销售联盟在现代商业社会中更是不胜枚举。

2. 优化生产要素组合。与一般较多见的企业间交易合作不同，跨国公司战略联盟投入到联盟企业中的资源往往是自身具有优势而对方却相对处于劣势的或甚至根本就是缺乏的资源。所以资源的互补构成为跨国公司战略联盟合作的基础，而互补资源实现要素的优化组合则显然又是联盟企业各方所追寻的主要目标。在形成实体的联盟体情况下，战略联盟成为相关领域的最大优势企业，其竞争力不仅是联盟的核心，甚至可能是行业的核心，且往往代表了行业发展的未来趋势；对形成联盟的各合作方而言，联盟实现了企业组织边界之外最大的外延扩展，有助于在实现企业规模效益之外最大限度地获得范围经济效益。

3. 节约资源投入，分摊研究与开发成本。在现代科技进步进程中，产品和工艺的重大研究与开发成本已经大到由单一企业或少数企业仅凭其内部资源和对外融入资源皆不足以承受其巨大风险和成本的程度。而通过跨国公司战略联盟形式来分担资源、分摊成本，既避免了企业优势自有资源缺乏的困境，减少了跨国公司战略性资源的过多投入，又可以显著缩短企业研究与开发投入的投资回收周期，使企业的研究与开发基础上的工艺、产品更新、变革速度加快，缩短周期，避免资源的风险性"沉入"，增强了战略资源的流动周转效率。

4. 消除不必要竞争，共同应对竞争。战略联盟中的合作伙伴原来都是企业不同意义上的竞争对手，虽然战略联盟的建立使伙伴企业间市场竞争关系转换为柔性竞争关系，但新关系基础上的竞争已经不同于以前，至少资源得以节约，投入时间不必过长，企业战略优势资源的可回旋余地大大增加。新加坡航空公司、瑞士航空公司和美国德尔塔公司之间的战略联盟使三方得以有效协调航班、分配预订机座、共享分布全球的维修保养及地勤服务系统。当然，战略联盟所应对的竞争从社会层面来说未必是有益的，甚至可能是阻碍社会技术进步的，联盟企业间削弱乃至消除的竞争未必对消费者有利，这也是战略联盟的竞争性质、社会福利认定和政策跨国协调实施中所需要解决的问题。

三、国际战略联盟的若干理论

随着跨国公司全球经营活动的广泛开展，跨国公司之间的战略联盟越来越多，所以自 20 世纪 80 年代中后期开始，学术界研究这一现象的文献开始明显增加，到目前为止已经初步有一些影响的理论主要包括以下内容。

（一）技术协调论

技术协调论（Technical Corordination Thesis）的代表人物是理查森（G. H. Richardson）。他认为，公司之间的合作起因于对它们各自所从事的不同职能而又彼此关联的经济活动加以协调的需要。在一项包含几乎所有在生产环节的产业中，不同企业依据各自的优势，专业分工化地从事特定的产业经济活动。并因为在产业内较长时期的经营活动而分别积累了各自的知识、经验、技能、专利。当这些企业在竞争性的市场需要进行彼此间的合作时，虽然各处不同生产经营活动阶段的这些企业可以通过相互认可的计划和长期合同约束合作者的市场行为，但因为万能存在的知识、意识、利益上的差距往往使市场机制的协调作用缺乏应有的效率。所以，在需要发展不同经济活动但又无法获得规模经济、需要从事研究与开发却又面临动荡不定的市场时，合作性协调就不可缺少，而国际战略联盟正是有助于企业间协调的一种在市场和企业之间的制度性安排。例如，在垂直型市场结构中，存在着大量的互换交易。如果这种交易成本很高，竞争性公司之间的垂直合作关系是有效且有利的。

（二）市场权力论

持市场权力论（Market Power Thesis）观点的学者认为，战略联盟不过是垄断企业相互勾结起来共同控制价格、谋取垄断租金的一种市场卡特尔。联盟性合作背后的驱动因素是大公司企图寻求操纵市场的权力，限制竞争并形成市场位置的有序结构。"市场权力论"暗含着合作各方皆为投机者的假设，主张建立严格的监督控制机制以对付这种经济机会主义行为。基于这种假设，持这类观点的学者对企业间战略联盟持谨慎态度，换句话说，他们更推崇以内部化方式来解决外部市场的一系列不完全问题。因为在他们看来，联盟形式合作背后的相互控制必然会阻碍有效的互相学习和技术创新，甚至导致信任危机。与内部化相比，在外部结盟的合作充其量只不过是一种"次佳选择"而已。

（三）交易成本论

内部化资源配置、外部化市场交易和企业间战略联盟三者之间孰优孰劣，如何进行权衡和选择，这是技术协调论未予给出答案的问题。交易成本论（Transaction Costs Thesis）认为，一方面，知识资产的特殊性、业务的复杂性以及劳务的交换都偏爱于企业内部的交易机制，因为它在协调不同的经济活动时耗费的资源较少；另一方面，商品与服务的标准化及其大量生产与购买却与外部的市场安排更为适应。跨国公司战略联盟介乎两者之间，在某种程度上恰好是一种折衷。20 世纪 80 年代的一些对高技术产业的研究表明，在某些交易成本十分敏感的行业，既不适合于实施内部化，又不能建立与分享研究与开发成果时的复杂性相适应的松散关系，于是，战略联盟就成为了最佳方案。

（四）技术创新论

技术创新论（Technical Innovation Thesis）是在抨击交易成本论的过程中脱颖而出的。该理论认为，技术创新性质以及最大限度地获取创新利润的战略行动是跨国公司间联盟的催化剂。

根据蒂斯和安托乃利（D. Teece and C. Antonelli）等的观点，战略联盟是公司借以直接接触那些共同专用的知识资产（Co-specialized Assets）的一种方式，这些资产对技术创新的有效市场化是至关重要的。为了获得创新利润，并且也由于技术诀窍交易市场具有的不完全性特点，公司倾向于通过创新进程的内部化来实现增长。但这种增长受到协调不同经济活动的复杂性及其成本的制约，于是战略联盟便应运而生。

四、承诺和信任：联盟管理的软环节

战略联盟中的承诺意味着彼此关心并付出额外的努力去使联盟运行。承诺的合作伙伴愿意并付出努力以及勇于面对使联盟运转的风险，这被称为态度承诺。较正式地来说，态度承诺是指联盟成员对联盟关系的心理认同，并为此自豪。

承诺还具有实际的一面，称为可计量承诺。企业要求一种持续的联系能够带来有形的产出。一项最近对国际合资企业（IJV）中承诺的研究表明，当合作双方都达到其战略目标时，承诺就会增强。这些目标可以是财务或其他战略目标，如市场进入或学习一项新技术等。但是，合作方之间具有相同的战略目标对于保持和增强承诺并不是十分必要的（Cullen, Johnson and Sakano, 2000；Cullen, Johnson and Sakano, 1995）。或许，正如任何一桩婚姻一样，如果伙伴彼此认真地选择了对方，那么制定互补性的战略目标和对其关系的最终承诺就都比较容易了。

信任与承诺通常是相互联系的，与承诺相对应的有两种信任，信誉信任是指确信合作伙伴有意愿和能力遵守他们的规定，并为联盟作出应有的贡献。信任也是对合作伙伴将以真诚与公平交换的方式相处所具有的信心，称为善意信任（Johnson et al. , 1996）。

大多数研究信任问题的专家都相信，信任是在被称为"信任周期"的循环中建立起来的，就像人们在联系中一样，IJV 和国际合作联盟（ICA）的伙伴通常感到自己很容易受到伤害，这种早期的脆弱性使合作伙伴在发展关系的进程中只做尝试性的努力，并不愿意暴露真实的动机、商业"诀窍"或技术。随着各方不断反复地交往，疑虑将逐步减少，相互信任开始萌生（Johnson et al. , 1996；Ring and Van De Ven, 1992）。图 9 - 2 中指出了战略联盟中信任和承诺周期的一个例子。

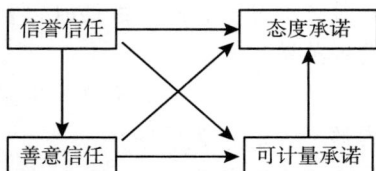

```
┌────────┐                      ┌────────┐
│ 信誉信任 │ ──────────────────→  │ 态度承诺 │
└────────┘ ╲              ╱      └────────┘
     │       ╲          ╱             ↑
     │         ╲      ╱               │
     ↓           ╳                    │
┌────────┐     ╱    ╲        ┌────────┐
│ 善意信任 │ ──────────────→  │ 可计量承诺 │
└────────┘                   └────────┘
```

图 9 - 2　信任/承诺周期

资料来源：约翰·B. 库伦：《跨国管理战略要径》，机械工业出版社 2003 年版，第 230 页。

如图 9 - 3 所示，合作战略并不是全无风险的。风险之一就是，有的合作企业会抱着一种投机的心态。如果合作协议不对这种投机行为进行约束，或者企业之间的合作只是建立在相互信任的基础上，那么当这种信任不复存在时，投机行为就有可能出现。如对未来合作伙伴参与合作真实意图的了解将会降低合作中的某一方出现投机行为的可能性。

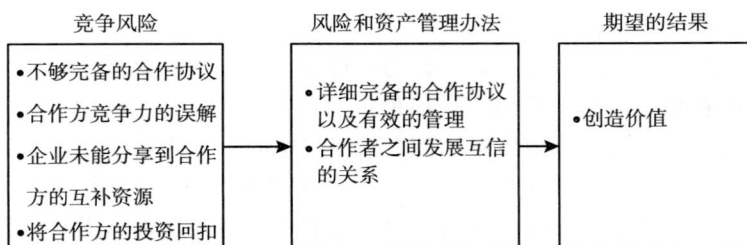

图9-3　如何应对合作战略中的竞争危险

资料来源：迈克尔·A. 希特等著：《战略管理：竞争与全球化》，机械工业出版社2002年版，第367页。

关　键　词

跨国并购　横向并购　纵向并购　混合并购　吸收兼并　创立兼并　恶意并购　递延支付　综合证券式收购　董事轮换制　特定目标的股票回购　战略联盟

思　考　题

1. 按跨国并购产品异同或产业方向分类，跨国并购可以被分为哪些类型？

2. 按照企业并购中的公司法人企业变更情况分类，跨国并购可以被分为哪些类型？

3. 按并购是否取得目标企业的同意与合作分类，跨国并购可以被分为哪些类型？

4. 按照并购的支付方式分类，跨国并购可以被分为哪些类型？

5. 简述跨国并购的趋势。

6. 德鲁克提出的关于企业并购的五项基本准则是什么？

7. 跨国并购的内部动因解释有哪些？

8. 跨国并购发生的特点有哪些？

9. 企业事前的反并购策略有哪些？

10. 简述战略联盟的分类。

11. 战略联盟成立的战略目标有哪些？

12. 什么是战略联盟的"软环节"？如何应对合作战略中的竞争

风险？

讨 论 题

英伟达（NVIDIA），成立于1993年，是美国一家提供全栈计算的人工智能公司。2024年2月，英伟达市值达到1.83万亿美元，成为美股市值第三大公司。迈络思（Mellanox Technologies），成立于1999年，是以色列一家面向服务器、存储和超聚合基础设施的端到端以太网和InfiniBand智能互联解决方案与服务的供应商。

2019年3月，英伟达收购迈络思全部股权。当年4月，中国国家市场监管总局收到反垄断申报。2020年2月，市场监管总局进行立案审查后认为，此项集中对全球和中国GPU加速器、专用网络互联设备和高速以太网适配器市场具有或者可能具有排除、限制竞争效果，因此作出了附加限制性条件批准的决定，要求英伟达等实体履行相关义务。包括依据公平、合理、无歧视原则向中国市场继续供应英伟达GPU加速器、迈络思高速网络互联设备和相关软件、配件等7条。

然而，自2020年以来，英伟达以美国政府不断扩大半导体出口管制为由，对中国市场断供高端GPU，转而对华销售"阉割版"的GPU。

2024年12月9日，国家市场监督管理总局发布公告，宣布英伟达因涉嫌违反中国《反垄断法》和《市场监管总局关于附加限制性条件批准英伟达公司收购迈络思科技有限公司股权案反垄断审查决定的公告》，依法对英伟达公司开展立案调查。公告一经宣布，12月9日和10日，英伟达股价分别下跌2.5%和1.47%，市值萎缩近1 000亿美元。

资料来源：杨舒宇、王逸：《英伟达在全球频陷反垄断调查》，载《环球时报》2024年12月13日（011）。

请回答：

（1）企业合并的原因有哪些？

（2）两家非中国公司，其合并为什么需要中国批准？

第十章
跨国公司国际税收
和转移价格

要点提示

通过本章的学习，理解和掌握国际税收的基本内容，学会如何避免国际重复征税，本章还对跨国公司的内部贸易进行了分析，阐述了与跨国公司转移价格有关的理论。

引　言

我们将继续支持国际税收合作以建立一个全球公平和现代化的国际税收体系并促进增长。

——二十国集团领导人杭州峰会公报

跨国公司经营的国际化必然会引起税收的国际化，特别是随着战后所得税制度的普遍实行和所得税税率的大幅提高以及国家税收差别的存在，跨国公司必然会精心研究各国税收之间的差异，以合法的方式减轻税负，因此，税收筹划已经成为管理中不可或缺的部分。同时，为追求世界范围内利润最大化，跨国公司实行生产营销一体化管理，将很大部分的国际贸易纳入其内部交易体系。据联合国有关部门估计，目前跨国公司内部贸易高达全球贸易额的1/3，已成为世界经济活动中一个引人注目的现象。

第一节 跨国公司与国际税收

一、国际税收及其种类

国际税收是指各国政府在其税收管辖范围内对从事国际经济活动的企业和个人就国际性收益所发生的征税活动，以及由此而产生的国与国之间税收权益的协调行为。

例如，跨国公司的海外子公司，其经营活动要按东道国的各类税法纳税，其经营所得除了要按东道国的公司所得税缴纳所得税外，汇回母公司的所得还要按照母公司所在国的所得税法纳税。因此，企业国际化经营也必须考虑国际化税务环境。

国际税收包括所得税、关税、增值税、消费税、财产税等，本节主要介绍以下四个种类。

（一）企业所得税

企业所得税（Corporate Income Tax），国际上很多国家通常说法也称公司所得税，是指以公司、企业法人取得的生产经营所得和其他所得为征税对象而征收的一种所得税。收益或所得一般是指企业的收入总额减去成本、费用和损失后的余额，以及企业经营中的股息、利息、租金、特许权使用费和其他所得。世界上许多国家的财政收入都主要来源于所得税，因而其对跨国公司的整体税负有着举足轻重的影响。

世界上不同国家的所得税税率有较大差异，主要有高所得税税率、中等所得税税率、低所得税税率三种。高所得税税率国家和地区，所得税税率一般在40%~60%。高所得税税率国家通常在主要工业发达国家较为常见，如日本、法国、英国、加拿大等国家。中等所得税税率国家和地区，所得税税率一般在20%~40%。中等所得税税率国家通常在发展中国家较为常见，如巴西、阿根廷、墨西哥、泰国、菲律宾、印度尼西亚、中国等国家。低所得税税率国家和地区，所得税税率一般在0~20%。低所得税税率国家和地区常见的有两种情况：一是所谓的"避税地"，又可分为免税型，如百慕大、巴哈马等；低税型，如瑞士、中国澳门、巴巴多斯等；外国来源收入免税型，如中国香港地区、马来西亚等；外资特别优惠税型，如新加坡、加拿大、荷兰、塞浦路斯等。二是一些发展中国家为吸引海外直

国际税收，是指各国政府在其税收管辖范围内对从事国际经济活动的企业和个人就国际性收益所发生的征税活动，以及由此而产生的国与国之间税收权益的协调行为。

公司所得税（Corporate Income Tax），是指以企业的经营活动中的收益或所得为对象而课征的税金。收益或所得一般是指企业的收入总额减去成本、费用和损失后的余额，以及企业经营中的股息、利息、租金、特许权使用费和其他所得。

319

接投资，对在本国投资的外资企业给予优惠待遇，如给予一定的
"免税期"。自从20世纪80年代以来，世界各国税制改革的共同趋
势是简化税种，降低税率，这使各国的所得税率都有所降低。

（二）增值税

增值税（Value – Added Tax）以商品（含应税劳务）在流转过
程中产生的增值额作为计税依据而征收的一种流转税，涵盖从原料
采购、生产、批发、零售到进口的各个环节。增值税作为一种流转
环节征收的间接税，在20世纪50年代由法国最先实行，具有计量
准确、公平合理、难于逃税、避免重复计算等好处，通过增值税的
出口退税还可以起到促进出口的作用。因此，这一税种在世界各国
普遍实施。

对于跨国公司来说，增值税是一种不可绕开的税收负担。各国对
跨国公司的税收优惠，也通常不会惠及增值税。为保障政府收入，各
国对于增值税都采取了较严格的征管措施。

目前世界上有增值税的国家和地区，其增值税税率一般在10% ~
25%。增值税的具体征收一般按不同行业的不同税率计算缴纳。

（三）关税

关税（Tariffs）是指进出口商品经过一国关境时，由政府设置的
海关向进出口商征收的税金。

按征税方法划分，关税可分为从量税、从价税、复合税和选择税
等；按差别待遇划分，关税可分为普通关税、优惠关税和差别关税。

（四）预提税

预提税（Withholding Tax）是指政府对本国居民或在本国经营的
公司在国外支付的股息、许可费和利息等，以一定的比例征收的税
金。世界上计征预提税的国家在税率上有着较大差异。以对股息征收
的预提税为例，一般在10% ~30%。在国与国之间签订双边或多边
税收协定时，预提税税率则会相应降低，一般在5% ~15%。

预提税（With-
holding Tax），
是指政府对本国
居民或在本国经
营的公司在国外
支付的股息、许
可费和利息等，
以一定的比例征
收的税金。

二、国际重复征税

国际重复征税，是指两个或两个以上的国家依据各自的税收管辖
权，在同一时期内对同一课税对象征收类似的税收。

（一）国际重复征税的原因

在存在跨国收益或所得的前提下，国际双重征税（International

Double Taxation）的问题产生于有关国家实行不同的税收管辖权。因为有一些国家按属地原则确立其税收管辖权，即凡是在一个主权国家领土范围以内的人（包括自然人和法人），不论他们是不是这个国家的公民或居民，只要他们在这个国家从事社会经济活动，就足以构成这个主权国家政治权力行使的对象，就要受这个国家有关法律的管辖。据此，只要他们有来自这个国家的收益、所得及存在于该国领土范围内的财产，当地的税务部门就有权向其征税。这便是税务管理中所谓的"地域管辖权"，又称"收入来源管辖权"。与此同时，另一些国家则按属人原则来行使其税收管辖权，即凡是一个国家的公民或居民（包括自然人和法人），不论他们是否在这个国家的领土范围内从事社会经济活动，他们都是这个主权国家政治权力行使的对象，都要受这个国家的政权管辖。据此，该国的税务当局有权向该国公民或居民来自世界各地的收益、所得以及存在于其他国家的财产征税。这便是"公民（居民）管辖权"。在这种有关国家实行不同的税收管辖权的情况下，就会产生国际双重征税的问题。

举例来说，跨国公司的母国实行的是公民（居民）管辖权原则，而其海外子公司则在一个实行地域管辖权原则的国家里从事生产经营活动。根据地域管辖权原则，东道国政府理所当然地要对外国跨国公司设在本国的子公司来自当地的收益行使征税的权力，而当母公司在会计期末将其设在世界各国的子公司和其他附属企业的财务报表进行合并汇总计算应税所得时，母国的税务—当局依据公民（居民）管辖权，对在本国登记注册的跨国公司的财务、税收与人事管理的全部收益、所得（无论其来自本国领土之内还是来自本国疆域以外）课征公司所得税。跨国公司来自海外的所得被征收了两次税，国际双重征税的问题由此而生。

国际重复征税违反了税收公平原则，造成跨国经营的额外负担，削弱了其国际竞争力。因此，避免国际重复征税是各国政府和跨国公司的共同愿望和要求。

（二）国际重复征税的避免

由于税收管辖权是一个主权国家管辖权的重要组成部分，任何一个主权国家都可以自行制定有关本国税收管辖范围的规章和制度。因此，避免国际重复征税，只能在各种类型税收管辖权并存的条件下，由各国政府通过一定方式限制各自行使的税收管辖权的范围。从目前的情况看，国际上避免与缓解双重征税的途径有两种：一种是通过一国的政府单方面予以解决；另一种是通过国际的双边或多边协定予以解决。

RCEP 框架下中
泰税收协调

扣除法，是指一国政府在行使居民管辖权时，允许本国居民将其已经缴纳给外国政府的所得税，作为费用从来自世界范围内的应税总收益中扣除，并以扣除后的余额为基础计算应向本国政府缴纳的所得税。

1. 扣除法。所谓扣除法，是指一国政府在行使居民管辖权时，允许本国居民将其已经缴纳给外国政府的所得税，作为费用从来自世界范围内的应税总收益中扣除，并以扣除后的余额为基础计算应向本国政府缴纳的所得税。用公式表示如下：

$$一国政府应向本国居民征收的所得税 = \left(\begin{array}{c}该居民来自世界\\范围内的总收益\end{array} - \begin{array}{c}该居民就其境外所得\\已交外国政府所得税税额\end{array}\right) \times 本国税率$$

以下举例说明：

【例 10 - 1】 假定设在居住国甲国的总公司在某一纳税年度所获取的收益额为 800 万美元，它设在非居住国乙国的分公司于同年获取的收益额为 200 万美元。已知甲国的所得税税率为 50%，乙国的所得税税率为 40%，分析如下：

若不采取任何免除国际重复征税的方法，则该公司承担的总税负计算如下：

向乙国纳税：200 × 40% = 80（万美元）

向甲国纳税：（800 + 200）× 50% = 500（万美元）

总税负：580（万美元）

在这种情况下，该公司在乙国取得的收益 200 万美元被征了两次税，实际税率高达 90%（40% + 50%）。

在扣除法下，该公司承担的总税负计算如下：

向乙国纳税：200 × 40% = 80（万美元）

向甲国纳税：[（800 + 200 − 80）× 50%] = 460（万美元）

总税负：540（万美元）

扣除法下免除的乙国税额：580 − 540 = 40（万美元）

由此可见，在扣除法下，居住国甲国给予免除的，是该跨国纳税人已缴非居住国乙国的所得税额与本国税率的乘积（即 80 × 50% = 40），而不是在乙国的实缴税额。因此，扣除法只是减轻了重复征税，而没有完全消除重复征税。所以实行扣除法的国家为数甚少。

免税法，就是一国政府对本国居民来源于国外并已由外国政府按属地原则征税的那部分所得，完全放弃行使居民管辖权，从而免予征收本国所得税。

2. 免税法。所谓免税法，就是一国政府对本国居民来源于国外并已由外国政府按属地原则征税的那部分所得，完全放弃行使居民管辖权，从而免予征收本国所得税。不难看出，免税法是以承认另一国（非居住国）地域管辖权的独占地位为前提的。用公式表示如下：

$$一国政府应向本国居民征收的所得税 = \left(\begin{array}{c}该居民来自世界\\范围内的总收益\end{array} - \begin{array}{c}来源于国外并已由外国\\政府征税的收益额\end{array}\right) \times 本国税率$$

上式在大多数情况下也可以简化为：

$$一国政府应向本国居民征收的所得税 = 该居民来源于本国的所得 \times 本国税率$$

仍沿用〖例 10 - 1〗进行说明。在免税法下，该公司承担的总税负计算如下：

向乙国纳税：$200 \times 40\% = 80$（万美元）

向甲国纳税：$800 \times 50\% = 400$（万美元）

总税负：480（万美元）

可见，采用这种方法，该公司从乙国取得的收益额在甲国可以完全免征所得税，从而使其总税负大为降低。但是，这一方法使乙国独占了 200 万美元利润的税收管辖权，从而使甲国的税收受到了影响。

正是因为免税法有可能使居住国政府少征一部分税款，所以实行免税法的国家在规定对本国居民来自国外的收益免税的同时，往往还附加了一些限制性条款。如法国政府规定，给予免税的国外利润，必须在东道国缴纳所得税后全数汇回母国，并在股东之间进行分配，否则不予免税。这一规定的意图在于鼓励国外汇款，改善本国国际收支状况。

3. 抵免法。所谓抵免法，是指一国政府根据本国居民纳税人的全球收益计算出应纳税额后，对于该居民已向外国政府缴纳的税款允许在本国税法规定的限度内从本国应纳税中抵免。在这时所谓"在本国税法规定的限度内"，是指外国税收的抵免额不得超过国外所得额按本国税法规定税率计算的应纳税额。

抵免法，是指一国政府根据本国居民纳税人的全球收益计算出应纳税额后，对于该居民已向外国政府缴纳的税款允许在本国税法规定的限度内从本国应纳税中抵免。

例如，在〖例 10 - 1〗中，该公司已向乙国缴纳的税款为 80 万美元，它并没有超过来源于乙国的收益按甲国（居住国）的税率计算的应纳税额 100 万美元（即 $200 \times 50\%$），所以，该公司在向甲国政府办理纳税申报时已缴乙国税款 80 万美元可以全部得以抵免。具体来说，该公司应向甲国政府缴纳税款为：

$(800 + 200) \times 50\% - 80 = 420$（万美元）

抵免法与扣除法的主要区别在于：前者把国外已纳税款直接作为纳税人对居住国税务负债的扣除数，而后者则是把国外已纳税款作为应税收益的扣除数。抵免法与免税法的主要区别在于：前者对本国居民在世界范围内取得的全部收益一并计税，然后将国外已纳税款从本国应纳税中全部或部分地予以抵免；而后者则对本国居民来源于外国的收益完全放弃居民管辖权，免予征税。

综上所述，抵免法的基本原则是承认收入来源地税收管辖权的优先地位，但不承认它的独占；如果收入来源国实际上并不向跨国纳税人征收所得税，居住国则会根据本国税法依法征税。正是因为抵免法既承认了非居住国政府的地域管辖权，又考虑了居住国政府的居民管辖权，同时还基本免除了跨国纳税人的税负重叠，所以它为世界上大多数国家所采用。

三、跨国公司经营中的税务对策

（一）合理选择投资地点

由于各国税法税则差别很大，税种税率各不相同。因此从公司税负角度，对外直接投资要注意合理选择投资地点。

1. 要考虑对外直接投资地区的税收水平。所得税、增值税、关税、预提税等都对跨国公司的整体税负有着举足轻重的影响。因此，投资地点的选择应尽量选择整体税负水平偏低的地区。

2. 要充分运用对外直接投资的税收优惠条件。发达国家和地区一般对内资和外资采用同等税收待遇的政策，而发展中国家和地区为了吸引海外直接投资，通常在一定的时间、地区或在一定的产业，对外资采用一定的减免税政策。跨国公司应充分利用这一政策，提高自身的获利水平。

3. 要考虑对实际汇出利润的影响。跨国公司在跨国经营过程中要将海外投资中获得的利润汇回母公司，但不同投资地区对汇出利润通常会有不同的限制，在投资决策时应尽量选择预提税率低、外汇管制宽松的地区。

4. 要考虑国与国之间有无双边或多边税收协定。国际的双边或多边税收协定，是指由各个国家政府之间签订双边或多边的避免国际重复征税的协定，从而对各自的税收管辖权实施范围加以规范。在国与国之间有双边或多边税收协定时，缔约国相互征收的预提税可以有明显降低，国际双重征税问题可以避免或缓解，从而有利于减缓跨国公司的整体税负。

（二）合理选择投资的组织形式

各个国家的税收政策对分公司和子公司有着不同规定。因此，从跨国公司的税务对策角度，对投资的组织形式也应从多方面影响因素考虑并加以合理选择：（1）要考虑不同组织形式税负水平的差别；（2）要考虑能否利用东道国的税收优惠；（3）要考虑投资初期的盈利状况；（4）要考虑各国对公司组织形式的监管力度。

分公司和子公司两种组织形式各有利弊，其有利与不利因素正好相反。因此，跨国公司在国际经营中往往希望综合各方面因素，做出最有利的选择。

（三）合理利用国际避税地

鉴于避税地所具有的特殊而优越的条件，利用国际避税地就成为跨国公司进行国际避税活动的重要途径，其基本形式如下：

1. 利用避税地差异化税率进行合理避税。当跨国公司与关联企业进行商品交易经营活动时，在正常交易情况之下，所得会集中于商品销售方所在国，如果商品销售方所在国税率较高，则跨国公司则会承担较高的税负。如跨国集团在国际避税地设立一个基地公司，作为关联企业之间交易的中转站，利用各国之间的税率差异，通过转让定价的手段将利润转移到国际避税地的避税地公司，则可承担较少的纳税负担或不承担纳税负担。

2. 利用避税地进行财产信托进行合理避税。"信托"信托是指委托人基于对受托人的信任，将其财产权委托给受托人，由受托人按委托人的意愿以自己的名义，为受益人的利益或者特定目的，进行管理或者处分的行为。财产信托进行国际避税的作用机理是，跨国纳税人在国际避税地设立一个受控信托公司，委托人和受托人建立财产信托关系。委托人将所在居住国拥有的财产委托给位于国际避税地的受托人，根据委托人的意愿，受托人对财产进行管理，如财产对外投资、财产对外转让。由于认定财产信托为财产与委托人的分离，因此信托财产所取得经营所得归于受托人名下，委托人所在国是没有权利对信托财产的委托人或受益人征税，行使地域税收管辖权有权利对财产信托的受托人征税。而由于国际避税地的特殊优惠待遇，通常对在本国取得财产信托经营所得征收较少的税款或不征税，这就避免了跨国纳税人本应在本国取得的财产收益承担过多的税收，达到国际避税的目的。

3. 通过收入和费用的分配或公司之间转让价格的制定来规避税收。这是在真正营业活动的掩盖下进行的避税活动。例如，A 国有较高的税率，A 国某公司在国际避税地 B 国建立一家管理公司，然后由管理公司管理 A 国公司的工厂并提供一些诸如广告之类的其他劳务。这时，B 国管理公司可以用收取管理费用和劳务报酬的名义，把 A 国公司的利润转移到 B 国，以规避高税国的税收。

（四）适度举债

企业资金来源除了所有投资者以外，就是举借债务。如发行债券，以及向银行或其他机构、单位借款。举债的好处有以下几点。

1. 减少所得税。债务利息费用最终都要计入成本费用，企业实际少缴一部分所得税，而发行股票筹集资金，所支出的股息红利是税后利润分派的，不会减少所得税。

2. 在资金利润率大于利息率时，利息费用固定，超额利润为股东所有，债权人无法分享超额利润，况且举债不影响原股东的股份比例和相应的经营决策权。这方面的方法主要有利用贷款转移资金和人为把利率定得高于正常信贷水平。

3. 企业经营资金来源不限于所有者投入这一渠道，通过举债筹集一部分，即资金利润率大于利息率的差额越大，股东所获利益越多。另外，企业只有保证投资利润率大于资金成本时，举债才有利可图。因此，企业既要适度举债经营，提高企业收益水平，又要维护企业财务信誉，减少财务风险。

跨国公司在跨国经营过程中，除上述需考虑的税务对策外，合理选择融资方式，充分利用转移价格策略等也是重要的避税手段。其中转移价格问题将在第二节中重点介绍。

综上所述，跨国公司在跨国经营过程中，需考虑的税务对策是多种多样的，各种方式各有利弊。企业需根据具体情况作出综合选择。

第二节　跨国公司内部贸易

自第二次世界大战结束以来，世界经济发展的一个重要趋势是地区与全球经济一体化的增强。经济一体化主要体现在两个层次：一个是国家间的经济一体化；另一个是跨国公司内部与跨国公司之间的国际生产一体化。与一体化的跨国公司国际生产体系相对应，跨国公司内部贸易也随之蓬勃地发展起来。

一、跨国公司内部贸易含义、特征

（一）含义

跨国公司内部贸易（Intra-firm Trade），是指在跨国公司内部展开的国际贸易，即跨国公司母公司与分支机构之间，以及同一体系子公司之间产生的贸易关系，也可称为公司内贸易。

跨国公司内部贸易（Intra-firm Trade）是指在跨国公司内部展开的国际贸易，即跨国公司母公司与分支机构之间，以及同一体系子公司之间产生的贸易关系，也可称为公司内贸易。公司内贸易范围的确定是一个有争议的问题。有观点认为，母公司与其所拥有的 50% 以上股权的子公司之间的贸易属于公司内贸易。但随着母公司在子公司的股权份额的减少，包括在股份充分分散基础上的相对控股，情况就不那么确定了。考虑到跨国公司母公司更重要的是通过管理、生产技术和市场销售协定来控制子公司的经营活动，那么，母公司与其拥有少数股权的子公司之间的贸易活动也应算到这一范畴中来。因此，只要跨国公司内部与其子公司有长期的"主顾关系"，两者之间的交易就应该看作是内部贸易。

（二）跨国公司内部贸易的基本特征

1. 内部贸易不转移标的物的所有权。一般国际贸易反映的是各国企业之间商品和劳务的交换，它们依靠国际市场相互联系并完成交换过程，交易完成后标的物的所有权即从卖方完全转移到买方。跨国公司的母公司与子公司之间是按照某种股权比例或技术协议进行联系的，如完全股权、控股、少数股权、母公司对子公司有管理或技术上的控制权等。跨国公司内部贸易中商品或劳务在母子公司之间的流动意味着商品或劳务是从同一所有权主体的一个分支机构流向另一个分支机构，并没有流向其所有权之外的企业。

2. 内部贸易采取"转移价格"的定价策略。一般国际贸易中商品的定价往往是以该商品的成本为基础，并参照该种商品在国际市场上形成的价格水平作出的。而跨国公司的内部贸易则一般采取"转移价格"的定价策略。转移价格作为一种内部价格，它与外部市场的正常交易价格即国际市场价格相比存在着较大的差异。正如美国经济学家阿潘和瑞德奥所指出的，"公司内部价格不必等于内部成本，它可能远远低于或高于会计成本，在有些情况下它与实际成本甚至没有直接联系"。

3. 内部贸易受跨国公司全球战略的统筹规划。一般国际贸易是公司之间的交易活动，它们之间每一次交易供求关系的形成则是临时的，公司之间的这种贸易关系不会成为各公司的长期战略规划的一个组成部分。内部贸易受跨国公司全球战略的统筹规划，主要表现在内部贸易的商品数量、结构以及地理流向等受跨国公司长期发展战略规划的控制与调节。分支公司在交易过程中较少掌握自主权。交易的数量安排、销售方向、价格制度等，大都掌握在母公司手中。

4. 内部贸易不遵循正常的价值规律。价值规律是商品经济的基本规律。价值规律的基本内容是：商品的价值量是由生产商品的社会必要劳动时间决定的，商品交换要以价值为基础，实行等价交换。但是跨国公司为了实现其特定的目的，内部贸易的价格有时严重地偏离商品的价值。

二、跨国公司内部贸易的分类

（一）按内部贸易的主体分类

跨国公司体系内部的国际化市场包括三种类型的交易：

1. 母公司对国外子公司的销售；

2. 国外子公司对母公司的销售；

3. 同一跨国体系内子公司之间的交易。

在"二战"前和战后初期，跨国公司的国际生产主要是为了开发与取得国外的自然资源、占领国外市场或利用国外廉价的劳动力加工生产一些简单的最终产品和中间产品，公司内贸易表现为母公司和子公司间单向或双向的流动。此阶段的公司内贸易水平相对较低，公司内贸易的流向受到国外子公司在国际生产体系价值链中定位的影响；如果子公司为母公司生产零部件，那么母公司就成为子公司的重要市场，如果子公司处于下游，比如销售型子公司，就主要是子公司对母公司的进口。

随着企业复合区域战略或全球战略的推行，企业效率的提高和专业分工的加强以及企业活动地理位置的分散，跨国公司在生产经营职能方面分工更细，如研究开发、采购、零部件生产、加工、装配和财务等，公司内贸易的产品也呈多样化发展。在一体化的国际生产体系中，涉及的大量中间产品、资金、技术和无形资产的流动不仅发生在母公司与国外子公司之间，而且还越来越多地发生在国外子公司相互之间，使子公司间贸易占公司内部贸易的比重不断上升。

（二）按内部贸易的性质分类

依照跨国公司内部贸易的性质分类，内部贸易可分为投资性内部贸易、经营性内部贸易和管理性内部贸易。

1. 投资性内部贸易是指贸易的客体被折价并取得了资本的形式，被注入海外投资项目，这些被当作资本使用的贸易客体一般是技术和相关设备和物品。

2. 经营性内部贸易是指贸易的客体没有取得资本的形式而因满足跨国公司内部成员的日常经营之需而进行的跨国界流动。

3. 管理性内部贸易指跨国公司内部的有关会计、法律、宣传、服务、会议及督导控制等活动的跨越国界的开展。

三、内部贸易对国际贸易的影响

国际贸易利益关系是买卖双方在国际贸易中形成的利益关系，反映到各国的国际收支中则意味着买方所在国的进口增加了，卖方所在国的出口增加了，传统国际贸易中的这种利益关系非常明了，跨国公司内部贸易产生以后，国际贸易利益关系就变得模糊起来。

（一）跨国公司内部贸易改变了各国贸易的顺差与逆差的含义和影响

母公司的利润收入，可以通过分公司产品回销额的增加而增加。分公司商品回销额在母国贸易账户上，可能呈现为逆差增大，但这种逆差流失的外汇，可通过分公司利润汇回而流回母国。因此，这种逆差的扩大，常常是顺差的迂回方式。而传统的贸易逆差是外汇的净流失。

（二）跨国公司内部贸易的发展掩盖了国际贸易中各国的真实贸易关系

首先，同属一家跨国公司分设在不同国家的分支机构间的贸易交往，表现为国际的贸易关系，而实际上交易双方同属一家公司，为同一所有者；其次，发达国家设立在世界各地的分支公司的贸易往来，都表现为东道国的进出口，而实际上却与东道国无关。因而输入大量外国资本的国家，对外贸易状况在某种程度上具有虚假性。

（三）跨国公司内部贸易发展使东道国在制定国际贸易政策上处于两难境地

跨国公司内部贸易的逃税、利润转移等"特殊功能"，使东道国在制定对外贸易政策时左右为难：一方面为吸引外资和技术以发展本国经济，必须有鼓励和优惠的引资政策；另一方面为了要减少跨国公司内部贸易给本国带来的损害，又不得不对外资加以限制，其结果是东道国的国际贸易政策既有维护本国利益的一面，又有维护跨国公司利益的一面，这种国际贸易政策的执行也使国际贸易利益关系日益模糊。

四、内部贸易的动因

从经济实践上来看，可以认为，跨国公司内部贸易的开展是现代国际经济发展的一种必然趋势。首先，当企业的生产扩展到世界范围时，客观存在的各个国家或区域的贸易保护主义以及由此造成的国际贸易障碍和国际市场不完全，国际和国内两个市场的差异以及就此而产生的经营中的额外风险和不确定性，都成为阻碍跨国经营谋求公司整体利润最大化的桎梏。其次，随着企业跨国经营活动在规模上的不断扩大和国际收购与兼并活动的蓬勃开展，传统的企业间国际分工已经在相当大的程度上转化为企业内部分工。因而，外部环境和内部因素都促使跨国经营企业将相当一部分国际贸易转化为公司内部贸易。具体来说，跨国经营企业开展内部贸易的动因有以下几个方面。

（一）降低交易费用

国际贸易在国际市场上的运作有一定的费用，具体包括：在市场交易中为寻找交易对象、获取价格信息而付出的"搜寻费用"；为达

329

成合理的交易条件而产生的"谈判费用"；为保证合同顺利执行而形成的"监督费用"等。而跨国公司内部贸易是在跨国公司内部母公司和子公司，以及子公司和子公司之间进行的，并且由跨国公司统一组织和安排，从而可以节省"搜寻费用""谈判费用"和"监督费用"。

同时，跨国公司为了要统一组织和安排内部贸易，也需要增加一些额外的费用，主要是建立和维护管理层级组织的费用，其中包括管理人员的工资、购买先进的通信设施等。随着管理水平的提高和通信技术的进步，这些额外费用就会比外部市场交易费用低。正是出于这种考虑，跨国公司的一些交易就会优先选择以内部贸易形式开展。

（二）提高交易效率

跨国公司不仅要考虑上面所提到的交易成本这一价格信号，而且要依据市场交易效率来决定选择哪一市场来完成交易活动。当外部市场的交易效率低于内部市场的交易效率时，企业就有可能实行纵向或横向结合，将原先由外部市场连接的分工转化为企业内部分工，将原来通过外部市场完成的国际贸易改由内部贸易来完成。

跨国公司内部贸易的效率高于外部市场的一般国际贸易的效率主要体现在以下方面。

1. 内部贸易可以消除因所有权独立所造成的利益对立，避免了交易过程中因所有权交换引起的摩擦；

2. 信息在跨国公司管理层级组织内部的传递具有权威性，消除了信息传递过程中的不确定性；

3. 跨国公司有较强的进行连续应变的决策能力，从而可以减少因市场交易波动或中断造成的损失；

4. 跨国公司在内部贸易中对其拥有的核心技术有良好的应用和保护能力。

（三）消除外部市场不确定性

公司的生产活动是一个连续的过程，以市场为媒介所联系的公司活动会产生"时滞"弊端。公司通过内部贸易，就可将相互有联系的活动在统一的控制下进行，保证生产活动的持续进行。

在跨国公司的生产过程中，有些中间投入是高度特定的。这些中间产品在质量、性能或规格上都有特殊要求，外部市场一般难以提供这种产品，而且在价格和供应量方面存在不确定性。只有把这类产品的生产纳入整个跨国公司的生产体系，才能确保供应。除了高度特定的中间投入外，跨国公司的原材料供应也存在类似的问题。由于原材料的供给地点分散、质量差异大、自然条件不同以及人为限制，出现价格波动和供给中断的可能性很大。于是，在原材料储量分布相对集中的区域设立开发采掘分公司，通过内部贸易来满足整个公司系统生产上的需要，就可以消除这种不确定性。

（四）防止技术优势丧失

跨国公司对技术的研究与开发的投入所形成的技术价值只有在市场交易实现价值后才能为公司创造财富。技术价值的实现可以通过两种方式：一是技术转移，包括外部转移和内部转移；二是生产高技术含量产品再出口，包括外部出口和内部出口。

但在外部转移知识资产不仅效率低下而且有使技术优势流失的可能。一般来说，卖方比买方拥有更多的信息，买方在持有和使用诸如专利技术等知识资产之前，对知识产品的性质、特点和先进程度无法全面了解，也无法准确判断它的价值。因此，存在着"买方的不确定性"。此外，由于技术具有容易扩散和使用上的排他性等特点，高技术含量的产品通过外部市场销售也很容易被仿制，卖方必须防止买方购买知识资产之后发展成为自己的竞争对手。可见，买卖双方的"不确定"会导致知识产权的外部转让条件恶化。

因此，只有通过内部转移和内部出口才可以使跨国公司继续保持其技术优势。此外，企业内分工和协作的发展创造出一种新的"合成资源"即技术与资本和管理已经紧密结合，其中任何一个组成部分的价值都高于它单独出售时的市场价值。这也是技术型产品多以内部贸易形式进行交易的原因。

（五）谋求转移价格获取更多利益

转移价格是跨国公司内部进行交易结算时所采用的价格，在一定程度上不受市场供求关系法则的影响，而是取决于公司经营管理上的需要。

跨国公司内部贸易采用转移价格，主要会带来以下利益：

1. 减少所得税负担。由于各国国际税收政策和税制的不同，不同国家的公司税负水平可能有相当大的差异。在母公司和子公司所在国的所得税不同的情况下，高税率国家的子公司向低税率国家的子公司出口的价格要压低，进口价格则要抬高，以把利润从高税率国家转移到低税率的国家，从而达到在总体上降低公司税负的目的。

2. 减少关税负担。在关税方面，虽然任何一家公司都无法改变关税，但在内部贸易中运用转移价格，即高关税国家的子公司从其他子公司进口的价格要压低，而低关税国家的子公司的进口价格可抬高，以减少整个公司缴纳的关税金额。

3. 对知识型产品实行差别定价。科技发展使产品生命周期日益缩短，技术型产品中必须计入前期研究与发展支出，使产品在被淘汰前就收回先期投入。利用内部贸易的差别性定价法就既可提前收回投资，又可在保持垄断的条件下获取更多的利润。

4. 其他目的。比如通过控制内部交易的价格来影响子公司生产的成本或利润，母公司可以通过向子公司低价供应零部件或产品，或由子公司高价向母公司出售零部件或产品，来减少子公司产品成本费用，提高利润，加强子公司的竞争地位。当然跨国公司也可以通过转移价格的应用来降低子公司利润来达到某种目的。

需要补充的是，实际上，转移价格的使用范围远远超过一般的商品交易，任何公司内的关系都可以通过一个特定的价格表示出来。如专利或非专利技术使用费、总部的研究与开发费用分摊、咨询与管理服务、保险、贷款利率和商品名称使用费等。转移价格使用范围越广，跨国公司取得的利润就越多。

（六）增强公司在国际市场上的垄断地位

由于跨国公司的母公司和多个子公司都在同一的所有权支配之下，为了增强某个公司的竞争优势，就可以统一调配资源达到这个目的。当子公司处于市场占领阶段中时，可通过内部贸易以低价向这一子公司提供原材料、中间产品或最终产品，变相补贴来降低该子公司的生产成本和销售价格，帮助它占据当地较大的市场份额。

当市场处在完全竞争条件下时，公司内部贸易既无必要也无优势可言。而在市场集中度高（卖方或买方垄断）的行业和部门，跨国公司通过公司内贸易，一方面依靠自身的综合生产营销实力，垄断上游产品的生产，制定较高的内部交易价格，从初级产品中获取高额利润；另一方面又提高了产品下游阶段的进入壁垒，有力地阻止了新的竞争者进入。

（七）获得融资优势

与一般国内企业一样，跨国公司所需的资金来源于内部积累和外部筹措，但它外部筹措的范围更广、方式更多、成本更低。在西方大型跨国公司中，外部筹资占较大的比例，它可以在成本最低的地区融资，在收益最高的地区投资。跨国公司国外分支机构外部筹资的方式主要有银行借款和发行债券，资金来源地主要是东道国金融市场，其次是投资国际金融市场。大型跨国公司具有较高的资信等级、很强的利用不同区位利率和成本差的能力，可以帮助子公司及时地以较低的成本筹措所需资金。此外，各国的金融自由化、外汇管理自由化和科学技术的进步也为跨国公司拓展外部筹资渠道创造了良好的外部条件。

五、跨国公司内部贸易约束机制

（一）世贸组织的约束

世界贸易组织（WTO）是世界上唯一处理国与国之间贸易规则的国际组织。WTO 的有关协定是由政府通过谈判签订的，对跨国企业的国际商业活动产生直接影响，因而也同样制约着跨国公司内部贸易。

1. 多边贸易体制原则的制约。目前 WTO 所管理的是一种多边（Multilateral）贸易体制，而不是全球（Global）或世界（World）贸易体制，因为还有一些国家并不是这一体制的成员。这一体制主要采取以下原则：

（1）非歧视性原则。它包括最惠国待遇原则（Most-favored-nation Treatment）和国民待遇原则（National Treatment）。这一原则只有在产品、服务和知识产权等贸易对象进入某国市场后才适用。所以，对进口产品征收关税并不违反国民待遇原则。

（2）贸易自由化原则。即通过减少关税壁垒和非关税壁垒，履行其义务。

（3）可预见性原则。即 WTO 倡导各国政府要使其商业环境和经济政策具有稳定性和可预见性，且要"约束"他们对 WTO 的承诺。

（4）公平竞争原则。除有关非歧视性原则外，有关倾销、补贴的原则，都是为公平贸易提供条件，企业违背公平竞争原则必然受到惩罚。

这些原则从不同的角度指导着国与国之间的贸易，由于各国企业在这一原则框架之内从事国际商业活动，因此它们也制约着跨国公司的内部贸易。

2. WTO 协议范围的制约。WTO 协议的总体框架，从贸易所涉及的范围来看，包括货物贸易协定（GATT）、服务贸易办定（GATS）和知识产权协定（TRIPS）三部分。这三部分涵盖了国际贸易的整个领域（见表 10 - 1）。

表 10 - 1　　　　　　　　　WTO 协议基本结构

项目	货物贸易	服务贸易	知识产权	争端
范围	关税与贸易总协定（GATT）	服务贸易总协定（GATS）	与贸易有关的知识产权协定（TRIPS）	争端解决
附加细节	其他货物贸易协议及其附件	服务贸易附件		
市场准入承诺	各国减让表	各国减让表（及最惠国待遇例外清单）		

资料来源：www.wto.org。

（二）区域经济的约束

在国际经济一体化的进程中，各国之间既有协作又有竞争，为发挥地域相近、文化相似、资源互补等优势，促使本地区的经济快速发展，战后各种区域性的经济组织纷纷产生。根据各国经济的结合程度以及相互依存关系，区域经济组织可分为五类：自由贸易区（Free Trade Area）、关税同盟（Customs Union）、共同市场（Common Market）、经济联盟（Economic Union）、经济与政治联盟（Economic and Political Union）。从世界范围内来看，目前较为著名的区域经济组织主要有欧洲联盟（EU）、北美自由贸易区（NAFTA）外，还有亚太经合组织（APEC）、区域全面经济伙伴协定（RCEP）和全面与进步跨太平洋伙伴关系协定（CPTPP）等。

区域经济组织的产生，一方面贯彻了WTO所倡导的自由贸易宗旨；另一方面它使保护主义产生了变异形式：区域经济组织为成员国间的投资和贸易提供了许多便利，而为非成员国的企业进入其市场筑起了壁垒。因此，区域经济一体化是一柄双刃剑，既带来了投资与贸易的自由化，也产生了贸易保护主义。我们首先考察区域经济组织对其成员国跨国公司内部贸易的影响。区域经济组织的建立，必然会带来区域内贸易的扩大，随着区域内进出口总额的迅速增长，区域内的跨国公司内部贸易也在增加。共同市场的成立和生产要素的自由流动必然会推动共同市场内各国相互直接投资的增加，伴随着共同市场内生产分工的加深，区域内的跨国公司内部贸易将会得到更大的发展。

区域经济组织的产生对非成员国的跨国公司内部贸易会形成制约作用。由于实行关税同盟，非成员国的企业只能用直接投资替代直接出口，这似乎会加大对外投资量，并带动跨国公司内部贸易量扩大，其实并不尽然。在高关税的限制下，跨国公司对其直接投资，一方面，母子公司之间的简单内部贸易会受到一定的限制；另一方面，跨国公司在其区域内的一体化安排也会受到一定限制，从而其纵向内部贸易和横向内部贸易不能得到充分发展。所以区域经济一体化所带来的保护主义会大大限制跨国公司的内部贸易。

（三）国家环境的约束

在经济运行中，政策总是要和当地情况相符合。因而，跨国公司的国际经营活动及其内部贸易要直接受到母国和东道国具体环境的约束。制约跨国公司内部贸易的国家环境主要包括三个层面：政策环境、产业环境、企业环境。

1. 政策环境的约束。各国的具体经贸政策多种多样，从对跨国公司内部贸易的制约方面来看，一国的政策环境包括以下几个层面。

（1）开放战略。从总体上看，一国的对外开放程度，决定了跨国公司内部贸易的发展。地区开放的层次性和梯度性，将限制跨国公司的进入和在一国的发展，而地区的全方位开放，将会促使跨国公司的大举进入，从而促进其内部贸易的发展。

（2）产业政策。一定的产业政策，将为投资决策规定方向，从而会改变一国的产业结构。就东道国角度，产业政策为引资政策起导向作用，从而对跨国公司的经营与贸易产生制约作用。

（3）贸易政策。外贸政策直接影响着跨国公司的贸易。就贸易的管制来看，共有两类：一类是关税壁垒；另一类是非关税壁垒。

（4）外资政策。虽然 WTO 倡导国民待遇原则，但发展中国家在吸引外资过程中，对外商投资企业采取一定的优惠待遇和歧视性待遇的差别政策是非常必要的。与跨国内部贸易有关的差别待遇主要有：进出口许可证、物料当地化含量、产品出口含量、转移价格管理等。

2. 产业环境的约束。从东道国来看，外国公司所投资的产业及其相关产业的具体情况，将直接制约着跨国公司的内部贸易。

（1）外商投资的直接产业。在外国公司所投资的产业中，如果其生产的产品是东道国引资的直接目的，即为东道国市场所急需，则外国公司的产品出口将受其所限，如果外国公司的海外兄弟公司所生产的同类差异性产品为东道国市场所需，横向内部贸易将会产生，否则，本行业的横向内部贸易将不会发生。如果当地同业者的产品具有很强的竞争力，且与外国公司的产品的替代性很强，或当地同业者能基本保证当地市场的需求，外国公司将会努力增加出口，其中会与兄弟公司发生内部贸易，否则，外国公司的产品将会主要服务于当地市场，内部贸易将受到限制。

（2）外商投资的上游产业。如果当地上游产业所生产的各种产品能有效地满足外国公司之需，纵向内部贸易将会受到很大限制，若当地上游产业不能保证有效供应，外国公司只能从海外兄弟公司或母公司采购所需投入品，这会大大促进纵向内部贸易的发展。

（3）外商投资的下游产业。如果当地下游产业并没有配套设施、设备、技术、人员来有效使用外国公司所生产的产品，或者说外国公司所生产的中间产品在东道国境内没有或暂时没有市场，抑或是当地市场狭小、当地市场盈利相对较低，外国公司则会主要出口。

（4）通信条件、物流条件也会影响着跨国公司内部贸易开展的顺利程度。

3. 企业环境的约束。跨国公司的内部贸易还受到海外子公司自身内部环境的影响。

（1）本位主义。跨国公司在海外的大量子公司都是依据东道国的法律成立的独立企业，因而它们有自身的目标和利益，当内部贸易

335

有利于实现自己的目标和利益时，它们将积极参与其中，而当内部贸易有损于它们的利益时，本位主义可能会制约这种内部贸易的开展，特别是当子公司具有很强的讨价还价能力时，对其不利的内部贸易将会受到严重的制约。

（2）股东利益。跨国公司的海外子公司并非只有独资企业，占多数的是合资企业或合作企业，内部贸易是否有利于合作一方的利益，也会制约内部贸易的开展，尤其是合作的一方属于当地企业时，这种制约力量会更大。虽然多数情况下合资企业以何种业务方式经营在合资谈判中已经确定，但在真正的经营过程中，跨国公司与东道国一方的地位往往会发生根本性的变化。如果说，合资之前跨国公司凭借其先进的技术、优质的产品、雄厚的实力使之处于主动有利的地位的话，那么，在合资之后的经营过程中，东道国一方凭借其独特的地利、人和优势，会变被动地位为主动地位，在相关合作形式及经营方式上要求再谈判。所以在跨国公司的一体化安排及内部贸易对东道国一方不利的情况下，东道国的行动将成为重要的制约力量。

（3）员工参与。对于在东道国境内的子公司来说，不管是公司的政策，还是东道国合作方的政策，都会体现一般员工的利益，但员工参与程度的强弱对跨国公司行为的制约程度是不一样的。当跨国公司的一体化安排及内部贸易有损于公司的利益与发展时，或跨国公司在进行内部贸易时采取了一些不合法的做法，如高进低出、两套账、报关弄虚作假等，而这些做法对国家、对公司、对个人都有不利影响时，当地员工既可以通过跨国公司的合理化建议制度，也可以通过工会，或是通过舆论，甚至是通过法律形式，行使自己的权利，对跨国公司产生制约作用。

跨国公司转移价格，即国际转移定价（Transfer Pricing），指跨国企业之间转移有形财产（如商品、交通工具、机械设备、厂房、地皮等）和无形财产（如商标、专利、专有技术等）、融通资金、提供劳务时采用的定价方法，其价格称为转移价格（Transfer Price）或内部价格（Intra-price）。

第三节　跨国公司的转移价格

一、转移价格的定义及其形成

（一）转移价格的定义

跨国公司转移价格即国际转移定价（Transfer Pricing），指跨国企业之间转移有形财产（如商品、交通工具、机械设备、厂房、地皮等）和无形财产（如商标、专利、专有技术等）、融通资金、提供劳务时采用的定价方法，其价格称为转移价格（Transfer Price）或内部价格（Intra-price）。这种价格不受市场一般供求关系的影响，不是独立各方在公开市场上按"独立核算"的原则确定的价格，而是以跨国公司全球战略和谋求全球利润最大化为目标，由跨国公司总部最高管理人员在综合分析评价交易双方所在国的外汇政策、税收政策、利率水平、经济环境及政治气候等因素以及所属子公司盈利能力等之后确定的价格。[1]

（二）转移价格的形成

转移价格的形成有两种途径：一种为子公司与母公司之间的资产交易；另一种为子公司与子公司之间的资产交易。当跨国公司确定转移价格时，首先要清楚内部交易的性质是什么，转移价格运用的目标是什么。通常跨国公司运用转移价格的目标有：

1. 为了便于集中购买和降低单位生产成本；

2. 以尽可能的最低价格提供原料，增加产品竞争力，扩大子公司市场份额；

3. 弥补母公司因跨国投资经营而产生的附加成本的需要；

4. 为进行研究开发工作筹集资金的需要；

5. 为使母公司的利润最大化，包括规避东道国政府限制、逃避税收、转移利润等；

6. 为使东道国政府满意。

转移价格扮演着两个方面的角色，而这两个角色之间却常常发生冲突。第一，作为价格，指导跨国公司内部生产部门决定产出量，购买部门决定购买量；第二，价格及随后的利润测定帮助管理层将子公司作为单独实体来进行评价。但是满足公司整体利润最大化的一些转移价格可能使子公司面临亏损，而满足子公司经营绩效评价的转移价格从整个公司高度来看又可能是非最优的。因此在不同情况下，转移价格的决定方法也应该是不一样的。

二、转移价格对跨国公司的影响

（一）影响利润水平

转移价格对跨国公司总体利润的影响主要是通过不同国家的不同税率来实现的，即：跨国公司可以通过制定不同的转移价格，把利润集中在税率较低的国家和地区（即避税港），从而减少公司的纳税总额，提高公司的税后利润净额。

---

[1]　王松年：《国际会计前沿》，上海财经大学出版社2001年版，第505页。

假设中国有一家经营服装的跨国公司，在新加坡设有一家分公司生产服装，在中国设有另一家分公司销售服装。新加坡分公司生产了4万件服装运往中国销售，每件转移价格50元，而中国的每件服装批发价为100元。另外，假设新加坡的所得税率为10%，中国的所得税率为40%。那么，在扣除内部销售成本和有关经营费用之后，该服装总公司利润总额和纳税总额分别为1 140 000元和560 000元，如表10-2所示。

表10-2　　　　　　中国服装总公司利润计算　　　　　　单位：元

项目	新加坡子公司	中国子公司	总公司
销售收入	2 000 000 *	4 000 000	4 000 000
销售成本	1 200 000 **	20 000 000	1 200 000
销售毛利	800 000	2 000 000	2 800 000
经营费用	400 000 **	700 000 **	1 100 000
税前收入	400 000	1 300 000	1 700 000
所得税（10%与40%）	40 000	520 000	560 000
净收入	360 000	780 000	1 140 000

注：＊按转移价格每件服装50元计算。＊＊均为假设数字。

倘若把转移价格从50元提高到每件80元，那么，中国服装总公司缴纳的所得税总额就会减少，从而使总公司的税后收益额增加。这是由于中国销售分公司的应税收入减少了1 200 000元（1 300 000－100 000），同时，中国与新加坡的所得税率相差30%，使整个公司的应纳税额减少了360 000元，如表10-3所示。

表10-3　　　　　提高转移价格后中国总公司的利润　　　　　单位：元

项目	新加坡子公司	中国子公司	总公司
销售收入	3 200 000	4 000 000	4 000 000
销售成本	1 200 000	3 200 000	1 200 000
销售毛利	2 000 000	800 000	2 800 000
经营费用	400 000	700 000	1 100 000
税前收入	1 600 000	100 000	1 700 000
所得税（10%与40%）	160 000	40 000	200 000
净收入	1 440 000	60 000	1 500 000

从这个例子可以看出，公司依据各个子公司所在国的情况确定不同的内部转移价格，对整个公司的利润结果会产生截然不同的影响。

（二）影响业绩评估

如上例，如此一来，其必然结果就是：新加坡子公司的经营成果看起来就远比没有提高转移价格的时候好；反之，中国子公司的业绩就不如提高转移价格以前的水平。也就是说，跨国公司内部转移价格的制定和变动也会导致各个子公司的业绩成果的不同，给跨国公司的业绩评价工作带来麻烦。在上述的这个例子中，很可能中国子公司的经营效率和管理水平都高于新加坡子公司，但由于改变了转移价格，它表现出来的利润却低于新加坡子公司。在这种情况下，如果母公司不相应改变业绩评价指标及方法，那么业绩评价的结果就不能正确、公平地反映各个子公司的经营水平，从而影响子公司的经营积极性，最终导致各子公司与总公司的目标及经营行为的各种冲突。

有人提出为此设立两套会计账簿，一套给有关的税收部门，一套为公司内部的管理控制服务，用于子公司的业绩评价。这种方法，姑且不说各国的税收机构和税收制度能否容忍，单就两套会计账簿需要承担的大量时间和增加的成本而言，很可能这部分增加的成本会超过公司操纵转移价格得到的收益，形成得不偿失的局面。所以说，如何协调转移价格与各子公司的业绩评价之间的矛盾始终是一个棘手的有待解决的问题。

（三）影响资金配置与流动

跨国公司对外直接投资，当然希望尽快地收回资本，增加利润，并实现其资金的自由调拨与配置。但是，子公司的东道国往往对母公司从当地子公司调出资金有一定的限制，如汇出利润的限制，严格的外汇管理等。而跨国公司可以利用制订不同的转移价格（如对商品物资实行高价格输入、低价输出），将资金从子公司调回母国，从而实现公司内部资金的自由调拨与配置。例如，美国的跨国公司常常通过压低其设在巴西、哥伦比亚的子公司生产的半成品价格的方法，实现其汇回子公司利润，抽回子公司资金的目的。

除了利用转移价格来实现其自由调拨与配置资金的目的外，跨国公司还通常利用向子公司提供高利贷款的方式，将资金以利息的方式从子公司中调出，以避开东道国政府的各种资金限制，减少其直接投资的金额。

（四）改变跨国公司的经营风险

转移价格对公司利润的影响，是通过各个国家不同的关税税率和所得税率的差异来实现的，而它对跨国公司经营风险的影响，则通常与不同国家的货币稳定水平和政局动荡程度相联系。例如，倘若公司奉行的是保守经营的方针，那么，对那些在政局较安全，货币较稳定的国家进行经营的子公司，就应该采用低价输入，高价输出的办法，从而把利润和资金集中在风险较小的国家或地区；反之，对处在政局不稳定，货币变动较大国家的子公司，则采用高价输入，低价输出的方法，以尽快抽出公司的资金和利润，最终达到使公司经营风险最小的目的。

此外，跨国公司还可以利用提早或推迟转移价格支付的方式，避开可能发生的汇率变化而带来的损失。即利用转移价格，跨国公司能够克服各个国家政治、经济不稳定给公司实现利润造成的危害，至少能够减少和降低这种损害。

三、转移价格的制定方法与机制

据一份针对加拿大境内的大型跨国公司的调查表明，85%的公司承认运用了转移价格，且转移价格决定的依据分别是：57%由成本决定；30%由市场决定；7%由协商决定；6%由其他方法决定。下面将分别介绍有关转移价格确定的经济学模型。

（一）成本加成法及决定机制

成本加成法，是以某种成本（完全成本、可变成本或边际成本）为基础，再加上一定比率的毛利作为商品转移的价格。

成本加成法是以某种成本（完全成本、可变成本或边际成本）为基础，再加上一定比率的毛利作为商品转移的价格。成本加成法的优点与缺点：

采用成本加成法制订转移价格有许多的优点：

第一，它的使用很简单，不用在各个市场上寻求合理有利的标准。

第二，它所需要的有关数据能够从公司内部顺利地取得。

第三，比较容易向有关当局进行说明解释。

第四，由于采用这种方法制订出来的转移价格其规则很明确，这样就能够避免由于缺少一定之规的价格制度带来的多种摩擦，包括子公司之间的矛盾和公司与各有关政府当局的摩擦。

第五，它给跨国公司在一定范围内比较灵活地改变其转移价格留下了较大的余地，即它具有一定的灵活性和可变性。因为成本加成法中，不仅毛利的比率可以在一定限度内根据需要而改变，构成成本的要素在一定的限度内也可以依照公司的需要而改变。例如，母公司可以通过调整公司的成本差异而向子公司增加收取一笔费用（或是减少一笔费用），从而增加（或减少）子公司的成本，从而减少（或增加）子公司的利润和交纳的所得税额，以实现公司的经营目标。

但是，成本加成法也存在着一定的缺点。比如说，如果商品或劳务的转移价格是按实际发生的成本额定价的，即如果不加上一定比率的毛利的话，那么只有最后一个部门进行最后的销售时才能获得一定的利润，而其他子公司则没有盈利，这必然会影响其他子公司的经营积极性；但如果毛利率是按成本数额的一定百分比计算的，那么，各子公司出于自身利益的考虑，就可能人为地提高成本（以至于可能不严格地控制成本）以提高毛利的绝对额，因为它门生产的低效率会简单地通过抬高的价格转移给下一个部门，而接受转移商品的子公司则会因此而处于不利的地位。对整个公司来说，如果每一个公司都如此这般地按成本加毛利的方法，将不予控制的成本以及低效率简单转移给下一个部门，那么公司产品的最终销售价格就会被抬得很高，直接损害整个公司的利益。

为了解决这个问题，许多跨国公司开始使用按标准成本制订内部转移价格的方法，即对各个子公司的转移商品制定出统一的标准成本，这些商品的内部转移价格一律按标准成本进行计算。这样，各子公司就会加强成本管理，尽可能削减公司的生产及经营费用，降低公司的成本以期得到更多的利润，而接受转移商品的部门也不会受上一环节高成本的不利影响。但从另一方面看，跨国公司使用标准成本作为制订转移价格的标准，就失去了成本加成法的灵活可变的优势。因为标准成本一经确定，再行改变就不再容易，否则，很容易引起跨国公司与东道国及有关机构之间的摩擦；此外，采用标准成本法由于可能影响子公司的业绩水平，在子公司拥有一定程度的决策权时，还很容易导致子公司的"次优决策"情况的发生。"次优决策"即指对子公司说是最优的，但对整个公司来说却没有达到最优。

例如，假设甲子公司向乙子公司提供某种商品，按每单位16元的标准成本计算其转移价格，该种产品在甲子公司的成本增值额为10元。乙子公司对该种产品加工以后再销售出去，加工成本每单位产品5元。另设同时有一家外部供应商丙，可以向乙子公司提供相同的产品，而其售价为每单位14元。如果乙子公司最后销售产品的单位售价不能超过20元，那么，表10-4和表10-5能够说明乙子公司从甲子公司还是从丙供应商处购入商品的不同决策对乙子公司以及对公司整体的不同影响。

表 10-4　　　　　　　不同决策下的乙子公司业绩　　　　　　单位：元

项目（单位产品）	从甲子公司接受商品	向丙购买商品
销售收入	20	20
从甲子公司接受商品	16	
或：从丙供应商购买商品		14

项目（单位产品）	从甲子公司接受商品		向丙购买商品	
乙子公司加工的成本增值	5	21	5	19
乙子公司的销售利润		(1)*		1

注：*括弧表示负数。

　　从表10-4中可以看出，站在乙子公司的角度上看，如果甲子公司按照标准成本作为转移该种商品的价格，则乙子公司向丙供应商购买该种商品显然优于接受甲子公司的转移产品，每单位产品的经营利润水平差额为2元。

　　而表10-5却显示出，如果乙子公司从丙供应商购买该种商品，虽然乙子公司的单位产品利润会提高，但却对整个公司不利，因为，在这种情况下，除了影响整个公司利润的迅速实现外，甲子公司的产品还存在一个另外寻找销售渠道的问题。增加了一个销售环节，除必须增加大量的推销及经营费用之外，如果销售不能迅速实现，还会引起企业资金的积压，影响企业资金的周转。反之，倘若乙子公司不向丙供应商购买而接受甲子公司的转移商品，虽然乙子公司表现出来的经营业绩为亏损（每单位产品的经营亏损为1元），但整个公司却能够保持较好的盈利状况，并能够避免上述可能产生的一系列问题。

表10-5　　　　　　　　　不同决策下的公司整体业绩

项目（单位产品）	从甲子公司接受商品		向丙购买商品	
销售收入		20		20
从甲子公司接受商品	10			
向丙供应商购买商品			14	
乙子公司加工的成本增值	5	15	5	19
整个公司的销售利润		5		1

　　从上例可以看出，跨国公司采用标准成本作为确定转移价格的标准，很容易导致公司决策功能的失调。同时也说明跨国公司的转移价格决策权应当集中在公司总部手中，如果公司要将决策权下放给子公司，应当谨慎行事。只有这样才能使公司实现宏观的（整个公司的）而不是微观的（某个子公司的）利益最大化。

（二）市场基础法及决定机制

　　市场基础法是指跨国公司的转移价格以公开市场的价格为基础，扣除一定份额的折让以后确定下来。按照一般的看法，扣除一定的折让是为了使接受转移商品的单位能够得到赢利，折让的程度各公司都不一致。

以市场价格为基础制订转移价格有几个优点：

第一，市场价格为子公司提供了一个可以追求的目标，促使公司不断改善经营，提高利润；

第二，从子公司业绩评价来看，利用市场价格作为转移价格的基础，可以很容易地区别出盈利和亏损的子公司，也就是说，能够简化公司的业绩评价工作；

第三，这种方法亦能够使公司易于与各政府和税收当局"和平共处"。

但市场基础法也存在着一定的缺点与局限性，如某些中间产品和零部件等从来不在市场上公开出售，所以也没有市场价格。或者，在市场上只有某个唯一的特定买主时，表面上的"市场价格"实际上是买卖双方共同协商或是讨价还价的结果，并不能公平地反映商品的价值。此外，即使商品存在着某个市场价格，也很少是处于完全竞争的状态或是能够进行国际比较的，还有，利用市场价格制度转移价格也很容易使公司忽视收集一些重要的成本数据。如果是生产、销售一条龙的跨国公司，还容易使子公司对整个公司的经营成果应承担的责任和所做的贡献无法辨认。此外，相对于成本加成法来说（除按标准成本作为标准的情况外），市场基础法的灵活性和可变性就差了许多，它基本上没有给公司为达到某个战略目的而改变转移价格制度而留下余地。

（三）协商定价法

考虑到一个完全竞争的中间产品市场可能不存在，以及成本导向的定价方法的局限性，在拥有较多自主权的关联公司之间可以采取竞争性的讨价还价、自由协商来确定转移价格，以充分利用各自对己方机会成本的特定信息。典型的协商过程为：上游部门提出一定的转移价格报价，承诺相关的交货条件（交货时间、产品质量等），下游部门可以有接受或争取一个更低的转移价格或更好的交货条件、与外部供给方协商并购买等选择。也可以是下游部门先提出报价，上游部门进行选择，双方进行协商决定转移价格。

协商定价法的成功需要以下条件：

1. 一定形式的中间产品外部市场的存在，以保证双方地位的平等性，并避免协商双方双头垄断局面的出现导致价格受双方谈判技巧和力量的左右；

2. 协商双方所有市场信息对称，以使双方协商价格接近于一方或双方的机会成本；

3. 协商双方有协商转移价格的充分自由和权利，最高层管理者只对偶尔出现的无法协调的争执进行必要的干预。

但协商定价法也有一些局限：

1. 协商过程本身可能会耗费很长时间；

2. 可能导致公司集团内部矛盾冲突；

3. 导致部门的所获利润、业绩评估与各自的谈判能力联系在一起；

4. 可能达到一个高于机会成本的协商价格，并导致非最优产出水平的实现；

5. 对外部市场参与者的需要，可能要时常在外部市场买卖一些中间产品，以保证外部市场供需双方对协商过程的参与和影响。

比较而言，政府部门和税收机关所期待于跨国公司的是希望它们使用以标准成本为基础的成本加成法，或者是市场基础法，因为在这两种方法下，跨国公司出于某种目的而随意转移公司内部的利润和利用转移价格避税的行为会受到一定的约束和限制。对跨国公司来说，使用这两种方法也有相当大的好处：各个子公司作为独立的利润中心，都会对自己的成本发生和利润形成给予相当的重视，所以子公司的经营效率提高因此会得到一定的促进动力，母公司当然也会从子公司提高经营效率的事实中受益。

除了上述制定转移价格的方法外，还有一种得到国际上认可的方法，就是所谓公平价格。公平价格是指在不相关企业出售商品时应收取的价格，它是仅以一般的商业因素为根据而不受任何人为的，特殊的关系所影响的价格。它与市场价格的区别也正在于此。市场价格多少都要受一些特殊关系的影响，如市场的垄断以及渗入某些个人关系等，而公平价格则只是在纯粹自然的商业环境下（自由竞争市场上）形成的。从这个意义上说，公平价格是一种理想价格。

对于转移价格的确定，尽管国际上一般都认可了依据公平价格来制订转移价格的原则，但事实上，公平价格本身的确定就是一个仍然存在的问题。在很多情况下，公平价格并不是能精确地得到的，只能得到一个大致的估计值，而估计的方法各国之间也各不相同。比如国际经济合作与发展组织就规定了几种可供选择的公平价格的确定方法。但是，按照公平价格作为标准制订转移价格的方法，在实务中却很难付诸实施。

四、各国政府管理跨国公司转移价格的措施

通常跨国公司设置两本账目，一本是对外的公开的账目，其利润是"应纳税的利润"，主要用以对付税务当局，以此进行纳税；一本

是对内的秘密的账目，其利润是真正"有效利润"，主要用以公司内部控制和评估经济效益。随着跨国公司多方使用转移价格，使本国政府和东道国政府蒙受经济损失，许多国家政府不仅不接受跨国公司所宣布的"清白"和想当一个"好公民"的自白，而且采取措施对跨国公司转移价格实行控制。

（一）母国政府对转移价格的对策

母国政府规定以独立、公平交易的价格为标准，要求跨国公司内部交易按"独立竞争交易原则"办理，也就是说，当母公司向子公司提供商品和劳务时，税务当局依据按"独立竞争"原则计算的"局外价格"进行监督，防止跨国公司逃避税负，使母国政府蒙受税收的损失。美国政府于 1954 年就制定了国内税收法，其中第 482 节对管制公司内部转移作了规定。在 1968 年美国财政部正式确定国际定价管制措施。根据该管制措施，如果发现母公司和子公司的交易定价低于子母公司应收取的价格，税务当局可按"独立竞争"的"局外价格"增加母公司所得税，从而提高其纳税金额。正是由于采取这一措施，当年美国政府额外收回税额 7 亿美元。其他发达国家如英国、法国、日本和加拿大也有类似的对策。

（二）东道国政府对转移价格的对策

东道国政府为了维护自身利益，需要对转移价格实行监督和管制，具体措施有：

1. 以"正常价格"为基础，实行"比较定价法"。所谓"正常价格"是指"卖给无关的顾客同样商品的价格"。东道国税务当局以此为基础，审核跨国公司转移价格，如果发现某一子公司的进货价过高或出货价过低，可以要求按"正常价格"进行补税，这就是"比较定价法"。

2. 对外资企业实行新的征税方法。降低外资企业纳税标准，通常低于跨国公司母国税率。其好处是，一则可以减少或避免跨国公司利用税收差异操纵转移价格；二则也有利于吸收外资。实行税收待遇一体化，即东道国政府在一定时间内，统一各种税收的税率，在保证总的税收收入不变的情况下，减少跨国公司操纵转移定价的可能性。东道国向跨国公司课征的税收有投入税、产出税和所得税三大类。其中以公司所得税最为重要，采用的计算方法，首先是按一定公式估算出子公司应纳税利润，其次将该子公司的利润与其他国家正常利润的一定比例课征企业所得税。

3. 加强海关对外资企业进出口货物的监管作用。海关是设立在关境上的国家行政管理机构，它是贯彻执行东道国对外贸易政策、法令和规章的重要工具。海关一旦发现外资企业进出口货物价格偏高或偏低时，有权要求对进出口货物重新估价和征税。

4. 建立和健全审计制度，严格审查外资企业财务账目，建立"黑名单"制度。外资企业的日常经营状况最终都会在企业财务账目上反映出来，跨国公司操纵子公司的转移价格也要通过会计账目，因此，建立和健全严密的审计制度，能起到加强对外资企业财务的监督和管理。

5. 建立和加强国际联合。

总之，跨国公司是从事全球经营活动的企业，限制跨国公司任意使用转移价格，越来越引起世界各国的普遍关注。美国、法国、日本等拥有大量对外直接投资的发达国家都已制定出专门法规，限制跨国公司转移价格的使用。发展中国家与跨国公司打交道时间短，缺乏经验，要管制转移价格就较为困难。目前发展中国家应该从完善法律法规入手，加强对外资企业财务报表的审核，并及时了解国际市场价格的变动情况及有关国家的税率差别，了解国际市场同行业利润率水平，及时发现问题，以对跨国公司转移价格进行限制。

关 键 词

公司所得税　增值税　预提税　扣除法　免税法　抵免法
内部贸易　转移价格　成本加成法　市场基础法

思 考 题

1. 跨国公司在经营过程中的税务对策有哪些？
2. 简述跨国公司内部贸易的基本特征。
3. 简述跨国公司内部贸易的动因。
4. 跨国公司的内部贸易受到了哪些限制？
5. 跨国公司运用转移价格的目标有哪些？
6. 转移价格对跨国公司有何影响？
7. 东道国政府管制转移价格的一般手段有哪些？

讨 论 题

葛兰素史克（GSK）在世界37个国家和地区拥有82个生产基地，旗下的企业多如牛毛，关系也极其复杂；葛兰素史克（中国）投资有限公司（GSKCI）仅在中国就有多家关联企业，如位于天津的中美天津史克制药有限公司，葛兰素史克有限公司，位于苏州的葛兰素史克制药有限公司，位于上海的葛兰素史克生物制品有限公司，位于深圳的葛兰素史克生物制品有限公司，以及位于南京的美瑞制药有限公司，在一定程度上为葛兰素史克在全球实施转移定价行为提供条件。

（1）通过 GSKCI 进口成品药实施转移定价在华子公司有药品进口需求时，便启动一套专门应对在华子公司进口药品"倒算价格"的转移定价方案。首先，授权在华子公司在中国市场开展调研，如果是原研药，就可自主定价；如果与市场有相似药品，就在参考其他跨国药企价格的基础上定价。之后，调研人员将调研价格报给在华子公司财务部，财务部计算利润后，将包含利润的价格报给位于英国总部的全球价格转移中心。转移中心在这一定价的基础上，再将总公司需赚取的利润包含在药品价格里，算出出厂价即口岸价。最后，GSKCI 向中国国家发展和改革委员会申请单独定价，批准后即以口岸价进入中国医药市场。

（2）关联企业间利用进口原料再加工实施转移定价。当 GSKCI 需要进口某种原料时，将原料订单发给英国总公司，总公司再将订单转给制作原料的位于塞浦路斯的子公司。根据公司整体利润要求，推算在交易的每个环节上各专业公司需要赚取的利润，再将这些利润包含在每一次交易的价格中，原料制作完成后按照计算好的价格销售给在意大利负责包装的分公司，再按确定的价格销售到在中国苏州的分公司加贴标签。最后，到中国市场就出现让患者难以接受的销售价格。

借助转移价格，葛兰素史克将在中国境内产生的大部分利润留在境外，从而达到在中国少缴税的目标。

请回答：

试分析葛兰素史克转移定价行为对我国产生的影响，并思考我国应如何规避葛兰素史克等跨国公司转移定价行为？

第十一章

跨国公司经营风险与管理

要点提示

　　通过本章的学习，理解和掌握有关汇率的基本理论、跨国公司经营风险的种类与管理的基本内容，学会如何进行融资管理，以及如何对跨国公司的营运资金进行有效配置。

引　言

　　若人民币在短期内升值3%，家电、汽车、手机等生产企业利润将下降30%~50%，许多议价能力低的中小企业将面临亏损。

——中国机电产品进出口商会

　　在复杂环境中开展跨国财务活动的跨国公司，由于受到诸多不确定性因素的影响，所面临的是可能收益或潜在损失。跨国公司的全球经营战略以及由此带来的经营环境的特殊性，决定了其在经营管理中面临的变量更多，风险发生的可能性更大，如不对这些汇率、融资和运营资金风险进行有效管理，跨国经营的进展甚至全球经营战略的实施都将遇到阻碍。因此，客观上就要求跨国公司具体分析、评估国际形势和各国情况，以应对复杂的理财环境，提高决策的正确性和及时性。

第一节　跨国公司外汇风险管理

一、有关汇率的理论——国际平价条件

（一）购买力平价说

　　在影响汇率变动的诸多因素中，物价变动或通货膨胀因素具有特

别重要的意义。购买力平价说（Theory of Purchasing Power Parity，又称 PPP 理论）反映的正是这两者之间的关系。这一学说早在 19 世纪就已出现，20 世纪 20 年代初由瑞典经济学家卡塞尔（Cassel）予以系统化并公开发表。这一学说至今仍是汇率决定理论中最有影响的一种，也是浮动汇率制下预测汇率变动趋势的一个重要的理论依据。

购买力平价说的基础是"一价定律"（Law of One Price）。一价定律认为，在忽略运输费用的情况下，同种商品和劳务应在所有的市场上具有同样的价格。如果不是这样，那么只要将一种商品从一个市场上低价买进、再在另一个市场上高价售出就可获取收益，商品套利活动的存在，增加了低价市场上的需求，同时也加大了高价市场上的供给，其结果是，该商品在这两个市场中的价格趋于一致。在一个国家内部，不同市场上的商品或劳务有趋于一致的倾向，在不同国家间，也存在着这样的倾向。例如，以 P_a 和 P_b 分别代表 A 国和 B 国两个不同市场上分别用各自国家货币表示的石油的单价，$S_{(a/b)}$ 表示两国货币直接标价法下的汇率，即表示为每一单位 B 国货币等于一定数量的 A 国货币。那么，根据一价定律，P_a 和 P_b 之间应存在这样的关系：

$$P_a = P_b \cdot S_{(a/b)} \qquad (11-1)$$

或相反：

$$P_b = P_a / S_{(a/b)} \qquad (11-2)$$

以上式子可以推广到任何两个国家的任何一种商品或劳务上，P_a 和 P_b 分别代表两国的平均物价水平。这是购买力平价关系的一种绝对表达式。

绝对购买力平价所反映的汇率可以用于判断一国货币在长期中被低估还是高估，给长期汇率预测提供依据。此外，绝对购买力平价还可用来确定发生通货膨胀情况下本国货币名义汇率应当升值或贬值的程度。

购买力平价关系还有一种相对表达式，即以一段时期物价的变动值和汇率的变动值为考察对象。假设这段时间开始时，A 国和 B 国的平均物价水平分别为 $P_{a(0)}$ 和 $P_{b(0)}$，两国货币的汇率是 $S_{0(a/b)}$，根据式（11-1），可推导出：

$$S_{0(a/b)} = \frac{P_{a(0)}}{P_{b(0)}} \qquad (11-3)$$

经过一段时间 t 后，上述关系也成立。

$$S_{t(a/b)} = \frac{P_{a(t)}}{P_{b(t)}} \qquad (11-4)$$

将式（11-4）与式（11-3）相除，即得到购买力平价关系的相对表达式：

$$\frac{S_{t(a/b)}}{S_{0(a/b)}} = \frac{P_{a(t)}/P_{a(0)}}{P_{b(t)}/P_{a(0)}} \tag{11-5}$$

设 i_a 和 i_b 分别代表 A 国和 B 国的通货膨胀率，将上式稍作改写可得：

$$\frac{S_{t(a/b)}}{S_{0(a/b)}} = \frac{1+i_a}{1+i_b} \tag{11-6}$$

其中，$i_a = P_{a(t)}/P_{a(0)} - 1$，$i_b = P_{b(t)}/P_{b(0)} - 1$。

现将通货膨胀率和汇率用变化的百分比形式来表示，式（11-6）两边同减 1，得到：

$$\frac{S_{t(a/b)} - S_{0(a/b)}}{S_{0(a/b)}} = \frac{i_a - i_b}{1+i_b} \tag{11-7}$$

上式是购买力平价关系的最一般表达式。在通货膨胀率很低的情况下，上式还可简化为式（11-8），其中 $i_a - i_b$ 代表两国通货膨胀率之差：

$$\frac{S_{t(a/b)} - S_{0(a/b)}}{S_{0(a/b)}} = i_a - i_b \tag{11-8}$$

假如 2004 年美国的通货膨胀率为 2%，加拿大的通货膨胀率为 4%，当时的汇率为 0.7545 美元/加元，那么，一年后的汇率 S 应为：

$$\frac{S - 0.7545}{0.7545} = 2\% - 4\%$$

$$S = 0.7394（美元/加元）$$

这一理论告诉我们，当一个国家的货币即期汇率变化率与该国和外国的通货膨胀率差值相等时，这里存在着购买力的平衡（见图 11-1）。从更深一层的关系上去理解，可以认为，汇率波动不是由政府扩张性或紧缩性宏观经济政策引起的，而是因有关国家之间缺乏协调一致的货币政策、财政政策所致。

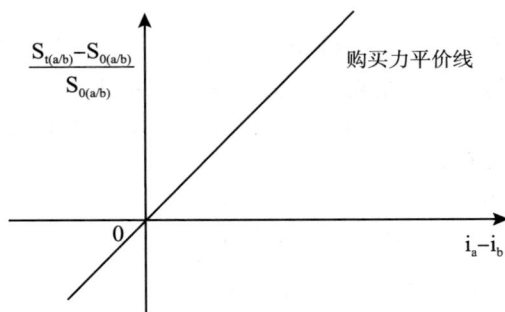

图 11-1　购买力平价

有必要指出的是，购买力平价关系的成立，存在着许多严格的前提条件：

第一，金融市场是完备的，不存在调控、纳税和交易费用等；

第二，商品市场是完备的，没有运输、保险等成本开支；

第三，同种商品在不同国家消费市场的结构中有着相同的比例。

然而，这些前提在现实生活中都是不存在的，此外，购买力平价说还存在着一些其他的缺陷。首先，这一理论只考虑了国际贸易，而未将对汇率也有重大影响的国际资本流动、生产成本、贸易条件以及因汇率变动而导致的物价变动等因素考虑进来。其次，该理论以货币数量说为基础，使汇率决定关系过于简单化。

尽管购买力平价说在理论上存在诸多的不足，但在经济实践中，仍不失为一个解释汇率变动、预测汇率趋势的重要依据。实证研究表明，购买力平价至少是从长期来看代表了汇率变动和通货膨胀率之间的某种关系，并且这一关系在通货膨胀率较高和资本市场较发达的国家中表现得较为明显。

（二）费雪效应

费雪效应（Fisher Effect）是由美国经济学家费雪（Irving Fisher）提出来的，它阐明的是名义利率（Nominal Interest Rate）、真实利率（Real Interest Rate）和通货膨胀三者间的关系。名义利率即是人们日常所接触到的、金融机构公布的利率，它表述的是货币现值和未来值之间的一种比率。当投资者购买政府债券或大额存款订单等金融资产时，它关心的并不是将来它可以收回的本息数目，而是将来用这些收入所能购买到的商品和服务的多少，这样的收益即为真实收益，相应的利率称为真实利率。

名义利率、真实利率和通货膨胀三者间存在以下关系：

$$1 + r = (1 + \rho)(1 + i^*) \qquad (11-9)$$

其中，r 为名义利率；ρ 为真实利率；i^* 为预期的通货膨胀率；$*$ 号代表未来的预期值。

假设一位投资者预期最终获得 3% 的真实收益率，而通货膨胀率预计为 5%，根据费雪效应，这位投资者将要求名义利率达到 8.15%。名义利率超过真实利率（或收益率）的部分，是投资者希望得到的、用以抵消通货膨胀作用的一种补偿。

假设 A 国和 B 国的名义利率和预计通货膨胀率分别为 r_a、i_a^* 和 r_b、i_b^*。显然，当两国的真实利率不相同时，套利者将会把大量的资金从利率低的国家转移到利率高的国家。只要政府不干涉，套利活动将一直持续下去，直到两国真实利率相同为止。这样，两国间的利率和通货膨胀率之间就必然存在以下等式：

费雪效应（**Fisher Effect**），是由美国经济学家费雪（Irving Fisher）提出来的，它阐明的是名义利率（Nominal Interest Rate）、真实利率（Real Interest Rate）和通货膨胀三者间的关系。

$$\frac{1 + r_a}{1 + i_a^*} = \frac{1 + r_b}{1 + i_b^*}$$

或

$$\frac{1 + r_a}{1 + r_b} = \frac{1 + i_a^*}{1 + i_b^*} \qquad (11 - 10)$$

将上式同减 1，则得到：

$$\frac{r_a - r_b}{1 + r_b} = \frac{i_a^* - i_b^*}{1 + i_b^*}$$

假设 r_b 和 i_b^* 很小，分母近似等于 1，则可得到费雪效应的简化式：

$$r_a - r_b = i_a^* - i_b^* \qquad (11 - 11)$$

这一理论告诉我们，任何两国利率的差值应该等于它们通货膨胀预期值的差额（见图 11 - 2）。过去的历史经验表明费雪效应是存在的，尽管导致真实利率变动的因素有许多，但通货膨胀预期是主要的。不同的金融资本所表现的这一效应在程度上有一定的区别，如政府短期债券的费雪效应就比政府长期债券的费雪效应来得明显。

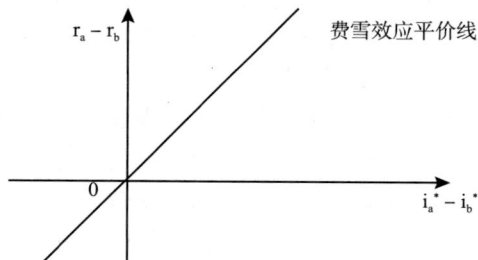

图 11 - 2　费雪效应

（三）国际费雪效应

如果将购买力平价理解为预期通货膨胀率和预期汇率变化之间的关系，再结合费雪效应所表达的预期通货膨胀率和利率的关系，即可得到国际费雪效应（International Fisher Effect）表达式。根据式（11 - 6）和式（11 - 10），可得到：

$$\frac{S_{t(a/b)}^*}{S_{0(a/b)}} = \frac{1 + r_a}{1 + r_b} \qquad (11 - 12)$$

在这里，由于未来的即期汇率是和预期通货膨胀相对应的一种预期性的汇率，故在上式中用 $S_{t(a/b)}^*$ 表示。

式（11 - 12）是国际费雪效应用相对名义利率反映即期汇率变动预期的一般表达式。该式两边同减 1，可以得到另一个常见的国际费雪效应表达式：

$$\frac{S_{t(a/b)}^{*} - S_{0(a/b)}}{S_{0(a/b)}} = \frac{r_a - r_b}{1 + r_b} \qquad (11-13)$$

这是一个以相对利率差反映预期汇率相对变动率的式子。当 r_b 不是很大时，式（11-13）还可以进一步简化为：

$$\frac{S_{t(a/b)}^{*} - S_{0(a/b)}}{S_{0(a/b)}} = r_a - r_b \qquad (11-14)$$

这一理论告诉我们，在金融市场之间以国际资本流动方式进行的套利活动使两国的利率之差为将来即期汇率变动的无偏估计（见图 11-3）。

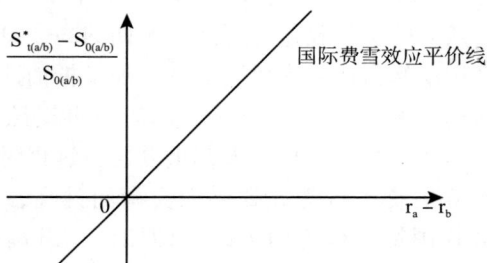

图 11-3　国际费雪效应

例如，美国的名义利率为 12%，加拿大的名义利率为 10%，若当时的汇率为 0.7545 美元/加元，按国际费雪效应，可以预计，两国货币的汇率将变为：

$$\frac{S_t^{*} - 0.7545}{0.7545} = \frac{0.12 - 0.10}{1 + 0.1}$$

$S_t^{*} = 0.7694$（美元/加元）

这表明，利率高的国家，通货膨胀率也高，故而在汇率上表现为贬值。

大多数经济学家都同意这样的观点，随着国际金融一体化进程的发展，国际资本流动性的增加，真实利率对世界经济各个方面的影响也越来越大。实证研究表明，国际费雪效应所构造的平价关系基本成立。但是，由于汇率风险所涉及的不单有通货膨胀率，还包括诸如经济结构的合理性，一国的财政状况是否良好，以及社会状况和政治背景等因素，因此，短期内国际费雪效应所描述的关系存有一定的偏差。

（四）利率平价说

利率平价和其他平价关系一样，是当今国际金融交易的奠基石。利率平价说（Interest Rate Parity）由凯恩斯于 1930 年首次提出。与购买力平价理论一样，利率平价也是以一价定律为基础，只不过购买力平价是以商品和劳务市场为研究对象，而利率平价则针对证券金融市场。其基本思想是在相同的标价法下，同一证券在不同的金融市场中应有相同的价格。

假设在两国货币市场中的利率是不相同的话，一种抵补的套利活动最终会使在两国货币市场上的实际收益趋于一致。这一过程是通过汇率的变动来完成的。因为，把资金从低利率的 A 国向高利率的 B 国转移时，需要先按照即期汇率将 A 国的货币兑换成 B 国的货币，然后再投资到 B 国的货币市场，到期后连本带利收回。在收回时又需再次兑换，把 B 国的货币兑换成 A 国的。这样，当汇率在这段时间发生变化时，最后的实际收益有可能比预期的高，也有可能比预期的低。整个投资活动暴露在汇率风险之下，为了抵消这类风险，投资人可以在按照即期汇率买入 B 国货币的同时，再按照远期汇率将未来的本利抛出。然而，当许多投资人都重复这一过程时，即期汇率将会因大量的买入 B 国货币行为导致供求失衡而升高，而远期汇率则会因大量的抛出 B 国货币行为而下跌。即期汇率升高和远期汇率下跌的结果，导致套利活动的实际收益率下降，最终使套利活动实际收益为零，套利活动停止。此时，货币市场和外汇市场处于一种新的平衡状态。

现在用公式来描述这一过程。设 r_a、r_b 分别为 A 国的低利率和 B 国的高利率，在 A 国货币市场投资（如在银行存款），在到期日将获得 $1 + r_a$ 的收益。当资金从 A 国向 B 国转移时，投资人兑换到的 B 国的货币为 $1/S_{0(a/b)}$。将这些货币投到 B 国的货币市场，投资到期可获得 $(1 + r_b)/S_{0(a/b)}$ 的收益。$F_{t(a/b)}$ 是第 t 期的远期汇率。投资者经过一笔远期外汇交易，最终实现收益：

$$\frac{(1 + r_b) F_{t(a/b)}}{S_{0(a/b)}}$$

这时 t 与在 B 国货币市场投资的期限一致。在套利活动停止时，在 A 国的投资将与可抵补的套利活动的收益一致，即存在如下等式：

$$\frac{(1 + r_b) F_{t(a/b)}}{S_{0(a/b)}} = 1 + r_a \qquad (11-15)$$

变换后得到：

$$\frac{F_{t(a/b)} - S_{0(a/b)}}{S_{0(a/b)}} = \frac{r_a - r_b}{1 + r_b} \qquad (11-16)$$

式（11-16）中，$\frac{F_{t(a/b)} - S_{0(a/b)}}{S_{0(a/b)}}$ 代表远期汇率的升贴水；$\frac{r_a - r_b}{1 + r_b}$ 称为利息贴水或升水。

若 r_b 较小，远期升水或贴水还可近似表示为：

$$\frac{F_{t(A/B)} - S_{0(A/B)}}{S_{0(A/B)}} = r_a - r_b \qquad (11-17)$$

这一理论告诉我们，在完备的货币市场中，两国风险与期限相同的证券的利率差别与外汇市场上的远期升水或贴水相等（见图11-4）。

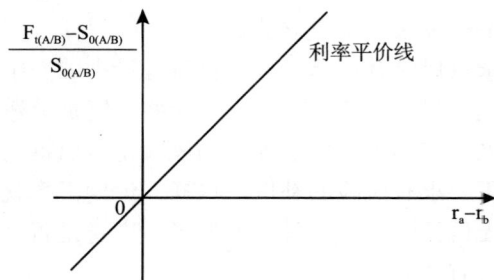

图 11-4　利率平价说

假设加拿大元的即期汇率为 0.7545 美元/加元，加拿大的年利率为 5%，美国的年利率为 3%，加拿大元三个月远期汇率为 0.7520 美元/加元，计算的年贴水率为：

$$\frac{0.7520 - 0.7545}{0.7545} \times \frac{12}{3} \times 100\% = -1.3252\%$$

由于加拿大和美国之间的利率差为 2%，而加拿大元年贴水率为 -1.3252%，在这种情况下，将会出现套利活动。

利率平价最好的例证是在欧洲货币市场，因为在这里交易费用很低，没有税收和政府干预的问题，即使存在交易费用，这一关系也仍然成立。但是，倘若存在外汇控制，则结论要进行一些修改，利率平价是国际金融中一条十分重要的关系。事实上，国际金融市场上的各大商业银行都是根据利率平价来计算并报出远期汇率的。在实际的外汇市场上，远期升水或贴水和计算值往往存有偏差。应该说，这种现象的出现大多与投机活动、交易费用、税收和其他控制措施的存在有关。

（五）期望说

由于一种货币远期升水或贴水反映的是该货币在同一时期的预期升值或贬值率，那么，远期汇率和预期的即期汇率之间是否存在某种关联呢？期望说（Foreign Exchange Expectations）认为这两者应该相等，所以期望说又称"远期汇率平价假说"（Forward Rate Parity Hypothesis）。

若未来的即期汇率是确定的，上述关系则一定成立。但是，未来的即期汇率是不确定的，这是众所周知的。因此有关这一问题，就出现了两种观点。一种观点认为，由于远期汇率是未来即期汇率的一个无偏预测量（An Unbiased Predictor），即对未来即期汇率高估或低估的可能性相等，因此上述关系即使面对不确定的未来即期汇率也仍然是成立的；而另一种观点则认为，远期汇率是未来即期汇率的一个有偏差的预测量，因为投资者要求得到因承担外汇风险而应该得到的风险补偿，因此上述关系是不成立的。

投资者要求有风险补偿已是现代投资理论中的一个基本概念。然而，现代证券组合投资理论指出，只有那些不能被分散的风险才是需要补偿的。在外汇市场中，由于外汇的风险是可以抵消的，因此，远期汇率不应该再要求有风险的补偿。这样，远期汇率就仍然是未来即期汇率的一个无偏预测量。但是，外汇风险本身是否可以抵消，取决于外汇市场是否有效率。

一个有效的外汇市场，能够对所有可资利用的信息完全反应，并迅速调整以适应新的信息。在市场中一个可赚取超额利润的机会会因市场的迅速反应而很快地消失，套利活动趋于停止。在这样的市场条件下，无偏预测量的观点才成立。但是，市场是否有效是难以检验的，因为一个市场如果能检验出这一点，本身就说明它是无效的。套利活动存在的事实，可以说明市场自身的不完备性，说明市场缺乏灵活有效的调节机制。因此，远期汇率是否能作为未来即期汇率的一个无偏预测量，受许多因素的影响，除风险偏好、交易成本、税收和政府干预外，还包括外汇市场的有效性。

图 11-5 反映了上述几个平价关系之间的联系。从图中可以看到，这几个变量之间存在一种联动关系，假设现在要确定未来的即期汇率，则可以采用三种办法：

方法一，从汇率的远期升水或贴水出发，若外币远期升水 4%，则根据期望说，未来的即期汇率一定会上升 4%；

方法二，从名义利率之差出发，若本国的利率比外国的利率高 4%，则根据国际费雪效应，未来即期汇率的上升幅度将达到 4%；

方法三，当本国预计的通货膨胀率比外国高，两者相差 4% 时，其结论将与前两种方法所得出的结论一致。

由于这几个变量都是联动的，一个变量出现变化，势必引起其他变量随之进行调整。因此，要确定未来的预期汇率，关键在于变量的选取。所选取的变量应该是那些能够获得相关信息，而且信息本身比较完整可靠的变量，在上例所给出的三种途径中，预期的通货膨胀率相对更容易获得。这是因为货币市场和外汇市场瞬息万变，要取得有关的数据几乎不可能，而通过对货币政策和经济形式等情况的分析，却能够获得预期的通货膨胀率。

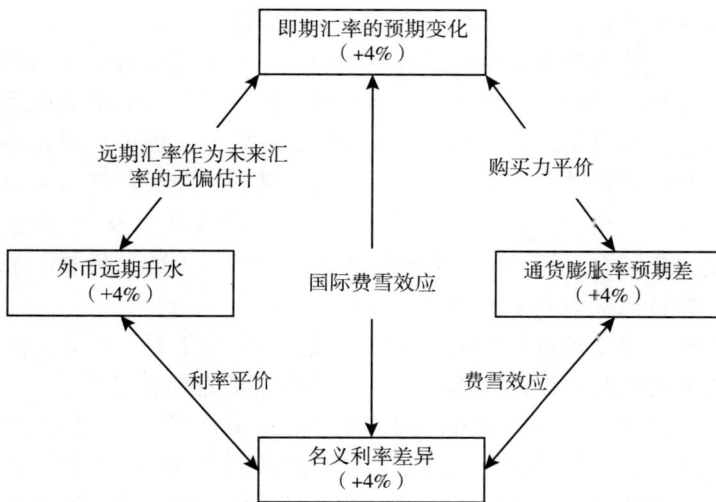

图 11 – 5　各种平价关系之间的联系

二、汇率变动的经济结果

汇率变动总是通过购买力平价和国际费雪效应，与各国的通货膨胀、物价变动和利差相关联。这些宏观经济变量的变动，会对跨国公司销售量、销售价格、生产成本和费用开支等各个方面产生直接的影响。因此分析经济风险必须先从这几个经济变量入手。

根据购买力平价说，汇率变动的幅度总是与两种货币通货膨胀率的变动幅度相一致。因此，当子公司所在国的货币贬值时，跨国公司在该国拥有的实物资产的价格（以当地货币计价）将上涨。如果价格上涨的幅度与当地货币币值下跌的幅度一致，跨国公司就不存在经济风险。相反若实物资产价格没有上涨，或上涨幅度较小，则意味着跨国公司有经济风险存在，而且这种风险甚至有可能长期存在着。假设一海外子公司所在国货币贬值 10% ，若该公司以当地货币表示的产品价格也同时上涨 10% ，则对该公司来说，就不存在销售收入减少的问题，但倘若产品价格只能上涨 7% ，销售收入下降 3% ，即为由该公司承担的经济风险。

企业所持有的金融性外币资产，如有价证券、银行存款及应收账款等，在减去外币负债后，得到净的金融资产值。净金融资产在汇率风险的暴露形式和风险的计量上，与实物资产不同，它需要考虑两种货币之间的利率差。这类资产经济风险的暴露，取决于有关货币市场和资本市场对汇率的变动是否已有预期，并在有关货币的利差上作出调整。若货币市场和资本市场是有效率的，也即国际费雪效应成立，则两国的利差应正好等于即期汇率的变动率。在这种情况下，持有外

357

币净金融资产也就不存在经济风险的暴露问题。

若金融市场和商品市场是有效率的，在汇率变动被充分预期的情况下，市场会通过一个自动的、隐含保值机制，消除汇率变动所带来的风险。金融市场通过利率的调整保护金融资产的价值，而商品市场则通过物价的调整对实物资产进行保值。然而，现实经济生活中，市场效率是不完全的。政府的干预、垄断势力的存在以及市场的分割，都决定了市场自发调整的不充分性和不彻底性。因此，只要汇率发生变动，经济风险就在某种程度上存在。

由于汇率变动可能是通货膨胀的成因，也可能是其结果，因此经济风险有可能是单纯的汇率风险，也有可能是通货膨胀方面的风险。在有些交易中，公司需要签订固定汇率的负债合同，如长期租赁和聘用合同等，这时的风险已不再是汇率风险，而是该种外币通货膨胀的风险。而有些交易，如以外币结算的产品销售，则可能只出现汇率风险，而不存在通货膨胀风险。因此，考察汇率与通货膨胀率对企业经济风险的暴露，关键在于判断两者的变动是否能相互抵消，而不是变动的绝对值。

通货膨胀所导致的相对价格变动会影响跨国公司销售收入、生产成本和费用开支等诸多方面。当通货膨胀率的变动与汇率的变动不一致时，进口商品和国内原材料商品的价格变动通常具有"两面性"，即有些企业因此而获益，而有些则蒙受损失。20 世纪 70 年代，瑞士法郎对美元的汇率曾超过两国通货膨胀率之差。这种情况对瑞士的手表制造业来说是十分不利的。因为日本同业的强大竞争使瑞士的制造商们不敢大幅提高美国市场上手表的价格，而同时，瑞士的劳动力成本又居高不下，企业效益大大下降。与此相反，1982 年比索对美元的贬值却使墨西哥一家世界最大的银矿冶炼企业增加了 200% 的美元利润。原因是，一方面比索成本下降；而另一方面出口产品上的美元收入却保持不变。

相对价格的变动有时还与政府对物价和工资的控制相关，这种控制往往伴随着货币的贬值。那些利用当地资源进行生产、产品外销的子公司，往往会给跨国公司带来不少的收益。这是因为，一方面，当地政府控制工资和物价，使该公司在工资和资源投入上的成本保持不变；而另一方面，货币贬值提高了该公司的产品在国际上的竞争力，甚至允许该公司改变销售策略，提高产品销售价格。然而，如果这家子公司的产品大部分在东道国销售，那么情况就有可能恰恰相反。

三、外汇风险管理

358

外汇风险（Foreign Exchange Exposure），也称外汇暴露，是指由

于外汇汇率的变动而导致企业的盈利能力、净现金流量和市场价值发生变化的可能性。财务经理的一项重要职责就是要预估外汇风险并及时管理，以使企业的盈利能力、净现金流量和市场价值最大化。

（一）外汇风险的类型

外汇风险主要有三种类型：经营风险（Operating Exposure）、交易风险（Transaction Exposure）和换算风险（Accounting Exposure）。

1. 经营风险。经营风险有时也称经济风险（Economic Exposure），是指由于意外的汇率变动导致企业未来的经营性现金流量发生变化，从而影响到企业的市场价值。企业价值的变化程度取决于汇率变动因素对企业将来销售量、价格和成本的影响程度。

2. 交易风险。交易风险是指已达成协议但尚未结算的外币交易因汇率波动而发生外汇损益的可能性。衡量的是特定的汇率变动对已达成协议的外币交易的价值可能产生的影响。例如，当法郎对美元贬值时，美国公司的法郎应收账款就蒙受了外汇损失。

3. 换算风险。换算风险有时也被称为翻译风险（Translation Exposure）或会计风险，产生于跨国公司将其国外附属公司或投资项目经营成果的计值单位由记账外币换算成本币的换算过程。跨国公司由于法律上和经营上的需要，必须合并其国外附属公司和母公司的财务报表，而各个会计项目换算时所用的汇率并不见得与入账时的历史汇率相同，因此，那些按现行汇率换算的资产与负债就会发生外币换算损益。这些承受换算风险的资产与负债就称为暴露资产（Exposed Assets）和暴露负债（Exposed Liabilities）。鉴于暴露资产和暴露负债的风险可以相互抵消，所以公司的总换算风险就取决于暴露资产与暴露负债之间的差额。

（二）经营风险的管理

较之于换算风险和交易风险，经营风险对跨国公司长期利益的影响要深远得多。但是，由于经营风险的估算基于对将来现金流量变化的估计，而且所界定的时间段又带有任意性，因而不可避免地会具有某种主观色彩。经营风险的程度并非来自会计过程，而是需要通过经营分析才能得出。经营风险的管理是管理阶层的责任，因为它涉及公司的财务战略、购买战略、生产战略和营销战略等，并要求这些战略能够协调一致。

预料中的外汇汇率变动，并不包含于经营风险的定义之内，因为管理者和投资者在作经营预算和评估公司价值时，应该都已考虑了这一因素。从管理者的角度看，预算财务报表就已包含汇率预期变动的影响。许多管理者在编制经营预算时，使用的就是外汇市场上的远期

外汇风险（Foreign Exchange Exposure），也称外汇暴露，是指由于外汇汇率的变动而导致企业的盈利能力、净现金流量和市场价值发生变化的可能性。

汇率，而非预算编制日的即期汇率。

从投资者的角度看，如果外汇市场是一个有效市场，则汇率的预期变动应是众所周知，其对公司股票价格的影响也就能迅速体现。只有意外的汇率变动，才能使公司股票价格（或称公司的市场价值）发生变化。

1. 经营风险对预期现金流的影响。以时间长短划分，意外的汇率变动对公司预期现金流量的影响可简析如下：

（1）短期影响。短期影响是指对年度经营预算中的预期现金流量的影响，年度预算中的外汇损益主要取决于预期现金流的计值货币。已达成协议的应收应付账款不能随意更换计值货币，即使是未签协议的销售或购买承诺，计值货币的变更亦需斟酌商议，为了商业信誉，短期外汇损失一般是不能转嫁给客户的。此外，在短期内，公司很难重新标定销售价格或变动生产要素成本。因此，最后实现的现金流量将会与预算流量有所不同。不过，随着时间的推移，销价和成本也是能依据变化后的汇率加以调整的。

（2）中期影响。汇率意外波动对2～5年中期预算内的预期现金流量所造成的影响称为中期影响。大致可分为两种情况分析：

①假定外汇汇率与所涉及国家的通货膨胀率以及利率之间的有效均衡关系存在，亦即假定购买力平价和国际费雪效应都能实现。在这样的前提下，公司应能在一段时期内逐步调整销价和要素成本，以使实际现金流量与预期现金流量保持一致。各国的国际收支、货币和财政政策决定了上述有效均衡关系能否存在，以及跨国公司能否被允许调整价格和成本。

如果有效均衡持续存在，而且跨国公司能自由地调整其售价和成本以保持其预期的现金流量和竞争地位，则可说该公司的中期经营暴露等于零。不过如果有效均衡虽然存在，但跨国公司可能不愿或不能调整其经营政策以保持预期的现金流量，那么该公司就得承受经营风险，其市场价值也会受到影响。

②有效均衡不存在时，如果购买力平价和国际费雪效应都不能实现，跨国公司也许就不能调整其产品售价和要素成本以抵消汇率变化所带来的影响。公司的实际现金流量将不同于预期流量，公司的市场价值将会因为这次意外的汇率变动而有所变化。

（3）长期影响。长期影响是指对5年以上的长期预算中的预期现金流量产生的影响。如果有效均衡状态不存在（或不能持续长期存在），则跨国公司的现金流量将会受现有的和潜在的竞争者针对汇率变动所作反应的影响。实际上，只要外汇市场的有效均衡状态不能持续存在，无论是跨国公司还是国内经营公司，从长期来看，都存在外汇经营风险，因为国际竞争最终会波及国内。

2. 经营风险的管理。管理经营风险的目的是预测和引导意外汇率波动对公司将来现金流量的影响。为此，管理者不仅要能迅速判断有效均衡状态是否存在，还必须在意外汇率波动发生前就已准备好最佳的应对策略。达到这一效果的最好方法是在全球范围内将自己的经营和融资多元化。经营多元化意味着分散销售市场、生产地点和原材料来源。而融资来源多元化则意味着应在数个资本市场上进行多种货币融资。

多元化战略使跨国公司管理者可以根据自己的风险偏好，对外汇、资本和产品市场上不均衡状态所提供的机会作出主动或被动的反应。而且，这样一种战略并不要求管理者去预测不均衡状态，只要在不均衡状态出现时，管理者能迅速发现并作出相应决策即可。

（1）经营多元化（Diversifying Operations）。如果跨国公司已实现了经营多元化，那么，管理者就会使自己处于这样一种优势地位：当不均衡状态出现时，他可以通过比较不同销售市场的价格和不同产地的要素成本而迅速察觉并作出针对性反应。他可以决定临时增加原材料和半成品的购买量；也可以决定把生产线从一个子公司转移到另一个子公司；如果不均衡状态下的汇率波动使公司的产品在出口市场上的价格竞争力有所提高，则可以立即在出口营销方面加强努力。

即便管理者并不对汇率波动作出主动性反应，多元化经营战略也能减轻公司所承受的风险冲击。因为汇率的变动可能使公司的某些市场和生产基地受到冲击，而在另外一些市场上，来自另外一些国家的子公司的产品却可能因而增加了竞争力，因此，多元化经营使外汇经营风险因相互抵消而趋于中和。

（2）融资多元化（Diversifying Financing）。融资多元化使公司在国际利率市场和汇率市场偏离国际费雪效应时，能迅速捕捉机会。即是说，如果两国利率之差与预期的汇率变动并不一致，则降低公司资本成本的机会也就出现了。然而，若要在短暂的时间里快速融资，该公司必须是已在国际投资界负有名望并和国际性金融机构建立了牢固联系的跨国公司。纯粹的国内公司，由于一直囿于一个资本市场，就只能眼睁睁地看着大好机会失之交臂。

公司对多元化战略有时会感到力不从心。例如，某个特定行业的产品也许要求进行集中化生产以取得规模经济效益，因而从经济效益上看，分散化生产是不足取的。另外，公司也许因为规模太小或不够出名而吸引不了国际股权投资者和贷款人。但不论如何，至少有一点是可以做到的：让你的销售市场尽可能多元化。

（三）交易风险的管理

外汇交易风险主要产生于以下交易：

1. 以信用方式赊购或赊销以外币计值的商品或服务；

2. 借入或借出资金——当协议规定使用外币还款时；

3. 作为未执行的远期外汇合约的一方当事人；

4. 其他以外币计值的债务或应得资产。

管理交易风险主要有两类方法：一是以签订合约的形式进行保值；二是调整经营决策。

1. 合约保值方法（Contractual Hedges）。合约保值方法大致有如下几种：外汇远期合约、期货合约、期权合约和利用货币市场进行借贷投资以及一些交换协议，如背对背贷款、货币调换，或信贷调换（Credit Swaps）等。

2. 通过经营决策避免外汇风险。跨国公司还可以通过经营决策来避免或减少外汇风险。主要有如下几种方法：

（1）选择计值货币。原则上，在进口贸易中应选择软币（即在付款期内呈现下浮趋势的货币）作为计值货币，而在出口贸易中则应以硬币（即呈现上浮趋势的货币）计值。但用何种货币计值，常受到交易双方谈判地位的影响，因为谈判的对方也会考虑到自己的外汇风险。所以一方在接受对方提议的计值货币的同时，常以提价或降价等作为交换条件。

交易商可以力争以本币计值以完全避免外汇风险。但在出口商所在国货币为软币的情况下，以本币计值可能会给出口商带来较低的经济效益。

因此，在管理外汇风险时应牢记一项原则：既要使外汇风险降至最低，又要考虑为了保值而承担的机会成本。

在有些大宗交易里，交易者可以选择组合货币单位，如特别提款权和欧洲货币单位等，作为计值货币，以降低外汇风险。

（2）提前与延迟。提前与延迟的具体做法将在本章第二节中做介绍。联系到外汇风险管理，就是在外币坚挺时，对外币应收账款应延期收回（尤其是当所在国规定外汇收入必须立即兑换为本币时），对外币应付账款则应提前支付；当外币疲软时，外币应收账款便应提前收回，而应付账款当力争延迟支付。

如果交易双方属于不同利益的两个公司，则在提前或延迟收支时，得益方应付给对方一定的折扣或风险费，具体费率由双方协商确定。

在有些国家，对提前与延迟支付作了一些限制性规定。

（3）平衡法。平衡法是指创造一个货币、金额和期限均相同的反向资金流动，以抵补外汇暴露。例如，中国一公司在半年后将有一笔60 000英镑的应收账款到期，如果该公司能设法从英国进口一批价值同等的货物，并规定以英镑支付，付款期与应收账款到期日一致，便可以消除外汇风险。

通常来说，一个公司很难使其每笔交易的应收应付款达到"完全平衡"（Perfect Matching），不是在时间上略有差异，便是在金额上不一致。对前者须结合使用货币市场保值方法，毕竟可以在借款或投资的时间上缩短一些；对后者则需要结合外汇远期或期权合约以抵补外汇暴露净头寸（即应收应付款的差额部分）。

此外，还可以通过设立再开票中心（Reinvoicing Centers）来进行跨国公司内部的多边冲销，最终达到减少交易风险的目的。

（四）换算风险的管理

管理换算风险的主要方法是"资产负债表保值法（Balance Sheet Hedge）"。即设法使跨国公司合并资产负债表上的外币暴露资产（Exposed Foreign Currency Assets）和外币暴露负债（Exposed Foreign Currency Liabilities），在币种与金额上趋于一致，从而使净换算暴露（风险）等于零。

也有人认为可以利用远期市场或期权、期货市场，对换算暴露进行保值。但实质上，这样做并非保值行为，而只是企图在外汇市场或其他金融市场上获得投机性收益以抵补换算时的账面亏损。换句话说，如果管理者能够正确预测汇率的变动趋势，那么，他完全可以不必理会是否存在换算暴露，尽可以大量地做他的外汇投机业务。而如果他的预测失败了，换算盈余并不能增加实际的现金流入，但合约本身导致的外汇亏损却会增加实际的现金流出。

鉴于换算损益是纯粹会计上的损益，对公司的现金流量并无实质性的影响，所以有许多跨国公司对换算风险都是采取听之任之的无谓态度。

第二节　跨国公司的融资管理

跨国公司的融资战略也是跨国公司跨国经营战略的一个重要组成部分。本节将主要研究跨国公司的融资战略及内部资金的管理。

一、跨国公司的融资战略

融资战略是跨国公司财务管理的一个重要组成部分。融资成本的高低会直接影响跨国公司的经营成本，从而影响公司的竞争力。而融资结构（财务结构）的合理与否还将直接影响到跨国公司的后续融资能力，甚至给公司的生存带来危险。

由于跨国公司的触角可遍及全球，较之于纯国内公司，其融资优势也自然较大。

第一，跨国公司在不同的国家或地区进行投资，这种多元化经营通常可降低风险，因此母公司的股东往往愿意接受较低的股权收益率。而跨国公司股权资本的成本也因而可以比同等规模的纯国内公司低。

第二，跨国公司更易进入日趋成熟的国际资本市场，充分利用欧洲债券、外国债券、欧洲票据、欧洲商业票据和欧洲货币辛迪加贷款等市场，在全球范围内筹措资金。在美国、日本、英国等国设有子公司的跨国公司，还可以利用东道国国内规模巨大的金融市场。

第三，跨国公司利用东道国的金融市场时，当地子公司借助母公司的国际声誉和雄厚的经济实力，在当地金融市场常常可以获得很高的信誉等级，从而能以优惠的利率取得贷款或发行债券。

第四，从事国际贸易的跨国公司可以充分利用目前已高度发达且结构完善的国际贸易融资方式。

第五，跨国公司还可以通过内部调拨或内部交易把资金从一个子公司转移到另一个子公司或公司总部，这使得跨国公司更易于利用不同金融市场的利率差异，获得成本较低的资金。即便东道国政府采取外汇管制政策或设置其他的限制资金自由流动的障碍，大多数跨国公司仍能发现全部或部分地绕过这些障碍的途径。

因此，跨国公司可从全球范围内权衡各类可利用的资金来源，从中选择最佳的资金组合，以达成公司总体融资成本最低化、避免或降低各种风险、建立最佳的财务结构三大融资战略目标。

（一）融资成本最低化

尽管"完全市场"（Perfect Market）和"有效市场"（Efficient Market）的理论已不断成熟，国际资本市场也正在逐步趋于统一，实际上，当今的国际资本市场还远远达不到"完全市场"的标准。各国政府各种各样的行政干预以及某些社会、经济、技术等方面的因素，使得国际资本市场仍可细分为众多的差异化市场。不同来源的资金，其成本不仅因风险不同而各异，而且，某些来源的资本可以得到政府补贴，而筹自另外来源的却要缴纳税负，纳税时，采用不同的融资方式或策略，所承担的税负也往往不同，这些都为跨国公司实现总体融资成本最低化的战略目标提供了良好的机会。而跨国公司所具有的全球范围的资金调度能力和信息网络使之能较好地把握住这些机会。一般说来，跨国公司为实现总体融资成本最低化这一战略目标，主要采用以下三种策略：

1. 减少纳税。各国的税制、税率有很大差别，即使在一国之内，不同的纳税对象所承受的税负也各不相同，因此，跨国公司可以通过选择适当的融资方式、融资地点和融资货币以减少纳税负担。

2. 尽可能利用优惠补贴贷款。各国政府为了鼓励本国产品出口、优化产品结构、扩大劳动力就业等目的，往往会提供一些优惠补贴贷款。例如，大多数国家的政府为了扩大本国出口和改善国际收支，都设置了专门的金融机构（如进出口银行）向本国境内的出口企业提供低息的长期贷款，这种优惠信贷也可给予购买本国商品的外国企业。跨国公司可以利用其全球经营网络，作出适当的投资与购销安排以充分利用这些优惠信贷。

3. 绕过信贷管制，争取当地信贷配额。当前，各国政府都在一定程度上对本国的金融市场实施干预。干预的原因或是为了诱导投资方向做某种战略性的转移，或是为了使利率或汇率稳定在某一水平，也可能是为了刺激或抑制信贷资金的增长，不一而足。

当一国处于外资流入过度时，该国政府就可能规定新借外资的一部分必须存入政府指定的某一机构或采取类似措施，使筹借外资的实际成本上升；当一国发现资金流出过度时（通常说来，此时当地的利率处于过低的状态），其政府便可能对外资企业在当地金融市场筹措资金实施信贷配额管理。因此，如何绕过这些信贷管制措施，并争取尽可能多的配额，是跨国公司财务管理人员的一大职责。

（二）避免或降低各种风险

跨国公司融资战略的另一重要目标是避免或降低各种风险。有远见的财务经理必须意识到，任何一笔重大的融资安排，无论是母公司所做的融资还是子公司融资，都会对公司总体的风险地位及其他融资渠道产生影响。因此，跨国公司的融资部署不仅需要考虑融资成本最低化这一目标，还需要考虑如何降低公司的风险地位，保持和扩大现有的融资渠道。为此，跨国公司可采取三种策略措施：

1. 降低外汇风险。外汇风险是指由于不确定的汇率波动而导致公司资产或收益遭受损失的可能性。主要有三类外汇风险：交易风险、换算风险和经营风险。其中，交易风险和换算风险主要归因于公司经营中出现的、未加抵补的外币净资产（或净负债）头寸，这种未抵补的头寸通常称为外汇暴露（Exposure）。跨国公司可通过配对的融资安排来消除或减少存在于某种货币上未抵补的净头寸。

2. 避免或降低政治风险。政治风险是指东道国或其他国家政府的政治、经济政策的变化所导致的企业经营风险。政治风险类型很多，从暂时性冻结资产到征用甚至没收，可以给跨国公司带来灾难性的后果。因此，跨国公司在制定国外融资战略时，就不可不考虑政治风险因素。一般而言，降低政治风险的策略方针有：第一，尽可能选择政治稳定的国家进行投资。在政治风险较高的国家投资时，尽可能利用公司外部资金，如果东道国政府或其他方面特别要求母公司必须提供内部资金，则应尽量以贷款的形式进行融通。第二，应坚持以子公司或外国投资项目的盈利作为偿还贷款的资金来源。这样做的目的是：促使债权人出于自身利益来关心该子公司或投资项目的进展情况，关注东道国对项目合同的履行情况，从而将子公司或投资项目的利益与国际性金融机构、客户甚至其他国家政府的利益紧密地联系在一起。一旦东道国采取任何外汇管制或征用没收等行为，利益关系网上的各方便会协力反对，从而使东道国政府投鼠忌器，不敢对该子公司或投资项目采取过激的行为。

3. 保持和扩大现有融资渠道。跨国公司的融资战略需要具备两个特点：一是全球性；二是长远性。在追求低成本低风险融资来源的同时，跨国公司还应放眼长远利益，保持和扩展全球范围的融资渠道，以确保稳定的资金来源和融资灵活性。具体策略有：努力使资金来源多样化以及以超量借款保持现有资金来源。

跨国公司应努力拓宽融资的选择范围，不可过于依赖单一或少数几个金融市场。这样，既可收"狡兔三窟"之效，减少公司融资总体的风险，又能通过融资活动，与全球各地金融机构建立联系，增加金融和经济信息来源。此外，到国际金融市场上以发行股票、债券等方式来筹措资金时，还可提高公司的知名度，扩大公司产品在销售市场上的影响力，可谓"一箭数雕"。

跨国公司为了保持现有资金来源或融资渠道，有时在并不急需资金的情况下向银行告贷。因为大多数跨国公司为了便利营运资金的周转，都在一些银行里保持透支限额。在限额之内，公司可随时取得贷款，贷款利息要低于普通和短期贷款，而对于未能利用的透支余额，则通常需要向银行支付承诺费。大部分银行为了避免不必要的资金闲置，常会定期检查每笔透支限额，看客户的借款水平是否与其一致。如果银行认为某客户的借款水平经常低于其拥有的透支限额，便可能减少给予该客户的透支额度。鉴于此，许多跨国公司在资金充裕的情况下仍定期向银行借款，以保持透支限额不被削减，在资金紧缩之时可以获得应急之资。不过，这种借款的代价较高，因为这部分过剩资金再存入银行后所得的利息率要低于透支利率。

（三）建立最佳的财务结构

一个公司的财务结构包含比较多的内容：负债可分为长期、中期、短期，而股票又有普通股和优先股之分。若再细分下去，还可分出可转股债券、累计或非累计优先股等。不过一般来说，对一个公司的财务结构的风险程度作大体的判断，最重要也最常用的标准是公司的债务/股本比率。当一个公司的债务/股本率比较高时，其股本利润率通常较高，而其后续融资能力却较低。因为，利息是一种固定支出，不管公司的盈利如何，都必须支付定额的利息。因此，债务/股本率较高的公司总是倾向于选择资金报酬率较高因而风险也较大的投资项目，其破产或违约的风险也就较高。投资者（无论是潜在的股东还是债权人）在权衡风险因素之后，就可能不愿对该公司投资。所以，建立一个最佳的财务结构，对保证跨国公司融资能力最大化就显得十分重要。

1. 跨国公司总体财务结构。跨国公司最佳财务结构的建立，基于协调其所有附属公司的财务结构之上。只有通盘考虑全球附属公司的财务结构，跨国公司才能使其总体财务结构最优化。跨国公司的资金供应者关注的是与跨国公司世界范围的财务结构相联系的违约或破产风险。任何一个附属公司的破产或其他类型的财务困难都会在一定程度上损害跨国公司的资信地位。因此，跨国公司在全球融资过程中必须经常监测和调整公司整体的财务结构，以实现成本最低化和融资能力最大化。不过，这种监测与调整操作起来的确比较困难，需要完善的组织机构与高水平的人才。

2. 子公司财务结构。跨国公司在权衡风险与收益等因素的基础上确定了公司的总体财务结构目标之后，接下来便须确定子公司或投资项目的财务结构。如果跨国公司的母公司不是有意让其子公司赖账，则子公司的账面财务结构就不能充分体现其财务风险地位。子公司的财务风险实际上将取决于跨国公司合并报表后的整体财务结构。例如，美国一跨国公司的母公司决定利用其从美国银行借来的 1 000 000 美元以股本的方式满足其在澳大利亚的子公司的资金需要（假定该子公司已有股本 500 000 美元），则该子公司的债务/股本比率等于零；但若美国母公司在综合考虑之后，决定让子公司在当地金融市场上自行筹借该笔资金，则子公司的债务/股本比为 2∶1。然而，尽管这两种融资安排导致了截然不同的子公司债务/股本比率，公司合并报表上的债务/股本比率却几乎毫无二致，公司总体的风险地位并未因子公司财务结构的差异而有所变化。如果这是一个老牌的著名跨国公司，投资者对该子公司的风险评价也不会因此而不同（当然，如果穷究起来，细微的差别也还是可以找出一些的，比如市场对该跨国公司的投资与融资方向，可能会产生不同的推测）。由于子公司的财务结构具有如上特点，故其财务结构的确定原则也就与公司总体财务结构的确定原则有所不同，可以划分为如下三种类型：

（1）成本最低化；

（2）与母公司财务结构保持一致；

（3）与当地同行业公司的财务结构保持一致。

具体选择哪一种原则，应根据子公司的具体情况而定，不可拘泥于一格。例如，如果过分要求子公司的财务结构与总公司的目标结构保持一致，就可能使子公司的财务结构在当地金融市场上失去竞争力，或使得子公司无法充分利用低成本资金来源、错失良机。同样，教条地要求子公司财务结构与当地公司的财务结构保持一致也具有很大的弊端，不仅因为这会使跨国公司丧失所拥有的能动协调内部财务结构、调度内部资金的优势，还因为各国由于制度和习俗等方面的原因，其公司的债务/股本比率存在一定的差异。例如，日本当地公司的债务/股本比率一般都高于美国与法国的国内公司。其原因之一是，在日本，银行既是当地公司的债权人，但通常也通过部分持股的做法使自己成为股东，以便更好地监督公司的重大决策。如此一来，在融资环境类似日本的国度里，在一定幅度之内，增加债务/股本比率并不会对公司的后续融资能力产生重大影响。

3. 母公司的担保与债务合并。跨国公司在确定公司全球范围的总体最佳财务结构时还会面临如下问题：是否需要将母公司未担保的和未合并的国外子公司债务纳入总体财务结构；换言之，未经母公司担保的和未合并的子公司债务是否会影响跨国公司的总体风险地位和融资能力。

理论上，母公司对提供担保与未提供担保的两种负债所承担的义务是不一样的。对于担保的子公司债务，当子公司无力清偿时，母公司负有偿还的法律义务。而对于未提供担保的子公司债务，母公司不承担任何法律上的偿还义务。这两种法律义务的区别，常易导致这样的观点，即只有母公司担保的子公司债务才会影响母公司总体的风险地位和融资能力，未担保的子公司债务充其量只能影响该子公司本身。但事实上，由于绝大多数跨国公司都严重依赖各类金融机构以至于离开这些金融机构就难以运转，一旦允许子公司赖账，就可能严重损害公司总体的商誉，从而恶化与金融机构的关系，所以为免因小失大，大多数跨国公司对未担保的子公司债务也是愿负偿还义务的。美国学者罗伯特·斯托鲍（Robert Stobaugh）曾调查了 20 家大中型跨国公司，无一家表示允许其子公司拖欠或拒付母公司未担保的债务。

二、融资的来源、成本和风险

跨国公司的融资来源主要由以下几个部分组成：（1）国际股票市场；（2）国际债务市场；（3）专门的国际融资机制，如国际贸易信贷、国际租赁融资、国际项目融资等；（4）子公司所在国的金融市场；（5）跨国公司内部资金调度系统。

国际股票市场和国际债券市场第二章已经论述，以下论述其他内容。

（一）专门融资方式

专门融资方式主要包括国际贸易信贷、国际租赁融资和国际项目融资。

1. 国际贸易信贷。国际贸易信贷分为进口信贷和出口信贷；也可按期限分为短期、中期和长期信贷；按提供信贷者分为商业信用和银行信用；按有无抵押分为有抵押信贷和无抵押信贷。

（1）短期贸易信贷。短期贸易信贷主要适用于金额较小、周转较快的资金需要，可分为商业信用和银行信用。

①商业信用：进出口商相互提供的信用，如进口商预付货款或出口商以应收账款的形式进行赊销。商业信用因其风险较大，所以只适用于信誉较高的客户。不过，合理利用商业信用，可以降低进出口双方的经营成本。

②银行信用：银行根据进出口商的资信向其提供贸易信贷，包括抵押信贷和无抵押信贷。

在进出口贸易中，出口商在发运货物后，可凭符合信用证规定的货物单据向银行提示付款。在信用证条款下，银行信用取代了进口商的商业信用。

此外，出口商还可以与代理融通公司达成协议，以让售应收账款的方式提前收回货款。让售应收账款分为有追索权的让售与无追索权的让售，后者的成本要高于前者。

（2）长期贸易信贷。长期贸易信贷是指一年以上的信贷，这种信贷一般适用于大型承包项目或大型机械的进出口等，通常是一国政府或银行为了鼓励本国商品出口，而对本国出口商、外国进口商或进口方银行提供的信贷。长期贸易信贷可分为卖方信贷和买方信贷。

①卖方信贷（Supplier's Credit）：是指出口方银行提供给出口方的信贷。出口大型机械、成套设备等，所需资金较多，历时较长，进口商往往要求采用分期付款的方法，出口商为加速资金周转，就需要取得银行信贷。因此，卖方信贷实质上是出口商以银行信用为凭借，再向进口商提供的分期付款的商业信用。

②买方信贷（Buyer's Credit）：出口方银行直接向进口商或进口方银行提供贷款，并规定此项贷款必须用于购买债权国的商品。买方信贷使进口商能及时向出口商支付货款，出口商能迅速收回资金，加速资金周转。出口商无须向进口商提供商业信用。由于买方信贷比卖方信贷更有利于进出口双方洽谈贸易、有利于降低银行贷款风险，因此，从 20 世纪 60 年代末开始，买方信贷的运用大大超过了

卖方信贷。

此外，中长期贸易信贷还有福弗廷（Forfaiting）信用安排限额、出口信用保险和签订"存款协议"等。

2. 国际租赁融资（International Leasing Finance）。广义的租赁是指出租人在不转让法律所有权的前提下，有偿出让某项资产的使用权。而国际租赁（或称跨国租赁），是指出租人和承租人分属不同的国家。

租赁业务可大体分为经营性租赁（Operating Lease）和融资性租赁（Financial Lease）两种，若细分下去，还有维修租赁（Maintenance Leasing）、衡平租赁（Leverage Leasing）、售后回租（Sale and Lease Back）和综合性租赁。

国际租赁业务的发展非常迅速，已达到相当可观的规模。跨国公司可以利用国际租赁达到两个目的：第一，减少公司总体税负。跨国公司可以利用跨国租赁活动在各子公司之间转移利润，从而有效地降低总体税负。例如，当设在低税率国家的子公司需要某套设备时，母公司可指使设在高税率国家的子公司以低租金的方式向其出租设备。第二，在跨国公司体系之内，运用转移价格策略来指导跨国租赁，还可以有效地转移资金。第三，降低政治风险。如果跨国公司的子公司或投资项目是在一个政治风险较高的国家，那么，从东道国的租赁公司租赁所需的部分设备，就可以基本避免设备被征用或没收的风险。因为东道国若真的征用该项租赁设备，跨国公司即可停止向当地租赁公司支付租金。

有的具有较高政治风险的东道国并不存在较发达租赁市场，此时，跨国公司的租赁来源最好选择由多家银行组成的国际银团。因为即使东道国政府敢于征用某一跨国公司的财产，其对国际银团所拥有的租赁设备实施征用的可能性却要小得多，尤其是当该银团或银团中某一银行也向东道国政府提供信贷资助时。

3. 国际项目融资（International Project Finance）。在建设大型工程项目，如电力通信、交通运输等项目时，主办的跨国公司可能会发现难以独立承担投资和融资风险，一般性的融资方式已显得无济于事。此时，就需要筹划国际项目融资了。项目融资有如下几个主要特点：

（1）投资项目本身必须是一个独立的法人实体。换言之，为适用项目融资，项目的主办公司必须为该项目专门成立一个新的法人公司。

（2）项目所需资金的大部分来自项目贷款，其余部分由项目主办公司承担。项目贷款的偿还资金来自项目收入和项目本身的资产。

项目融资的安排必须周密慎重，尽可能使项目参与者分担项目风险。在发展中国家投资大型项目时，最好是能够与东道国政府签署协议并争取信用支持，以便降低政治风险。

国际金融机构，如世界银行、国际金融公司（IFC）和一些区域性开发银行，是国际项目融资的重要资金来源。它们经常为发展中国家的基本建设项目提供中长期贷款，甚至是无追索权的信贷。所谓无追索权是指如果该项目经营失败，其收益或资产变卖不足以清偿全部贷款时，贷款人不得向项目主办公司追索。

国际性商业银行也是国际项目融资的来源之一。但商业银行提供贷款的条件要多一些，它们可能要求主办项目的跨国公司提供一定形式的财务担保。在风险较大的情况下，贷款银行还可能要求项目的主办公司承购项目的全部产品。

（二）利用子公司所在国国内金融市场

跨国公司除了需要充分利用欧洲金融市场外，还可以通过子公司利用当地金融市场进行融资。由于各国的政治、经济、法规和文化等方面的差异，各国国内金融市场的具体操作也很可能会有所不同。对此，跨国公司在融资时要加以注意。此外，尽管是以子公司名义或通过子公司进行融资，在做融资安排时，仍要从公司总体利益最大化的角度出发，综合考虑公司总体财务结构、财务风险，子公司财务结构等因素。

三、跨国公司内部资金管理

跨国公司通过有计划地协调各子公司的资金流动，可以大大减少公司的资金成本和风险。因此，内部资金管理成为跨国公司财务管理者的重要职责之一。

跨国公司母公司与子公司之间以及各子公司相互之间的资金转移渠道与方法主要有：

1. 母公司向子公司提供初始资金，如股权投资和贷款；
2. 子公司向母公司支付股息和管理费；
3. 子公司之间相互贷款；
4. 子公司向母公司和/或其他子公司支付贷款利息、偿还本金，以及支付技术转让费、专利或商标使用许可费等；
5. 提前或延迟支付货款或债务；
6. 在公司内部交易中运用转移价格策略。

需要指出的是，由于跨国公司转移资金的目的不可避免地会与东道国的利益发生某种程度的冲突，因此，东道国政府总是要对此加以一定的限制。有时，资金的内部转移可能会导致较高的成本并影响公司在东道国的形象。

（一）对子公司的股权投资与子公司股息策略

母公司对子公司的初始投资中，股权资本与债务资本应该各占多少？这是一个值得研究的问题。跨国公司的财务人员应根据公司的总体融资战略和东道国类似公司的财务结构作出决策。一般来说，如果子公司财务结构中的股权资本比例不至于小到令东道国政府大为不满的地步，则母公司采用贷款形式向子公司提供资金往往会有如下优点：

1. 由于贷款本金是需要偿还的，所以通过偿还本金和支付利息，母公司的投资可以较方便地回收。而且，本金的偿还是不纳税的。

2. 东道国政府很可能会限制股权资本的返回，甚至对股息的发放也会施加限制。因此，若全部以股权投资，则可能导致日后资金回收的困难。

3. 一般情况下，外汇限制很少及于利息支付，且利息费用还具有抵免子公司税负的功能。

但是，需要强调一下，采取这一策略时必须谨慎，不可使股权资本所占比例过低。

子公司盈利之后，就应该发放股息。但股息水平究竟多高方为合适，尚需考虑许多因素，其中关键者有：

（1）母公司与子公司对资金的相对需求；

（2）东道国货币的汇率变动趋势；

（3）股息对跨国公司全球税负水平的影响；

（4）当地政府及市场对股息支付水平的看法以及当地有关股息发放的法律规定；

（5）东道国的政治风险。

在一般情况下，股息多是按各个子公司税后利润的某一百分比发放，或先按某一水平支付，然后再根据对上述五种因素的考虑作出调整。有两种极端的做法：一种是不论何处的子公司，都需按同一公式计算并汇回股息；另一种则采取完全灵活的策略，各个子公司是否支付股息及支付多少股息，全视上述五项因素的权衡结果而定。

（二）公司内部贷款

如果跨国公司子公司所在国对资金流动不加限制，那么，母公司就可以直接贷款给子公司。贷款货币可以是任何一方或第三方货币。而贷款利率可以从公司利益最大化的角度予以确定，换言之，公司内部直接贷款的利率实际上表示了资金的内部转移价格。如果位于某一实行或可能实行外汇管制国家的子公司需要贷款，跨国公司认为直接贷款的风险太大或成本太高，便可采用迂回的贷款方式。主要有平行贷款和背对背贷款两种方式。

1. 平行贷款（Parallel Loans）。平行贷款是指在不同国家的两个母公司分别在国内向对方公司在本国境内的子公司提供金额相当的本币贷款，并承诺在指定到期日，各自归还所借货币，平行贷款包含两个独立的贷款协议，这两份协议都是具有法律效力的，一方出现违约的情况，另一方也不能解除履约义务。例如，假定美国的跨国公司在巴西的子公司需要资金。美国母公司找到一家在巴西有子公司的法国跨国公司。双方便可做如下的互贷安排：法国跨国公司在巴西的子公司以巴西货币借款给美国的巴西子公司，而美国母公司则以同等金额的美元或法郎借给法国母公司，两笔贷款的期限一致。由于美国公司在巴西的子公司最后是以巴西货币偿还借款本金与利息，美国公司便可避免外汇管制风险。至于法国公司，它通过互贷安排，实质上是暂时收回了在巴西的多余资金，它可以充分利用到手的硬通货在其他金融市场进行投资。

2. 背对背贷款（Back-to-Back Loans）。背对背贷款是为了解决平行贷款中的信用风险问题而产生的。它是指两个国家的公司相互直接贷款，贷款币种不同但币值相等，贷款到期日相同，各自支付利息，到期各自偿还原借贷货币。背对背贷款尽管有两笔贷款，但只签订一个协议，协议中明确若一方违约，另一方有权抵消应尽的义务。这种做法大大降低了信用风险，向货币互换迈进了一大步。但是，背对背贷款涉及跨国借款问题，存在外汇管制问题。因此，背对背贷款只是在1979年在英国取消外汇管制后才作为一种金融创新工具而出现。背对背贷款虽然非常接近现代货币互换，但与货币互换仍有本质区别。平行贷款和背对背贷款在1979年英国取消外汇管制后，便作为一个金融创新在国际金融市场上使用，主要作为长期外汇资产的有效保值工具。

（三）管理费、提成费和许可费

由于子公司与母公司之间的隶属关系，母公司通常要求子公司定期上交一笔管理费。母公司与子公司之间，或子公司相互之间，当发生许可使用或转让专利、技术、商标或其他无形资产时，接受方通常被要求支付一笔许可费或提成费。

管理费、许可费和提成费实际上是公司内部的资金流动，因此其管理原则仍是以公司总体利益最大化为准则。

许多东道国认为跨国公司的子公司向其母公司或其他子公司支付管理费和许可费等，是为了掩盖实有利润、逃避税收和转移资金。因此，对这类费用的支付往往实施较严格的限制和监控措施，任何变动都可能受到盘查。所以，跨国公司的财务人员在最初制定费用标准时一定要考虑周密，一旦确定了一个水平，就不要轻易变更。

平行贷款，是指在不同国家的两个母公司分别在国内向对方公司在本国境内的子公司提供金额相当的本币贷款，并承诺在指定到期日，各自归还所借货币，平行贷款包含两个独立的贷款协议，这两份协议都是具有法律效力的，一方出现违约的情况，另一方也不能解除履约义务。

背对背贷款（Back-to-Back Loans），是指两个国家的公司相互直接贷款，贷款币种不同但币值相等，贷款到期日相同，各自支付利息，到期各自偿还原借贷货币。

（四）提 前 与 延 迟 （Leads and Lags）

所谓提前，就是在信用到期之前支付；延迟则指在信用到期之后支付。

例如，假定一家美国跨国公司母公司向其在英国的子公司出口一批价值 20 000 000 美元的货物，合同规定货款在 3 个月以后支付。在这 3 个月内，如果情况发生了变化，母公司就可以按不同情况指示子公司提前或延迟付款。有以下三种可能：

1. 在 3 个月后准时付款，不论其他方面有何变化；

2. 提前支付货款——如果母公司急需这笔资金的话；

3. 延迟支付——如果子公司在 3 个月之后仍需要巨额资金周转的话。

可见，提前与延迟的技巧可以为跨国公司有效转移内部资金提供很大的灵活性。

从政府的角度看，提前与延迟共有四种形式：

1. 出口提前：国外买方提前支付货款；

2. 出口延迟：国外买方延迟支付货款；

3. 进口提前：国内买方向国外卖方提前支付货款；

4. 进口延迟：国内买方延迟向国外卖方支付货款。

政府外汇管理机构一般不愿意允许进口提前和出口延迟，常对此两类提前与延迟制定一些限制性规定。

（五）收 支 冲 销

收支冲销包括双边冲销和多边冲销，指的是跨国公司通过总体协调安排，把两家或多家子公司之间债权债务或应收应付款进行抵消结算，最后只交割所剩的净头寸。

例如，美国某跨国公司在英、法、德日四国的子公司相互之间的应收应付关系如表 11 - 1 所示。

表 11 - 1　　　　　各子公司应收应付关系　　　单位：百万美元

应收子公司	应付子公司				
	英国	法国	德国	日本	共计应收款
英国	/	2	2.5	3	7.5
法国	2.5	/	5	2	9.5
德国	4	2	/	1	7
日本	6	7	0	/	13
共计应付款	12.5	11	7.5	6	37

由表 11 - 1 可以计算出每个子公司在收支后所余的净头寸，如表 11 -2 所示。

表 11 -2 冲销后的净头寸

子公司	应收	应付	净头寸
英国	7.5	12.5	-5
法国	9.5	11	-1.5
德国	7	7.5	-0.5
日本	13	6	7

这样，本来总共 37 000 000 美元的应收应付款只剩了净头寸 7 000 000 美元，由英、法、德三国子公司向日本子公司支付。实际资金转移额的减少可以大大降低资金转移费用，如银行佣金、外汇市场的买卖差价和资金转移过程中的机会成本等。

许多国家对冲销做了限制性规定，有的则干脆不允许冲销。所以在实际操作时，要熟悉所涉国家的有关规定。

（六）再开票中心

为了方便冲销，也为了把利润转移到低税或免税地，许多跨国公司在所谓的避税港设立了再开票中心（Reinvoicing Center）。该中心是跨国公司的一个资金经营子公司，通常不与所在国市场发生交易，只在各子公司之间进行商品贸易时，扮演转账角色。具体做法如图 11 -6 所示。

说明：①开票；②再开票；③现金流；④现金流。

图 11 -6　再开票中心运转示意图

生产型子公司与销售型子公司达成协议之后，名义上把货物卖给再开票中心，后者再以较高的价格把货物转售给销售型子公司，但实际上，货物并不经过再开票中心，而是直接送交销售型子公司。因此，再开票中心只是处理合同和资金，并不接触实际货物。

再开票中心的作用有以下几点：

1. 它把有关子公司的部分利润转移至低税国家，从而可以增加公司总体的税后利润；

2. 再开票中心为双边和多边冲销提供了便利；

3. 再开票中心通过集中交易，可以迅速发现需要现金支持的子公司，并以提前或延迟的方法为该子公司提供融通资金。

对跨国公司而言，再开票中心的主要缺点是：为设立该中心本身，公司需要支付一定的（有时是可观的）额外费用。因此，小型跨国公司很少设立再开票中心。

第三节　跨国公司营运资金管理

营运资金是指企业为了日常经营的需要，占用在短期资产上的资金，主要包括现金、应收账款、短期证券和存货。营运资金管理包括流动资产和流动负债的管理，流动资产与流动负债的差额称净营运资金（Net Working Capital）。

跨国公司营运资金的管理目标是通过资金的合理安置（包括以何种货币持有和资金的分布地点）以及资金的适当集中和分配，使公司在全球范围内能迅速有效地控制全部资金并使资金的保存与运用达到最优化状态。

一、跨国现金管理

现金也称货币资金，是指在生产过程中暂时停留在货币形态的资金，包括库存现金、银行存款、银行本票、银行汇票等。现金具有流动性强、收益性差等特点。企业持有现金的目的是满足其交易性需要和预防性需要，前者是指企业为了组织日常生产经营活动必须保持一定数额的现金余额；后者是指企业在经营过程中不可避免地会遇到生产事故、自然灾害等不测因素的存在，因此要留有一定数量的现金以应付这些不测因素。现金管理（Cash Management）的目标就是在保证满足企业交易性需要和预防性需要的基础上，尽可能减少企业持有现金的成本，保持合理的现金持有量，促进实现企业效益最大化。

在跨国经营条件下，现金管理原则和其他企业基本一样，但国际现金管理更复杂，不仅是因为地域的扩大和各国家的制度和方式不同，而且在跨国调动资金时，一些外部因素如对现金自由流动的限制等会影响资金的管理者。在跨国现金管理时，管理体制的选择对企业来说至关重要。跨国公司的现金管理体制有分权型和集权型之分。在分权型管理体制下，母（总）公司及其所属子（分）公司各自保持交易性需要和预防性需要的现金，当在日常经营活动中出现现金的暂时多余或不足时，由它们在当地的金融市场上通过短期投资或短期出资自行解决，总部一般不加干涉。在目前跨国公司的现金管理实践中，分权型体制应用不多，而集权型体制则最为流行。因此，现行跨国公司现金管理主要实施集权型的现金管理体制。

（一）集权型现金管理体制的含义

跨国公司现金采用集权型管理体制，即公司财权绝大部分集中于母公司，母公司对子（分）公司严格控制、统一管理、集中力量由总部统一指挥调度，从全局角度出发，优化资源配置、提高资金使用效率。

（二）集权型现金管理体制的特点

1. 集中存储。即跨国公司的各个分支机构只保持满足其交易性需要的现金，而应付意外支出的现金需要量则集中于由公司总部所设立的"中央现金总库"；当子公司的现金存量因发生意外支出而不够用时，由总库立即拨付所需资金。可见，现金的集中存储主要是围绕"预防性现金需要量"进行的。

2. 跨国调度。由于生产经营季节性或其他周期性因素的作用，各子（分）公司日常的实际现金收支往往难以达到均衡，因而各自的实际现金存量总是围绕预先核定的"交易需要量"上下波动。例如，集中采购可能会引起现金存量的暂时性不足，而集中销售则会引起现金存量的暂时性多余。对于这种暂时性的现金余缺，可由总部从全局出发，进行现金的跨国平衡调度：暂时多余的现金划归总库，由总库作出就地投资、调出投资或投至其他子（分）公司的决策，暂缺的现金由总库补充。可见，跨国调度主要是围绕"交易性现金需要量"进行的。

（三）集权型现金管理体制的优势

1. 现金的集中管理，降低了公司平时保持的现金总额，使整个公司能以较少量的现金持有维持正常的生产和经营，从而降低了持有总成本，提高了公司的盈利能力。

2. 可以促使公司内部现金管理的专业化，提高管理效率。总部根据它从国际金融市场上获取的及时完备的信息、可对集中的现金择优投放、统筹管理，从而可以最大限度地提高现金收益率。

3. 在集权型现金管理体制下，一切决策都以全局利益为最高准则，这有利于全球经营战略的设计与实施，并可有效地抑制局部最优化倾向。

4. 可以降低或分散风险。当东道国政府实行征用或限制资金转

377

移时，能最大限度地减少公司损失。

5. 能使跨国公司在法律和行政约束范围以内，最大限度地利用转移定价机制，增强公司的盈利能力。并能使跨国公司在全球范围内保持高度的弹性和应变能力。

意大利的现金管理系统是集权型现金管理体制的典型成功范例。以意大利某跨国公司为例，该公司为其 140 子公司设计了集中现金管理系统，系统的核心是一个管理银行关系、借款和投资的控股公司。按照该公司财务主管的话说，"面对公司，我们将自己作为一家真正的银行"，并且说，"如果你要存放多余的现金，我们将付给你最佳利率。如果公司找到了比我们更好的投资机会，它可以不受限制地将资金投资于集团之外。但这种情况并不多见。"这样，公司避免了在一家银行透支而在另一家银行投资的情况。

二、跨国应收账款管理

应收账款是指企业销售商品、产品，对外提供劳务等而产生的债权，或者说是被客户占用的本企业资金，它是企业流动资金的主要组成部分。应收账款管理（Accounts Receivable Management）中存在的成本包括机会成本、管理成本和坏账损失成本，因此其管理的基本目标是，在发挥应收账款强化竞争、扩大销售功能的同时，尽可能降低投资的机会成本、坏账损失与管理成本，最大限度地发挥应收账款投资的效益。

跨国公司的应收账款主要在两种不同类型的交易过程中产生：一是跨国公司的某成员单位与公司集团以外的独立客户之间的买卖，即外部应收账款；二是跨国公司内部各成员单位之间的买卖，我们称为内部应收账款。因此，应收账款管理需要从两个方面着手，分别是外部应收账款管理与内部应收账款管理。

（一）外部应收账款管理

针对跨国公司与公司集团以外的客户之间交易产生的应收账款，跨国公司主要采取如下管理措施：

1. 选择有利的交易货币。跨国交易不同于国内交易，可选择的货币可以为出口商所在国货币、进口商所在国货币或第三国货币。对于公司外部成员的交易，在合同货币的选取上，为避免外汇风险，出口时应争取选择以硬货币为合同货币，进口则应选取软货币。但由于交易双方对汇率预期经常一致，所以这样的选择将会产生双方讨价还价的局面，此时，应通过一定的谈判，视情况决定是否作出让步决策。但当企业有即将到期的以软货币计量的债务时，出口企业也可选择软货币为合同货币，然后用收回的款项直接偿还同种货币计量的债务。

2. 确定合理的信用政策。在销售时为客户提供一定的、合理的信用政策，有利于增加应收账款的回收率，同时可以起到扩大销售额的作用。但信用政策设计不合理也可能会增加应收账款管理成本、增大坏账损失等。所以，在设计信用政策时，做一定的成本—效益分析以及风险预测很有必要。

3. 其他管理措施。跨国公司可通过应收账款的让售、贴现等减少资金占用。同时，要善于利用发达的国际金融市场如远期外汇市场、期货市场等消除应收账款所承受的外汇风险。

（二）内部应收账款管理

针对跨国公司内部成员之间交易产生的应收账款，跨国公司及其各成员单位本着集团利润最大化的原则，一切以整个公司利益为出发点，进行如下管理措施：

1. 正确选择开票货币。由于各子公司的生产经营都以全局利益最大化为目标，因此内部商品交易之开票货币的选择，应当充分考虑公司在全球范围内的税务规划及资金安排。一般情况下，在结账时，汇率的变动会使交易双方出现汇兑利得或损失，由此会涉及在东道国的缴税与抵税问题。为使公司税负最小化，开票货币应遵循以下原则：汇兑利得出现在低税率的国家，而汇兑损失出现在高税率的国家。

2. 提前与延迟结算。基于公司利益的考虑，公司可适当安排内部应收账款结算的时间，按实际情况提前或延期结算。如当某一买方子（分）公司出现还款后资金短缺、不得不向银行借款，而卖方利息收入不足以弥补银行利息支出时，公司可要求买方延期付款，节约利息费用。在相反情况下，母公司可要求买方提前付款。母子公司更可以利用应收账款进行非契约性融资，如当子公司所在国融资成本高于高级市场时，母公司可以用应收账款对子公司进行低成本的融资。以雀巢公司为例，雀巢公司采用内部修订的标准利率对子公司收取净营运资本费。这项财务费用激励着各国子公司经理严格控制应收账款和存货，因为净营运资本越低，假想的利息费用也越低，利润也就越高。

三、存货管理

存货是指企业在生产经营过程中为了销售或生产耗用而储备的物资，包括材料、燃料、低值易耗品、在产品、自制半成品、产成品和外购商品等。存货管理（Inventory Management）的基本目标就是在

379

存货的收益与成本之间进行利弊权衡，在充分发挥存货功能的同时降低成本、增加收益，实现它们的最佳组合。在制造业和商品流通业，存货占流动资金的比例较大，对其管理水平的高低，对企业收益水平和财务风险大小有着举足轻重的作用。

（一）存货成本

存货管理中重要的一环就是在保证发挥存货功能的同时降低成本，存货的成本主要包括：

1. 采购成本，是指存货本身的价值，即在一定时期进货总量既定、物价水平不变、不存在商业折扣的情况下，无论企业采购次数如何变动，存货的进价成本通常是保持不变的，因而属于决策无关成本；

2. 订货成本，是指企业为组织进货而开支的费用，如办公费、差旅费、邮资、运输费、检验费等支出，订货成本与进货次数呈正相关变动，属于决策的相关成本；

3. 储存成本，是指存货在储存过程中发生的费用，主要包括存货资金的机会成本、仓储费用、保险费用、存货残损霉变损失等，储存成本与存货储存数额的增减成正比例变动关系，属于决策的相关成本；

4. 缺货成本，是指因存货中断或不足而给企业生产、销售造成的损失，包括由于材料供应中断造成的停工损失、产成品库存不足导致延误发货而造成的信誉损失以及丧失销售机会的损失、紧急采购材料而发生的紧急额外购入成本等。

（二）存货经济批量模型

经济进货批量是指能够使一定时期存货的总成本达到最低点的进货数量。与存货经济进货批量决策相关的成本因素主要包括变动性订货成本、变动性储存成本以及允许缺货时的缺货成本。企业一般采用公式法确定基本经济进货批量，公式法的原理就是将与存货管理相关的成本合计计算总成本，求总成本最低时的进货批量：

$$存货总成本 = 采购成本 + 订货成本 + 储存成本 + 缺货成本$$
$$存货总成本 = 变动性订货成本 + 变动性储存成本$$
$$= (T/Q) \times f + (Q/2) \times k$$

式中：Q——经济进货批量；

T——某种存货年度计划进货总量；

f——平均每次订货成本；

k——单位存货年度单位储存成本。

利用微分求极值的原理，求总成本最小时的进货批量：

$$经济进货批量（Q）= \sqrt{2Tf/k}$$

$$经济进货批量的存货总成本 = \sqrt{2Tfk}$$

根据上述公式，企业根据某种存货年度计划进货总量、平均每次订货成本以及单位存货的储存成本可以计算出存货的经济进货批量，从而使得一定时期存货的总成本达到最低点，实现有效的存货管理。

（三）跨国公司存货管理的特殊性

跨国公司存货管理不同于国内公司，国内公司都希望在不影响正常生产经营的条件下，把库存降低到最低限度，以减少仓储费用，进而提高资金的使用效率。但是跨国公司的库存管理具有特殊性，这就是它必须根据各子（分）公司所在国的货币贬值情况，分别确定库存量，并经常加以调整。跨国公司应全面分析各种成本和风险，把存货转移到最适当的地点。

1. 选择工厂地址和存货控制。很多跨国公司避开国内生产转向在国外生产，以利用廉价劳动力以及一系列的免税期、低息贷款和政府其他的优惠政策。但是，许多公司发现单单降低制造成本是不行的。除了在本国生产有关的战略优势外，如与本国客户保持紧密联系，在境外生产还可以更有效地利用资本。特别是，由于国际货物运输的延迟以及潜在的供应中断，在国外生产的公司与在国内生产的公司相比，通常会持有更多的在产品和产成品。这就导致了较高的存货持有成本。

2. 预购存货。在很多发展中国家，外币远期合约受到限制甚至根本不存在。此外，外汇管制常常限制自由汇款，使得多余资金转换为某种坚挺货币变得困难甚至不可能。在这种情况下，套期保值的方法之一就是预购商品，尤其是进口商品。需要权衡的是，拥有当地货币价格可能上涨的商品，一方面即使本币贬值也能保持资产的美元价值；而另一方面会丧失当地货币市场的投资收益。

3. 根据所在国货币贬值情况确定存货量。当货币处于贬值时，如果存货多来自本地，则应使存货尽量减少，因为等量母国货币可以购买更多存货；当存货来自国外时，则应在贬值前加大存货量，以求保值。在那些存在持续性通货膨胀的发展中国家，远期外汇市场、期货市场、期权市场等往往不健全或不存在，并且通常实行严格的外汇管制。在这种情况下，财务经理就应该预测货币贬值的程度，并相应地增加进口存货的库存数量，因为存货可以保值。虽然超前购置存货会导致较高的资金占用成本和仓储费用，但在货币贬值后，进口的存货按所在国货币计算，价值会更大。在子公司因预测所在国货币将要贬值而增加库存，但实际上货币贬值并未发生的情况下，子公司应尽快将库存减少到合理水平，防止预测偏差可能造成的重大损失。

此外，跨国公司应充分利用信息平台，努力实现存货的 JIT 管理，加速存货的周转和循环，减少因库存而导致的高额采购成本、半成品成本和产成品成本，借助及时的会计报表对各国存货平均占用水平进行分析，然后结合存货变动情况可以有效调节及监测各国存货管理水平，达到对存货的合理管理。

关　键　词

费雪效应　外汇风险　经营风险　交易风险　换算风险　平行贷款

思　考　题

1. 什么是购买力平价条件？其基本表达式是什么？根据这一基本条件，欧洲统一货币实行后，欧洲各国货币的物价差会出现什么变化？

2. 什么是费雪效应？其基本表达式是什么？

3. 国际费雪效应与购买力平价条件及费雪效应之间的关系如何？

4. 如何通过经营决策避免外汇风险？

5. 跨国公司的融资战略包含哪些内容？

6. 跨国公司的融资来源主要有哪些？

7. 跨国公司母公司与子公司之间以及各子公司相互之间的资金转移渠道与方法主要有哪些？

8. 跨国公司集权型现金管理体制的优势有哪些？

9. 存货成本包含哪些内容？

第十二章
跨国公司的全球战略

要点提示

本章介绍了战略与跨国公司战略的基本概念，在介绍跨国公司全球战略概念和特征的基础上，分析了跨国公司全球战略的类型以及各项战略的适用性，进而阐述了跨国公司全球战略的管理过程。

引　　言

治国有大体，谋敌有大略。立大体而后纲纪正，定大略而后机变行，此不易之道也。

——南宋　陈亮

现今跨国公司不仅是争夺国际市场的主力军，还直接体现着一个国家的竞争力。在全球竞争日趋激烈，市场环境发生变化的情况下，跨国公司要想生存和发展，必须谋定而后动，选择合适的公司战略，以增强其在国际市场中的竞争力。

第一节　企业战略与跨国公司战略

一、企业战略的基本概念

战略的英文单词"Strategy"来自希腊语"Strategos"，起源于军事领域，是指指导战争全局的计划和谋略。《简明不列颠百科全书》称战略是"在战争中运用军事手段达到战争目的的科学与艺术"。德国著名军事战略家克劳塞维茨在其理论巨著《战争论》中指出，"战略是为了达到战争目的而对战斗的运用。战略必须为整个军事行动规定适应战争目的的目标。"

中国自古就是一个战略大国，古汉语中"战略"一词是指战争的方略或用兵的谋略。春秋时期孙武的《孙子兵法》被认为是中国最早对战略进行全局筹划的著作。在现代"战略"一词被引申至政治和经济领域，其含义演变为泛指统领性的、全局性的、左右胜败的谋略、方案和对策。

西方企业战略的思想源于企业生产经营活动实践，是随着西方管理理论的发展而形成的。1938 年，美国经济学家巴纳德在《经理的职能》一书中首次将战略作为企业相关理论加以研究，此后诸多学者从不同视角对战略的概念进行了界定，有代表性的观点包括以下几个方面：

1. 安德鲁斯提出，战略是目标、意图或目的，以及为达到目标而制订的方针和计划的一种模式，这种模式界定着企业正在从事的或应该从事的经营业务，界定着企业所属的或应该所属的经营类型。

2. 安索夫提出，公司战略是贯穿于企业经营与产品和市场之间的一条共同主线，决定着企业目前所从事或者计划要从事的经营业务的基本性质。

3. 波特提出，战略是公司为之奋斗的目标与公司为达到这些目标而寻求的途径的结合物。

4. 明茨伯格提出，战略是一种计划（Plan）、战略是一种模式（Pattern）、战略是一种计谋（Ploy）、战略是一种定位（Position）、战略是一种观念（Perspective），即企业战略的"5P"。

综合相关学者对企业战略管理的经典界定，可以认为，企业战略是指企业为了获得持续竞争优势，谋求长期生存和发展，在外部环境与资源分析的基础上，对企业的主要发展方向、目标以及实现的途径、手段等方面所展开的一系列全局性、根本性和长远性的谋划。

二、企业战略的构成要素

安索夫提出企业战略的四个要素：
1. 产品与市场范围；
2. 资源配置；
3. 竞争优势；
4. 协同作用。

1965 年，安索夫在《公司战略》一书中提出，企业战略由四个要素组成。

（一）产品与市场范围

产品与市场范围（Business Scope）即经营范围是指企业从事生产经营活动的领域。它既反映了企业与外部环境相互作用的程度，又反映了企业计划与外部环境发生作用的要求。企业应根据所处行业、产品和市场来确定其产品与市场范围。

（二）资源配置

资源配置（Resource Allocation）是指企业通过对其所拥有的资源和技能进行配置和整合的能力。资源配置的优劣影响着企业战略的实施和战略目标的实现，资源配置是企业生产经营活动的支点。

（三）竞争优势

竞争优势（Competitive Advantage）是指企业通过其资源配置模式与经营范围的决策，在市场上形成的优于其竞争对手的独特品质。竞争优势既可源自企业内部即企业竞争优势内生论，又可源自企业外部即企业竞争优势外生论。企业竞争优势内生论又包括资源基础观和企业能力论两大分支。

（四）协同作用

协同作用（Collaborative Effect）是指企业从资源配置和经营范围的决策中所能寻求到的各种共同努力的效果，即"1 + 1 > 2"的效果。协同作用可以使企业生产经营活动富于效率。协同作用主要表现为投资协同、作业协同、销售协同和管理协同四个方面。

三、跨国公司战略的概念及其演进

（一）跨国公司战略的含义

跨国公司战略是企业战略的一种，是企业战略在跨国公司这一组织形式中的移植。跨国公司战略是指跨国公司为了获得持续竞争优势，谋求长期生存和发展，在分析全球经营环境和公司内部条件的现状与变化趋势的基础上，对跨国公司的主要发展方向、目标以及实现的途径、手段等方面所展开的一系列全局性、根本性和长远性的谋划。

（二）跨国公司战略的演进

跨国公司战略的演进是伴随着跨国公司发展路径进行的。由于跨国公司在发展的不同阶段跨国程度不同，其面临的市场竞争环境，社会政治、经济文化环境均存在差异，从历史的角度来看，跨国公司的战略包括三种。

1. 境外产销战略。境外产销战略是跨国公司为满足东道国市场需要而进行的跨国经营谋划。它是企业跨国经营早期的一种战略形式，是传统出口战略的延伸和发展。一方面，跨国公司出口产品增加，海外市场对跨国公司日益重要；另一方面，某一东道国具有区位优势，或存在着税收优惠政策，或廉价的生产要素，或庞大的市场容量。在这一背景下，东道国对于跨国公司的吸引力不断增加，海外业务拓展上升为跨国公司发展的战略性问题。此时，跨国公司开始到东道国进行直接投资，转移生产基地，实行就地生产、就地销售，以境外产销的方式取代出口。

2. 境外供应战略。境外供应战略是指跨国公司为了向母国和东道之外的第三国提供产品和服务而进行的跨国经营谋划。跨国公司在某一东道国市场立足后会进一步谋求经营业务的发展，当母公司和其他子公司发展需要某些原材料等要素但母国的该类资源不丰富时，跨国公司会将东道国生产的商品销售到其他国家，即国外的生产经营和商品销售安排在两个国家。

3. 全球战略。20 世纪 90 年代以来，随着经济全球化的发展，全球竞争日益加剧，许多跨国公司开始将大部分资本投放于世界各国市场，跨国公司的国外分支机构和子公司遍布全球，公司的销售收入和经营业务依赖于世界市场。在这一背景下，为了更好地参与国际竞争，越来越大的跨国公司开始思考自身的传统战略，重新设计组织结构，更新观念，跨越国界，在全球范围内进行资源配置，全面推行全球战略。

第二节　跨国公司全球战略的概念和特征

一、跨国公司全球战略的含义

管理学家迈克尔·波特认为，全球战略并不单纯指企业的经营活动超越了国界，还包括企业在某一国家的竞争地位直接影响着该企业在其他国家中的竞争地位。

惠而浦公司总裁戴维·惠特曼认为，全球战略是在世界范围内综合平衡公司的能力，从而使公司作为整体的总效用大于分散个体效用的总和，因此仅仅实行销售全球化，或拥有全球知名品牌，或在不同的国家经营都是远远不够的。

日本学者石井昌认为，全球战略是指不把世界作为国内国外的区分，而是将其视为一个统一市场，从世界性视角来考虑研发、原材料购买、生产、销售、财务、人事等的战略。

综合前人观点，跨国公司全球战略，是指跨国公司从全球角度出发，对全球范围内资源优化配置进行总体、长远的谋划，以期获得长期、稳定的全球竞争优势，实现最大化的全球效率。一方面，跨国公司全球战略是跨国公司在变动的国际经营环境中为求得长期生存和发展而作出的总体、长远的谋略，而不是孤立地考虑一个国家的市场和资源。另一方面，全球战略要求公司在多国基础上取得最大经济收益，而不是斤斤计较公司在国际业务活动中一时一地的损失。

二、跨国公司全球战略的特征

（一）全球性

全球战略抛弃了本国企业与外国企业、本国市场与外国市场的传统界限，把世界市场作为一个统一的经济单位来看待，强调跨国公司从全球视角确定研发规划、进行生产安排、选择市场机会，制订营销计划、设置人事制度、安排财务管理等，通过对整个公司资源的统筹规划在全球范围内获取最大经济收益。

（二）长远性

全球战略是对企业未来较长时期内企业如何生存和发展进行统筹规划。从这一点上来说，全球战略是面向未来的管理，战略决策要以管理人员所期望或预测将要发生的情况为基础。在迅速变化和竞争性的环境中，跨国公司要取得成功必须对未来可能的变化制定应对措施，甚至有可能为了长远发展牺牲眼前利益。针对长远发展确立的相对稳定的长期目标及实现目标的行动方案都是战略，针对当前形势确立的短期的解决局部问题的方法都是战术。

（三）根本性

根本性又称纲领性，全球战略的根本性是指全球战略是对公司在全球长远发展目标，发展方向，采取的行动方针政策以及实施步骤的原则性规定。全球战略是跨国公司的行动纲领，是涉及跨国公司发展核心和重大问题的明确规定。

（四）风险性

实行全球战略的跨国公司，需要在全球范围内配置资源，其经营活动会涉及许多国家，不同国家往往具有不同的社会文化环境、经济发展水平、政策和规章制度、资源和地理条件等，这些跨文化的差异使得全球战略实施过程中的不确定因素增加，进而是全球战略的风险增大。全球战略的实施强调跨国公司整体资源的协同，往往牵一发而动全身，战略失误会造成异常严重的损失，因此跨国公司需要根据不

跨国公司全球战略，是指跨国公司从全球角度出发，对全球范围内资源优化配置进行总体、长远的谋划，以期获得长期、稳定的全球竞争优势，实现最大化的全球效率。

387

断变化的竞争环境适时调整经营战略。

（五）相对稳定性

跨国公司全球战略规定了整个公司的发展目标，具有长远性，因此只要战略实施的环境未发生重大变化，即使有些变化，也是在预料之中的，那么全球战略中所确定的战略目标、战略方针、战略重点、战略步骤等应保持相对稳定，不能朝令夕改。全球战略的相对稳定性也不是墨守成规，一成不变，在处理具体问题、不影响全局的情况下，也应该有一定的灵活性，随环境变化进行适当调整。

第三节 跨国公司全球战略的类型

一、跨国公司全球战略的层次

跨国公司的战略是一个多层次管理主体为实现公司长远发展而制定的多层面规划的体系，它往往是由母公司、子公司（业务级）到职能部门围绕公司未来的总体目标按层级或等级逐级制定。相应地，各层级的管理者是不同层次的战略的制定主体，也就是母公司高层管理者是公司全球总战略制定的主体，子公司的高级管理者负责制定业务战略（经营战略，有时也称竞争战略），职能部门的负责人是职能战略的责任人，这3类层次经营与管理战略构成公司战略体系，在公司的战略体系中，高一级管理层的战略对低一级管理层的战略具有指导和约束作用，而低一级层次战略有效的实施对高一级层次战略有促进作用。

全球总战略是跨国公司的公司层战略，即整体战略，由跨国公司最高管理层制定，体现公司的经营哲学和核心价值观，旨在通过建立和经营行业组合实现投资收益最大化。跨国公司的全球总战略关心的是公司应该做什么业务和怎样做这些业务，具体来看，主要包括三个问题：公司应当在哪些产业中竞争（即总体的产业选择、投资排序等问题）；公司价值创造活动的确定（即公司在选择的产业中应当在价值链的哪些环节实现增值，公司业务活动应当通过何种方式拓展）；公司如何进入退出产业（即有所不为，根据环境变化对经营结构进行调整）。

经营单位战略是跨国公司的业务层战略，即竞争战略，是跨国公司在全球不同国家和地区的子公司或分支机构所采用的，旨在确定如何在给定的产品或市场上实现可持续竞争优势的战略。跨国公司经营单位战略是对其全球总战略分解后的落实过程，其核心是如何建立和加强公司在选定行业或市场上的竞争优势，并通过相应的方法使这种竞争优势体现为市场上的竞争地位。

职能战略是跨国公司对公司各职能部门制定的战略规划，旨在通过职能部门的配合实现公司层战略和经营单位战略。根据职能部门的不同，跨国公司的职能战略可分为研究开发战略、采购战略、生产运营战略、市场营销战略、财务投资战略、人力资源战略等。职能战略是跨国公司的最基层战略，每一职能部门战略均有自身体系，在本书不再逐一介绍。

二、跨国公司全球总战略

（一）跨国公司全球总战略概述

跨国公司的全球总战略主要是确定整个公司的经营领域和范围，以及如何在各个经营单位之间分配整个企业的资源。全球总战略决定了跨国公司总体的发展方向，是跨国公司各个经营单位制定战略的依据，对跨国公司长远发展起着至关重要的作用。

跨国公司总战略有多种类型，按照业务领域的变化，可以分为稳定型战略（Steady Strategy），发展型战略（Development Strategy）和紧缩型战略（Retrenchment Strategy）三种基本类型。其具体情况如表 12 - 1 所示。

表 12 -1　　　　　　　　　企业总体战略

战略类型	战略目的	风险状况	细分战略
稳定型	保持现有的良好业绩状况 发展条件限制，等待时机 面临挑战，准备逐步紧缩	风险小	谨慎发展战略 无变化战略 暂停战略
发展型	不断壮大企业，资本增值 多种经营分散风险 利用政策等有利时机 摆脱现有竞争的束缚	风险增大	集中于单一产品或服务 一体化战略 多元化战略
紧缩型	摆脱竞争乏力、长期亏损	风险减小	重组战略 剥离战略 清算战略

（二）稳定型战略

稳定型战略是在跨国公司内外部环境条件的约束下，跨国公司在战略规划期内使资源分配和经营状况基本保持在目前状况和水平上的战略。其特征是：跨国公司继续以基本相同的产品或服务来满足顾客；跨国公司满足于它过去的收益，继续寻找与过去相同或相似的战略目标；期望取得的成就每年按大体相同的百分数来增长。

稳定型战略可以细分为三种类型。第一，谨慎发展战略，即由于企业外部环境中的某一重要因素难以预测或其变化方向不明朗，企业的战略决策有意降低进度；第二，无变化战略，即继续实行原来的战略；第三，暂停战略，即企业在一段时间内降低其原有的目标和发展速度。

当企业面临的外部环境存在以下特征时跨国公司可以选择稳定型战略，即宏观经济在总体上保持总量不变或低速增长、跨国公司所在的产业技术相对成熟、消费者需求偏好变动较小、跨国公司处于行业或产品的成熟期、跨国公司所处行业的进入壁垒非常高。当跨国公司自身资源状况具备以下特征时企业可以选择稳定型战略，即当跨国公司资金不足、研发力量较差或人力资源缺乏时，可以采取以局部市场为目标的稳定战略。

稳定型战略的优点是管理难度较小，效益有保证，风险较小。缺点是长期实行稳定战略往往容易使企业减弱风险意识，甚至形成惧怕风险、回避风险的企业文化，因而会大大降低企业对环境的敏感性和适应性，严重影响跨国公司的长远发展。

（三）发展型战略

发展型战略又称增长战略，是一种使跨国公司在现有的战略水平上向更高一级目标发展的战略。发展型战略是所有企业所期望采取并且为大多数企业所选择的战略，其特征是：跨国公司定期地开发新产品、新市场、新工艺及老产品的新用途，跨国公司总是获得高于行业平均水平的利润率，跨国公司不是去适应外界的变化而是通过创新和创造以前未存在的新的需求使外界适应它们自己。

发展型战略按照成长的方向可以划分为密集型发展战略、一体化战略和多元化战略三类；按照成长的手段可以分为内部成长型战略和外部交易型成长战略（如购并、战略联盟）。

发展型战略的优点是可以提高企业运营效率和效益，扩大企业自身价值，使企业保持竞争实力。缺点是往往为了发展而发展，忽视质量和一些微观问题，掩盖了危机和混乱。

1. 密集型发展战略。密集型发展战略即集中于单一产品或服务的发展战略，是指跨国公司在原有业务范围内，充分利用在产品和市场方面的潜力来求得成长的战略。其优点是经营目标集中，管理简单方便，有利于集中资源，有利于实现生产专业化；缺点是适应变化能

安索夫矩阵

力差，经营风险大。

根据安索夫提出的产品—市场战略划分，如表12-2所示，集中于单一产品或服务的发展战略包括市场渗透战略、市场开发战略和产品开发战略三类。

表12-2　　　　　　　　　　产品—市场战略划分

市场 ＼ 产品	现有产品	新产品
现有市场	市场渗透战略	产品开发战略
新市场	市场开发战略	多元化战略

2. 一体化战略。一体化战略是指跨国公司充分利用自己在产品、技术、市场上的优势，向经营领域的深度和广度发展的战略，可以分为纵向（产业链）一体化与横向（同行业）一体化两类。一体化不是企业间简单的联系，这些结合在一起的企业在生产或市场上应该有一定的联系。

一体化战略有利于跨国公司深化分工协作，提高资源的利用深度和效率。选择一体化战略必须具备两个条件：一个企业所属的行业有广阔的情景；企业经过一体化后能提高活力、效益、效率和控制力。

纵向一体化战略又称垂直一体化战略，是将企业的活动范围在同行业中向后扩展到供应源或者向前扩展到最终产品的最终用户的战略形式，包括前向一体化和后向一体化。前向一体化是指将企业的经营领域向价值链下游延伸，即向终端消费者延伸，企业向产品的深加工或向流通领域发展。后向一体化是指将企业的经营领域向价值链上游延伸，即向供应商延伸，企业向产品的原材料领域发展。

横向一体化战略又称水平一体化战略，是指将生产相似产品的企业置于同一所有权控制之下，兼并或与同行业的竞争者进行联合，以实现扩大规模、降低成本、提高企业实力和竞争优势的战略形式。横向一体化是企业在竞争激烈的背景下的一种占优战略选择，这一战略既可在产业成熟化过程中使企业增加竞争实力，又可在产业成熟后使企业提高进入壁垒。

3. 多元化战略。多元化战略，常被称作多角化、多样化，跨行业经营，多种经营，是指跨国公司同时生产或提供两种以上基本用途不同的产品或劳务的一种经营战略。多元化战略是相对专业化经营而言的，其内容包括：产品的多元化、市场的多元化，投资区域的多元化和资本的多元化。多元化战略被业界广泛采纳，但实施的效果却有明显差异，对于某些公司并不适用多元化战略，如果忽视了公司的核心能力与市场风险，公司的多元化战略将会以失败告终。因此，企业必须注重协同效应，注重做好主业，通过核心能力的延伸与拓展使多元化战略取得明显成效。

多元化战略可以分为相关多元化和无关多元化两类。相关多元化是指企业拟进入业务的价值链活动与现有业务的价值链活动间拥有有价值的"战略匹配"关系，通过"战略匹配"达到活动共享和转移核心能力，形成更大的竞争优势，增加企业价值，实现股东价值最大化的目的。无关多元化是指企业进入与原有行业不相关的新业务，企业经营的各行业之间没有联系，无关多元化可以分散经营风险，通过投资于有最佳利润前景的产业实现企业快速获利，增加股东财富。

4. 并购战略。并购战略是指一家企业通过购买另一个企业全部或部分的资产或产权，从而达到控制和影响被并购企业目的的一种战略形式，包括兼并和收购。

通过并购，跨国公司可以实现规模经济效应、增强资本扩张能力，降低进入新行业、新市场的进入壁垒，加强对市场的控制，获取价值被低估的企业，合理避税。同时，并购过程中可能发生文化等方面的冲突，也可能使经营业绩良好的跨国公司因此背上包袱。

5. 战略联盟。战略联盟是指两个或两个以上的企业，为一定目标，通过一定方式组成的网络式联合体，包括合资、研究与开发协议、定牌生产、特许经营、相互持股、与供应商或经销商的联盟等形式。战略联盟具有边界模糊、关系松散、机动灵活、运行高效的特点，是现代企业增强竞争力的重要方式。

（四）紧缩型战略

紧缩型战略是跨国公司从目前的经营战略领域和基础水平收缩和撤退，且偏离起点较大的一种战略。紧缩型战略包括重组战略、剥离战略、清算战略三种类型。

紧缩型战略对企业资源的运用采取较为严格的控制，尽量削减各项费用支出，会使企业的一些效益指标（如利润及市场占有率等）都明显下降，具有短期性并且尺度难以把握。但是紧缩型战略可以帮助企业在外部环境恶劣的情况下节约开支和费用，在企业经营不善的情况下最大限度地降低损失，帮助企业更好地实行资产最优组合。

三、跨国公司竞争战略

（一）竞争战略概述

竞争战略即经营单位战略是在给定的一个业务或行业内，经营单

位如何竞争取胜的问题，即在什么基础上取得竞争优势。竞争的目的
就是通过比竞争对手更好地提供顾客想要的东西，使企业能够赢得某
种竞争优势，从而击败竞争对手。竞争是企业持续发展的推动力。

波特在《竞争战略》一书中把竞争战略描述为：采取进攻性或
防守性行动，在产业中建立起进退有据的地位，成功地对付五种竞争
力，从而为公司赢得超常的投资收益。为了达到这一目的，各个公司
可以采用的方法是不同的，对每个具体的公司来说，其最佳战略是最
终反映公司所处的内外部环境的独特产物。

根据波特（Porter，1980）的观点，一个企业可以拥有两种基本
的竞争优势，即低成本和产品差异化。这两者与某一特殊的竞争范围
（即市场细分后的目标市场）相结合，可以得出三种通用战略：成本
领先战略（Cost Leadership Strategy），产品差异化战略（Differentia-
tion Strategy），聚焦或集中战略（Focus Strategy）。它们可以使企业在
其所处的产业中获得高于平均水平的绩效，从而获得可持续的竞争
优势。

竞争战略可以按照竞争优势和竞争范围两个维度划分，三种基本
竞争战略之间的关系如表 12 - 3 所示。

表 12 - 3　　　　　　　竞争战略划分

		竞争优势	
		成本	独特性
竞争范围	目标广泛	成本领先	差异化
		混合	
	目标狭窄	聚焦成本领先	聚焦差异化

波特提出的三种基本竞争战略有其实施的条件和要求，如
表 12 - 4 所示。

波特认为，对于一个公司来说，要保证长期的利润率，就一定要
十分清楚三种基本战略，很多公司由于没有在这三种战略之间做出合
理的选择，结果"夹在其中"（Stuck in the Middle）而失败。

对于企业而言，首先，在大多数情况下不能同时追求三种战略；
其次，没有一种战略是最佳的，企业应从实际情况出发作选择，例
如，处于不同产业结构下的企业（如新兴产业、成长产业、成熟产
业、衰退产业）应当选择不同的竞争战略，处于不同竞争地位的企
业（如行业领导者、追随者、弱势企业）应当选择不同的竞争战略。

从表 12 - 3 中可以看出，在三种基本竞争战略中成本领先战略和

差异化战略是基本竞争战略的基础，它们是一对"对偶"的战略，而聚焦战略不过是将这两种战略运用在一个特定的细分市场而已。因此，我们将采用对比的方式论述成本领先战略与差异化战略，最后再单独论述集中战略。

表 12 – 4　　　　　　　　　　　三种基本竞争战略比较

竞争战略类型	对技能和资源的一般要求	对组织的一般要求
成本领先战略	持久的资本投入和取得资本的途径； 工程流程管理技巧； 严格的劳动监督； 易于制造的产品设计； 低成本的营销渠道	严格成本控制； 频繁、详细的控制报告； 结构严谨的组织和责任； 基于严格控制的定量化目标的激励
差异化战略	较强的营销能力； 较高的工艺设计水平； 创造性视野和魄力； 强大的研发能力； 在质量和技术方面享有较高的声誉； 作业的技能传统或从其他行业吸取技巧形成的特色组合； 营销渠道的强力配合	研发及营销的有力协同； 用主观评价和激励取代定量目标； 吸引人力资源的政策、文化和氛围
聚焦战略	针对特定战略目标的以上各政策的组合	针对特定战略目标的以上各政策的组合

（二）成本领先战略

成本领先战略是指企业通过在内部加强成本控制，在研究开发、生产、销售、服务和广告等领域把成本降到最低限度，成为产业中的成本领先者，从而获取竞争优势的战略。成本领先战略并不意味着仅仅获得短期成本优势或者仅仅是削减成本，它是一个"可持续成本领先"的概念，即企业通过其低成本地位来获得持久的竞争优势。在行业中居于低成本地位能够为公司提供某些诱人的防御力量，可以有效抵御五种竞争力量。

成本领先可以通过两种途径使企业获取良好利润业绩：第一，通过低成本优势制定出低价格，大量吸引对价格敏感的顾客，进而提高总利润；第二，不削价，满足于现有的市场份额，利用低成本优势提高单位利润率。

成本领先战略可以使企业在成本上形成竞争优势但同时也存在以下风险：第一，产业的新加入者或追随者通过模仿或者以高技术水平设施的投资能力，用较低的成本进行学习，容易造成竞争者进行模仿

成本领先战略，是指企业通过在内部加强成本控制，在研究开发、生产、销售、服务和广告等领域把成本降到最低限度，成为产业中的成本领先者，从而获取竞争优势的战略。

从而降低整个产业的利润水平。第二，技术的变化可能使过去用于降低成本的投资（如扩大规模、工艺革新等）与积累的经验一笔勾销，即本产业技术上的突破可能会使企业原有的成本优势丧失。第三，购买者的兴趣从注重价格转移到注重价格以外的其他产品特征如品牌形象，这会使企业的成本优势丧失意义。第四，采用成本领先战略降低价格而为消费者提供的消费者剩余不足以抵消采用差异化战略的竞争对手通过提高顾客认可的价值而为消费者提供的消费者剩余，使企业失去竞争优势。第五，为降低成本而采用的大规模生产技术和设备过于专一化，适应性差。

波特提供了一个关于成本领先战略带来风险的经典例子。20世纪20年代的福特汽车公司曾经通过限制车型及种类、积极实行后向一体化、采用高度自动化的流水线生产、减少改型以促进学习积累，以及通过学习积累严格推行低成本措施等，取得了所向无敌的成本领先地位。然而，随着美国人收入的增加，许多已经购买过一辆汽车的买主又在考虑购买第二辆，于是开始更加重视有风格的式样、多变的型号、舒适性和密封性。通用汽车公司注意到这种变化，并迅速开发出型号齐全的各种汽车。而在这种情况下，福特公司要想对生产线进行改造不得不花费巨额费用，因为以前的生产线是为降低成本而设计的大规模生产线。

企业可以通过各种途径获得成本领先优势。对以下成本驱动要素的选择将决定企业的长期竞争地位。

1. 规模经济与范围经济。规模经济是指在一定时期内，企业所生产的产品或劳务的绝对量增加时，其单位成本趋于下降。如果随着企业经济活动的多样化，诸如产品品种的多样化，企业能够减少成本，则存在着范围经济。一般用平均成本函数来定义规模经济，而用相对总成本来定义范围经济。相对总成本即公司作为整体时生产多种产品的总成本与分离成两个或多个公司时其总成本的相对数。

2. 要素成本。与各种投入相关的包括资金、劳动力、原材料和零部件等在内的生产要素是企业成本的直接来源。

3. 生产率。生产率即单位要素的产出，它与单位产出的成本互为倒数，因此提高生产率与成本效率密切相关。学习或经验对生产率的提高有着重要的作用。

4. 产品和工艺设计。企业价值工程研究的一个重要内容是寻找物美价廉的替代品，这说明改进产品设计对提高成本效率的作用。同时，工艺设计的改进对提高成本效率的作用更是显而易见的，因为这本身就是以降低生产成本为目的的。

5. 生产能力利用程度。生产能力利用程度决定了分摊在单位产品上的固定成本有多少。

6. 目标集聚。当企业在产品（服务）的品种、顾客对象、市场范围等业务领域实施目标集聚战略时，可以从生产要素、生产率（学习或经验）等角度降低成本。

7. 交易的组织形式。这一要素涉及许多方面。例如，在不同的情况下，采取内部化生产还是靠市场获取，成本会有很大的不同；又如，经济全球化进程中，物流的组织方式与效率对成本的影响也是不可忽视的。

企业应根据自身的资源和能力状况选择获得成本效率的最佳途径。例如，大企业可以利用规模经济获得成本效率，小企业则可运用学习（经验）曲线或重点集聚降低成本；在产品寿命周期的导入期和成长期，产品设计可能是获得成本效率的主要途径，而到了成熟期和衰退期，要素成本、生产能力利用程度、工艺创新等又成为主要的成本要素；在资金密集型企业，其固定成本投入占成本比重大，因而利用规模经济降低成本的作用显著，而在劳动密集型企业，要素成本，特别是劳动力成本是影响成本的主要因素，充分利用学习（经验）曲线也是降低成本的主要途径。

（三）差异化战略

差异化战略，是指企业通过开发独特的产品和服务、依靠品牌忠诚或顾客忠诚获取竞争优势。成功的差别化可以使公司收取产品的高价，获得购买者对其品牌的忠诚，提高销量。差别化的核心是取得某种独特性，并对购买者有价值。

差异化战略是指企业通过开发独特的产品和服务、依靠品牌忠诚或顾客忠诚获取竞争优势。成功的差别化可以使公司收取产品的高价，获得购买者对其品牌的忠诚，提高销量。差别化的核心是取得某种独特性，并对购买者有价值。容易被复制的差别化不能产生持久的竞争优势。一种商品可以用一组特性来描述：质量、区位、时间、适用性、消费者关于其存在及质量的信息等。每个消费者对这些变数都有一种排序。事实上，产品差异性最终要落实到购买者对产品或服务差异程度的感觉上。所以，企业通过广告、商标、销售技术等途径可以提高产品和服务的差异化程度。

差异化可以通过四种途径为购买者创造价值：提供降低购买者成本的差别化特色；提高用户所获性能的差别化特色；从非经济或无形的角度提高用户的满意度；通过竞争对手没有或不能克服的竞争能力为顾客提供价值。

成功的差异化战略能够使企业以较高的价格出售产品，实现高额利润，并通过用户高度依赖产品的差异化特征而获得用户的忠诚，但是也存在风险：第一，企业形成产品差异化的成本过高，用户对某种特殊产品价值的认同与偏好不足以使其接受该产品的价格，在此情况下，低成本战略能轻而易举地击败差异化战略。第二，竞争者设法迅速模仿产品的差异化特征会使企业已建立的差异缩小甚至转向。当企业的产品或服务具有差异化的优势时，竞争对手往往会采取合法的模仿，形成与企业相似的差异化优势，给企业的营业活动造成困境，这种情况会随着产业的成熟而不断发生。尤其是由于企业对自己新开发的具有某种特殊功能的产品未能加以保护，更有可能被竞争对手抢先申请专利保护和抢先仿制，从而给企业造成难以预料的损失。第三，市场需求发生变化，购买者需要的产品差异化程度下降，使企业失去竞争优势。这一风险在我国家电产品的竞争中表现得十分明显。在20世纪80年代，与国际品牌的家电产品相比，我国国产家电质量相差很多，所以，差异化程度较高的国际品牌在我国市场上的价格远远高于国内品牌。国内家电生产厂商的主要竞争方向也是产品质量的竞争。但是，随着我国家电产品整体质量水平的不断提高，顾客对于产品差异程度的敏感转向了对价格的敏感，一些国际品牌的家电产品也不得不放弃差异化战略，参与到成本价格的竞争中来。

差异化战略适用于以下情况：存在许多方法实现为顾客带来价值的差异化；买方的需求和使用是不同的；没有对手从事类似的差异化方法；技术变化迅速，竞争集中于改进产品特性；企业有很强的研发能力和快速的市场反应能力，能对研发与市场营销功能进行有效的协调。

影响差异化的因素可分为五类：

1. 产品的物理特性。这些特性与产品本身有关，包括产品性能、质量、特色、美感、耐用性、安置和操作的难易度等。

2. 公司或销售商提供的服务或互补产品的数量和特性。它包括：顾客培训或咨询服务等售后服务，与产品成套出售的互补品（如预备部件），产品保修或维修合同以及修理质量或服务能力等。

3. 与产品销售或交货相关的特性。它包括：交货的速度和及时性，信用和信用优惠，销售者的地理位置以及售前技术性建议的质量。

4. 有关使顾客形成对产品性能感性认识或使用成本期望的特性。它包括：产品性能的声誉，销售者被察觉到的持久力或财务稳健性（在商业交易中这是很重要的，因为购买者预计就要与销售者达成交易），以及产品的装备基数（即当前使用该产品的顾客数，顾客基数较大，人们预期该产品的使用技术的成本就要低）。

5. 对产品的主观想象。想象是消费者在购买、占有和消费产品时获得心理满足的简单方法，想象受到广告信息、包装、商标以及销售者声望等因素的影响。

企业也应该根据自身的资源和能力状况选择不同的途径获得差异化优势。例如，在美国的航空公司中，联合航空公司的国内、国际航线结构都是一流的，这是差异化优势的重要方面，特别是对于那些正在积累常客公里数而期望获得票价优惠的乘客来说是一个重要的差异化因素，但是，联航的服务质量却不尽如人意；而西南航空公司的服

397

务质量是所有航空公司中首屈一指的，但是它的航线网络却小又不吸引人。又如，在我国家电企业中，海尔公司的售后服务质量是有目共睹的，但是它的产品质量却不是最高的。事实上，即使都是采用差异化战略，竞争的定位也未必完全相同。

成本领先战略与差异化战略不同功能领域的竞争定位如表 12 – 5 所示。

通过对比可以看出，采用成本领先战略的公司，在产品和营销战略上通常以大量生产和易于提供服务的标准化产品为中心。采用差异化战略的公司通常比采用成本领先战略的公司要求更注意产品线的宽度、广告促销预算的规模、使用的担保以及为消费者服务所需的资源数量。

在生产操作中，寻求成本优势的公司在制造和后勤方面追求规模经济，同时也追求存货管理的效率。而追求差异优势的公司由于希望通过更好的价格获得更多的收益，因而更愿意放弃这些优势。由于以增加生产能力和存货来对未预期的需求作出灵活反应的需要，可能会迫使这些公司按不同的方式进行组织，这将发生相对于追求成本优势的公司更多的成本。

工程与设计活动方面类似的区别也很明显。采用成本领先战略的公司会设计合适的产品以增加可制造性，或者使设计的产品能符合多个市场最低的操作标准（如一些跨国公司为多国市场生产标准化产品）。而采用差异化战略的公司则设计符合重要的消费者或消费者细分市场需要的产品，即使这会使产品设计和服务更加困难。

竞争方式上的差异通常也与人力资源和组织管理方面的差异相联系。在追求成本优势的公司，尤其是在有稳定技术的低增长产业，公司的特点是更加具体和更少自由度的工作，技术较差但数量更多的工人，以及更仔细地控制；相反，追求差异优势的公司更可能将决策任务授予更接近顾客的较低层雇员，在决策时更多地听取雇员的意见，实行更广泛但较不正式的监督，这是因为这些公司在考察雇员工作过程或良好行为的结果方面存在困难。

表 12 – 5　　成本领先战略与差异化战略功能领域的竞争定位

功能领域	竞争优势	
	成本优势	差异优势
产品和营销战略	——标准化产品 ——价格低于竞争者，带来较少的价格—成本差额 ——很少和节约的产品促销或广告 ——节约的售后服务或者保养	——价格高于竞争者，带来较高的价格—成本差额 ——强调通过品牌、广告和产品促销塑造产品形象 ——广泛的售后服务或者保养 ——广泛的保证

398

续表

功能领域	竞争优势	
	成本优势	差异优势
生产操作战略	——大量大批生产的便利设施以便获得规模经济的好处 ——依据增加的需求扩大生产能力以保证充分的利用 ——严格控制存货水平，依据存货量进行生产	——为迎合顾客需要和对不可预测的顾客需求作出灵活反应，愿意牺牲规模 ——依据预期保证产品的供应和最小化缺货的需要，扩大产能 ——依照订货而生产产品
工程和设计	——产品设计强调可制造性	——产品设计强调增加消费者的收益或者降低成本
研究与开发战略	——强调过程创新，而不是开发新产品或者基础研究	——强调产品创新和基础研究而不是过程创新
人力资源——组织和控制战略	——"传统"的管理风格，以正式的程序和严格的等级制度为特征 ——对工人有强硬的讨价还价地位 ——强调成本控制的严格的管理体系	——较不正式的管理风格，更少正式的程序，更少严格的等级以促进创新和企业家精神 ——为吸引更有技术的工人而付出高于平均工资的报酬

资料来源：[美] 戴维·贝赞可，武亚军等译：《公司战略经济学》，北京大学出版社1999年版，第399页。

　　跨国公司在一个具体的业务上经营，必须明确竞争优势的定位。以巧克力产业为例，美国公司如好时（Hershey）、马尔思（M&M/Mars）都是重视少数几类产品，大量生产和大宗营销，并以形式一致的巧克力棒为主力产品；而瑞士企业像瑞士莲（Lindt）、托杰（Tobler/Jacobs）则通过有限且专业的营销渠道，销售高价位的高级产品。又如，韩国的钢铁和半导体制造业以极低的成本、雇用低工资、高生产率的人工，再加上国外供应商的先进技术，生产出极具竞争力的产品，以对抗外国竞争者。再如，2001～2003年连续3年在世界500强中排行第一位的商业零售业沃尔玛是众所周知的"穷人店"，它以巨大的规模、通畅的信息网络与物流配送系统，在世界范围内成为该行业的成本领先者，进入中国市场后依然一如既往地实施成本领先战略；而洗涤用品行业的宝洁（P&G）在进入中国的市场初期，是将竞争战略定位于差异化战略。

　　格兰仕是在国际竞争中成功实施成本领先战略的中国企业。在影响成本的诸要素中，中国企业虽然拥有要素成本低廉、生产率高等优势，但普遍缺乏规模经济优势。格兰仕采用ODM方式为国外企业加工配套，抓住成本领先战略的关键环节，获得规模经济，成为世界微波炉生产的成本领先者。

（四）成本领先战略与差异化战略的优势

波特从与产业五种竞争力竞争的角度，分别将成本领先战略和差异化战略可能给企业带来的优势归纳为如下几个方面。

1. 在与业内现有企业的竞争中获取竞争优势。采用成本领先战略的公司通过提供以更低的成本达到相同或者更低的消费者认可的价值，可以获得比竞争对手更大的成本优势。此时，公司可以以相对于对手更低的价格销售产品，如果这一价格不低于公司的成本，但价格降低的幅度高于可能带来的消费者认可价值的降低幅度，公司将可能比对手提供更多的消费者剩余，并增加在目标市场的份额。

对应地，采用差异化战略的公司通过提供相同或更高的成本达到更高的消费者认可的价值，就可以通过溢价而获得差异优势。如果此溢价幅度不低于公司可能提高成本的幅度，但低于公司产品消费者认可价值的增加幅度，公司将增加在目标市场的份额。例如，我国青岛海信公司在空调产品激烈的价格竞争中，推出差异化产品——变频空调，其价格高于一般空调产品，但在市场上却供不应求。

2. 形成和提高产业的进入障碍。在成本驱动因素中，无论是规模经济还是其他成本优势，往往也是产业潜在进入者需要克服的进入障碍，因而，拥有成本优势的企业可以抵御潜在进入者的进入威胁；对应地，采用差异化战略的企业，由于产品的特色，顾客对该产品或服务具有很好的忠实程度，从而使潜在进入者要与该企业竞争，则需要克服这种产品的独特性。

3. 增强与购买者和供应者讨价还价的能力。对于拥有成本优势的企业来说，首先，企业的低成本地位能对抗强有力的购买者，因为购买者的讨价还价只能迫使价格下降到居于其次的竞争对手的水平，也就是说，购买者讨价还价的前提是产业内仍有其他的企业能够提供类似产品或服务，一旦价格下降到最有竞争力的对手的水平，购买者也就失去了讨价还价的能力；其次，企业的低成本地位能够有效地防卫强大供给者的威胁，在供给者供给的生产要素涨价时，企业仍可利用规模经济、学习曲线、生产能力等充分利用降低成本的途径以获得低成本地位，从而在供给者产品涨价中具有较高的灵活性。对于拥有差异化优势的企业来说，企业产品的差异性增强了购买者对品牌的忠诚度以及由此产生对价格的敏感性下降，因而削弱了购买者讨价还价的能力；最后，差异化战略可以为企业产生较高的边际收益，增强了企业对付供给者讨价还价的主动性和灵活性。

4. 降低替代品的威胁。替代品能否替代老产品，主要取决于两种产品的性能—价格比的比较。成本领先战略通过降低价格提高现有产品的性能—价格比，可以抵御新产品的威胁。例如，我国模拟系统电视机的生产厂家在几年内大幅度降低彩电产品价格，有效地抵御了目前还处于技术不稳定、成本价格较高状况的数字系统彩电的替代威胁。差异化战略则是通过提高产品的性能来提高产品的性能—价格比，同样可以抵御替代品的威胁。例如，我国铁路运输系统改善服务质量，提高运行速度，因而从航空运输中争得相当一部分客流量。

　　由于采用成本领先战略与采用差异化战略的企业获得的竞争优势完全不同（前面图 12 - 1 显示了追求两种不同优势的企业功能定位上表现出的明显差异），所以波特曾指出，两种优势通常难以相容。他说，试图同时追求两种战略的公司会被"夹在中间"，即比追求差异优势的企业提供更少的消费者认可的价值，却比追求成本优势的企业带来更高的成本①。波特的论证建立在一个简单的经济学权衡基础上：更高质量或更好性能的产品要花更多的钱来生产。他的这一观点引起了人们的争议。例如，在波特与英国最大的百货超市连锁店 Sainsbury 公司的总经理戴维·塞恩斯伯里（David Sainsbury）讨论一般战略问题时，塞恩斯伯里认为，只关心价格或只关心质量的消费者只是非常小的一部分，大多数人既关心价格也关心质量。所以应该在成本领先战略与差异化战略之间，探讨这样一种战略，即注重于价格和质量的中间范围②。一些经济学家还指出，表 12 - 1 所示的功能领域的战略代表的是极端情况，事实上，一个公司的优势很少完全建立在成本或差异上。可以找到不少以比竞争者更低的成本，提供比竞争者更多消费者认可的价值的例子。

　　从理论角度看，以下一些因素会导致一个企业同时获得两种优势：

　　第一，提供高质量产品的公司会增加市场份额，而这又会因规模经济或经验曲线而降低平均成本。其结果是，公司可同时在该产业取得高质量和低成本的定位。

　　第二，高质量产品的累积经验降低成本的速度比低质量产品快。其原因与下面的事实有关，即生产工人必须更留心产品的生产，这会使在较低质量生产中被忽视的错误和缺点容易被发现。

　　第三，技术与管理水平的进步，使大规模定制成为可能。事实上，大规模定制是集中差异化与成本领先优势的典型。电脑、网络、电子商务等信息技术的迅速发展是大规模定制战略的技术基础，而供应链的整合、战略联盟等新的管理模式又是大规模定制战略得以实施的组织基础。

---

　　① 麦克尔·波特：《竞争战略》，陈小悦译，华夏出版社 1997 年版，第 40～42 页。
　　② ［英］格里·约翰逊、凯万·斯科尔斯：《公司战略教程》，金占明、贾秀梅译，华夏出版社 1998 年版，第 134 页。

401

（五）成本领先战略与差异化战略的适用条件

企业采用两种不同的战略都可以获得相应的竞争优势，但是，在决定采用哪种竞争战略时，要认真分析两种战略的应用条件。也就是说，应该考虑在什么情况下，一种优势来源可能胜过其他优势。尽管没有公式化的明确规则，以下关于公司产品、公司目前在产业中的地位以及公司的资源、能力与组织状况的分析有助于说明某一个战略相对于另一个更可取。此外，即使是采用了同样的竞争战略，各个企业的竞争定位也未必完全相同，所以，分析两种战略的应用条件，还可以帮助我们了解怎样用好这两个战略。

1. 产品生命周期不同阶段的战略适用性。在产品寿命周期的不同阶段，采用成本领先战略或差异化战略的效果是不同的。图 12 - 1 描述了在产品寿命周期不同阶段，分别采用两种战略对企业绩效的影响。

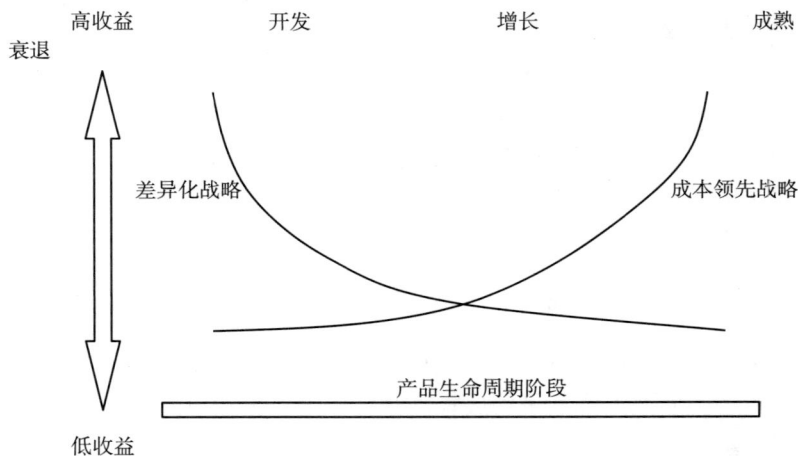

图 12 - 1 成本领先战略和差异化战略对企业经济效益的影响

如图 12 - 1 所示，在产品的开发阶段，产品刚刚问世，产品创新者投入了大量的产品开发成本，拥有产品特异优势，但产品性能尚不完善，消费者处于等待观望状态。此时，产品价格一般低于成本，产品的需求价格弹性可能相当低，在这种条件下，产品性能的完善是消费者关注的焦点，价格因素还没有成为市场竞争的主要因素。企业也还不具备通过规模经济等手段降低成本的条件。所以，在这一阶段，采用成本领先战略的收益很低，而采用差异化战略可能会给企业带来较高的收益。

在产品的成长期，一方面，市场需求迅速上升，规模经济效应日渐明显，成本迅速下降，企业已经具备了一定的降低成本的条件；另一方面，竞争尚不激烈，产品的性能、规格、特性等还在不断完善，顾客对产品的关注还没有更多地转向价格和成本，在这一阶段，企业采用差异化战略的收益仍大于采用成本领先战略。

在产品的成熟期，市场竞争日趋激烈，随着经验的积累和产品的发展，产品性能、结构都已标准化，价格和成本成为顾客关注的焦点，在这个阶段，采用成本领先战略的收益明显高于采用差异化战略。

在产品寿命周期的衰退期，产品将逐渐被新产品取代、竞争的加剧使一些企业已经退出该产业，企业已积累了大量经验，产品市场价格与成本已相差无几，在这一阶段，企业生存的主要手段是削减成本，成本领先战略成为企业最适用的竞争战略。

从图 12-1 的描述中，我们可以看到，在产品寿命周期的不同阶段，采用两种竞争战略会对企业绩效的影响形成一种"此消彼长"的对偶格局。

依据弗农的产品生命周期理论，同一个产业在经济技术发展水平不同的国家可能处于生命周期的不同阶段。在发达国家已处于成熟期或标准化期的产业，在发展中国家可能还正处于创新期。所以，在一些产业中，发达国家跨国公司在进入不同国家可能采用不同的竞争战略。

2. 产品生产的规模经济与学习经济状况与战略适用性。如果产品的规模经济和学习经济非常有潜力，但市场上还没有公司利用它们，那么采用成本领先战略可能更有吸引力。因为在这种情况下，以增加市场份额和积累经验为目标的成本领先战略将给公司带来相对于那些小竞争对手比不上的成本优势。然而，如果市场上已经有公司充分利用了规模和经验，或者是随着市场的成长，许多公司都获得了赢得相同成本优势所需的规模和经验，采用成本领先战略优势的机会就很有限，通往价值创造的最好途径在于水平差异——向市场上某一特定的人群提供非常独特的产品。

3. 消费者对产品价格、差异程度的敏感性与战略适用性。有些产品，诸如化学和金属等产品，由于产品的性质，消费者对其价格的敏感性高于对其差异化的敏感性。对于这类产品，创造额外价值的机会可能更多来自降低成本，而不是增加差异性。当然，需要注意的是，产品差异性远不只包括产品的物理特性，通过更好的售后服务、更优越的区位，或者比竞争者更快的交货都可能存在差异化的机会。另外一些产品，典型消费者愿意为有独特性能的产品付出额外的溢价，这样产品性能增加很少的公司就能获得相当大的附加价格。例如，美国吉列公司 1990 年生产感应剃须刀时就能感受到这种效应，许多人愿意支付相当高的价格买剃须效果好的刀片而不愿意买丢弃式或盒装刀片。对于类似的产品，差异化战略显然更有助于提高收益。

4. 搜寻型、经验型商品与战略适用性。搜寻型商品是指那些客观的质量信息在典型消费者购买时很容易获得的产品，如办公设备用品、部分农产品以及包装有特点的产品。经验型商品则是指只有在使用一段时间以后才能了解其质量的产品，如药品、保健饮品、护肤品以及耐用消费品等。对于搜寻品，差异化的潜力在于加强产品可观察到的特征。但是，如果消费者能在许多不同产品中作出分辨，竞争者也能做到，这就增加了差异被模仿的风险。当出现这一情况时，一个公司创造持续竞争优势的最好机会来自使成本低于竞争者，同时关注在产品改进中跟上竞争对手。对于经验型商品，差异的基础是想象、声誉或信用，它们比客观的产品特性更难于被模仿或抵消，因而采用差异化战略更可取。这也正是一些名牌产品价格高于同类普通产品的根源所在。

5. 组织落实的必要条件。不论企业采用哪种途径实施成本领先战略或差异化战略，都需要企业内部相应的组织保障。表 12－1 中关于两种战略的竞争定位分析中已经涉及两种战略对组织类型的要求。有人用"防御型"组织和"开拓型"组织概括两种竞争战略所需要的组织条件①。

防御型组织是采用成本领先战略的企业所依托的组织类型。防御型组织在企业产品与市场选定以后，要运用大量的资源解决自身的工程技术问题，该组织要创造出一种具有高成本效率的核心技术。技术效率是组织成功的关键。为了保证组织严格地控制效率，防御型组织常常采取"机械"式结构机制。这种机制是由生产与成本控制专家形成的高层管理，注重成本和其他效率问题的集约式计划、广泛分工的职能结构、集中控制、正式沟通等。

开拓型组织适用于采用差异化战略的企业。该组织追求一种更为动态的环境，将其能力发挥在探索和发现新产品和新市场的机会上。为了正确地服务于变化着的市场，开拓型组织要求它的技术和行政管理具有很大的灵活性。在工程技术问题上，该组织不是局限在现有的技术能力上，而是根据现在和将来的产品结构确定技术能力，并且常常通过开发机械化程度很低的和例外性的多种技术和标准技术来解决问题。在行政管理方面，开拓型组织奉行的基本原则是灵活性，即在大量分散的单位和目标之间调度和协调资源，而不采取集中的计划和控制全部生产的方式。为了实行总体的协调工作，这类组织的结构应采取"有机的"机制。这种机制包括由市场、研究开发方面的专家组成的高层管理，注重产出结果的粗放式计划、分散式控制以及横向

---

① 徐二明：《企业战略管理》，中国经济出版社 1998 年版，第 205～209 页。

和纵向的沟通。

（六）聚焦战略

1. 聚焦战略的概念。聚焦战略又称集中化战略，是指企业把经营战略的重点放在一个特定的目标市场上，通过服务于一个范围较小的细分目标市场获取竞争优势。与成本领先战略和差异化战略不同的是，聚焦战略不是面向整个产业，而是围绕产业中一个特定的目标开展经营和服务。聚焦战略要求所经营的细分市场有足够的规模，有良好的增长潜力，而且对其他主要竞争者的成功并不构成威胁。采用聚焦战略的逻辑依据是：企业能比竞争对手更有效地为较小的顾客群体服务。即企业可以通过成本领先战略或差异化战略更好地满足其特定目标的需要。从总体市场看，也许聚焦战略并未取得成本领先和差异化优势，但它确实在较窄的市场范围内取得了上述一种或两种优势地位。

聚焦战略可进一步细分为成本领先聚焦战略和差异化聚焦战略。成本领先聚焦战略是指企业在所处的目标市场中寻求低成本的优势。差异化聚焦战略是指企业寻求在目标市场中独特的差异化。

2. 聚焦战略的优点。聚焦战略的优点是将企业有限的资源集中于某一特定的细分市场，易于形成有特色的竞争力。由于采用聚焦战略是企业在一个特定的目标市场上实施成本领先或差异化战略，所以，成本领先和差异化战略抵御产业五种竞争力的优势也都能在聚焦战略中体现出来。此外，由于聚焦战略避开了在大范围为与竞争对手的直接竞争，所以，对于一些力量还不足以与实力雄厚的大公司抗衡的中小企业来说，聚焦战略的实施可以增强它们相对的竞争优势。即使是对于大企业来说，采用聚焦战略也能够避免与竞争对手正面冲突，使企业处于一个竞争的缓冲地带。

上海徐汇区零售业的竞争格局就反映出各商厦分别采用聚焦战略所获得的优势。以前，徐汇区各商厦都将目标定位在广泛的消费群体上，结果是各商厦均无特色，互相抢客源，经济效益也上不去。后来，徐汇区的几个主要商厦实施与邻近商厦不同的目标定位。例如，第六百货公司面向中低收入水平的中老年消费群体，商品实惠、价格便宜；而太平洋商厦的主要顾客是青少年，商厦的环境布置得活泼、轻松，商品档次也高于第六百货公司；东方商厦则是以商品高档、高质、高价为特点，80%的产品来自欧美，其中60%直接从外国进货。各商厦市场细分的结果，使得上海徐汇区的零售业呈现出欣欣向荣、百花争艳的局面。

3. 聚焦战略的风险。企业在实施聚焦战略时，可能会面临以下风险：

聚焦战略，又称集中化战略，是指企业把经营战略的重点放在一个特定的目标市场上，通过服务于一个范围较小的细分目标市场获取竞争优势。

第一，由于狭小的目标市场难以支撑必要的生产规模，所以聚焦战略可能会带来高成本的风险，从而又会导致在较宽范围经营的竞争对手与采取聚焦战略的企业之间在成本差别上的日益扩大，抵消企业在目标市场上的成本优势或差异化优势，使企业聚焦战略失败。例如，台湾韩氏机械公司专门开发生产了一种性能优良的折叠式自行车，该自行车折叠迅速（只需 10~15 秒）、简单（不用任何辅助工具），而且相当轻便（重 12.5~14.5 千克）。但是其竞争对手——制造捷安特牌系列自行车并成功塑造高级车形象的巨大机械公司对此却有不同看法，认为折叠车的市场有限，可能会影响韩氏公司的竞争优势。事实上，韩氏自行车价格昂贵（出口约 170~300 美元/台），远远高于捷安特自行车的价格，如果在较宽范围内的竞争对手利用成本优势将自行车的价格降得很低（如现在我国市场上一辆非名牌自行车不过 100 元左右人民币），韩氏自行车的优势，如不易失窃等，就被削弱了许多。

第二，由于技术进步、替代品的出现、价值观念更新、消费偏好变化等多方面的原因，目标细分市场与总体市场之间在产品或服务的需求上差别变小，细分市场中的顾客需求可能会与一般顾客需求趋同，企业原来赖以形成聚焦战略的基础也就失掉了。例如，在 20 世纪 80 年代，我国"金鱼"牌卫生纸是高档卫生纸的代表，使用金鱼牌卫生纸是富有的象征。那时，针对高收入的消费群体，金鱼牌卫生纸的聚焦战略是成功的。但是，随着人们收入水平的提高和价值观念的更新，过去人们眼中的高档卫生纸成为普及的一般商品，金鱼牌卫生纸成为众多卫生纸中的一个引不起人注意的品牌，也不得不参与价格竞争。

第三，在整个行业内竞争的企业可能会认为由执行集中化战略的公司所服务的细分市场很有吸引力，值得展开竞争，并实施竞争战略，使原来集中战略的企业失去优势。一方面，以较宽的市场为目标的竞争对手如果采取同样的聚焦战略，就会使原来实施聚焦战略的企业失去优势。另一方面，竞争对手可能会集中在一个更加狭窄的细分市场上而使本来的集中不再集中，即竞争对手从企业的目标市场中找到了可以再细分的市场，并以此为目标来实施聚焦战略。飞利浦·莫利斯公司收购七喜饮料公司的例子就说明了这一点。七喜公司本来是一个成功的市场细分者，它避开了可口可乐和百事可乐的正面竞争。但是被购并后，七喜进入可口可乐市场，导致可口可乐公司进入七喜公司的细分市场，最终的结果是七喜失去了赖以生存的细分市场。

4. 聚焦战略的适用条件。实施聚焦战略的关键是选好战略目标。一般的原则是，尽可能选择那些竞争对手最薄弱的目标和最不易受替代品冲击的目标。在选择目标市场时，必须确认：

第一，购买者群体之间在需求上存在着差异。

第二，目标市场在市场容量、成长速度、竞争强度、公司能力等方面具有相对的吸引力。从市场容量来看，目标小市场要足够大，可以盈利；从成长速度来看，小市场具有很好的成长潜力；从竞争强度来看，小市场不是行业主要竞争厂商成功的关键，也没有其他竞争对手试图采取集中化战略；从公司能力来看，公司有相应的资源和能力，能比竞争对手更好地满足目标市场的需求，同时公司能凭借其建立的顾客商誉和服务来防御行业中的挑战者。

第三，在目标市场上，没有其他竞争对手采用类似的战略。

关　键　词

企业战略　全球战略　稳定型战略　发展型战略　紧缩型战略
成本领先战略　差异化战略　聚焦战略

思　考　题

1. 简述企业战略的概念和构成要素。
2. 跨国公司战略的演进分为哪几个阶段？
3. 什么是跨国公司全球战略？跨国公司全球战略的特征有哪些？
4. 跨国公司全球战略可分为哪三个层次？
5. 简述发展战略的类型。
6. 简述成本领先战略的获得途径、优势、风险及运用条件。
7. 简述差异化战略的获得途径、优势、风险及适用条件。
8. 简述聚焦战略的概念、优势、风险及适用条件。

讨　论　题

沃尔玛是一个以成本领先战略为主导的典范。对于连锁商家，成本的控制关键在物流体系中，商品采购在物流中心的整合，存在于管理商品配送的每一个环节，这些环节都是成本控制的目标。在成本领先战略的引导下，沃尔玛在价值链的运作上游刃有余，建立了大型采购中心，形成了一体化的配送体系。山姆·沃尔顿（沃尔玛的创始人）始终要求每位采购人员在采购货品时态度坚决，总是告诫他们不是在为沃尔玛商店讨价还价，而是为顾客讨价还价，应该为顾客争取到最好的价钱。沃尔玛的一位服装供应商 Kelwood 公司的 CEO Hal. J. Upbin 曾说："他们太严厉了，他们要的是最低价格。我们必须要更具创造性和灵活性才能达到他们的需求。"但这并不影响沃尔玛与供货商之间的友好融洽关系，沃尔玛给予供应商的优惠远远超过同行。美国第三大零售商凯马特对供应的商品平均 45 天付款，而沃尔玛仅为平均 29 天付款，这大大激发了供应商与沃尔玛建立业务的积极性，从而保证了沃尔玛商品的最优进价。加之沃尔玛还拥有最先进的全球化信息网络，高效率的财务结算得以保证。所有的这一切都促成沃尔玛特有的、为人熟知的标志——天天平价。

请回答：

沃尔玛是如何运用成本领先战略参与市场竞争的？

参 考 文 献

1. 《党的二十大报告学习辅导百问》，党建读物出版社、学习出版社 2022 年版。

2. 《党的十九届六中全会〈决议〉学习辅导百问》，党建读物出版社、学习出版社 2021 年版。

3. 《习近平著作选读》（第二卷），人民出版社 2023 年版。

4. 《习近平著作选读》（第一卷），人民出版社 2023 年版。

5. 安孟、张诚：《对外直接投资能否促进中国经济高质量发展》，载《大连理工大学学报（社会科学版）》2022 年第 5 期。

6. 曾国安、马宇佳：《论 FDI 对中国本土企业创新影响的异质性》，载《国际贸易问题》2020 年第 3 期。

7. 查贵勇：《跨国公司经营与管理案例集》，复旦大学出版社 2023 年版。

8. 陈德球、胡晴：《数字经济时代下的公司治理研究：范式创新与实践前沿》，载《管理世界》2022 年第 6 期。

9. 陈海波：《共建全球互信共治的数字世界——写在第五届世界互联网大会开幕之时》，载《光明日报》2018 年。

10. 陈鹏：《国际化与中国路：中国跨国企业国际化的影响因素及路径研究》，经济管理出版社 2022 年版。

11. 陈瑞华：《企业合规制度的三个维度——比较法视野下的分析》，载《比较法研究》2019 年第 3 期。

12. 陈勇、柏喆：《新冠疫情对中国制造业全球价值链的影响研究》，载《暨南学报（哲学社会科学版）》2021 年第 4 期。

13. 迟德强：《跨国公司社会责任》，中国政法大学出版社 2017 年版。

14. 赤松要：《わが国产业発展の雁行形态：機械器具工业について》，载《一橋論叢》1956 年第 5 期。

15. 董小君：《通过国际转移化解过剩产能：全球工次浪潮、两种模式及中国探索》，载《经济研究参考》2014 年第 55 期。

16. 杜国功：《国企提升价值链、供应链、产业链现代化水平的思考》，载《企业观察家》2020 年第 6 期。

17. 杜庆昊：《关于建设数字经济强国的思考》，载《行政管理改革》2018 年第 5 期。

18. 付国梅、唐加福：《美国再工业化祸兮福兮：双向 FDI 能否促进中国经济高质量发展？——基于产业结构和技术创新的中介作用》，载《系统管理学报》2022 年第 6 期。

19. 干春晖：《并购实务》，清华大学出版社 2004 年版。

20. 高勇强：《跨国公司管理》，清华大学出版社 2010 年版。

21. 葛浩阳：《全球化和逆全球化何以交替并行？：一个马克思主义的分析》，载《世界经济研究》2023 年第 6 期。

22. 关雪凌、罗来军：《跨国公司经营与管理》，中国人民大学出版社 2012 年版。

23. 郭克莎：《外商直接投资对我国产业结构的影响研究》，载《管理世界》2000 年第 2 期。

24. 郝晓霞：《跨国公司利用避税地避税的法律规制》，载《科技创新导报》2021 年第 35 期。

25. 何金花：《跨国企业海外投资的主体行为政治风险研究》，武汉大学出版社 2021 年版。

26. 何奕、童牧：《从要素禀赋到企业异质性和内部化问题——对跨国公司 FDI 理论发展的文献综述》，载《经济问题探索》2012 年第 8 期。

27. 洪银兴：《改革开放以来发展理念和相应的经济发展理论的演进——兼论高质量发展的理论渊源》，载《经济学动态》2019 年第 8 期。

28. 洪银兴：《中国共产党领导建设新中国的经济发展思想演进》，载《管理世界》2021 年第 4 期。

29. 胡志菊、罗经德：《价值链、产业链和供应链的概念和关系探究》，载《现代物流》2021 年第 10 期。

30. 黄群慧：《以产业链供应链现代化水平提升推动经济体系优化升级》，载《马克思主义与现实》2020 年第 6 期。

31. 黄群慧、悦红福：《基于价值链理论的产业基础能力与产业链水平提升研究》，载《经济体制改革》2020 年第 5 期。

32. 黄速建、肖红军、王欣：《论国有企业高质量发展》，载《中国工业经济》2018 年第 10 期。

33. 江小涓、孟丽君：《内循环为主、外循环赋能与更高水平双循环——国际经验与中国实践》，载《管理世界》2021 年第 1 期。

34. 荆文君、孙宝文：《数字经济促进经济高质量发展：一个理论分析框架》，载《经济学家》2019 年第 2 期。

35. 赖晓烜、陈衍泰、范彦成：《制造企业数据驱动动态能力的形成与演化》，载《科学学研究》2023 年第 1 期。

36. 李斐、杨枝煌：《海外合规经营——企业国际化的最高境界》，载《国际工程与劳务》2018 年第 7 期。

37. 李洪江：《跨国公司新发展及其经济效应分析》，黑龙江人民出版社 2002 年版。

38. 李健、张金林、董小凡：《数字经济如何影响企业创新能力：内在机制与经验证据》，载《经济管理》2022 年第 8 期。

39. 李京：《跨国公司技术创新的国际化趋势和组织模式》，载《外国经济研究》2016 年第 12 期。

40. 李维安、李勇建、石丹：《供应链治理理论研究：概念、内涵与规范性分析框架》，载《南开管理评论》2016 年第 1 期。

41. 李燕燕：《跨国公司国际生产的柔性组织和模糊契约》，载《世界经济研究》2016 年第 10 期。

42. 李英、班博：《国际人力资源管理》，山东人民出版社 2004 年版。

43. 林季红：《跨国公司前沿理论与专题研究》，经济科学出版社 2020 年版。

44. 林继红：《跨国公司战略联盟》，经济科学出版社 2003 年版。

45. 林康：《跨国公司经营与管理》，对外经济贸易大学出版社 2008 年版。

46. 刘猛、赵永亮：《合规性与企业创新——理论分析与经验证据》，载《产业经济研究》2020 年第 6 期。

47. 刘文勇：《对外直接投资研究新进展》，载《经济学动态》2020 年第 8 期。

48. 刘艳霞：《数字经济赋能企业高质量发展基于企业全要素生产率的经验证据》，载《改革》2022 年第 9 期。

49. 刘正才：《跨国公司的组织结构：多国与全球的比较》，载《世界经济与政治论坛》2015 年第 9 期。

50. 刘志彪：《产业链现代化的产业经济学分析》，载《经济研究参考》2020 年第 2 期。

51. 卢进勇、郐志雄、温丽琴：《跨国公司经营与管理》，机械工业出版社 2023 年版。

52. 马士华：《供应链管理》，华中科技大学出版社 2010 年版。

53. 马晓瑜、汪占熬：《当前跨国公司组织模式与结构演化研究》，载《河南社会科学》2019 年第 3 期。

54. 毛付根：《跨国公司财务管理》，东北财经大学出版社 2002 年版。

55. 戚聿东、肖旭：《数字经济时代的企业管理变革》，载《管理世界》2020 年第 6 期。

56. 史本叶、王晓娟：《中美贸易摩擦的传导机制和扩散效应：基于全球价值链关联效应的研究》，载《世界经济研究》2021 年第 3 期。

57. 史丹、余菁：《全球价值链重构与跨国公司战略分化——基于全球化转向的探讨》，载《经济管理》2021 年第 2 期。

58. 宋宪萍、曹宇驰：《数字经济背景下全球价值链的风险及其放大：表征透视、机理建构与防控调适》，载《经济学家》2022 年第 5 期。

59. 孙浩进、闫晨佳：《产业空间转移研究述评与展望》，载《社会科学动态》2020 年第 4 期。

60. 谭力文、吴先明：《国际企业管理》，武汉大学出版 2009 年版。

61. 王朝晖：《国际企业管理》，机械工业出版社 2006 年版。

62. 王刚、施新玲：《产业链、供应链、价值链概念探讨和发展水平提升路径研究》，载《产业创新研究》2022 年第 8 期。

63. 王建玲、井洁琳：《海外投资企业社会责任与经济绩效：制度距离调节的研究》，载《山西财经大学学报》2020 年第 7 期。

64. 王静：《提升产业链供应链现代化水平的共融路径研究》，载《中南财经政法大学学报》2021 年第 3 期。

65. 王林生、范黎波：《跨国公司理论与战略》，对外经济贸易大学出版社 2004 年版。

66. 王林生：《跨国经营理论与实务》，对外经济贸易大学出版社 1994 年版。

67. 王晓：《国际产业转移的影响分析》，载《中国金融》2020 年第 4 期。

68. 王延平：《跨国公司在华管理：从战略制定到本土化经营》，化学工业出版社 2022 年版。

69. 王玉：《跨国公司业务组合与竞争战略》，上海财经大学出版社 2010 年版。

70. 王跃生：《跨国公司金融：原理与案例》，中国发展出版社 2009 年版。

71. 王志乐：《我国企业"走出去"与合规经营》，载《国际经济合作》2012 年第 11 期。

72. 吴先明：《跨国公司治理》，商务印书馆 2005 年版。

73. 小岛清著，周宝廉译：《对外贸易论》，南开大学出版社 1987 年版。

74. 肖红军：《面向"十四五"的国有企业高质量发展》，载

《经济体制改革》2020 年第 5 期。

75. 薛求知：《当代跨国公司新理论》，复旦大学出版社 2007 年版。

76. 阳镇：《数字经济如何驱动企业高质量发展？——核心机制、模式选择与推进路径》，载《上海财经大学学报》2023 年第 3 期。

77. 杨国亮：《跨国公司经营与管理》，中国人民大学出版社 2011 年版。

78. 杨治：《筱原三代平的产业结构理论》，载《现代日本经济》1982 年第 4 期。

79. 姚作林、金凤君、陈卓：《全球产业转移与 GVC 区域竞争——基于中国与中南半岛四国的分析》，载《地理研究》2021 年第 2 期。

80. 叶晓文、李京勋：《跨国公司构建全球学习型组织的影响因素研究》，载《生产力研究》2016 年第 12 期。

81. 余官胜、杨玲莉、王灿玺：《"十四五"时期中国跨国公司对外直接投资竞争力提升对策研究》，载《经济研究参考》2020 年第 10 期。

82. 余劲松：《跨国公司法律问题专论》，法律出版社 2008 年版。

83. 袁林：《跨国公司管理》，清华大学出版社 2012 年版。

84. 约翰·卡伦、普拉文·帕博蒂阿著：《国际企业管理》，中国人民大学出版社 2018 年版。

85. 岳圣淞：《第五次国际产业转移中的中国与东南亚：比较优势与政策选择》，载《东南亚研究》2021 年第 4 期。

86. 张菲：《改革开放 40 年来中国外资政策的演变与调整》，载《唯实》2018 年第 12 期。

87. 张纪康：《跨国公司与国际直接投资》，复旦大学出版社 2011 年版。

88. 张素芳：《跨国公司与跨国经营》，经济管理出版社 2009 年版。

89. 张晓君、马春燕：《跨境投资并购风险防控法律实务》，厦门大学出版社 2022 年版。

90. 张艳萍、凌丹、刘慧岭：《数字经济是否促进中国制造业全球价值链升级？》，载《科学学研究》2022 年第 1 期。

91. 赵蓓文等：《制度型开放与中国吸收外资的发展》，上海社会科学院出版社 2022 年版。

92. 赵万一：《合规制度的公司法设计及其实现路径》，载《中国法学》2020 年第 2 期。

93. 朱宁：《跨境并购：合规管理·风险控制·融资安排》，中国法制出版社 2020 年版。

94. 祝继高、王谊、汤谷良：《"一带一路"倡议下中央企业履行社会责任研究——基于战略性社会责任和反应性社会责任的视角》，载《中国工业经济》2019 年第 9 期。

95. ［美］刘易斯·威尔斯：《第三世界跨国企业》，上海翻译出版公司 1986 年版。

96. ［美］迈克尔·波特：《竞争优势》，华夏出版社 1997 年版。

97. ［日］小岛清：《对外贸易论》，南开大学出版社 1987 年版。

98. Adi I. The Truth About Globalization. *Harvard Business Review*, 2017, 95 (4).

99. Aliber R Z. *The Multinational Enterprise in a Multiple Currency World*. In The Multinational Enterprise (RLE International Business). Routledge, 2013.

100. Amin S B, Amin Y N, Khandaker M K, Khan F, Rahman F M. Unfolding FDI, Renewable Energy Consumption, and Income Inequality Nexus: Heterogeneous Panel Analysis. *Energies*, 2022, 14 (15).

101. Arrow K J. The Economic Implication of Learning by Doing. *Review of Economics and Statistics*, 1962, 29 (3).

102. Barro R. Quantity and Quality of Economic Growth. Working Papers, Central Bank of Chile, 2002.

103. Berthélemy J C, Demurger S. Foreign Direct Investment and Economic Growth: Theory and Application to China. *Review of Development Economics*, 2000, 4 (2).

104. Buckley P J. The Theory of International Business Pre – Hymer. *Journal of World Business*, 2011, 46 (1).

105. Buckley P, Casson M C. The Future of the Multinational Enterprise. London: Macmillam Press, 1976.

106. Cantwell J, Tolentino P E E. Technological Accumulation and Third World Multinationals. *University of Reading Discussion Paper in International Investment and Business Studies*, 1990 (139).

107. Caves R E. International Corporation: The Industrial Economics of Foreign Investment. *Economica*, 1971 (1).

108. Coase R H. The Nature of the Firm. Economica, 1937 (4).

109. Dunning J H, Fujita M, Yakova N. Some Macro – Data on The Regionalisation/Globalisation Debate: A Comment on the Rugman/Verbeke Analysis. *Journal of International Business Studies*, 2007, 38 (1).

110. Dunning J H. Explaining Outward Direct Investment Of Developing Countries: In Support of the Eclectic Theory of International Produc-

tion. *University of Reading*, *Department of Economics*, 1980.

111. Dunning J H. International Production and The Multinational Enterprise. *Managerial and Decision Economics*, 1982 (3).

112. Dunning J H. The Investment Development Cycle Revisited. *Weltwirtschaftliches Archiv*, 1986, 122 (4).

113. Goldberg L S, Klein M W. International Trade and Factor Mobility: An Empirical Investigation. *Social Science Electronic Publishing*, 1999, 47 (7196).

114. Graham E M. Oligopolistic Reactions and European Direct Investment in the United States, D. B. A. dissertation. Harvard Business School, 1975.

115. Hymer S H. The International Operations of National Firms: A study of Direct Foreign Investment. PhD Thesis. MIT, 1960.

116. Johnson H G. *The Efficiency and Walfare Implication of the International Corporation*, in *Kindleberger C P* (ed.). The International Corporation. Mass: MIT Press, 1970.

117. Kindleberger C P. *American Business Abroad: Six Lectures on Direct Investment*. New Haven: Yale University Press, 1969.

118. Kiyoshi. International Trade and Foreign Direct Investment: Substitutes or Complements. *Hitotsubashi Journal of Economics*, 1975 (16).

119. Knickerbocker F T. *Oligopolistic Reaction and the Multinational Enterprises*. Boston: Harvard University Press, 1973.

120. Krugman P R. International Trade and Income Distribution: A Reconsideration. NBER Working Papers, 1979.

121. Kugler M. Spillovers from Foreign Direct Investment: Within or between Industries? . *Journal of Development Economics*, 2006, 80 (2).

122. Lall S. Building Industrial Competitiveness in Developing Countries. Paris: OECD, 1990.

123. Lall S. *The New Multinationals: The Spread of Third World Enterprises*. London: John Willy & Son, 1983.

124. Linder S B. An Essay on Trade and Transformation. *Journal of Political Economy*, 1961 (1).

125. McLaren J. "Globalization" and Vertical Structure. *American Economic Review*, 2000, 90 (5).

126. Navaretti G, Venables A J. *Multinationalfirms in the world economy*. Princeton: Princeton University Press, 2004.

127. Ozawa T. Professor Kiyoshi Kojima's Contributions to FDI Theo-

ry：Trade，Growth，and Integration in East Asia. *International Economy*，2011，11（11）.

128. Porter M E. *The Competitive Advantage of Nations*. London：Macmillan，1991.

129. Posner M V. International Trade And Technical Change. *Oxford Economic Papers*，1961，13（3）.

130. Romer P M. Increasing Returns and Long-run Growth. *Journal of Political Economy*，1986，94（5）.

131. Rugman A M. *Inside the Multinationals：the Econimics of Internal Markets*. New York：Columbia University Press，1981.

132. Vanloo F. The Effect of Foreign Direct Investment on Investment in Canada. *Review of Economics and Statistics*，1977（4）.

133. Verbeke A，Kano L. An internalization Theory Perspective on the Global and Regional Strategies of Multinational Enterprises. *Journal of World Business*，2015，51（1）.

134. Vernon R A. International Investment and International Trade in the Product Cycle. *The International Executive*，1966，8（4）.

135. Yang Nana，Hong Jin，Wang Hongying and Liu Qiming，"*Global Value Chain，Industrial Agglomeration and Innovation Performance in Developing Countries：Insights from China's Manufacturing Industries*"，Technology Analysis & Strategic Management，2020，32（11）.

136. UNCTAD World Investment Report，1998 – 2022；https：//unctad. org/topic/investment/.

137. 世贸组织网站：http：//www. wto. org/。

138. 联合国贸发会议网站：http：//www. unctad. org/。

139. 中华人民共和国商务部网站：http：//www. mofcom. gov. cn/。

140. 美国商务部网站：http：//www. commerce. gov/。

141. 国联邦贸易委员会网站：http：//www. ftc. gov/。

142. 财富 500 强中文网网站：https：//www. fortunechina. com/fortune500/。